北大社 普通高等教育"十三五"规划教材

# 创业基础

蒋 侃　王淑萍　胡 峰 / 主 编
唐秋鸿　许成才　田 源
阳月星　陈 琴　阳瑾瑜 / 副主编

Foundations of Entrepreneurship

北京大学出版社
PEKING UNIVERSITY PRESS

## 内 容 简 介

本书主要内容包括：创业精神与创业思维、创业者与创业团队、创业机会、创业资源、商业模式设计、商业计划书、成立新企业、创业决策与企业成长、旅游创业、农业创业，并在附录中设置了创业管理决策模拟。

每章都设有学习目标、导入案例、延伸阅读、创业故事、创业语录、思考题、案例分享及讨论等模块内容。在附录中结合决策实例，依托创新创业虚拟仿真实训平台，具体介绍创业团队的组建及创业管理的决策流程。

本书可作为高等院校的创业课程教材，也可作为创业教育的培训用书或参考书，同时也适合于各类创业者和有志于创业的人士阅读。

### 图书在版编目(CIP)数据

创业基础/蒋侃，王淑萍，胡峰主编. —北京：北京大学出版社，2021.9
ISBN 978-7-301-32421-9

Ⅰ. ①创… Ⅱ. ①蒋… ②王… ③胡… Ⅲ. ①创业 Ⅳ. ①F241.4

中国版本图书馆 CIP 数据核字(2021)第 171751 号

| | |
|---|---|
| 书　　　名 | 创业基础<br>CHUANGYE JICHU |
| 著作责任者 | 蒋　侃　王淑萍　胡　峰　主编 |
| 策 划 编 辑 | 李娉婷 |
| 责 任 编 辑 | 王显超　李娉婷 |
| 标 准 书 号 | ISBN 978-7-301-32421-9 |
| 出 版 发 行 | 北京大学出版社 |
| 地　　　址 | 北京市海淀区成府路 205 号　100871 |
| 网　　　址 | http://www.pup.cn　新浪微博：@北京大学出版社 |
| 电 子 信 箱 | pup_6@163.com |
| 电　　　话 | 邮购部 010-62752015　发行部 010-62750672　编辑部 010-62750667 |
| 印 刷 者 | 北京市科星印刷有限责任公司 |
| 经 销 者 | 新华书店 |
| | 787 毫米×1092 毫米　16 开本　16.25 印张　378 千字<br>2021 年 9 月第 1 版　2021 年 9 月第 1 次印刷 |
| 定　　　价 | 45.00 元 |

未经许可，不得以任何方式复制或抄袭本书之部分或全部内容。
**版权所有，侵权必究**
举报电话：010-62752024　电子信箱：fd@pup.pku.edu.cn
图书如有印装质量问题，请与出版部联系，电话：010-62756370

# 前　言

李克强总理指出，创业创新是国家赢得未来的基础和关键。双创由"众"而积厚成势，因"创"而破茧成蝶。要尽心支持每一次创业，悉心呵护每一个创新，使更多的创意在碰撞中结出成果，让更多的创客靠奋斗使其人生出彩，激励越来越多的人勇于创业、善于创新。

在"大众创业，万众创新"的时代背景下，各种创业孵化器、众创空间、创新工场、亚杰商会、创业邦、联想之星、创投圈、创业咖啡馆等如雨后春笋般出现。据统计，中国每分钟诞生7家创业公司，青春城市深圳平均每10人就有1人是创业者，创业的热情被前所未有的激发。在国家和政府推出各种政策措施支持大学生自主创业的推动下，在校大学生成为青年创新创业的生力军。创业是国家经济发展的引擎，创业以特有的魅力改变着一个又一个国家或地区的经济发展轨迹，创业已成为这个时代的主旋律。创业人物丁磊、雷军、李彦宏、张朝阳、周鸿祎、张一鸣等人的创业故事不断催人奋进，中国大学生创业第一人李玲玲的故事鼓舞大学生走上了自主创业之路，自主创业成为青年学生就业的新趋势。

作为科创中心的知识源头、创新创业人才的培养场所和创新成果的诞生地，高校的创新创业教育是人才培养模式的新探索，是高等教育主动适应、积极回应时代呼唤的创新、发展和升华。把推动高校创新创业教育改革作为服务经济结构转型、发展动能转换的根本需要，作为培养应用型、创新型人才的必然要求，作为高等教育综合改革的突破口，推进创业型大学建设，必须从以下五个方面抓手：一是抓培养方案，注重培养创新精神、创业意识和创新创业能力；二是抓课程体系，挖掘专业课程的创新创业教育资源，构建创新创业教育基本素质培养、专业技能训练、实践等三个模块的课程体系；三是抓教学方法，师生互动，因材施教，培养学生批判性和创造性思维；四是抓制度创新，健全学生创新创业学分、教师职务评聘和绩效考核标准制度建设；五是抓实践环节，拓宽创新创业实践渠道，搭建创新创业实训平台。教材体系是育人的重要基础，因此，组织编写适应时代新要求的创新创业体系教材，是高校为大学生创业提供丰富的理论指导和成功实践经验的突破口。

本书主要突出以下几个特点。

一是强调案例的本土化。教材以广西本土创业故事为案例，激发学生的创业意识，提高学生的社会责任感、创新精神和创业能力，促进学生创业就业和全面发展，更好地为地方经济发展服务。

二是突出内容的时代性。教材不仅包含了互联网创业的知识与成功范例，而且还把旅游创业和农业创业的内容单独成章，内容和创业案例的选取反映了扶贫攻坚和乡村振兴中的实践成果。

三是体现基础理论与延伸知识的结合。本书在章节的设计上符合教学的基本逻辑结构，通过设置"延伸阅读""创业语录"等内容，充分拓展了学生创业实践的相关知识。

本书是广西大学创业基础课程教学团队的结晶，具体编写分工如下：蒋侃编写第1章和第3章，胡峰编写第2章，陈琴编写第4章，田源编写第5章，唐秋鸿编写第6章，王淑萍编写第7章和第8章，阳月星编写第9章，许成才编写第10章，阳瑾瑜编写附录。

在本书的编写过程中，广西大学商学院部分研究生也参与了资料收集、案例编写等工作。他们是：于淏、王红丽、王昊昀、冯逸鹏、朱春莲、陆力、郑扬、刘冰瑶、杨杨、姜倩、梁方倍、黄韬、黄宪、黄子航、覃爱玲、雷步云等。

此外，编者在编写本书过程中参考了一些教材、企业内部资料、网络资料等，限于篇幅等原因，在书中未能完全列出，在此表示真诚的感谢和歉意！

为了配合教学的开展，本书提供与教材配套的如下教学辅助资源。

（1）"情景交互式创业路演虚拟仿真实验"网站网址：http://bs.gxu.rofall.net/virexp/cyly

（2）广西大学创新创业工作坊微信公众号：gxuinnovshop

编　者

2021 年 7 月

# 目 录

**第1章 创业精神与创业思维** ........................................................ 1
   1.1 创业与创业精神 .................................................................. 1
   1.2 广西经济发展与创业 ........................................................... 9
   1.3 创业逻辑与创业思维 ........................................................... 15
   思考题 .................................................................................. 20

**第2章 创业者与创业团队** ........................................................... 23
   2.1 创业者 ............................................................................... 24
   2.2 创业者的创业动机 ............................................................... 32
   2.3 创业团队 ........................................................................... 40
   思考题 .................................................................................. 51

**第3章 创业机会** ........................................................................ 54
   3.1 创业机会的内涵 .................................................................. 55
   3.2 创业机会的识别 .................................................................. 59
   3.3 创业机会评价 ..................................................................... 65
   3.4 创业风险识别 ..................................................................... 72
   思考题 .................................................................................. 77

**第4章 创业资源** ........................................................................ 80
   4.1 创业资源 ........................................................................... 81
   4.2 整合创业资源 ..................................................................... 87
   4.3 创业融资 ........................................................................... 92
   4.4 创业资源管理 ..................................................................... 99
   思考题 .................................................................................. 108

**第5章 商业模式设计** ................................................................. 110
   5.1 商业模式的内涵 .................................................................. 111
   5.2 商业模式的设计框架 ........................................................... 114
   5.3 商业模式创新方法 ............................................................... 120

**第6章 商业计划书** .................................................................... 126
   6.1 商业计划书的定义与作用 .................................................... 126
   6.2 商业计划书的基本内容 ........................................................ 127
   6.3 商业计划书的制作思路 ........................................................ 129
   6.4 商业计划书的制作流程 ........................................................ 130

  6.5 路演展示 ········· 131

## 第 7 章 成立新企业 135
  7.1 企业组织形式与企业注册 ········· 137
  7.2 新企业管理 ········· 141
  思考题 ········· 149

## 第 8 章 创业决策与企业成长 151
  8.1 创业决策 ········· 153
  8.2 企业成长 ········· 162
  8.3 企业成长中的决策 ········· 169
  思考题 ········· 177

## 第 9 章 旅游创业 180
  9.1 旅游与旅游创业 ········· 182
  9.2 旅游创业生态系统与机会识别 ········· 187
  9.3 广西旅游创业环境 ········· 190
  9.4 广西旅游创业的借鉴与思考：乡村旅游和旅游扶贫 ········· 196

## 第 10 章 农业创业 203
  10.1 选择农业创业项目 ········· 203
  10.2 农业创业团队的组建与管理 ········· 207
  10.3 农业创业资金的筹集 ········· 211
  10.4 农业创业计划书的编制 ········· 214
  10.5 农业创业风险的规避 ········· 216
  10.6 农业企业增效 ········· 222
  思考题 ········· 224

## 附录 创业管理决策模拟 225

## 参考文献 252

# 第1章 创业精神与创业思维

**学习目标**

1. 掌握创业活动的概念及创业过程；
2. 了解创业精神的本质内容；
3. 了解在数字经济时代创业的意义；
4. 了解精益思想与创业逻辑；
5. 认识并培养创业思维。

### 汉塘村

广西某县一个不足千户的村子里，网店数量超过 200 家，2015 年该村网店的累计销售额超过 1.6 亿元，所售商品远销东南亚地区诸国，这个村子便是著名的电商村——汉塘村。

汉塘村的所有网店，均是由黄忠文带领外出归乡的青壮年们发展起来的。黄忠文 2008 年外出打工返乡时，听闻当地种植的花果树苗销售堪忧，于是就想到了是否可以利用电商平台进行花果树苗的售卖，并立即付诸实践，借钱购置了一台计算机。汉塘村的首家网店就此诞生了。

汉塘村花果树苗种类繁多，超过 200 种，但网店起初的销售状况并不乐观，买家对网店销售的花果树苗有着各种担忧，比如品质问题、包装问题、运输问题等。

对买家的各种担忧，黄忠文一一采取具有针对性的措施进行改进或予以解决。其中直播就是贯穿整个买卖活动各环节的一种方式，利用直播过程中的可视化技术提升了买家对网上购买行为的信任度。此外，为了更大程度提升买家的信任度，黄忠文对售后服务也做出了进一步改善。在各环节的问题都被解决后，网店销售量迅速提高，有时花果树苗一天销售量达到几百棵，黄忠文的网店终于获得成功。

黄忠文的成功，鼓舞了其他村民，不少村民前来向其取经，而他也不吝赐教，将自己的经验悉数分享。在他的带领下，截至 2015 年汉塘村陆续开设了 200 余家网店。在将村内的花果树苗销往国内各地的同时，他们也同日本及东南亚诸国客户建立了贸易关系。

电商创业为汉塘村的经济带来了正向发展，也给其他村子起到了示范性作用，有助于引导各地农村经济转型或升级。

资料来源：熊红明，2016. 广西灵山"电商村"：创业故事吸引好莱坞著名导演［J］. 农友之家（4），11.

## 1.1 创业与创业精神

### 1.1.1 创业的定义与功能

1. 创业的定义

创业是一种长期且普遍存在的社会现象，狭义上表示为活动，即指创业者创建新企业；

广义上表示为精神,即指创业者在开展活动时展现的特质,即企业家精神。为了更准确地描述创业的本质,一般情况下,对创业的定义更倾向于其广义定义。

在现今众多对创业的定义中,哈佛大学霍华德·史蒂文森教授的观点受到了较多人的认同,后续在他的理论基础上进一步完善,可以总结出:在(高度)不确定的环境下,不被现有的资源水平所限制,继续探索寻找机会,并将各类资源进行合理化整合,以达到创造与使用机会进而创造价值的过程。

2. 创业的功能

创业一般具有如下功能。

(1) 促进资源配置

从资源配置角度看,创业行为有助于对社会资源进行更完善的配置,即通过加大行业经营的竞争,促成优胜劣汰的市场竞争形式,进而维护市场的活力,促进社会资源产生更高的社会效益。

(2) 推动组织发展

所谓组织,即创业者为将商业机会转变为商业价值而整合配置资源的一种形式,创业者为了适应外界的不断变化,就需要相应调整组织的功能及形式,进而帮助组织发展。

(3) 帮助实现人生价值

创业是个人实现人生价值的一种形式与过程,创业者在该过程中,既能达到自我满足,又是其负担社会责任的一种表现,更是其回馈社会的一种表现。

(4) 推动社会发展进步

一个好的创业者对于该行业的发展,是能起到推动作用的。在此过程中,他们能够增加市场的工作岗位,提升社会的活力,促进社会的创新进步。

## 1.1.2 创业的要素与类型

由蒂蒙斯创业要素模型可知,创业有三个关键要素:机会、团队与资源(图1-1)。

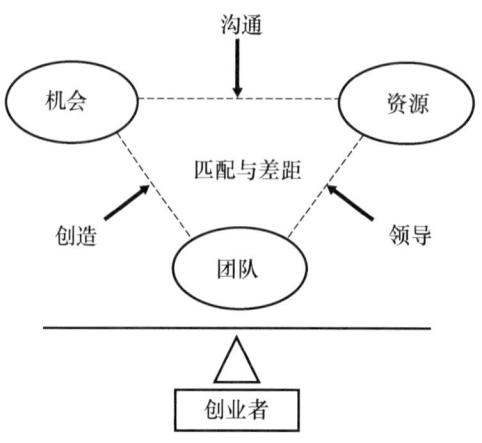

图1-1 蒂蒙斯创业要素模型

所谓创业过程，就是一个连续不断的寻求机会、团队与资源三要素匹配和平衡的行为组合过程。对于上述三要素，它们之间并不能形成一种绝对稳定的状态，然而对于任何企业来说，都期望自身能够得到稳定的发展，这就需要让三要素处于一种动态平衡的状态。对创业者或创业团队来说，需要兼具较强的协调能力、敏锐的商业嗅觉，不仅要有风险意识，而且能够对机会做出理性的判断。通过做出最优决策，合理配置现有资源，完成对机会的把握，以帮助推进创业进程。

对创业的基本分类可以从多个角度展开。

1. 按创业目的分类

（1）机会型创业

机会型创业源于创业者在面对机遇时所形成的较强的主观意愿。其特征有：偏爱于高风险与高投资回报机会，一般在高资金或技术壁垒行业，会努力取得高额贷款，尽力寻求政府支持。

（2）生存型创业

生存型创业属于创业者在不得已的境遇下，被迫做出的选择，为了摆脱其身处的困境，只能靠创业来解决问题。其特征有：创业的本因是想要活下去；零基础、无背景、无倚靠；门槛普遍较低，能轻易开展，因风险较小，收益率偏低；一般选择基础性生活服务类行业；可以在当前市场中完成对机会的捕获。

2. 按创业者的个体差异分类

（1）个体创业

个体创业主要指不依托于某一特定组织而开展的创业活动。

（2）公司创业

公司创业主要针对现有的团队或组织，为实现某些创造性、建设性的构想，由该组织中的某些个体或是团队进行创业进程的推进与具体施行。

表1-1所示为个体创业与公司创业的差异。

表1-1 个体创业与公司创业的差异

| 个体创业 | 公司创业 |
| --- | --- |
| 创业者承担风险 | 公司承担风险 |
| 创业者拥有商业概念 | 公司拥有商业概念，特别是与商业概念有关的知识产权 |
| 创业者拥有全部或大部分事业 | 创业者或许拥有公司的权益，可能只是很小部分 |
| 从理论上而言，对创业者的潜在回报是无限的 | 在公司内，创业者所能获得的潜在回报是有限的 |
| 个体的一次失误可能意味着创业失败 | 公司具有更多的容错空间，能够吸纳失败 |
| 受外部环境波动的影响较大 | 受外部环境波动的影响较小 |
| 创业者具有相对独立性 | 公司内部的创业者更多受团队的牵制 |
| 在过程、试验和方向的改变上具有灵活性 | 公司内部的规则、程序和组织体系会阻碍创业者的策略调整 |

续表

| 个体创业 | 公司创业 |
|---|---|
| 决策迅速 | 决策周期长 |
| 低保障 | 高保障 |
| 缺乏安全网 | 有一系列安全网 |
| 在创业主意上，可以沟通的人少 | 在创业主意上，可以沟通的人多 |
| 至少在初期阶段，存在有限的规模经济和范围经济 | 能够很快地达到规模经济和范围经济 |
| 严重的资源局限性 | 在各种资源的占有上都有优势 |

3. 按创业方向与风险分类

（1）依附型创业

依附型创业是指依附于大企业或产业链生存，为它们提供配套服务的创业形式。

（2）尾随型创业

尾随型创业是指模仿他人模式进行创业的创业形式。

（3）独创型创业

独创型创业是指提供新型的产品或服务以填补市场空白的创业形式。

（4）对抗型创业

对抗型创业是指选择已形成垄断地位的某个市场，进入后与现有企业进行对抗的创业形式。

4. 基于价值创造的分类

（1）复制型创业

复制型创业是指在现有经营模式基础上进行简单复制的创业形式。

（2）模仿型创业

模仿型创业是指创业者以他人创业成功的案例做参照，通过模仿学习进行创业的创业形式。

（3）安家型创业

安家型创业是指在原有组织结构基础上，力求最大限度地实现个人价值的创业形式。

（4）冒险型创业

冒险型创业是指创业难度较大、风险较高，但创业成功将收获较高报酬的创业形式。

5. 其他维度的创业类型

（1）互联网创业

互联网创业主要指依托互联网平台进行创业的创业形式。

（2）衍生创业

衍生创业是指个体或团队从当前服务的组织中脱离，通过运用以往工作经验与累积的资源开展创业活动。

随着社会环境的变化，创业活动的类型也将越来越多。了解创业活动类型，比较不同类型的创业活动，有助于把握创业行为的本质和关键要素，掌握不同类型创业活动的特殊性，这对研究和实践都很重要。

### 1.1.3 创业过程与阶段划分

1. 创业过程

一般性的创业过程为：①寻找商机→②萌生创意→③撰写商业计划书→④筹集资金→⑤组建团队→⑥开发产品→⑦新品发布→⑧快速增长→⑨IPO→⑩成功退出等。该路线并不完全准确，在实际创业活动中，可能会有该流程中局部循环的过程，又或有其他情况。

2. 创业阶段划分

创业活动涉及较多过程，包含较多行为，为对创业过程进行更直观的剖析，可将其分为两大阶段，即机会识别与机会开发。在此基础上，可进一步细分为以下六个阶段。

(1) 产生创业动因

创业动因是创业机会识别的基础，是推进创业行动的原始动力，引领创业者在市场环境中进行机会的探索与识别。

(2) 识别创业机会

识别创业机会是指通过对可能成为创业机会的各类事件进行分析，进而对后续结果做出预判。识别创业机会是创业过程的核心，也是创业管理的关键环节，其包含发现机会与评价机会价值两方面。

(3) 整合资源

资源是创业的基础性条件，是创业者开发机会的重要手段。每个人直接掌握的资源是有限的，这就需要创业者善于整合外部的资源，来实现自己的创业理想。

(4) 建立新公司或开发新业务

新公司的建立或新业务的开发是评价创业者创业行为的直观指标。建立新公司需要做的事情很多，包括制度设计、工商注册、选址、营销渠道等。在公司初创期，由于各种压力，创业者容易忽视这些工作，这可能为今后的发展带来不少隐患。

(5) 实现机会价值

创业者无论是对现有资源进行整合，还是到未知领域进行开发，其本质都是机会价值的实现，进而实现其自身的根本目的，即达成原始创业目标。俗话说创业容易守业难，创业者应当充分了解公司成长的脉络与进程，擅于发现并捕捉机遇，洞悉市场潜在威胁，进而采取有效措施予以防范和解决，以帮助公司在市场大环境中健康成长，最终实现利益最大化。

(6) 获得收益

创业活动的最终目的是获得收益，只有正向得利才能有助于强化创业者对事业的执着。

### 1.1.4 创业精神的本质、来源、作用、培育和成长

1. 创业精神的本质

精神是指人的意识、思维活动和一般心理状态。创业精神则是指创业者的意识、思维活动和一般心理状态。具体来说,创业精神是创业者在创业过程中具有开创性的思想、观念、个性、意志、作风和品质等重要行为特征的高度凝练,包含自主创新精神、踏实进取精神、不惧威胁精神、团队协作精神、勇于担当精神等,主要表现为勇于创新、敢担风险、团结合作、坚持不懈等。

创业精神既是创业的动力源泉,也是创业的支柱。

创业精神有三个层次的精神内涵:一是哲学层次的创业思想和创业观念,是人们对于创业的理性认识;二是心理学层次的创业个性和创业意志,是人们创业的心理基础;三是行为学层次的创业作风和创业品质,是人们创业的行为模式。

2. 创业精神的来源

创业精神主要来源于学习与实践,在创业实践过程中逐步培育、发展和形成。一般来说,创业精神的形成与发展主要受文化环境、产业环境、机制环境、生存环境等方面影响。就个体而言,创业精神来源于创业者的个性特质、认知模式、资源禀赋等。

3. 创业精神的作用

创业精神是一种推动人类社会由低级阶段向高级阶段不断发展的精神动力。

创业精神是任何企业发展壮大必备的精神准则。

创业精神是创业者和创业团队共同协作、共谋发展的前提。

4. 创业精神的培育

创业精神是推动创业活动的内在动力,要培养大学生的创业精神可以从以下几个方面着手:一是课程育人,优化创业精神培育课程;二是榜样育人,整合提高创业精神培育师资;三是实训育人,优化大学生创业实践平台;四是环境育人,营造有利于创业精神培育的文化环境。

5. 创业精神的成长

创业精神的成长主要体现在以下四个方面。

(1) 知识

一是技术性知识,这类知识帮助创业者了解自我的创业潜质,了解创业的流程及所需的知识,选择适合自我价值的创业领域;二是实践性知识,这类知识帮助创业者在变幻莫测的环境中把问题转化为机会,并能识别、评估、把握与利用机会,最终将机会转化为计划和行动;三是开放性知识,这类知识要求创业者将文化背景和全球治理结合起来进行创业,在创业中不仅要考虑利益相关者的利益,还要考虑社会伦理与道德,使创业者从物质实践走向完善实践。

(2) 情感

为了适应不断变化的商业环境,创业者要不断提升自己创业情感,比如对创业的感觉,包括感知、感情和愿景等;比如创业心理结构,包括意向、想象和思维等;比如创业者的文化、道德和伦理等。除了要娴熟地运用基本的创业技能外,创业者还要有促进人类可持续发展的创业品质。

(3) 意识

创业精神是创业的原动力。创业者需要让创业精神"浸泡整个人",要具备理性、自我意识性和批判精神,还要具备领导能力,并能言传身教地影响他人。

(4) 行动

从理论到实践,创业者需要让自己理论的创业能力与实际需求的创业能力无缝衔接,这样才能把创业知识变为创业蓝图,把创业信仰变为创业方案,把创业意志变为创业行动。

## 蓝 海 战 略

"蓝海战略"是"红海战略"的对称,是竞争战略之一。如果说传统竞争极端激烈的市场是"红海",那未知的市场空间,没有竞争的领域就是"蓝海"。

蓝海战略(Blue Ocean Strategy)是指打破现有产业的边界,在一片全新的无人竞争的市场中开辟出一个无人争抢的未来产业或市场格局,从而甩开彼此间的角逐,通过开发和取得新的需求、实施差异化和低成本运营,获取更高利润率。

蓝海战略理论表明,如果甘于在红海中作业,那就代表认可了商业战争中的系列限制条件,换句话说,就是在较局限的范围内竞争第一,但对于在商业帝国开辟全新市场的可能性给予了否定。而蓝海战略的应用,则是将己方视野放大,着重于消费者的需求,进而先于竞争对手向消费者进行输出。该行为无视市场当前的竞争临界,对每一市场下的买方价值元素都重新进行了洗牌与整理,将原本既定市场结构下的定位选择变更为改变市场结构自身。

蓝海战略以战略行动为单位展开分析,其战略行动具体包括市场开发的关键活动内容所关联的一系列管理行为与决策。研究者曾对19世纪80年代至20世纪初这20年间的超30类产业所涉及的150次战略做出了分析研究,结果表明价值创新是蓝海战略的核心基础。价值创新是对固有的存在于竞争环境下的教条主义的否定,否定了价值与成本之间的取舍关系,从而引导企业推进创新研究,力求将创新与成本、价格、效用等进行深度融合。蓝海战略有几个特点:①通过重新定义行业游戏规则,而非对当下业内优秀的模式进行效仿来达到超越竞争者的目的;②要将目标客户群选定为尚未被市场满足需求的潜在客户,而非对现有市场内的客户进行层级区分;③要懂得对市场进行适度整合,而非一味注重对客户进行细化区分。

表1-2所示为蓝海战略与红海战略的对比。

表 1-2　蓝海战略与红海战略的对比

| 蓝海战略 | 红海战略 |
| --- | --- |
| 拓展非竞争性市场空间 | 在已经存在的市场内竞争 |
| 规避竞争 | 参与竞争 |
| 创造并获取新需求 | 争夺现有需求 |
| 打破价值与成本互替定律 | 遵循价值与成本互替定律 |
| 同时追求差异化与低成本战略，将企业行为整合为一个体系 | 根据差异化或低成本的战略选择，将企业行为整合为一个体系 |

资料来源：https://wiki.mbalib.com/wiki/蓝海战略［2020-05-09］.

 **创业故事**

很多人都有创业的意向，但并不是所有人都能切实去实践这一想法。对于韦继思来说，他之所以选择自主创业，建立南宁怡创安装工程有限公司（以下简称怡创公司），而不是做个打工仔的原因很简单，当年身为打工仔的他失业了。

2008—2011年，韦继思在深圳打工，当时他进了工厂，做设备维修方面的工作，直到2012年他有了成家的打算，才选择回到南宁。回到家乡后的韦继思于2013年加入了某公司，依旧是做设备维修方面的工作。可是在公司工作没几个月，就得到公司通知，让他去广东佛山参加为期两年的培训兼工作。尽管他很不愿再度离乡，但仍旧在公司给出的较为诱人的津贴面前妥协了。遗憾的是，韦继思未能坚持下来这为期两年的外派生活，最终选择了离职，他再次失业了。与此同时，他坚定了回南宁创业的想法。

其实早在递交辞呈前，韦继思就已经开始思考创业的方向了，所以，在最终付诸行动时，他选择了向自己了解的方向发展，即设备安装维护相关的外包服务。具体原因有二：其一是他发现家乡所处的广西南宁武鸣区，那里有很多工厂，总数大概为300家，既然有那么多的工厂，相应的必然会有大量的与设备安装相关的业务；其二是前者提到的业务范畴，刚好是他所熟悉且擅长的业务领域。于是在确定了方向，以及就如何成立公司进行了基本了解后，韦继思完成了公司注册等事宜。

但同大部分创业者一样，韦继思的创业之路亦非一帆风顺，他的公司发展至今，遇到了诸多困难。

比如说：在他创立公司约四个月时，他与他的团队仍未能拿到一份订单，导致他无法养活自己团队的员工，个别员工选择了离职。为何他们将近四个月都没能拿到订单呢？其原因是该公司所提供的服务是无法开展的。韦继思所设想的是给工厂提供设备安装方面的服务，然而实际上，一般工厂的设备安装是根本不需要寻求外包服务的。一方面，是因为工厂都有维修工，有设备安装的问题，都能够自行解决；另一方面，针对工厂自有维修工无法解决的这类设备的安装，普遍都是由卖出设备的厂家提供安装服务。这两方面的综合因素，导致了怡创公司的前期失败。当韦继思认识到这一问题后，迅速做出反应，当即改变了公司的经营方向，放弃他本人所熟悉的设备安装的相关服务，转而做工厂内的小工程外包服务，比如修补厂房、厂区地面硬化、厂内装修、弱电工程、监控安装、设备紧急维修等,因为这些服务都是工厂维修人员无法自行完成的。转变经营方向后,怡创公司的客户数量,迅速由零增加到二十三家工厂,他的团队也根据业务发展需要扩充了三倍,公司逐步开始盈利。在随后一年,他扩充了公司的营业范围,包括给工厂采购设备配件、采买消耗品等,同时也购买了几台挖掘机进行租赁,还在餐饮方面做了投资。

时间转眼到了 2018 年,怡创公司又一次遭遇了严峻的挑战,该次挑战直接促使韦继思对他的团队做出了重大变革。2018 年,怡创公司最大客户的经理换人了,这意味着老客户变成了新客户,而这位新经理对怡创公司提出了新要求。其实如果没有该客户公司人事变动产生的影响,韦继思本人也有意对怡创公司的服务提出更高的要求。以往怡创公司所做的工程服务,都是以自有团队的技术人员的技能作为标准,那便意味着不同的人就会有不同的服务水准。而类似这位"新客户"的客户们,对此有着较大意见,他们对怡创公司的工程服务提出了更高的标准,但这个标准对于韦继思现有的团队来说较难达成,因而导致了该公司业务大量缩减。为这个问题痛苦了近半年的韦继思,终于做出了决定,他招聘了水平更高的技术人员,制订了更高的统一标准,对公司服务标准进行了全面升级。

每一次挑战,对于怡创公司来说,都既是威胁,又是机遇。只有不断地正视挑战,不断地提升企业竞争力,企业才能更好地服务客户,保持健康发展。

资料来源:根据广西大学商学院 2019 级 MBA 周末一班向阳同学采访稿整理

**创业语录**

我们创业的时候没有想到去赚钱,所以有了钱以后也没有说是达到目标。赚钱不是我们创业的原因,也不是我们到现在该走还是不该走的原因。

——杨致远

一个人再有本事,也得通过所在社会的主流价值认同,才能有机会。

——任正非

## 1.2 广西经济发展与创业

### 1.2.1 PEST 方法简述

PEST 分析(Political,Economical,Social,Technological analysis)是一种企业外部宏观环境的分析框架,通过政治、经济、社会与科技四个维度对企业生存与发展的宏观环境进行分析。

### 1.2.2 广西创业环境的 PEST 分析

1. 政治环境(P)

政治环境分析主要包括对国家政治制度、政府方针政策等方面的分析,不同时期不同政策对创业活动的态度和影响是不断变化的。就创业活动而言,中国自改革开放后开展的新一轮创业活动的起点是国务院总理李克强在 2014 年"达沃斯论坛"上对"双创"活动(大众创业、万众创新）的阐述。之后，李克强总理在 2015 年政府工作报告中将"双创"定义为助推中国经济持续发展的"双引擎"之一。而随着同年 6 月国务院印发《关于大力推进大众创业万众创新若干政策措施的意见》（以下简称《意见》），标志着"双创"活动正式成为国家政策的施政对象。广西壮族自治区政府依照国务院《意见》的指导，根据本地实际情况因地制宜地设计了相应的帮扶政策。自 2016 年 1 月以来，广西壮族自治区政府连续出台的关于促进本地创业活动发展政策文件共计 5 份，这些政策文件在创业环境塑造、财税补贴、融资渠道、公共服务、创业渠道等方面提出了 29 条保护双创活动的具体措施；并不断优化企业登记制度，通过改革办理流程办理证件并推出注册资本登记制度，采取"先照后证""三证合一"等多项改革措施，促进了知识产权保护和金融服务工作有序推进，使人才管理制度更加灵活，人才双向流动机制不断健全。

由上可知，以 2015 年《意见》的出台为起点，双创活动逐渐成为各级政府的重点施政目标，广西壮族自治区政府围绕《意见》所制订的战略目标与发展方向，因地制宜地提出了相应的地方性政策，在财政补贴、投融资机制、公共服务等领域为优化广西地区创业条件、孕育广西地区创业文化提供了实际的支持。总体来说，国家及广西地方政府通过各项文件的出台落地营造了一个以鼓励为主、相对宽松的政策环境，这无疑为广西创业活动做大做强提供了制度上的保障。

2. 经济环境（E）

经济环境的分析主要从宏观经济环境和微观经济环境两个角度出发。宏观经济环境主要指国家人口数量及分布变动趋势、国民生产总值、国内生产总值等其他重要经济指标及其变化情况。通过这些指标的分析能大体判断一个国家的经济水平与发展情况。微观经济环境主要指与目标市场所在地区与消费者有关的因素（如收入、就业等）。通过对这些指标的分析可以大概了解企业目标市场的容量与市场拓展潜力。此外，在经济环境分析中加入对新经济业态（如数字经济）与经济战略（如自贸区）的分析有助于全面把控地区发展趋势，对经济环境做出前瞻性的判断。

从经济指标的角度来看，截至 2018 年，广西地区国内生产总值达 2 万亿元，排名全国第 18 位。地区人口达 5659 万人。社会从业人员 2848 万人，占总人口比重达 50%。从业人员三产分布占比从第一产业到第三产业依次为 49.3%、17.3%、33.4%。社会消费品零售额达 8300 亿元并连续 5 年保持 6% 的增速。

从新经济业态的角度来看，数字经济作为以数据为基本生产要素的经济形态，是目前我国经济发展中最具活力与潜力的领域，数字经济通过不断加深与经济社会各领域融合的程度，有力地影响了地区消费潜力发掘、投资方向引导、就业水平提升等方面。广西经济发展在全国处于中游水平，2017 年广西数字经济占 GDP 比重为 25.5%，低于全国 32.9% 的平均水平[1]。2018 年广西数字经济规模为 5877.1 亿元，占 GDP 比重为 28.9%，数字经济增速为 13%[2]，2019 年，广西数字经济指数在全国排名第 16 位（图 1-2），数字经济在广西经济中的地位显著提升。

---

[1] 中国信息通信研究院.《中国数字经济发展与就业白皮书（2018）》。

[2] 中国信息通信研究院.《中国数字经济发展与就业白皮书（2019）》。

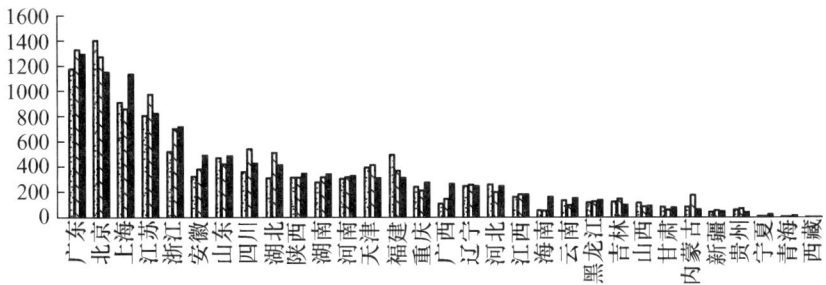

图 1-2 2017—2019 年各省市数字经济指数情况

（数据来源：财新智库）

从经济战略的角度来看，2015 年，经国务院授权，国家发展改革委、外交部、商务部联合发布了《推动共建丝绸之路经济带和 21 世纪海上丝绸之路的愿景与行动》，标志着"一带一路"正式提上国家工作日程，"东盟"作为国家长期的战略合作伙伴，是"一带一路"的重点合作开发区域。此外，作为"三沿"省份，广西的定位也在"一带一路"倡议中得到明确，即以构建"中国-东盟"通道节点为核心，强化基础设施建设。同时向东联结"三角"，打造西南中南出海大通道，最终建设成衔接"一带一路"的核心门户。未来，广西将利用毗邻"东盟"的地缘优势不断深化与"东盟"的经济合作。

另外，在 2019 年发布的《国务院关于同意新设 6 个自由贸易试验区的批复》中，将广西列为六大自贸区之一。自贸区的成立，使得广西能够更充分利用"一带一路"重要衔接门户的优势，向建设西部地区重要出海口、"中国-东盟"陆海贸易新通道的方向发展，最终形成一个贸易投资便利、金融服务完善、监管安全高效、辐射带动作用突出、引领"中国-东盟"开放合作的高标准、高质量自由贸易园区。

综上所述，从微观经济环境来看，广西地区消费者总体保持了收入持续增长的态势，客观上为广西企业的创业活动提供了一批具有消费能力的客户。数字经济等经济新业态以及"一带一路"、自贸区等经济战略的实施为广西构建了一个要素自由流动、资源高效配置、市场深度融合的外延平台。依托这个平台，广西一方面能够引入大量的投融资支持创业活动，另一方面能够利用平台资源优势发掘可变现的创业机会，丰富广西本土创业内容。总体来说，广西稳定向好的经济态势与新经济业态还有新经济战略在广西的布局，为今后广西创业活动提供了大量的潜在机遇与资源供应。

3. 社会文化（S）

社会文化环境是一个国家或地区的教育情况、宗教信仰、社会价值观等意识形态的集合体，它来源于实践活动，却又引导了实践活动的发展方向。因此，通过创业教育、创业培训等措施来构建一个包容且富有活力的创业文化环境无疑是孕育创新精神与创业活动的土壤。2015 年，在《国务院办公厅关于深化高等学校创新创业教育改革的实施意见》中，对创新创业高等教育体系的建设提出了明确的时间表。2017 年，为更好地推进创新创业教育，国务院又提出了深化产学研融合、推动校企互动的具体措施。而各高校利用这一窗口期纷纷强化自身双创教育体系的建设，为满足市场动态需求培养了大批"双创"人才。2018 年 10

月，教育部明确指出，高等教育综合改革的切入点应是高校的"双创"改革，通过"双创"教育来推动学生素质全面提升。

自2015年以来，国家及地方政策对高校"双创"教育的要求日趋细化，政策方向也越发明确。2019年，教育部对双创计划指导组的工作性质与主要任务做出了明确的规定。而广西地区在遵循国家大政方针的基础上，于2016年因地制宜地提出了强化广西高校双创教育改革的具体方案，明确了广西地区双创教育改革的原则、目标和规划。同时，广西地区以"互联网＋"创业大赛为抓手，鼓励高校组织学生参赛。在相关政策的影响下，广西高校掀起了一浪高过一浪的双创热潮。仅第六届中国"互联网＋"创业大赛就吸引了来自广西的101所学校共计6.9万个项目的参赛，这一数据比第五届大赛同比增长62.7%，参赛学生更是超过30万人次（同比增长65%）。除了校园创业的方兴未艾，广西各地还出台多项措施来培育创业文化，其中南宁市于2018年出台了《南宁市创新创业领军人才"邕江计划"实施办法》，从2018年开始，每年开展一次"邕江计划"的评审活动，通过评审发掘出南宁地区双创人才。

综上可知，通过广谱式的创业教育和各个层级的创业实践，广西各级高校大学生的创业素养与创业技能日趋成熟，同时，大学生对创业文化的认同度也在不断上升。而随着以创业大赛为核心的创业实践活动获得了越来越广泛的关注度与参与度，广西对创业活动的社会观念将逐渐转向宽容、支持，这无疑能推动广西创业活动的持续发展。

4. 科学技术（T）

科学技术不仅包括现有的发明，也包括与市场相关的新技术、新工艺与新基建。目前广西数字技术基础能力建设进展顺利，2018年12月实现光纤网络覆盖100%行政村，2019年8月实现每个行政村至少设1个4G基站，2019年7月窄带物联网（NB-IoT）已基本建成，2019年IPv6网络改造行动稳步推进。2019年上半年，基础电信企业新增光缆25.7万千米，4G基站新增2.3万个，光纤网络通达超过70%的50户以上自然村，千兆光网小区改造达到2897个，固定宽带用户净增130万户，4G移动电话用户增加260万户，实现光纤宽带、4G网络在广西的全覆盖。2019年3月，中国电信广西公司在南宁市开通全国首个5G独立组网（SA）商用版城市核心区试验网，试验网覆盖南宁市民族大道沿线（西起共和路东至埌东客运站），整条覆盖线路总长约16千米，这标志着广西"数字广西"信息通信基础设施建设取得了重大成果。

除了不断完善区内通信基础设施建设，广西还以联通为实施主体，强化"南宁-东盟"国际通信工程建设。经过长期的基础设施建设，广西地区初步具备了大规模运用大数据、物联网等数字技术的可能。全区2018年物联网用户达206万户，仅华为一家"云计算"数据中心的建筑面积就已经达到6万平方米。亚欧5号（SMW5）、亚太直达（APG）及亚非欧1号（AAE－1）3条国际通信海缆和中越、中缅、中老10条跨境陆路光缆系统、"中国-东盟"信息港大数据中心、中国移动（广西）数据中心、中国电信（广西）东盟云计算数据中心等大数据中心建成并投入使用，为数字经济交流合作奠定了基础。雄厚的基础设施支撑了数据应用平台的运营，2017年，广西建立了"中国-东盟商贸通"这一平台支撑互市贸易结算，该平台还入选了2018年国家发展和改革委员会数字经济试点工程。

数字经济及"互联网＋"在广西的快速发展改变了广西传统的商业模式，也改变了满足消费者需求的方式，这就带动大量创业机会的产生。但这种改变需要以坚实的基础设施建设为支撑，以 5G 为核心的新基建在广西的不断落地，为广西探索数字经济提供了基本保证，也让广西以数字经济为主的创业活动有了基本的依托。

 **延伸阅读**

**梅特卡夫定律**

梅特卡夫定律是著名计算机科学家梅特卡夫最早提出并以其名字命名的网络技术发展规律。它认为网络价值的增长与网络用户的增长正相关，且以网络用户增长量的平方进行增长。它的本质就是网络的外部性。

该定律的实质是：在一个有着 $n$ 个用户的网络中，网络对单个用户的价值和网络用户的总量成正相关。假设每个用户在网络中的价值是 1 元，那么当网络规模扩大至原来的 10 倍时，网络总价值就达到了 100 元；如果扩大至 100 倍，那么价值就达到了 10000 元。

自 20 世纪 90 年代以来，互联网在呈现出指数型增长态势的同时，也影响着社会生活的方方面面，且这种影响与网络结点的数量成正比。由此，梅特卡夫总结出网络价值等于其结点数量的平方这一定律。

而这一定律实际上体现了网络世界有着不同于传统行业的外部性效果，当网络使用者越来越多时，其产生的效用也会越大。

梅特卡夫定律背后的理论，亦即所谓网络的外部性效果：使用者越多，对原来的使用者而言，不仅其效用不会如一般经济规律一样（人越多分享越少），反而其效用会越大。如果说摩尔定理和产业合流所带来的是普遍信息化，那么梅特卡夫定律则将实现普遍信息化的组织通过网络产生的外部性进行链接，形成一个充满机遇与潜力的全球电子商务市场。

这个定律不仅对网络的通信价值有效，对业务价值同样有效。一部电话的使用价值为 0，但当有两部电话时，他们的使用价值就可以从 0 变为 4（2 的平方）。也就是说，任何网络的经济价值是以指数级而非算数级增长的。短信业务、电子邮件业务也是如此。值得一提的是，网络概念不仅可以代表技术领域的网络，也可以代表经济社会领域的网络。当使用新产品或新服务的人达到一定数量时，产品或服务带来的价值也会呈指数级跃升。

资料来源：https://wiki.mbalib.com/wiki/Metcalf_Law［2021－05－31］.

 **创业故事**

**在桂台商的创业故事**

1. 八桂大地大潜力

回首往事，广西良丽种业有限公司董事长林金良突然发现，2019 年已经是他来到广西的第 27 个年头。当年，曾在台湾农会任职的林金良一心想发展具有地方特色的综合农业，但受限于台湾岛本身的自然环境，他的雄心壮志只能暂时藏在心里。1992 年，受到朋友邀请的林金良来到广西考察，在这里他惊奇地发现，广西与台湾不仅纬度相同，气候、地理条件等方面甚至优于台湾。同时，他也在广西感受到了当地对港澳台胞的优惠政策，于是林金良决定在广西实现他的"大农业"之梦。随后，林金良在南宁市政府的支持下迅速成立了邕兴公司，先是引进台湾各类瓜果良种开始种植，在生意做大之后，林金良又成立了良丽种业有限公司,将目光转向了自主研发这条新路上,他的公司也迅速开始了优质农产品的开发及销售工作。经过多年的发展,林金良的公司跻身广西农业龙头企业的行列,旗下的火龙果产品畅销全国。

而另一位台商,来自南宁记有灯饰的赖俊宏则坦言,吸引他从四川转到广西创业的原因无它,就是因为他看好广西的发展前景。总部位于上海的肇丰集团目前在内地共有300余家专卖店,之前在肇丰集团四川分部任职的赖俊宏在几年前主动申请从四川分部调至南宁分部。经过几年的创业,他的业绩从刚来南宁的集团末流,一跃而至集团前列。时至今日,赖俊宏仍为自己的选择感到自豪。

2. 创业正是好时机

林金良一直认为,创业是机会和能力的结合,而他认为现在正是广西开展创业活动的大好时机。

出身台商的林金良自然很明白台商的想法。在改革开放初期,广西的区位优势并没有明显发挥出来,南宁作为广西的首府也未能收获相应的关注度。但是,随着"中国-东盟"博览会落户南宁,南宁乃至整个广西的知名度不断攀升,而林金良更是趁着这一"东风"把家人全部带来广西开始创业。他说:"广西的经济不仅保持了快速的增长,同时'一带一路'的政策也让广西有了更广阔的发展前景!"

赖俊宏也认为,广西目前是一个能量涌动的宝地,他与好几个台商朋友已经相约到广西共同创业,除了本业之外,他还在广西试点发展特色农业。

作为较早来到广西创业的台商,南宁台基农业科技有限公司董事长卢明汉也对广西改革开放以来的发展深有感触。随着"一带一路"给广西带来的巨大商机,全国各地的台商纷纷组织团队来广西考察,而他也利用先到的优势,和几个台商一起创办了南宁台基农业科技有限公司和上海基因公司南方总部。在未来,卢明汉有信心将在广西的事业发展壮大。

3. "市民待遇"很暖心

许多台商坦言,能吸引他们常驻广西的,不仅仅是优惠的政策和良好的营商环境,更重要的是广西有着一个宜居的人文环境。

南宁台协前会长卢明汉对南宁市为台商提供的便利条件更是如数家珍:2014年,南宁市第一人民医院开通了对台医疗绿色通道;2016年年底,市民卡对台商开放,台商能够申请换领大陆驾照或是办理大陆车牌,而台商家属入工入学的限制条件也越来越少。

在领到南宁市民卡之后,南宁市台协会长、嘉泰水泥制品公司执行副总经理周代祥觉得自己也算一个"南宁友仔"了,以后乘坐公共交通工具出行也方便了不少。不仅他自己办理了市民卡,他还协调南宁有关部门为在桂100多名台商统一登记办理了市民卡。

在他看来,南宁乃至整个广西在这几年历经了翻天覆地的变化,从没有空调的公交车到四通八达的地铁,从一片荒芜的未开发土地到高楼林立的五象新区,这些都是南宁快速发展的缩影。他的公司作为南宁各类重大工程项目的参与者,不仅亲身经历了这些变化,而且也从这些变化中获取了巨大的收益。2016年,公司产值达到了6亿元,利润率同比翻了一番。

"将心比心,相互信任",这是在桂台商的统一想法,他们也会将广西对台商的政策传达给更多的台胞,让他们也来广西创业。

资料来源:http://www.huaxia.com/tslj/rdqy/xb/2017/12/5565824.html [2021-05-31].

**创业语录**

20世纪是生产率的世纪，21世纪是质量的世纪。

——美国著名质量管理学家约瑟夫·朱兰博士

抓住时机并快速决策是现代企业成功的关键。

——美国斯坦福大学教授艾森哈特

## 1.3　创业逻辑与创业思维

当今时代，对大学生创业逻辑与创业思维的培养有其必然性和重要性，研究和学习创业，不一定要去创办企业，但是一定要理解创业的逻辑与思维，在日后的工作中将其应用，对自身的职业生涯将会有很大益处。

### 1.3.1　创业活动的两种决策逻辑

因果逻辑创业：先进行市场调研，找到目标细分市场，制定营销策略，计算边际成本/价格，制订财务规划，撰写商业报告，整合资源，组建团队创建企业。因果逻辑也称预测逻辑，因为它强调必须依靠精准的预测和清晰的目标。

效果逻辑创业：盘点现有资源，利用手上现有的有限资源着手做可以做的事，从而快速起步，然后寻找利益相关者进行交流并商谈实际的投入，根据实际投入设定创业的具体目标；重复上述过程，直到利益相关者和资源投入链条收敛到一个可行的新创企业。效果逻辑也称非预测逻辑，极度依靠利益相关者并且是手段导向。

表1-3所示为创业活动的两种决策逻辑的对比。

表1-3　创业活动的两种决策逻辑的对比

| | 因果逻辑 | 效果逻辑 |
| --- | --- | --- |
| 行为的原因 | 以利益最大化为标准，通过分析决定应该做什么 | 做你能够做的，而不是根据预测的结果去做你应该做的 |
| 采取行动的原因 | 从总目标开始，总目标决定了子目标，子目标决定了要采取哪些行动 | 从现有的手段开始，设想能够利用这些手段采取什么行动，实现什么目标；这些子目标最终结合起来构成总目标 |
| 行动路径的选择 | 根据对既定目标的承诺来选择行动的路径 | 选择现在的路径是为了使以后能出现更多更好的途径，因此路径可能随时变换 |
| 对风险的态度 | 更关心预期回报的大小，寻求能使利益最大化的机会，而不是降低风险 | 在可承受的范围内采取行动，不去冒超出自己承受能力的风险 |
| 对其他公司的态度 | 强调竞争关系，根据需要对顾客和供应商承担有限的责任 | 强调合作，与顾客、供应商甚至潜在的竞争者共同创造未来的市场 |

资料来源：READ S, SARASVATHY S D, 2005. Knowing What to Do and Doing What You Know: Effectuation as a Form of Entrepreneurial Expertise [J]. Journal of Private Equity, 9 (1): 45-62.

萨阿斯瓦斯教授将西蒙的有限决策理论运用到创业研究领域，他从美国1960—1985年最成功的创业者及"年度国家创业奖"的获得者中邀请了27名作为研究对象，分别对他们进行实验和访谈。主要研究发现有如下方面：成功创业者是以手段驱动而不是以目标导向的行动起步；成功创业者在评估机会时，考虑的是"可承受的损失"而不是"预期的回报"；成功创业者会设法利用意外而不是回避意外；成功创业者会召集一些愿意加盟自己团队的人。这个研究结果发现，创业专家所具有的一些特别的行为和逻辑有悖于传统教科书中的标准模式。

无论是在学术界还是在实践领域，人们都习惯于运用传统的、适用于大型制造企业的管理模式来分析指导中小企业和新创企业的经营管理实践，如加强计划管理、有效的授权、层次分明的组织体系、规范的管理控制系统、职业化管理等。但是，中小企业毕竟不是大企业，新创企业更是具有很强的独特性，选用效果逻辑进行决策显然更适用。

因果逻辑与效果逻辑属于创业过程中两种重要的决策方式，但两者的基本逻辑却有很大不同，创业者需要根据自身情况选择某种逻辑进行相关决策。

### 1.3.2 创业思维

创业思维，是指利用不确定的环境创造商机的思考方式。常见的创业思维有如下几点。

**1. 合理利用现有资源快速行动**

创业者首先要分析自己，包括自己的知识储备、手段方法、社会网络等，也就是要盘点清楚自己的现有资源，而不是起始于设定的目标。创业行动不是循规蹈矩的，不应该是目标驱动，而应该是手段驱动；创业者需要利用已有的资源和方法创造新企业，而不是先设定目标再寻找手段。

**2. 根据可承受损失采取行动而不是基于收益大小**

创业者不能根据创业项目的设想回报来投入资源，必须首先确定自己能够承担的损失，然后才开始投入相应的资源。因为，任何的设想收益都是不确定的，但创业不成功可能造成的最大损失则是确定的。在创业的每个阶段，创业者都应该在自己能够承担的基础上进行投入，否则风险就很大。在决策前，应综合权衡各种因素，包括资金、时间、工作方式、个人声誉、心理成本和机会成本等。

**3. 小步快走，多次尝试**

如果不能确定你第一步迈对，千万不要匆忙采取大步行动，即使那样做能让你获得可观的回报。第一次迈对步子的概率实在是极小，因为即使你投入了相当数量的资源也不能确保你的想法或计划能够成功，所以小步行动通常是明智的。当你小步行动时，就可以有机会改错且可以多次采取行动，而较大的步伐将提高我们犯错后回头的难度。

**4. 在创业活动过程中不断吸收新鲜血液**

寻找志同道合且愿意为创业项目投入实际资源的伙伴，通过协商来建立合作关系，建立一个当初选定的方向的利益相关者网络，而不是把更多的精力花在机会成本分析上。

**5. 善于利用行动中的意外事件**

美国有一句谚语：当生活给了你柠檬，那就榨柠檬汁。这是要求创业者应以积极的心态主动接纳甚至巧妙利用意外事件,而不应消极规避或应付。在创业过程中,你付出了行动不一定会有你所期望的结果,这时需要客观对待,否则可能会错失某些重要的机会。当然,意外也可能意味着存在问题。如果可能,就解决这些问题,你的解决方案也是你积累的财富之一。

6. 行动要有激情

研究表明,"激情是驱动创造力的关键要素"。如果诸如激情之类的内在动机是驱动你的动力源泉,那么你获得成功的概率就会比较高。同时激情也是驱散不确定性的关键因素。

### 1.3.3 精益创业

精益创业最早是里斯在2008年提出的创业和产品开发的方法,里斯将精益创业提炼为Build-Measure-Learn循环:(想法)→建造→(产品)→衡量→(数据)→学习→(新的想法)。目前,精益创业在美国已开始大规模普及,几乎成为硅谷默认的创业模式,有大量相关书籍、文章和案例。近几年精益创业的概念在国内也开始普及。

精益创业的核心是杜绝浪费,即以最小化可行产品开始试验,从每次试错的结果中学习、调整并快速迭代,在资源耗尽之前从迷雾中找到通往成功的道路。在竞争激烈的商业环境下,钱和时间都很宝贵,与其花费很多资源利用很长时间做一个大版本,到最后可能发现很多细节需要修改或者产品其实没有满足市场需求,不如把产品开发拆分成多个版本的迭代,每次迭代都根据上次版本的反馈来优化,让企业少走弯路。

图1-3所示为传统创业与精益创业核心思想的简单对比。

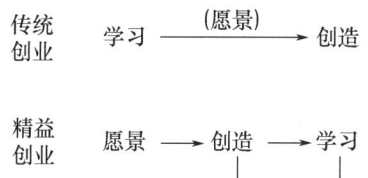

图1-3 传统创业与精益创业核心思想的简单对比

精益创业的名称来源于丰田公司的大野耐一和新乡重夫发展出来的精益生产。精益创业的方法论可借鉴精益生产的思想,有严谨的步骤,具体如下。

1. 确定等待验证的假设

任何创业理念要想顺利实现,必须满足两个假设:一是为客户带来价值;二是客户数量能够持续增长。Facebook刚推出时,只服务于数量庞大的大学社区,没有做任何营销。但一个月之后,它吸引了哈佛大学四分之三的本科生注册,用户访问率超过每天一次。这两个现象充分说明该产品符合增长假说和价值假说。

2. 制作最小化可行产品

在产品构建阶段,里斯强烈建议采用最小化可行产品的方式,即投入最少的人力资源,构建一个能够体现创新或核心价值的产品,并立即投放市场。这种方法基于下列假设:顾客的需求只能在具体使用之中被识别,再多的前期研究也只能发现"顾客认为他们想要什么",而不是"顾客真正想要什么"。因此,在不了解顾客现实需求的情况之下,我们只会做得更多余,犯更多的错误。如果顾客认可了产品的核心价值,就可以在此基础之上进一步改进;

如果顾客不满意，就应该改变产品。通常最小化可行产品有四个特点：体现项目创意、能够测试和演示、功能直观、开发成本低。

3. 确定衡量指标

衡量的目的是通过一些真实有效的指标来判断当前产品与上一版本产品相比是否带来了真正的价值提升。创业企业与成熟企业不同，不能以总量的变化而应以速度的变化来衡量产品（变化）的价值。比如一项全新的项目，第一个月注册用户200人，全新项目第一年注册用户3000人，虽然用户总量持续增长，但每月新增用户数基本上持平，这意味着它在今年所做的更新或改变并没有增强它对潜在用户的吸引力。因此，真正精确的衡量指标必须能够揭示产品特性变化与业务增长间的联系，从而识别出准确的增长引擎。

4. 坚持或转型

如果分析结果表明假设基本准确，细微的变化能够使产品越来越趋向于假设的理想状态，那么应该坚持。但是，无论我们怎么努力，都逐渐偏离假设，我们可能需要通过转型对假设进行一些本质性的改变。这可能涉及创新的方方面面：核心技术、应用模式、目标市场、目标需求、增长模式、推广渠道。至于哪些因素会带来最有效的效果，可以在下一个周期进行验证。为了应对全新创意需要验证太多的情况，创业者可以以一个相对平稳的产品版本为基线，升级多个并行版本，启动多个周期验证全新创意的合理性，剔除欠佳的部分，把好的创意合并到下一个基线之中。

**颠覆式创新**

颠覆式创新是指在传统创新、破坏式创新和微观创新的基础之上，由量变引发质变，从渐进式变革到最终实现颠覆。通过创新，将原有模式转化为全新的模式和全新的价值链。

1. 颠覆式创新的内容

颠覆式创新有两个颠覆式的思路：一是低端颠覆；另一个是新市场颠覆。它创造了一个前所未有的全新的市场空间，这个市场空间的表现纬度不同于传统的表现纬度。企业往往通过颠覆式创新来突破瓶颈或获得全新的发展。能打破固有模式，具有颠覆式创新能力的企业需要具备三个核心要素：强劲的核心资源能力、创新的盈利模式和高效的服务吸引力。

2. 如何进行颠覆式创新

如何进行颠覆式创新？最直接的表达是颠覆式创新＝创意×价值×执行，三者缺一不可。颠覆式创新和持续改进有很大区别。颠覆式创新理念必须以全新产品、服务或商业模式与客户互动，但这些理念能否被接受，取决于它们能否为利益相关者（客户、合作伙伴、政府和社会）创造更高的价值。实施过程必须通过生态系统的重构和外部组织体系的管理重组来进行。换句话说，这是一个全然的转变，包括所有人的思想、观念、模式、组织和制度。

资料来源：http://www.chinavalue.net/Wiki/ShowContent.aspx?TitleID=393184 ［2021 - 05 - 31］．

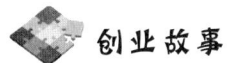 创业故事

### 靠"甜蜜的事业"成就的广西首富

据 2017 年的胡润百富榜显示,广西南华糖业集团有限公司(以下简称南华糖业)董事长冯小华的资产达到 75 亿元人民币,在广西富豪中位列第一,全国富豪榜单中居第 524 名。冯小华的财富主要来自他创办的南华糖业,这一份甜蜜的事业,不仅让他跻身亿万富豪之列,成为广西首富,更被誉为"亚洲糖王"。财富之路上,冯小华抢占"价值洼地",一击即中,他的创业故事也颇具传奇色彩。

1956 年出生的冯小华,是广东丰顺人。他从暨南大学经济系毕业后,进入一家国企工作,这无疑是一个"铁饭碗"。但到了 1997 年,眼光敏锐的冯小华发现,糖作为老百姓日常生活必需品,当时的市场发展状况并不饱和,制糖业发展潜力巨大,潜心研究或许能在这一领域有所成就。于是,已经 41 岁的冯小华和朋友共同贷款,在海南省洋浦经济开发区,注册创办了洋浦南华糖业集团有限公司,注册资金为 8000 万元。

最初,冯小华做的是"二道贩子"生意,收购成品然后转手,以差价来获得利润。他本人形容这种方式为"游击队",经过调整之后,冯小华实现了独立生产,慢慢聚焦于甘蔗种植、制糖、食糖购销等与糖有关的上下游业务。经过一系列努力,冯小华的公司在海南当地有了一定规模,但企业的地位与行业佼佼者相比仍有一定距离。

2000 年,广西的领导动员他去广西的市场走一走,看一看资源条件。没想到,冯小华一发不可收,他在一次采访中笑谈道:"这'走一走'就变成'不走'了。"广西日照时间长,环境适合甘蔗生长,而且甘蔗种植历史悠久,种植面积也很大。了解到广西这个"糖罐子"的独特优势,2000 年,冯小华进入广西,创办了广西南华糖业集团有限公司。

落户广西虽然给企业带来了新的生机,但真正成为"亚洲糖王",冯小华的顺势而起,快速扩张也发挥了很大的作用。因全国国有糖厂启动大规模改制,冯小华通过购买产权或者注入资金的方式,在海南和广西收购了 20 家国有糖厂,此后更是扩展到云南、黑龙江、广东、江苏等主要产糖地区。到云南并购国有糖厂时,当地政府明确提出,糖厂净资产低,冯小华要并购,就必须在净资产收购之外投资一个 5~10 吨的造纸厂拉动就业。其实,甘蔗在冯小华这里,不要说造纸,说被榨到渣都不剩,也毫不为过。这并非贬义,为何?南华糖业有自己的一套循环经济的"模式"。

在南华糖业,除了蔗渣制浆造纸之外,还有糖蜜发酵生产麸酸、味精,发酵废液和糖厂滤泥等生产甘蔗专用有机肥等生产项目。一根甘蔗"吃干榨尽",资源循环利用,形成综合利用的产业群,制糖的产业链被大大拉长,公司竞争力也得以提升。

到 2007 年,南华糖业下属糖厂多达 35 家,年销售 61 亿元。2008 年,南华糖业销售收入超过 100 亿元。值得一提的是,甘蔗大多种植在欠发达地区,而甘蔗从种植到砍伐、搬运、装车、运输等,都需要大量的人力,所以南华糖业在自身发展的同时,还提供了差不多 10 万个就业岗位。而且南华糖业还会因地制宜地充分利用资源,与村民展开深度合作。冯小华就曾说"种好甘蔗田,脱贫奔小康",企业发展和带动村民脱贫致富一箭双雕。

二十多年过去了,对于南华糖业的发展,冯小华认为,"还有一定的缺口和很大的发展空间"。毫无疑问,这位广西首富的"甜蜜事业",仍将继续。

资料来源：https://www.sohu.com/a/334414200_212351 〔2021-05-31〕.

**创业语录**

必须要有速度，不能像烧开水那样，10 度、20 度……没有人给你时间。

——徐立华

**思考题**

1. 大学生创业精神培养存在的问题有哪些？
2. 创业与创新之间存在何种联系？
3. 数字经济时代下创业具有何种意义？
4. 因果逻辑与效果逻辑分别适用于何种情景？
5. 什么样的思维才是创业思维？如何培养自己的创业思维？

**案例分享及讨论**

## "无人不饱暖"的追梦者

他，把自己的前途命运和"农"字紧紧联系在一起，从小立志要改变贫困地区农村面貌，创业有成后书写了一段在八桂大地上广为传扬的佳话："母猪配种找扬翔、养殖致富找扬翔、要吃好肉还是找扬翔。"

他，孜孜不倦地践行着前人未能完成的"天国理想"，以带领 300 多万户农民实现养殖增收的壮举，为"无人不饱暖"赋予了新的时代内涵。

他就是黄定寿，广西最大农牧企业——广西扬翔股份有限公司（简称扬翔公司）的董事长。谈及创业的缘起及心路历程，已经载誉无数的他用恳切深情的质朴话语说道："我就是一个农民，最大的愿望就是希望所有的农民都有饭吃、有衣穿、有钱花。"

### 1. 把握人生转折点

1962 年，黄定寿出生于广西贵港市一个农民家庭，对那一代人而言，贫困饥饿是难以忘怀的集体记忆，国家决定恢复高考是他们大多数人命运中的最大转折点。

"我当时拼命地读书，不单为自己，也希望日后有更大能力帮助更多的人。"黄定寿说。因为自幼生长在农村，体会过农民的艰辛生活，他从小就对农村特别是贫困地区农民的艰难困苦充满了悲悯，也激发了一股改变贫困地区农村贫穷落后面貌的信念。正因为这个信念，参加高考时黄定寿放弃了当时的很多热门专业，决意报考农业方面的专业，并最终以优异的成绩考取了当时的广西农学院，把握住了转折带来的机遇。

1986 年大学毕业后，黄定寿在广西百色农校任教 8 年之久。这份稳定安逸的公职在时人看来非常值得羡慕，但心中永存的那个信念和对农村的深厚情感，还是促使他迎向了人生的另一次重要转折：积极投身创办直接面向农民、服务"三农"、带动农民致富的农牧企业——扬翔公司。他将扬翔公司的经营宗旨定位为"以农为本、以猪为业、以猪富农"，并在之后始终坚持"存于社会回报社会"的理念，以降低养殖户总养殖成本为己任，带动农民走产业化养殖致富的道路。

2. 永远站在行业的制高点

所志所学相一致只是为相关事业的成功提供了动力源和助力，扬翔公司能从一家以饲料生产经营为主的小企业，成长为横跨饲料生产、种猪繁育、肉猪养殖、肉鸭养殖、肉食品加工销售等多个方面的产业一体化大型农牧企业，关键在于运用科技，结合市场，不断创新。

"这个企业的一大亮点就是永远站在行业的制高点。"广西壮族自治区工商联副主席韦峥芳曾这样指出。

事实上，黄定寿十分重视企业核心竞争力的提升。在他的带领下，扬翔公司广纳贤才、大力开展校企合作，至今已拥有硕士65名、博士16名，其中外聘院士3名，专家教授26名。大专及以上学历的员工占到了企业总人数的70%。扬翔公司还与国内10多家科研院校合作，进行优质饲料的研发和育种、营养、饲养、肉产品、兽医等研究体系的创建。

高科技和知识人才注入带来的回报就是行业纪录的不断刷新和大众对扬翔公司品牌的认可。"我们公司建立了国内网络最完善、功能最健全、服务最到位的公猪品种改良服务体系，培育完成的具有自主知识产权的龙宝1号猪配套系，2013年通过了国家畜禽资源委员会鉴定；十几年来相继推出的'膨化料''断奶王''猪奶乐''喜扬扬'等系列产品均被列为行业优质产品，'喜扬扬'系列饲料创造了'养仔猪80天重达80斤'的佳绩；2014年，扬翔已发展到年饲料总销量160万吨，年供应良种猪精900万瓶，品牌价值达百亿元……"如数家珍的黄定寿脸上洋溢着自豪。

与此同时，扬翔公司还在养殖模式上进行了变革性的创新。黄定寿认为，要真正为农民做实事，就得以龙头企业运作为杠杆，组织带动农民走产业化致富之路。为此，针对长期以来广大农村普遍分散、粗放型的落后养猪业状况，扬翔公司在"公司＋农户"模式的实施中提供订单养殖与合作养殖两种选择，采用统一规划、统一供种、统一供料、统一防疫、统一饲养管理、统一品牌销售"六个统一"，帮助农民实现养殖增收。此外，为妥善解决猪场粪便对环境的污染问题，2011年以来，扬翔公司斥巨资在自有基地开展大中型沼气池建设，形成了一套既能改善场区和周边环境，又能实现节能减排，既能为农林作物提供优质肥料，又能减少养殖疾病发生率、提高产品品质的"清洁养殖"模式，这套模式的相关标准现已成为广西乃至全国养猪行业的参照标准。2013年，为贯彻落实自治区党委、政府开展"美丽广西、清洁乡村"活动的工作部署，扬翔公司在广西发起开展了"清洁养殖·助农增收"大行动，通过筹集巨资进行清洁养殖、科学养猪大培训来推广"清洁养殖"模式，引导农民增强环保意识，提高科学养殖技能，实现养猪持续增收。

3. 争当光彩示范点

"慈善不仅仅是捐款捐物，最大的慈善就是努力把企业做好，尽力做成百年老店，让员工有着落，让千家万户的农民生活有奔头。"对于光彩事业，黄定寿有着自己的独特见解。

与之相对应，扬翔公司履行起社会责任来也有些别具一格。作为广西产业扶贫的"火车头"，除了积极参与各类社会公益活动，扬翔公司遵循企业核心价值观里的"使命""责任""诚信"这三大信条而做的每个动作，都蕴含了巨大的正能量。

因为使命，扬翔公司坚持追逐着自己"打造健康食品，以猪富农"的企业梦，通过不断进行科研来改善品种和管理体系，向广大中小型养殖户提供母仔猪整体饲养方案和融资担保，配备技术团队驻场服务，为农民快乐养猪、轻松赚钱保驾护航。

因为责任，扬翔公司致力于促进农民养猪增收，持之以恒地开展扶贫济困工作，确保所生产的每包饲料都能达到环保标准，致力于提升员工综合素质和改善员工福利。

因为诚信，扬翔公司对原料和产品的质量做到持续保持稳定且不断提升，对公司专业服务队伍的培训、指导要求说到做到，对合作条款里的约定事项不打折扣地兑现。

自1998年启动"扬翔献爱心百万助学扶贫大行动"至今，扬翔公司在扶贫方面的支出达到了7300余万元，累计受助的个人及家庭共18600多个。在2013年和2014年养殖业市场低迷，养猪养鸭严重亏损的情况下，扬翔公司信守承诺，宁愿公司亏损也要按照合同保价收购合作养殖户的商品猪和商品鸭，保障了合作户每头猪还能盈利100～200元钱，每只鸭盈利3～4元钱。

10多年中，扬翔公司在广西各地举办的科技培训班已达1.63万场次，参训农民达232万人次，经由扬翔公司培养的技术人才多达10万人。据统计，这种培训方式起到了"授人以渔"的效果。在广西，扬翔公司共带动了5.8万户贫困户走向致富路，累计创收10亿元，同时广西约有25万村民从事与扬翔公司相关的产业活动。

黄定寿创业当年那一颗植根于"反哺父老乡亲"情结的帮扶"种子"，如今已结出了闪耀着奕奕光彩的累累硕果。

4. 踏上征途新起点

2013年11月7日，广西农业产业商会正式成立，发起人黄定寿担任会长。这是广西第一家以农业产业化重点龙头企业为主体的农业产业商会。"构建中国-东盟国际农业合作交流平台，打造"十、百、千、万"（即十个IPO公司、百家自治区级以上龙头企业、千亿元产值、万名会员）大型国际化品牌产业商会"发展目标的明确提出，意味着黄定寿肩上的重担又添了一层。

"长期以来，广西农业存在着三大明显的劣势：农业产业链太短、农业产业方面的企业太少、农业的龙头企业太小。如何将农业企业串联起来抱团发展，实现富民强桂新跨越，成了自治区党委、政府高度关心的问题。"黄定寿说，自治区党委统战部、工商联等有关领导曾就完善这方面的工作做出了要他牵头成立农业产业商会的指示，考虑到服务广西农业发展大局的责任，自己当时就义不容辞地应承下来了。

在自治区党委统战部和工商联的指导下，黄定寿带领广西农业产业商会全力维护会员企业的合法权益，为会员企业搭建农业产业化政策、资源、金融、信息综合服务平台，积极引导非公经济人士自觉把企业梦和中国梦紧密联系在一起，共同促进非公经济的健康有序发展。短短两年不到的时间，就已发展了过千家会员企业，在联系政企、服务会员、促进农业产业可持续发展等方面取得了不俗的成绩。

从扬翔公司的当家人到广西农业产业商会的会长，无疑又是黄定寿人生中的一个重要节点。站在新起点上，变化的是舞台，不变的是浓厚的"三农"情结和扶贫致富的责任。未来应该如何演绎，善于把握机遇的他想必已成竹在胸。

资料来源：http://www.soozhu.com/article/218055/ ［2021－05－31］.

# 第 2 章　创业者与创业团队

**学习目标**

1. 了解创业者的能力和主要特质；
2. 掌握创业者的创业动机及其影响因素；
3. 了解创业团队的主要类型；
4. 熟悉创业团队的组建模式及过程；
5. 掌握创业团队的冲突原因。

## 连线创业者

**创业者**：凌义，广西大学商学院 EMBA 2016 级学员；2005 年毕业于安徽财经大学信息工程学院；2007 年开始踏上自主创业的道路；2020 年春季应邀参与广西大学"创业基础"在线课堂的"连线创业者"活动。

**连线者**：广西大学商学院副教授胡峰。

**胡峰**：凌总您好！同学们也可以称呼您为师兄了。非常感谢您能来到我们广西大学、山东财经大学、北部湾大学、梧州学院、贺州学院五校"创业基础"课程联合教学课堂。今天我们互动的话题是创业者与创业团队。您既有就业的经历，同时也有创业的历程，从您的简历来看，您的创业历程比就业经历丰富很多。我代表同学们问的第一个问题是：从您的创业经验来看，您认为创业者需要具备哪些重要素质？您对于大学生应如何培养这些素质有什么建议？

**凌义**：关于创业者的素质我有三个建议。第一，健康的身体。创业需要应付繁重的工作，需要全天候地思考，整合资源，创业者要坚持锻炼身体才能确保有旺盛的精力。第二，积极的心态。创业的结果与设想往往很难一致，遇到挫折是常态，创业者要保持积极阳光的心态。第三，不断地学习。创业过程中机会无处不在，对创业者而言，最难的是企业在不同的发展阶段要拥有合适的管理团队和匹配的管理方法。创业者需要不断地提升自我学习的能力。

**胡峰**：凌总，众所周知，创业是艰辛的，基于此，很多人都认为大学生（或者绝大多数刚刚毕业的大学生）不宜直接加入创业的行列。那么，大学生学习创业知识的意义是什么呢？请谈谈您的看法。

**凌义**：虽然并不是所有的大学生毕业后就加入创业的行业，但是大学生学习创业知识是非常有必要的。学习创业知识一方面可以更好地理解商业的本质，了解商业运作的规律；另一方面有助于快速提升个人能力。

**胡峰**：接下来是关于团队的问题，在您的创业历程中，您选择创业团队（伙伴）的标准是什么？为什么看中这些条件？

**凌义**：创业团队要适应不同的创业阶段。总的来说，我会把创业团队分为两个层次。一个层次是核心团队（创始人团队）的三个重要方面：能力互补，各有所长；理念趋同，目标一致；抛弃成见，顺畅沟通。

另一个层次是顾问团队（外围的智库）的主要来源：老师、长辈、领导、专业人士（律师、医生等）。

胡峰：凌总，最后一个问题我犹豫了好久，可能不太好在这种场合问。但是我在上周结束的"创业学"课程总结中，有同学提出了类似的问题，既然您是他们的师兄，是一家人，我还是问一问：您创业生涯中投资了不少的公司（项目），您都成功了吗？您最为坎坷的公司（项目）是什么？由此您的启示是什么？能否给师弟师妹们分享。

凌义：成功的经验不多，失败的经历不少！13年来投资了18个行业，现在还有前景的有5个。个人最坎坷（失败）的投资项目是2014—2019年投资P2P平台，该项目经济损失几千万，同时对合伙人的心理也产生了不小的影响。因此，个人的创业体会总结起来有两点：一是生意和事业是截然不同的东西，创业者需要定位并做出选择；二是创业机会诱惑很多，样样通不如一样精。人生很短，能做好一件事情就很了不起了。看准一个行业，专心做好一件事情，你会有很大的机会获得丰厚的回报！

在第1章中，我们解决了创业、创业精神及创业思维分别是什么，以及分别具有什么样的含义的问题。那么接下来我们将要了解的是具有上述行为和特质的主体——创业者和创业团队。在本章学习中，我们将会带领大家认知创业者的定义、创业者应具有的能力和特质、创业者团队的定义和构建，帮助大家了解创业者和创业者团队的相关问题。

## 2.1 创 业 者

### 2.1.1 创业者的界定

国内外学者从不同的研究角度对"创业者"一词有不同的理解，当前比较主流的理论学派对创业者的定义有下面几种。

1. 风险学派

风险学派认为创业者承担着由不确定性导致的各种风险，在企业中担任需要做出不确定决策时的决策者和其责任承担者这样的角色，负责指挥企业的经营活动并承担风险。

2. 领导学派

领导学派从创业者在企业组织中的领导职能来研究创业获得和创业者的行为，认为创业者是在创业过程中有效识别市场机会的前提下通过领导职能来进行创业行为的，他行使多重领导职能，是协调人力、组织资源、有效配置其他职能的主要影响者。

3. 创新学派

创新学派认为创业者的职能就是实现生产要素新的组合。创业的手段和本质是创新，在不确定的市场中，只有通过大量的创新带来更多的消费群体才能求得生存。值得注意的是，他们认为的创新不限于科技创新，创新可以基于产品创新，可以基于市场营销模式创新，也可以基于企业管理体系进行创新。

4. 认知学派

认知学派侧重从心理活动领域理解创业者，特别是从认知特性角度来研究创业，并强调创业者的认知、想象力等主观因素，更倾向于通过创业者本身所具有的特质等进行描述。创业者具有的基础特质是一种"警觉性"，这种知觉不仅仅是对市场机会的有效认知和捕捉，同时也代表对了解现象后的本质、察觉主体行为后的内在想法等这种认知力的泛称。

5. 社会学派

社会学派认为创业并不是个人能力或个人背景下的产物，更多的是在社会环境和社会网络发展的驱动下产生的行为。只有在社会网络和社会环境中获得了足够的资源，才有可能进行创业。需要注意的是，资源在这里不仅代表货币资本，也包括市场机会、人力、技术等和创业相关的要素。

6. 管理学派

管理学派反对从主观主义角度研究创业的方法，认为创业是一种可以组织的、具有系统性的工作行为。创业是一种管理方法，主要通过战略导向、机会把握、资源的获取和控制、管理结构和报酬建设这几个方面着手开启新的商业组织并进行商业行为。

7. 战略学派

战略学派广泛采用战略管理的方法研究创业活动，认为创业过程即为初创企业或现有企业成长过程中的战略管理过程，创业和战略管理可以在创新、网络、国际化、组织学习、高层管理团队及其治理和企业成长六种手段上进行融合，战略管理研究和创业研究存在很多整合机会。

8. 机会学派

机会学派认为创业是"市场创业机会"和"拥有能力和意志的人"两者相结合而产生的产物。创业行为是以"机会"作为主导因素的，对创业机会的识别和利用可以支撑创业这一独特的概念，当然根据不同人在识别创业机会的类型和大小上的差异，创业的结果和过程也是存在差异的。

综上，我们发现学术界对创业者的定义暂时也没有达成比较统一的认识。从广义的角度理解，大多数人都可以成为创业者。但如果要用精确的定义来界定，也不是人人都可以成为创业者的。需要指出的是，从狭义上理解，创造特色服务并不等同于创新，但从广义上理解，只要能够创造与其他生产者不同的事物就可以等同于创新。

在创业指导和创业实践过程中，本书认为狭义的创业者观点有一定的片面性，从创业实践的结果来看创业并不等于创新。诚然，良好的创新有助于创业，但并不意味着创业行为必须要产生创新的事物，通过常规理论方法创业成功的案例也不在少数。通过学术界对"创业者"定义的总结归纳，并在创业实践指导基础上综合考虑，建议将创业者理解为："创业者是能够发现市场需求并有效组织人、财、物去满足市场需求，同时以此盈利的人。"

## 2.1.2 创业者的能力

在 2.1.1 节中，我们简要地介绍了学术界对创业者的定义，给出了一个对创业者的粗浅解释。那么在这一节中，我们开始具体研究创业者自身的能力特点。

谈到创业者，可以联想到许多著名的创业成功人士。以国内为例：有联想的柳传志、华为的任正非、新东方的俞敏洪、老干妈的陶华碧等；国外为例：有 Microsoft 的比尔·盖茨、Riot 的马克·梅里和布兰多·贝克等。创业者的成功是无法复制的，但创业成功的案例却并非独一无二。创业者们也具有很多相似的能力和特点，也正因为这些特点，创业者在我们当今的社会中形成了一个相对独特的社会群体。而这些能力特点和特质对个人创业是否存在积极的作用,成为当今学术界的一个热门研究领域,理解这些能力和特质对创业实践具有积极意义。

对创业者能力的概念进行梳理后发现,越来越多的学者致力于创业者的能力研究,学者们主要从个体和组织层面定义创业者的能力。有学者基于个体层面对创业能力开展研究:汤姆森在2004年提出把创业能力看作创业者的天赋能力,曼等学者认为创业者的能力是创业者有效、成功地完成工作的特质。而基于组织层面的创业能力研究:1993年,鲁尔和埃尔文将创业能力概括为组织识别新想法、新产品和新观念的手段和方法;阿瑟斯和布塞尼茨等学者将创业能力界定为根据识别到的市场机会获取所需资源以开发机会或者构建新市场机会的能力。

通过对创业者进行调查访问和案例分析,国内外的学者们撰写了大量的实证研究报告,试图揭示个人能力和创业之间是否存在正向关系。而大量的创业案例和研究报告表明,很多后天培养和先天具有的能力对创业起到了积极的作用。当然根据创业者经历的不同,他们认为导致自己成功的个人能力重要性也不同。国内外的创业案例也因为政治、经济、自然环境等因素的不同,使结果存在一些差异。因此,在对创业者能力重要性进行研究的实证性论文及文献中,对创业者能力的研究结果有不少细微差别。出于创业教程的实用性和针对性方面的要求,下文所探讨的创业相关内容,总体上侧重以国内情况为基础,行政区域上更针对广西壮族自治区区内的环境,其他方面不做针对性描述。

对创业者能力重要性的实证研究总体上采用麦克利兰提出的冰山模型和胜任力概念分析,这种实证方法比较广泛。国内外的研究者也多在此基础上构建创业者能力和素质模型。综合对比国内的一系列实证性研究文献,本书认为创业者能力集中在创新相关能力、机会相关能力和管理相关能力这三个相关方面,详细见表2-1。

表2-1 创业者具备的能力

| | | |
|---|---|---|
| 创新相关能力 | 创新能力 | 在产品、技术、设计、管理模式、管理方法等方面产生不同于常规思路的想法能力 |
| | 理解能力 | 具有了解各领域的新事物的兴趣和善于理解它们的思维的能力 |
| | 学习能力 | 在对新知识、新技能进行了解和学习时能具有高于普通水平的效率能力 |
| | 应变能力 | 在应对新出现的突发事件时能迅速提出灵活且切于实际的处理方案的能力 |
| 机会相关能力 | 风险感知和防范能力 | 在特定情形下,对事件发展和业务流程出现损失概率的评估的能力和相应的反应控制能力 |
| | 机会识别和利用能力 | 在市场中发现可能带来盈利的新业务、新产品、新服务及新需求并有效尝试利用的能力 |
| | 资源识别和获取能力 | 能够在环境中有效识别人、财、物、信息等要素并评估是否能带来效益并能成功获取的能力 |

续表

| | | |
|---|---|---|
| 管理相关能力 | 决策能力 | 在自身能力基础上对问题生成解决方案、评估方案和进行方案选择的能力 |
| | 沟通能力 | 理解他人通过不同方式表达的意见和有效通过适当的方式传达自身意见给他人的能力 |
| | 组织能力 | 有效联合不同性格、能力的人并在此基础上构建团队或者集体的能力 |
| | 领导能力 | 在团队组织中,通过沟通、激励、惩处等方式影响组织成员达成组织目标的能力 |
| | 人际关系能力 | 能够在人与人的交往过程中正确处理问题,使他人获得亲密、融洽或者协调感的能力 |

创业是一种综合而复杂的市场行为和行动过程,其要求的能力相较于平时我们语言上的能力含义更为广泛。根据所处的环境不同,所应对的问题不同,各项能力的重要性也会有所不同。本书作为创业起步的教程,在此仅对各类文献中广泛提及的对创业有积极作用的能力进行梳理和罗列,作为创业实践的参考。创业者能力的重要性顺序和对创业实践积极作用的大小在此不再赘述论证。

以上是对创业者能力要素的罗列和梳理,读者们可以自行对相关能力进行有针对性的训练和培养。这些能力的增强将有助于以后进行创业活动。需要指出的是:创业者存在能力欠缺或者某种能力水平较为薄弱的情况,在一定条件下这种情况并不会对创业活动有负面影响,创业者不一定需要对上述能力掌握得面面俱到,这一点可以通过组建创业者团队来弥补。

## 2.1.3 创业者特质

创业者作为创业活动的主体,一直是推动创新产生及转化、新企业创建等一系列活动的关键力量。创业的核心关键与创业者个人的某些特质有着密切关系,创业者的成功并非偶然,在相当程度上,创业者的特质起着相当大的作用。奥地利经济学家熊彼特将创业和创新看作个人的天赋。

麦克利兰在1973年提出了经典的冰山模型,他将人的素质分为表象素质和潜在素质两大层面。其中知识、技能等表象素质是由社会角色、自我概念、特质、动机这些潜在素质共同组成的。同理,在研究创业行为所必备的能力特征时,也有必要了解潜藏于能力特征之下的创业者特质。

早先的关于创业者特质描述的实证研究主要是从人口特征方面入手的,事实上,相关研究也证明了某些特殊群体的创业可能和创业成功率更高。

并不是要求创业者必须完全具备这些素质才能去创业,但创业者本人要有不断提高自身素质的自觉性和实际行动。要成为一个成功的创业者,就要做一个终身学习者和自我改造者。

随着创业研究的深入,人们开始逐步从心理学、组织行为学、管理学等不同学术角度对创业者特质进行阐述说明。大量的实证性研究发现,创业者并非天生的,其创业特质是先天遗传和后天经历的强化所得,相关原因在对创业者创业动机的分析中也有所提及。总之,通过在日常生活和学习中有意识地训练和强化,这些创业者特质是可以被训练出来的。与上一节创业者能力相同,在这里我们不对创业者特质进行有效论证和重要性排序,只对目前研究中较为广泛提及的创业者特质进行罗列以供参考,具体见表2-2。

表2-2 创业者的重要特质描述

| 特质 | 描述 |
| --- | --- |
| 创新特质 | 创业能力中创新能力被描述为一项重要能力,创新特质广泛地被提及。不同于能力方面的描述,在这里创新特质被认为是创业者在应对挑战中更倾向于用不同的方法来应对的可能性大小 |
| 目标导向 | 所有的创业行为都是具有一定的目标导向的,创业者们会在创业行动中确保自己所设置的目标(无论个人目标还是组织目标)得以达成 |
| 独立意识 | 具有独立意识意味着对他人的依赖程度更低,在能力允许的前提下,创业者通常更倾向于自己独立完成工作任务。独立意识不代表没有团队精神,事实上在创业中具有团队精神是极其重要的 |
| 团队精神 | 无论在主观条件还是在客观条件讨论中,没有人可以单独完成创业这种高度复杂和高度不确定的工作,几乎所有的创业过程都伴随着创业团队的组建和完善 |
| 掌控意识 | 优秀的创业者很少将自身遭遇的不幸归咎于环境、命运等外部不确定的因素,他们更倾向于找出一切可能消除不确定因素,同时将遭遇的不利情况归结于自身的能力问题和工作失误,这可能与创业具有高度的不确定环境因素相关 |
| 风险偏好 | 没有证据证明创业者会更倾向于追求高风险高收益的项目。但根据对创业者的调查分析,可以认为创业者在对待风险方面有高于普通水平的容忍程度,即使他们可能比常人更厌恶风险 |
| 不确定环境适应性 | 创业者对环境的变化和不确定因素的影响比其他人更为敏感也更快适应,也有研究将这一特质总结为与创业者学习能力的强弱有关 |
| 权责意识 | 这是在创业者调查中,有创业失败和创业遭遇挫折经历的创业者们所普遍提及的一点,他们认为权责划分不清是绝大多数团队和组织引发冲突的原因,成功的创业者知道如何去使用权力、承受义务、划分利益和分担责任 |
| 压力承受能力 | 创业实践中,不确定的环境和结果以及需要承受较高的风险水平,这些因素都需要创业者具备较为强大的心理压力承受力。心理状态良好与否也和创业行为是否能够达标和获得良好的结果有关 |

通过冰山模型我们知道,创业能力由创业者特质共同作用显化而来。这就意味着创业者特质对创业者行为的正向影响更为强大且潜移默化。同时,上述特质也广泛被认为有助于职业者和企业内部创业者工作。因此,虽然不对相关特质的强弱做要求,但创业者应该尽可能拥有或者有意识地训练出上述每项创业者特质,这些特质可以有效降低创业者团队冲突所产生的破坏作用。

### 2.1.4 创业者和职业者的划分

经过对创业者的定义、能力、特质等三个方面的研究和探讨,对创业者形成了一个较为具体的印象素描。创业作为一个商业领域的过程概念,它致力于发现新的市场需求并达到以此盈利的可能,然后抓住这些可能背后的市场机会,从而组织具体的商业活动。在这一过程中创始人和领导者被称为创业者。相对的,在这一过程中受创始人领导和雇佣进行控制、组织、执行整个业务活动的人,我们称之为职业者。创业者和职业者的主要区别如下。

**1. 工作性质不同**

创业者和职业者最大的区别在于工作性质的根本不同。创业者更多地从事开拓性的工作,他们通过发现市场需求寻找机会,实现一个从无到有的市场供给过程。职业者更多的是从事进取性的事务工作,他们追求如何将拥有的事物变得更多。

**2. 责任担当不同**

创业者从创业活动开始就作为其创业风险的主要承担人。职业者不会、也不愿为企业经营承担相应的责任。在近年的管理学实践中,创业者和职业者在工作中也呈现出完全不同的工作方式。

**3. 目标追求不同**

创业者会在考虑企业长远发展的前提下谋取自身的一部分物质回报,经营利润的最大化从来不是他们考虑的重点,如何让企业走得更远更长久才是他们追求的目标。职业者工作追求更多的是薪资报酬,即使在所有权与经营权划分得非常完美的国外,引入了期权收益的职业经理人依然会向着自身薪资最大化的方向来运营企业。

**4. 目光着眼点不同**

创业者在处理企业管理问题时,往往重点考虑组织成长、企业文化、管理规范化和企业人才培养等长远方面的问题。职业者关注更多的是现有要素的资源整合、市场的拓展和交易等短期经营目标。

**5. 创新功能不同**

创业者多趋向于具有创新意识和创新精神,创业者只有保持与时俱进的创新能力,才能使企业充满生机与活力,才能在激烈的市场竞争中保持竞争优势,获得企业的可持续发展。职业者虽然也被强调要具有创新意识和创新精神,但相对于创业者,职业者的创新能力的必要性和突出性相对没那么重要。

**6. 动机的层次排列不同**

创业者具有特别的成就需求特质。创业者与职业者相比,在成就需求方面存在着差异,成就需求较高的人具有针对某项特定目标的倾向,而创业行为属于这一类目标。创业者通常具有较高的成就需求,而职业者则具有较高的权利需求。

 **延伸阅读**

**创业者背景调查**

1. 国外调查

美国哈佛大学的瓦德瓦曾针对549个高成长创业公司创始人做了背景调查。这项调查结果让许多人出乎意料,所调查的创业者们的背景具有以下特征。

(1) 90%的创业者来自中产或富裕的低阶家庭

家庭贫困的创业者因新闻性较强往往容易被媒体广泛报道,从而使大众在印象上对创业者的家庭背景有了一定程度的偏见,但实际上绝大多数创业者拥有较好的家庭背景。

(2) 95%的创业者大学毕业,47%的创业者拥有硕士以上学历

剔除比尔·盖茨这些中途辍学的少数极端个例,绝大多数创业者都能够将大学学业完成,甚至近半数的创业者拥有硕士以上的学历。

(3) 67%的创业者大学在校成绩位居前30%,37%的创业者大学在校成绩位居前10%

创业者似乎都是很聪明的,同时又不是很热爱学习和研究的。但值得注意的是,他们并不是成绩差,绝大多数人的成绩至少处于整体中上游的水平。

(4) 第一次创业的平均年龄达到了40岁,70%的创业者创业时已经结婚,60%的创业者已经生育后代

这与第一条一样出乎所有人意料,由此可以推测,创业者放弃常规产业去创新创业需要创业者具有更多的经验、阅历、洞察力和创新眼光。同时,创业者婚后可以更专注于事业这种说法也在研究中有所提及。从这一角度上看,"先成家后立业"这种说法似乎存在一定的科学性。

2. 国内调查

鉴于政治经济条件的不同,国内的实证性调查显现的创业者人口统计学特征的结果与国外有一些差异,在国内硕博论文和学术期刊中对创业者的人口特征调查及相关方面的实证性研究表明,国内创业者呈现如下人口特征。

(1) 性别差异

从目前研究的结果来看,男性对创业的意向更强烈,人数也更多。这主要可能是由社会认知中的性别差异及心理上的特性差异所导致的。总体上看,男性具有更高的风险承受力、冒险倾向和更强烈的成就动机,这使得男性创业的主动性强于女性。

(2) 教育程度差异

不同于国外,中国创业倾向调查结果显示,总体上看,受教育程度的高低与创业意向呈负相关。即受教育程度越高,其自主创业的意向相对越低。这可能与具有高学历背景的人更容易就业和社会认知对创业风险的厌恶和创业对生活保障的水平较低等因素有关。

(3) 年龄差异

从全球的数据来看,多数初创企业的创业者年龄大多集中在25~40岁。而中国年龄在18~24岁的人参与创业的比例高于国外,年轻化是我国创业活动的一个特点。但创业者主要年龄和国外差异不大,集中在35~44岁。

(4) 婚姻差异

调查显示，这一方面我国与国外差异不大，已婚且有子女的创业者比例显著高于未婚群体和其他情况的群体。虽然在比例数字上没有达到国外的高比例水平，但是实际上依然呈现出了婚姻和子女对创业行为可能具有正相关作用的现象。

 创业故事

### 覃炳权和他的重晶石王国

1997年，世界最大的重晶石矿经营公司——美国阿曼公司，邀请广西象州县矿业集团恒泰分公司经理覃炳权到美国参观考察，并特地赠给他一幅绣有"著名的世界重晶石大王"字样的条幅。

盛名之下，名副其实。覃炳权，广西壮族自治区来宾市象州县罗秀镇麦棉村委会甫里村人，1956年7月19日出生。1974年初中毕业后，覃炳权无奈地回到家里务农，过着面朝黄土背朝天、日出而作日落而息的传统农村生活。党的十一届三中全会召开后，改革开放的春风吹遍了祖国大地，吹到了偏僻的甫里村，也吹动了覃炳权那颗渴望发家致富的心。1980年，他开始外出闯世界，先后办过砖厂、跑过运输、包过公路工程，但都富不起来。1988年，他毅然投资数万元，在柳州承包了一座锰矿，结果血本无归。1991年，他转带机械到防城港为开发商推土填海，又因开发商中途逃跑而白忙了一年。

屡战屡败并不可怕，可怕的是挫败后一蹶不振。10多年的打拼和磨炼，覃炳权越来越坚强，越来越精明。1994年，他看准象州的重晶石矿资源丰富的优势，鼓起勇气承包了罗秀罗帮矿场。当时，象州的重晶石矿都是人工开采，不到5米深度的浅层矿早已被开采殆尽，超过5米深度的深层矿虽然有却难以开采。他多方筹资80万元，采用排土法明采，但伴随着隆隆的机器声而来的却是每月亏损几万元，半年下来便亏了30万元。但是越干越勇的覃炳权没有退缩，他毅然再借了40万元增加设备，并改用打窿道的方法开采，苦干加巧干几个月后，这些窿道回报他的仍是零利润……

失败！又是失败！但覃炳权仍然没有屈服。他振作精神，到外地考察，寻找开矿良方。在大型工程热火朝天的工地上，那长臂挖掘机像一道闪电，让他眼睛一亮：何不用挖掘机开采深层矿？他找到香港一位经营挖掘机的朋友，要租一台挖掘机试用一个月。

"重晶石矿那么便宜，挖掘机的租金那么昂贵，划得来吗？"朋友担心。

"让我试试，租金我照付不误。"覃炳权坚持。那时的覃炳权已到了最困难的时候：贷款到期无法归还，采矿民工的吃的粮食要到寺村、罗秀米厂去借，猪肉要跟屠户去赊，借加油站的10多万元油款已到期，不但被告上法院还被扣了6辆车，他已经没有退路，不得不做最后一搏！

挖掘机似乎很通人性，好像知道主人的困境，不负主人厚望，挖掘深层矿大显神通，一天能采200多吨矿石，产量比原来提高了好几倍！用挖掘机开采重晶石矿不划算的推断被实践推翻了！这在重晶石矿开采的历史上，具有里程碑的意义！覃炳权成了全国使用挖掘机开采重晶石矿第一人！从此，象州重晶石深层矿开采也翻开了新的一页。

一年下来，罗秀罗帮矿场扭亏为盈，采矿利润不断攀升。覃炳权大喜过望，信心倍增，迅速扩大了开采规模，向寺村、水晶、百丈等乡镇的矿区拓展。象州重晶石矿的主产区到处

都有覃炳权的开采点，采矿量不断增大，覃炳权的经济实力日益雄厚。很快，覃炳权成为象州重晶石矿开采的龙头老大，数百人因此而获得就业机会，数百辆车因有矿石可拉而跑得更欢……

1997年，为更好地与国际市场接轨，覃炳权创建了象州县矿业集团恒泰分公司，自任经理，当年公司步入辉煌：产矿石45万吨，全部出口，出口交货值1.29亿元，占全县乡镇企业出口交货值的52%。象州产重晶石矿石品质好、品位高，深受国内外用户好评。

2001年，覃炳权组建广西象州县恒泰矿业有限公司，自任董事长兼总经理，并获得出口经营权，自营矿石出口。当年，公司重晶石矿石出口美国、日本、东南亚等国家和地区，创汇1000多万美元。此后直至2005年，公司每年产矿石都在50万吨以上，最高年份达到100万吨。

居安思危，步入辉煌的覃炳权时刻不忘创业的艰辛，时刻都在为发展思虑。为分散企业的经营风险，2000年前后，覃炳权先后在多地投资发展有色金属锰矿和铅锌矿产业，在广西及云南、贵州等地开辟新的重晶石矿生产基地，不断扩大经营范围和生产规模，提升公司实力。同时，在象州县城和柳州、南宁、防城港等地投资开发房地产，在象州发展生态旅游，走多元化发展道路，确保公司与时俱进，立于不败之地。

覃炳权先富了，但他没有忘记家乡人民，他常常寻找机会回报家乡，回报社会。1996年以来，他多次捐资支持家乡人民开展文体活动和修桥补路、兴建人畜饮水工程、美化县城等公益事业。

由于卓有成效的经营和丰富多彩的公益投资，公司和覃炳权都获得了当地群众的普遍好评和上级的充分肯定：公司先后获得"县先进纳税单位""县十佳纳税单位""广西乡镇企业出口创汇大户""重合同守信用企业"和"全国乡镇企业出口创汇先进单位"等荣誉称号；覃炳权个人也多次获柳州地委、行署授予的"优秀企业家""优秀经理"等荣誉称号，获广西光彩事业促进会授予的"广西光彩事业先进个人"荣誉称号。

案例来源：http://www.kms88.com/news/html/2014/0102/230276.shtml　［2021 - 09 - 01］.

**创业语录**

每种首创事业的成功，最要紧的还是所有当事人的基本训练。——马明·西利比亚克

## 2.2 创业者的创业动机

行为科学理论中，动机是一切行为的出发点和原动力。创业行为也不例外，创业者在从事任何创业活动时都有一定的原因。在复杂的市场环境中，选择创业成为创业者还是选择就业成为职业者，主动地去行动还是被动地被选择，愿意为此投入多大精力和多长时间来完成自身的目标，这些都取决于行为主体自身的动机。创业动机是一种复杂的心理现象，本书将创业动机描述成一种由目标引导、激发和维持创业活动的内在心理过程。

### 2.2.1 创业动机的功能

作为创业行为的一种内部动力，创业动机对创业行为有以下功能。

1. 激发功能

创业动机是创业行为的原生动因,在一般情况下创业活动由特定的创业动机引发。如同将外力作用于物体使其运动状态发生改变,创业动机可以激发创业者产生创业行为,改变其本身原有的状态和属性。

2. 导向功能

导向功能和创业者特质中的目标导向有所关联,创业动机是创业行为的引导因素,它将创业行为引导至特定的领域。如果创业者对某一领域特别感兴趣,那么这种创业动机可能引导他前往这一领域创业。

3. 维持作用

创业动机对创业行为具有维持作用,创业行为是实现创业目标的手段和过程,创业动机激发并引导创业行为,也持续发挥作用维持创业行为直到达到目标为止。具有强维持效应动机的创业者在应对创业过程中的挫折时,会更好地坚持自己的想法和行动,直到达到目标为止;而具有弱维持效应动机的人,无论创业目标多么明确和具体,他也可能在创业过程中放弃目标。

4. 调整功能

创业动机对创业行为具有调节作用,它可以对创业者的活动进行控制和调整。一般来说,控制效果体现在创业行为受外部变动影响的大小,调整效果体现在创业者对创业目标的修正或者根据创业过程的境遇产生的新目标。

值得注意的是,创业动机本身具有不断变化和发展的规律,创业动机的激发、导向、维持和调整功能,是创业者个人与环境不断交互作用的动态过程的产物。创业动机不是一成不变的,随着企业的逐步发展壮大,创业者在满足了初步需求后,创业动机也会逐步发生改变,对创业行为的功能也会随之发生变化。

## 2.2.2 创业动机的分类

虽然在创业行为和创业动机的关系上,行为科学学派和心理学派都暂时没有得出一致结果,但学术界普遍的共识是创业动机对创业行为具有重大的影响作用。从创业活动本身对社会和市场的高度相关联性来看,创业动机在心理学上广泛归于社会动机这一类。创业者选择创业的动机多种多样,相对广泛提及的创业动机有以下三种。

1. 成就动机

在创业者调查中,许多创业者谈创业动机时,提到了追求自身的创意和创新想法这一目标。当他们意识到自己有了新产品、新服务的创意和创新想法时,也产生了实现心中想法的渴望和诉求。当现实工作的企业阻碍他们想法的落实和创新时,他们有很大可能会带着自己的创意放弃现有工作并开始创业。这种情况也会发生在雇佣关系以外的情形中。一般创业者通过观察他人爱好、休闲活动或者日常生活,认识到了市场中未被满足的需要和以此获得利润的可能,如果获利的情况可以和付出的成本匹配,富有能力的人就会选择创业。

上文提及的动机被行为科学家称为**成就动机**(Achievement Motivation)。对于成就动机的研究，最早始于 20 世纪 30 年代末。自墨菲认为成就需要是最重要的一种人格特征之后，国内外学者开始关注成就动机。经过研究，学者们普遍认为成就动机对于个人乃至社会的发展都极为重要，它是驱动个人在相关领域中活动并力求取得成果的内在动力，行为上表现为个人对自己认为有价值和重大意义的目标的追求。从这一点上看，成就动机是后天获得而并非与生俱来的，没有人生来就具有成就动机。同时，成就动机是对个人和社会具有发展意义的追求，在这类动机下行为的成功与失败都存在一定的社会标准，或者与创业者心理追求的条件有所联系。而正因为成就动机的形成并不是生理需求的匮乏且它需要后天根据个人经历形成，所以每个人的成就动机都是有具体差异的。简单来说，成就动机的强弱水平、导向内容、具体性质是因人而异的。从成就动机生成的角度上考虑，创业的能力及动机被证明是可培养和可强化的。

2. 权力动机

许多创业者在创业前就渴望自己成为自己的老板，这在调查中也是被创业者广泛提及的想法。当然，和前文中我们提及的独立意识一样，这一动机驱动的创业者并不代表他们难以和其他人共同工作或者难以接受领导者权威。大多数创业者都希望自己创业是出于自身的企业家理想，又或者出于在传统雇佣工作中遭遇了挫折并希望能够自主的一种心理诉求。

这一动机在行为科学中称为权力动机，它是指人们通过某种形式或者手段影响他人和环境的内在渴望。在这一动机驱使下，行为人通过积极参与社会活动并逐步成为某一群体的领导者。在创业者方面则是通过创业创造价值，同时成为创业团队中具有广泛影响力的角色。"权力动机"这一概念最早由麦克利兰提出，他揭示在这一动机驱动下的行动可能存在带有"胜负"观念的权力意识和"领导"观念的影响意识这两种表现形式；前者认为获取权力的手段应该主要通过物质支配、心理/生理侵犯和非法利用获得，后者则更侧重使用沟通、领导和激励等相关方式获得权力。有学者认为前者可能会对组织带来伤害，长远来看也不一定能使得该动机下的行为能够成功。但是，在实证研究中没有直接证据证明"胜负"动机驱动下的创业行为会必然失败。

3. 利益驱动

行为科学上，利益驱动是行为人对自身利益的追求而表现出的行为，这是人的一种最基本的动力源泉。在这一种创业动机的驱使下，创业目标也相对简单，不同于前两者在动机方面拥有不同的个人和社会诉求，此类创业动机下的个人行为目标仅仅是获得财务回报。

需要指出的是，这种近乎生理需求的动机和前两种社会动机相比是较为次要的，实际调查也证明具有这一创业动机的创业者常常不能达到所追求的目标。和传统雇佣关系中承担相同责任的职业经理人相比，创业者利益驱动的动机激励点可能存在于创业行为带来的物质回报，在未来具有更大的上升空间，但在此之前的财务回报并不高于职业者（甚至往往远低于职业者）。这类创业动机的创业者也较少能保持高水平的动机来维持他的行为。也许在外人看来，许多创业公司的创始人通过创业获得了数亿美元的经济收入，但他们都坚持认为物质回报并非他们创业的首要动机。从这一点来看，俗语"为了金钱而创业是庸俗的"是有一定的科学性的。这就如同巴菲特认为黄金只是普通等价物，并不产生价值，因此不值得投资一样。财务回报对创业行动来说是必不可少的，但那是创业成功带来的副产品，如果将财务回报设置为创业的第一动机,那么可能创业行为不一定能够持久也不一定能达到创业目标。

## 2.2.3 创业动机的影响因素

如果将产生创业动机到采取创业行动并完成创业目标看成一个完整的循环过程,那么我们可以发现,是创业者的动机、环境和能力素质、个人特质等的共同作用,使创业者产生创业这样一个行为过程。值得注意的是,不同于学术认知上的动机是行为的基础这一论断,创业行为和创业动机之间有着较为复杂的影响关系。在创业实践调查研究中,也存在少数极端案例显示创业者的创业行为背后不一定有创业动机支撑,而创业动机产生后也不一定能激发创业者的创业行为。同时,在相同的创业创意和创业动机驱使下,不同的创业者也存在产生不同创业行为的可能性。组织行为学上支持的观点也提出:创业者自身的创业动机也需要和创业工作的难度相匹配,过强或者过弱的创业动机对创业行为都存在一定的负面影响。

调整自身的创业动机,达到匹配创业工作,理解一些可能的影响因素,可以积极地对自身的创业动机进行调节,同时对创业成果的评估也能起到一个比较客观的促进作用。在便于理解的考量下,我们将影响创业动机的因素分为直接因素和间接因素两大类。

1. 直接因素

直接因素也称内部因素,本书认为创业者自身的心理诉求是影响创业动机最直接的因素,创业者最初的期望和最终的结果会极大地影响到他们维持创业行为和再次进行创业的可能性。根据马斯洛需求层次理论,当创业者前期某一层面需求得到了满足,较高一层次的需求才会成为主导,并形成决定行为的最终动机和主要动力。而创业者的个人经历、条件背景不同,各自的心理预期和追求也不同,需求层次也不同,由此产生的创业动机也有较大的差异。

不同的心理需求会产生不同的创业动机,当然创业的动机不存在绝对的优劣评价标准,只能说,和创业目标相匹配的创业动机对创业行为有良好的促进作用。同时从需求理论的角度来考虑,关于创业者家庭背景调查中,迥异于大众印象的创业者家庭背景的现象也能得到一定程度的解释。良好的家庭背景确实对创业有正向促进作用,因为这可以支持创业者无顾虑地进入不确定的市场环境中进行创业试错。

2. 间接因素

间接因素也称外部因素,从影响创业动机的角度来看,创业动机的形成也受到外部社会和市场宏/微观条件的影响。总体说来,间接因素有以下几种。一是社会经济环境发展带来的个人保障水平,较高水平的保障类似于良好的家庭背景,可以更多地鼓励人们进行创业尝试。二是收入水平,将创业者当成理性的个体,创业短期内的收入水平的提高并不一定会激发创业动机,但长期相对收入水平的变化对创业者产生创业动机有较为明显的影响。一般来说,创业者长期高水平的收入变化会刺激创业动机的产生,反之则下降。三是人口特征水平,即创业者的人口特征因素,这类因素主要通过社会认知影响创业的动机。前文在引述创业者前期调查时已经悉数罗列了创业者群体的人口统计学特征,这里不再赘述。

### 2.2.4 企业内部创业

近年来，随着经济转型和社会变革，技术更新迭代的时间正在不断缩短，市场环境开始向动态、复杂的方向转变。新技术（云计算、大数据分析、"互联网＋"等）的应用和国内人力成本的快速上升等因素，都要求企业要用更快的反应速度变革生产来响应市场。企业的竞争优势更多来自创新和速度，以及满足消费者需求多样化的能力。不管是什么性质的企业，都必须考虑去寻找新的商业机会。速度、创新、知识、创造力等关键词代替了秩序和稳定，成为企业竞争优势的关键来源。而正是这些创业精神本质，使大公司、大企业感受到从未有过的压力。因为随着企业规模的扩大、生产和管理过程的不断专业化、流程化和精细化，企业出现了创新效率低下、内部团队争斗和响应市场速度缓慢等"大企业病"。这就容易滋生官僚作风，企业行动缓慢，不利于竞争优势的形成和强化，致使生产规模越大的企业反而越难适应快速变化的市场。针对这样一种情况，20世纪80年代国外学者米勒提出了"公司创业"这样一个概念，由此逐步延伸出了企业内部创业。

狭义上的企业内部创业被认为是组织内部成员进行创新，这些创新可以基于技术、产品、流程、制度等方面，并通过这些创新产生新的业务和效益，当创新业务扩展到一定规模的时候，分离出来形成新的组织。而广义上的企业内部创业，则更多地认定为在一种组织内进行创新或者创造的过程。以国内为例，采用制度激励企业内部创业最深最广的企业是互联网行业的腾讯、联想、百度等，接下来则是海尔、宝钢等大型传统企业。研究显示：企业规模越大，企业所处的市场环境的不确定性越高，引入制度鼓励企业内部创新的倾向性就越高。近年来，大型企业采用制度激励内部创业的案例也越来越多，具体到应用模式上，企业会根据自身的特点采用不同的内部创业模式。此处列举几个大型知名企业的企业内部创新案例以供参考。

以腾讯为例，企业内部创业采用的是团队竞争制。由多个内创团队共同竞争一个集团主推的产品指标，根据产品推广期的成果最终决定主推产品。大众所熟知的手机应用软件——微信，就是这个制度下的产物。

以海尔为例，它是通过"人单合一"、倒三角式的管理方式和平台化的激励分享政策建立的企业内部创业体系。在这种模式下，每个销售团队都是创业创新小组，他们需要在市场销售中积极搜索客户需求，根据这些需求思考创新想法，带动企业内部的设计、生产流程和产品革新，借此获得企业利润，同时带动这一流程的销售团队共享收益。

以华为为例，它通过提供保障的方式激励员工进行企业内部创业，为内创员工提供资金及设备上的支持，同时承诺创业扶持期限为半年，半年内创业失败的员工可以无条件回公司工作。这也能与前文创业动机中的影响因素进行印证，通过这种内创方式，华为将自身上下游的非核心业务和服务性业务通过分包代理的形式逐步剥离，同时也使得分包的内创公司自身创造了效益。

企业内部创业这种模式对企业和创业者们来说是一种共赢：一方面，企业通过企业内部创新留住人才，寻求创新和新的业务发展方向；另一方面，创新型、知识型员工也通过企业的内部创新，实现自我价值和创新想法。对具有成就动机的企业内部员工和难以承受创业失败带来的经济损失的创业者来说，企业内部创业是实际上更适合他们的创业方式。当然，这样一种形式也对创业成功并且想发展壮大的企业家们具有积极的参考意义。

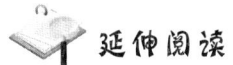 延伸阅读

### 大学生创业动机的测量

1. 简介

高日光、孙健敏和周备采用归纳法构建了大学生创业动机的内容维度,并在此基础上编制了大学生创业动机测量问卷。经过深度访谈、开放式问卷调查、专家归类和信度检验等一系列工作之后,获得了大学生创业动机的4个内容维度和16种典型行为描述。4个维度分别是:自我实现(如发挥专业特长)、追名求富(如提高自身的社会地位)、社会支持(如学校提供创业基金和条件)、家庭影响(如家人朋友鼓励创业)。每个维度都有4道题,探索性因素分析和验证性因素分析显示:大学生创业动机测量问卷具有良好的信度和效度。

2. 量表

请您根据自己的实际感受和体会,用表2-3中的16种典型行为描述对您的创业初衷进行评价和判断,并在最符合的数字上划○。评价和判断的标准如下:1=非常不同意,2=不同意,3=不好确定,4=同意,5=非常同意。

表2-3 大学生创业动机量表

| 序号 | 典型行为 | 评价和判断标准 | | | | |
|---|---|---|---|---|---|---|
| 1 | 崇拜创业偶像 | 1 | 2 | 3 | 4 | 5 |
| 2 | 羡慕当老板的权力、地位 | 1 | 2 | 3 | 4 | 5 |
| 3 | 为了发财致富 | 1 | 2 | 3 | 4 | 5 |
| 4 | 提高自身社会地位 | 1 | 2 | 3 | 4 | 5 |
| 5 | 想挑战自我 | 1 | 2 | 3 | 4 | 5 |
| 6 | 锻炼提升能力 | 1 | 2 | 3 | 4 | 5 |
| 7 | 证明自己的能力与才华 | 1 | 2 | 3 | 4 | 5 |
| 8 | 发挥自己的专长 | 1 | 2 | 3 | 4 | 5 |
| 9 | 受亲戚朋友创业的影响 | 1 | 2 | 3 | 4 | 5 |
| 10 | 亲戚朋友创业拉你入股 | 1 | 2 | 3 | 4 | 5 |
| 11 | 家人朋友鼓励创业 | 1 | 2 | 3 | 4 | 5 |
| 12 | 家庭能为创业提供帮助 | 1 | 2 | 3 | 4 | 5 |
| 13 | 受学校良好创业氛围的影响 | 1 | 2 | 3 | 4 | 5 |
| 14 | 政府提供优惠政策 | 1 | 2 | 3 | 4 | 5 |
| 15 | 有创业基金支持 | 1 | 2 | 3 | 4 | 5 |
| 16 | 学校提供创业基金与条件 | 1 | 2 | 3 | 4 | 5 |

3. 计分方法

大学生创业动机量表包括自我实现、追名求富、社会支持、家庭影响4个维度,共16道题,可以计算每个维度所包括题目的总分或平均分。每个维度包括的题目如下。

(1) 追名求富

追名求富指为了满足一种内在的心理需求，希望拥有权力、地位和财富，获得别人的尊重和羡慕，属于内在推动因素。共4道题，具体包括第1~4题。

(2) 自我实现

自我实现指希望最大限度地发挥自己的潜能，不断完善自己，从而实现自己的理想和证明自身的价值，属于内部推动因素。共4道题，具体包括第5~8题。

(3) 家庭影响

家庭影响指家人、亲戚朋友积极鼓励创业，并能提供相应的资源和条件，属于外部拉动因素。共4道题，具体包括第9~12题。

(4) 社会支持

社会支持指学校及政府积极鼓励创业，并且提供相应的资源和优惠条件，属于外部拉动因素。共4道题，具体包括第13~16题。

资料来源：李超平，王桢，毛凯贤. 管理研究量表手册［M］. 北京：中国人民大学出版社，2016：522-523.

 **创业故事**

### 广西小伙带领融安金桔颠覆金桔市场

融安素有"中国金桔之乡"的美名，最早种植金桔可以追溯到清朝乾隆年间，距今已有250多年的历史。为了使融安金桔保持高品质，融安金桔的规范化种植果园完全采用物理防虫手段，从源头避免农药残留。融安产出的高品质金桔以皮薄籽少甚至无籽、糖心爆汁而流传至今。这也是为什么融安金桔能畅销全国的原因之一。

在融安当地，有这么一个年轻人，他跟他的团队因金桔而相聚，因金桔而奋斗，打造的"大桔已定""欢桔一家"等品牌，畅销各大市场，供不应求，成为融安金桔的代表品牌之一。他就是蚂蚁农业总经理韦小东。

1. 抓住电商风口，让"融安金桔"一炮而红

2016年春节，在外打拼了几年的韦小东回家过年，看见自己家里种的金桔品质非常好却烂在地里无人问津。出于对土地、对家乡深厚的情怀，他下定决心要帮助父老乡亲把家乡的特色农产品销往全国。

就这样，韦小东带领着一支"90后""草根"团队回到融安正式开启了他的农村电商创业生涯。

2017年年初，他正式涉足生鲜电商行列，帮助家乡的农民把山旮旯里的融安金桔通过天猫网店销往全国各地。

入行第一年，公司旗下的"果蔬姐妹天猫旗舰店"就被评为"2017年度天猫最受消费者喜爱的生鲜商家"。

韦小东凭借着自己的努力和成绩，成功引起了阿里巴巴、京东等国内知名电商平台的关注，获得了阿里巴巴旗下所有平台的流量支持，全网近八成的融安金桔通过他的网店销售。

韦小东凭借着自己在电商销售领域的经验和渠道，通过与阿里巴巴联合开展融安金桔品

牌传播计划,一举将融安金桔打造成为火遍全网的"网红小糖炮"。

2. 打铁还需自身硬:构建专业供应链体系

与众多返乡创业的年轻人一样,蚂蚁农业一开始也是只有几个年轻人的热血团队,但是跟很多返乡创业人不一样的是,经过短短几年,蚂蚁农业已经成为当地数一数二的农业品牌。

他们是怎么做到的?

在全网爆红之后,打响金桔品牌,成了蚂蚁农业要努力的事。

在销售前景非常可观的前提下,蚂蚁农业选择构建专业的供应链体系。

蚂蚁农业选择通过产业联合的方式来实现融安金桔的标准化种植,由龙头企业牵头,让融安县的相关组织和种植户共同参与。收益成一体,在金桔品质上就更好把控。

金桔采下来之后,标准化管理也不能落下。

2018年,在市委市政府、县委县政府的大力支持下,韦小东争取到了与顺丰集团合作的机会,共同打造国内金桔产业最先进的标准化处理中心:融安金桔"云仓"。

"云仓"利用村集体经济投入的500万元资金,引进法国进口光电分拣设备,具备日分选15万~20万斤金桔的能力。

凭借以电商标准件打包9.3万件的生产能力,"云仓"每年可以节省电商打包发货成本近2000万元,每年可为贫困村创造40万元分红收入,"云仓"正式带领融安电商进入2.0时代。

"云仓"的启用,促进了融安金桔电商产业向标准化和规模化、集约化转型,大大降低了金桔的商品化处理成本并提高了物流配送效率,融安金桔产业供应链基本成型。

另外,蚂蚁农业十分重视品牌形象设计,注重品牌打造。蚂蚁农业打造了三个不同的融安金桔品牌,以满足市场的差异化需求。例如,"大桔已定"就是主导高端精品礼盒市场的。除此之外,蚂蚁农业还有"欢桔一家""爆柑"等分别主导不同类型渠道的品牌。看得出来,蚂蚁农业对品牌的立体化发展相当重视。

不断重视、深耕融安金桔这个品类,蚂蚁农业的品质和品牌影响力得到了市场的认可,"百果园""每日一淘""食享会"等各种业态的客户都成为了他们的服务对象。

3. 创业之路上的"攀登者":永远在路上

付出总会有回报,除了市场的反馈之外,蚂蚁农业也荣获了"2018年柳州市十大农村电商创业带头人""2018年广西壮族自治区'党旗领航·电商扶贫'代言人""2019年柳州市扶贫先进单位""天猫生鲜商家最具人气内容奖""第三届广西农村创业创新大赛三等奖""柳州市农业产业化重点龙头企业""2020年融安县脱贫攻坚先进集体""第八届融安金桔诚信销售户""柳州市十大电商示范基地"等荣誉。

2020年,新冠肺炎疫情导致融安金桔销售受阻,韦小东积极联系"字节跳动"平台,邀约"网红"助力,协助融安开展广西第一个县长直播带货活动——"八方助农,县长来了"。

通过平台给予流量加持,该直播带货活动总播放量超过1亿,最高在线人数10万人。直播期间粉丝数从41万人上涨至45万人,直播3小时销售金桔2.5万,直播当场销售金桔12万斤,直播带来的总订单3.1万单,销售金桔15.5万斤。

此外,融安县易地扶贫搬迁贫困户种植的上万斤滞销的紫薯也被韦小东的电商团队一夜售罄。

韦小东还向坚守在一线的工作人员捐赠价值5万余元的慰问物资,向奋战在抗击新冠肺炎疫情一线的医务人员及默默付出的其他工作者表达了自己的感谢之情。

电子商务为融安的发展点亮了一盏明灯,照亮了一条新路,互联网的高速公路迅速连通了融安的乡村。

"脱贫攻坚"的号角,打破了乡村往日的平静。一根小小的网线,它不仅改变了人们的生活方式,也让脱贫攻坚有了更多的路子。

案例来源:https://mp.weixin.qq.com/s/7BfM3Iu94WqRHTQxFxoN1Q [2021-09-01].

**创业语录**

我认为做企业要有这些素质,特别在中国市场上,那就是:诗人的想象力、科学家的敏锐、哲学家的头脑、战略家的本领。——宗庆后

## 2.3 创业团队

### 2.3.1 创业团队认知

从现实中我们可以发现,创业者在创业过程中有时会进入一个进退两难的死胡同。一方面,随着企业的横向扩展,大量的事务性工作扑面而来,繁复的文件请示耗费了他们大量的时间;另一方面,企业的发展纵向深化,每件事情的专业性都越来越强,都需要耗费大量的时间去研究解决。但个人的能力和时间是有限的,有时会陷入一个问题根本不可能得到解决的困境之中。

在创业者能力的叙述中,我们将创业形容为一项综合而复杂的市场行为和行动过程,也提及了创业者不一定需要在能力上面面俱到。事实也证明,无论在主观条件上,还是在客观条件上,通过个人的力量去完成创业目标都不是最有利的;而通过能力分工、专业分工明确的团队来完成工作,发挥团队效能,解决创业过程中的问题才是一个必选项。所有参与创业者调查的创业者都将团队协作能力和团队协作精神作为创业能否成功的关键影响因素。

由此,引出了创业团队和与之相关的概念,协同的创业团队才能更好地完成创业目标。创业团队的构建也不是一蹴而就的,本书在这里将创业团队形容成一种动态的、持续的、包括成员的加入、淘汰、重组、出清等现象的综合过程,这种过程伴随着创业行为直到达到创业目标或者创业组织消亡。

关于团队的概念,国外学者的定义也众说纷纭,不同学者从不同角度做出了不同的定义。本书在此罗列了一些较为经典和普遍应用的概念以供参考。

哈克曼认为团队是由一个不同成员组成的,为达到某一个特殊目的或者完成某一项特殊任务而共同承担责任的群体。此定义提出了共同目标、共同责任这两个特征。

路易斯认为团队是一群彼此认同并致力于达到某一个共同结果而努力的人组成的组织。该定义强调共同的工作目标、工作相处愉快和能够获得高品质结果这三个特征。

萨拉斯认为团队是由两个以上具有不同背景特色的人所组成的组织,他们被赋予特定的角色和职能并以此展现不同的功能,在有限的时间内紧密地在一起互动,相互依存,机动式地完成共同目标或具有特别价值的任务。这一定义中突出强调了团队成员的相互依存性。

卡曾巴赫和史密斯认为一个团队是由少数具有技能互补的人所组成的，他们认同一个共同目标和一个能使他们彼此承担责任的程序，这个定义目前被广泛采用。

创业团队与一般团队相比具有鲜明特点，较早就受到学术界的关注，学者们从不同角度对创业团队进行研究，但对创业团队没有统一的定义。

卡姆认为，创业团队是在企业开始向市场提供商品或服务之前，由两个或两个以上具有相同经济利益的个体组成的组织。

库恩和格里利参考卡姆的定义，强调创业团队成员在财务利益方面的灵活性和初创企业的动态发展，成员可以在企业的任何阶段加入（或离开）。该定义具有更广泛的适用性。

克劳斯等在以往研究成果的基础上，基于团队理论，将创业团队定义为：创业团队由具有财务或其他利益，对新企业做出过承诺且未来能从新创企业成功中获取利益的两个或更多的人构成。

由以上的定义可以发现，创业团队大致包含了以下三个基本要素：两个或两个以上的人，这些人参与新创企业的重大决策，这些人与企业共生存也即风险利益共担。

综上，本书对创业团队的定义为：是由复数形式的、彼此具有能力互补效应的人组成的组织，他们拥有共同的创业目标，在向目标行动时共同承担组织责任并且相互依存。

### 2.3.2 创业团队的类型

建立创业团队的目的是通过整合团队成员的知识技能、资本与社会资源来提高新创企业应对复杂和不确定的市场环境的能力。创业团队的构建和发展是创业者在发展和开发创业机会的过程中不断适应环境的结果。对创业团队类型进行划分，有助于我们加深对创业团队构成的特征、成员的角色及互动过程的理解。

对创业者团队类型的分类方法有许多种，每种分类方法对创业工作的影响也不尽相同。创业者团队在类型上没有优劣之分，评价团队类型的唯一标准仅在于此团队是否能对创业产生积极的作用。当然，对创业团队的类型进行梳理，可以帮助我们理解创业团队的定义，为将来组建创业团队提供参考。

**1. 基于团队属性划分的团队类型**

从团队成员的属性差异上划分，创业团队可分为异质性团队和同质性团队。此概念主要描述的是团队成员之间的性别、年龄、种族、教育水平、创业经验等易于观测的外部特质，以及认知、价值观、偏好、态度、创业承诺等不易观测的内部特质。通过以往的研究发现，一般异质性团队在创新性工作、战略导向等方面具有优势；而同质性团队则在高效完成常规任务方面占有优势。根据这一理论，理想化的情况下可以将企业和组织划分为管理战略层和任务执行层两个层面，其中作为少数人团队的管理战略层使用创新思维去思考长远的发展战略和管理路径，而任务执行层则负责具体战略和创新性设想的落实。

华为的任正非先生对这一理论有经典的形容："对于公司的高层，做老板的一定要'砍掉'他们的手，'砍掉'他们的脚，因为作为一个公司的领导，就应该多用脑子，想想怎么样能做出更创新的东西，让手底下的人去执行。现在有的公司领导什么事情都亲力亲为，表面看起来手脚非常勤快，但是实际上是在逃避责任，作为一个领导，他的责任就是去思考！对于公司的中层，我都是直接把他们的屁股'砍掉'，我不允许这些中层整天坐在办公室里面,他们必须时不时地到一线去,去观察员工的日常,员工有没有做不到位的。对于员工,我一般是直接'砍掉'他们的脑袋,现在许多公司也一样,每年都会招一些大学刚毕业的学生,这些年轻人非常聪明,但是也很骄傲,一进公司就给公司写一份建议信,告诉你应该怎么做,有一种皇帝指点江山的风范。我们华为的新员工,我们是拒绝让他动脑子的,领导让你做什么,你就应该去执行,动手就可以了,不要想得太多,专心做好自己的事情才是对的。"

创业初期,在没有稳定现金流的情况下,过多的人数和过大的团队规模会增大创业的机会成本,不利于创业的起步,不建议创业者一开始就选择同质性团队和异质性团队共同构建的做法。一般而言,创始人推动组成的创业团队更适合采用同质性水平较高的团队,因为在有具体创业目标和方向的情况下,同质性团队能更好地实现创业工作。与同理念组合的创业者团队相比,在没有具体的创业设想和导向时,异质性水平较高的团队会更适合,因为这类团队能更好地去寻找创业目标和机会。当然这一组合只是本书提出的一个建议,创业者如何选择还需要在实际创业进程中根据条件相机选择。

2. 基于团队赋权和组织形式划分的团队类型

除了根据团队成员属性差异大小来划分团队类型的方法外,还有另一种主流的团队划分方法,即根据组织行为学中通过团队赋权大小和团队组织方式不同来划分。

(1) 问题解决型团队

问题解决型团队的核心目标在于解决他们被赋予的特殊工作任务,如提高生产质量、提高生产效率、改善企业工作环境等,并提出解决方案。团队的成员会就如何改变工作程序和工作方法相互交流,提出一些建议。问题解决型团队的成员是没有权力去对相关问题提出改进要求的,他们只能向管理层提出意见。通俗来说,该类型团队更类似于为了解决特殊问题和突发情况组成的临时对策小组。该类型团队的优点是决策程序相对简单、组织结构紧密、决策效率高;缺点是成员几乎没有实际权力来根据建议采取行动,成员参与决策过程的积极性略显不足。

(2) 自我管理型团队

和问题解决型团队一样,自我管理型团队也是通过讨论解决问题,但团队成员拥有执行解决方案的权力和为此负责的义务。该类型团队一般是整个团队共同工作,负责运营组织中的一项单一业务或者单独一种产品的生产。在运作时,团队拥有高度的自主权,可以自行决定工作时间、自行分配工作任务,等等。一些施行企业内部创业制度或者网状管理模式的企业,甚至会将团队成员的选择权和绩效评估的权力下放给该类型团队。该类型团队对企业扁平化管理和增强团队成员满意度、提高工作效率方面具有积极的作用,鼓励企业内部创业和实施目标与关键成果法绩效管理的企业可以参考采用。值得注意的是,和传统的团队形式相比,自我管理型团队在管理上会面对更多的问题。这些管理问题分别是:自我管理型团队是否在组织内部引起其他成员产生不公平感觉;团队的目标是否清晰可量化;团队是否有权力为了更好的绩效去获取相应的组织资源;团队间的任务是否出现依存或者冲突;团队成员是否足够自律,是否能在公正地完成团队内部的绩效评估和日常管理的同时避免引发道德风险;团队是否能够承担其必要的任务。

(3) 交叉功能型团队

交叉功能型团队由来自同一个等级、不同工作领域的组织成员组成,团队的目标是思考和解决跨部门、跨领域和具有多功能性质的问题。交叉功能型团队会采取有效的沟通方式，使组织内（甚至组织间）不同领域的员工之间加强信息沟通，激发创新性的想法和方案，解决面临的问题，协调复杂的项目。和自我管理型团队类似，交叉功能型团队也存在一定的管理缺陷：在成立之初，团队成员由于知识技能、社会背景、心理性格等因素的不同，往往需要更多的时间磨合，且存在更高的团队冲突的可能性，在成员间建立信任也需要相当长的时间，而且要求团队成员具有很高的个人素质和合作意识。

（4）虚拟型团队

虚拟型团队是现代通信技术发展和全球化经济背景下的产物，多出现于互联网公司、跨国公司或者国际贸易公司。虽然团队成员可能分布于不同的时区或地域，但可以在一起共同完成团队任务。该类型团队最显著的特征是通过通信和信息技术的联结协同完成工作，其主要优点是能达到组织资源的最优整合、多文化的最优整合，低成本、高效率，满足成员工作和生活的需求。该类型团队最核心的问题是成员间的信任问题，高信任水平的团队对工作的完成效率更高，同时自主安排工作的可能也更大。

考虑创业初期的实际条件，同质性团队和异质性团队对创业者起步具有的参考意义更大。当然在创业成功、企业组织发展到一定规模的情况下，基于团队赋权和组织形式划分的几种团队类型对创业者来说更具参考性，决策者可以在解决实际问题的基础上相机决定组织怎样的团队。

### 2.3.3 创业团队角色及行为策略

在创业团队综述中，创业团队被认为是由复数形式的、具有互补技能的团队成员组成，成员间的互补效应是在团队构建中逐步形成的。而在团队形成的过程中，团队成员根据自身的天赋特质、技能及性格爱好等自然习惯逐步形成了在团队中担任某一具体职能工作的现象称为团队角色定位。在行为科学中，组织行为学对团队的研究较为广泛和深入，也对团队角色提出了不少分类方法和定义方法。

本书对团队角色的定义主要参考采用贝尔宾关于团队角色的理论。贝尔宾将团队成员划分成九种具有职能的团队角色并叙述了其团队角色的特征，他们分别是协调者、推进者、创新者、监督者、信息者、实干家、凝聚者、完成者和专家，具体见表2-4。

表 2-4 创业团队的角色特质

| 角色 | 角色特质 |
| --- | --- |
| 协调者 | 成熟，自信及信任他人；清楚地了解团队成员的长处和不足并善加利用，同时能观察到工作中的疏漏并及时弥补；时刻思考团队目标，能激发团队成员共同的忠诚和热情；不借助权威可以使人信服，能协调气氛；民主，客观听取他人意见；具有宽广的视野和独特的眼光 |
| 推进者 | 性格开朗感性并充满活力；执行层面的团队成员，善于将团队工作具体化，提出计划和方案并付诸行动；喜欢带头并影响他人行动，厌恶低效率，是团队工作的推进者；善于在压力环境中转换行动动力，尤其在复杂环境中推进团队工作；对"胜利"抱有强烈的渴望，可能不惜伤害成员感情，会给团队成员一种被驱使感 |

续表

| 角色 | 角色特质 |
| --- | --- |
| 创新者 | 智力超群,是团队提议、创新的源泉,善于解决复杂的问题;为团队带来突破常规的见解解决团队面临的问题;富于创造力和想象力,不受习惯和他人影响,独立意识很强;沟通技巧欠佳,难以接受批评;关注创新,想法可能过于激进;常忽略细节和礼节 |
| 监督者 | 能冷静、审慎地对问题进行分析;善于平衡分析问题,避免团队做出极端决策;稳重并具有精确的判断力;缺乏热情和想象力,不主动激励他人 |
| 信息者 | 外向性格,善于沟通;准确传达组织外的想法和信息,善于担任组织联络工作;善于发现新信息;可能过于乐观 |
| 实干家 | 纪律性强、可靠和责任感强;具体工作的实际组织人,将组织的决策化为具体的明确的工作任务;组织能力和自我约束的控制力较强;忠于团队;个性保守,不善于接受新事物 |
| 凝聚者 | 擅长社交、性格温和;团队的积极沟通者;善于沟通,喜欢倾听,可以中和由监督者、专家及实干家引发的团队不适;鼓舞士气,提高团队协作效果和团队士气;关键时刻缺乏一定决策力,易受他人影响 |
| 完成者 | 勤恳,有条理,谨慎;尽职工作并维护团队秩序;严格遵守规则、纪律和时间;工作的高标准完成者;缺乏耐心;过于注重细节 |
| 专家 | 工作专一投入;专注于解决技术问题,提供专业意见;提供稀缺的资源和技术;知识具有局限性 |

需要指出的是,上述团队角色的划分是基于针对团队实践案例中实证性研究提出的。在创业团队的组建和运行中,团队角色的界限并没有团队角色分类中那么清晰。团队成员可以在创业团队中担任多重角色并行使多重团队角色职能,担任哪些团队角色则应该根据团队的具体需要和自身条件的相适应程度进行选择。出于团队协作的考量,本书认为:能加入创业团队并具体负责创业相关工作的人就是创业者之一,创业者身份并不要求创业团队成员在创业团队中具体担任某一个或多个角色。

### 2.3.4 创业团队组建

1. 创业团队的组建模式

目前的学术研究越来越多地将目光集中于创业团队上,主要原因是创业团队对创业行为产生越来越明显的积极促进作用。几乎绝大部分的创业成功案例都是由创业团队推动产生的。同时,统计学结果表明,创业团队在创业绩效和创业成功率方面有积极作用,团队创业的绩效要优于个人创业。因此我们需要重视创业团队对创业行为的积极作用,认识我们需要什么类型的团队,如何构建团队并完善团队对创业者而言是一堂必修课。创业团队的组成主要有两种模式。

(1) 创始人推动

创始人推动模式，是指由一个具有明确创业目标和创业设想的创业者在开始创业实践时通过吸引、招募他人加入等方式形成创业团队，并通过团队共同努力去完成创始人先前设立的或者创业团队形成后调整的创业目标。这种模式下组成的创业团队的特征是先期拥有了具体的创业设想和创业目标，同时团队创始人将成为团队天然的"领导者"。这种模式组建的团队优势在于领导者对团队成员具有很强的影响力，领导者更容易解决团队的冲突问题，决策权集中于领导者这一点让团队效率更高。劣势则是团队成员对创业目标和团队的认可程度较低，领导者的决策水平对创业成果有绝对影响，长远来说可能遭遇发展陷阱。这种模式下组建的创业团队需要创始人有意识地划分一些团队权力给团队成员，以便团队成员拥有更高的参与程度的同时，花费一些精力去培育创业团队的团队效能。

(2) 同理念组合

同理念组合模式，是指有共同创业意向和创业理想的人先聚集在一起，此时团队人员已经初步组合完成，但没有形成明确的创业方向和创业目标，他们通过团队协作寻找创业机会，生成创业目标，进而开始创业行为。这种模式下诞生的团队，其优势在于其团队成员拥有趋同的观念、相似的经历或者高水平的人际关系，更容易生成团队效应，团队的承压能力更强。劣势是初期没有具体的创业方向和创业目标，需要更大的机会成本；同时，由于团队没有天然的领导者、团队角色定位分工不明确等因素，爆发团队冲突的可能性更高；团队成员彼此需要更高的团队精神相互磨合。

2. 创业团队的组建过程

在创业团队组建这一问题上，目前较为广泛地采用蒙特伯罗和布泽塔提出的团队组建四阶段理论，即创业团队都会经历的初创阶段、动荡阶段、运作阶段和成熟阶段。

(1) 初创阶段

新组建的创业团队表现出高度的不稳定性，团队成员在这个阶段更多的是名义上为团队工作。团队缺少统一目标、统一运作规范，也没有明确各成员的角色定位，没有组织共同的文化和行为准则。在这一阶段，不仅创业的前景面临高度不确定性，团队成员也没有彼此熟悉和磨合，工作效率通常较为低下，也容易出现工作失误。

(2) 动荡阶段

在这一阶段，创业团队明确了创业愿景、创业目标和相关工作方向等问题，有了一致的行动目标，但创业团队成员尚未培养出足够的团队意识和团队文化。这一阶段团队成员在团队行动中为了获取更高的影响力和自己属意的团队角色出现争执和冲突的可能性变得更高，尤其此时往往是创业易受到挫折的阶段，如果没有注意维护团队团结，团队协作将有可能转变为团队冲突。

(3) 运作阶段

随着创业团队的不断磨合，创业团队中的成员逐一找准了自身在创业团队中的角色定位，团队也开始建立起一套有效的运作规则和组织原则，所有成员对具体工作流程有了一个比较统一的认识。此时创业事业将逐步好转，尽管在这一阶段，团队成员依然会持有不同意见，但他们发表意见的出发点将主要以解决问题作为导向，此时团队协作的优势开始凸显。

### （4）成熟阶段

此时的创业团队已经在认同创业团队文化和行为准则的基础上，从内心接受并用实际行动践行这些原则。创业团队成员彼此相互了解，很多时候他们的工作将更多地聚焦于解决实际问题上而非事务程序上（尽管这可能带来一定的风险）。这一阶段团队将更容易接受高水平的工作目标和要求，成就导向在此时的工作动机中显得较为突出。当然，此时的成熟创业团队也存在工作作风僵化和官僚作风的风险，领导者应关注此类倾向，不要让创业团队关系束缚了团队自身的发展。

创业团队的组建不是一蹴而就的。创业团队的构建优秀与否的唯一标准为是否符合我们创业工作的环境和工作要求。由于创业活动面临着各种不确定的因素和问题，因此创业团队组建所需的标准也各有不同。在团队组建的过程中必然也会伴随团队成员的新晋加入、淘汰离开等情况，因此存在创业团队组建进程会出现因为某些新条件的影响使得阶段出现倒退或者越级到达另一种阶段的可能。因此创业团队建设会伴随创业组织的创立直到完成创业目标或者创业主体消亡。

## 2.3.5 创业团队冲突

冲突是一种生活中常见的现象，在社会活动的每个领域、每个层面，每个人都会遇到，可以说有人的地方就有冲突。简而言之，冲突是客观存在的一种主观知觉。引起冲突的原因是某种或多种形式的对立或者相互作用。冲突的主体、客体是复杂多样的。团队创业的过程中不可避免地存在冲突，冲突甚至是企业灵感和创新的来源，创业团队必然会受到冲突的影响。

作为创业指导教程，这里我们对冲突的定义和类型等概念不再赘述，下文重点讨论前文在创业者特质调查及创业团队构建时广泛提及的创业者团队冲突概念。

关于产生冲突的原因，考虑到创业者团队冲突的实际情况，心理学教授杜布林对团队冲突的理解较为合理。

1. 放肆性倾向

人是具有放肆和攻击性潜在倾向的，在一些特殊情况下（或者其本身攻击性就较强），他们会在组织中引起冲突，并当成本身情绪发泄的场所。

2. 争夺资源

组织内部资源是有限的，为了更好地完成目标，团队成员往往会追求分配的资源最大化和工作任务的最小化，在分配资源时团队成员之间就存在冲突可能。

3. 价值和利益

此类冲突类似于争夺资源，但他们争夺的不再是为了完成任务所需要的资源，而是完成任务后下发的回报，会比较相对之间回报和投入是否达到认知上的"公平"感。

4. 基于角度和本位差异

此类冲突主要由于团队成员担任的团队角色的不同导致，比如说负责财务的人会考虑尽可能削减预算降低成本，而负责营销的人为了达到客户要求往往又需要更多的资金预算，考虑问题的出发点不同会导致冲突。

### 5. 追逐权力

此类冲突指的是团队成员出于权力欲望和动机在团队中企图获取更高的职位和更大的权力支配他人并由此引发冲突。

### 6. 责任不清

此类冲突指的是团队成员对团队工作的责任由谁承担存在不同的想法从而出现的冲突，一般而言是责任的相互推诿。

### 7. 引进变革

变革是团队的压力和冲突来源，变革者往往会和其他成员产生冲突。此类冲突多发生于新团队成员带着新意见加入团队时。

### 8. 组织气氛

团队内气氛往往也会造成冲突：不当的压力和紧张的人际关系，少数成员间激烈频繁的冲突，均可能引发不必要的冲突。

冲突对团队具有破坏性和建设性两种作用。适度的冲突可以促进团队建设和提高工作绩效，反之则对团队具有破坏作用。按照冲突对团队作用的效果，我们可以将冲突分为破坏性冲突和建设性冲突。团队冲突的二重性作用见表 2-5。

表 2-5　团队冲突的二重性作用

| | 建设性作用 | 破坏性作用 |
| --- | --- | --- |
| 团队成员影响 | 加强客观认知；<br>增进工作动力 | 引起紧张、焦虑情绪；<br>引发愤怒、敌意 |
| 团队关系影响 | 加强凝聚力；<br>增强团队协作性 | 引起成员对立、排斥；<br>削弱团队凝聚力 |
| 创业动机影响 | 调整动机平衡；<br>维持动机强度 | 削弱动机；<br>不再支持创业行为 |
| 工作协调影响 | 消磨团队不协调因素；<br>增进团队工作效能 | 扩大不协调情况，互不配合；<br>破坏团队协同和工作效率 |
| 绩效影响 | 发现工作方案、方向的错误；<br>完善工作决策和行动 | 相互攻击，拉低工作效率；<br>决策和工作量大幅增加 |
| 创业团队发展影响 | 冲突迫使双方寻求新的平衡点，由此稳定团队和利益均衡 | 冲突对团队成员合作的破坏致使团队在冲突中解体 |

因此，当创业者团队发生冲突时，需要对团队冲突进行辨识。对团队具有建设作用的冲突，不应回避或者压制，应该正面应对和积极解决；而具有破坏作用的冲突，则要寻找冲突产生的原因，在保证团队凝聚力的前提下进行有效的冲突管理。一般而言，建设性冲突的双方会关心是否能完成工作目标，同时针对的是具体的事项和工作，也会积极和冲突方进行沟通，说明自身想法并保持克制情绪。破坏性冲突则会相反，此类冲突往往不关心工作效果是

否良好，而更关注双方的"胜负"，不针对具体事项而是针对当事人，拒绝沟通和工作，同时不会克制情绪。

具有创业失败经历或者遭受过创业挫折的创业者，在回顾他们遭遇过的团队的破坏性冲突时，往往倾向于认为冲突方的创业者特质中有某一项或多项不足，所以本书认为创业团队的成员如果具有全面的创业者特质，能有效地降低创业团队冲突的破坏性作用。

### 2.3.6 创业团队制度设计

创业团队制度被认为是一种由团队全员共同签署，并具有全员共识性的规范性文件。该文件对团队成员需要共同遵守的准则、创业的方向和目标做出解释说明，同时也对团队成员所具有的权利和义务进行了规定（这里一般指股权占比和对利润的分配比例）。需要注意的是，创业团队制度不同于合伙人协议和企业章程。因为创业初期面临的不确定情况较多，创业团队制度在执行和制订的时候更多地考虑的是原则性规范，即"不能做什么"；而合伙人协议和企业章程在施行时具有严格的规范性、强制性、科学性、相对稳定性等，即"你要做什么"。由此，不同的创业团队会根据实际情况制订不同的创业团队制度，但设计创业团队制度的目标都是使各项工作能够达到计划目标。

创业团队制度是创业起步的第一份规范性文件，在其基础上会逐步发展衍生出公司章程或者合伙人协议、市场营销制度、质量管理制度、安全生产管理制度、采购供应管理制度、财务会计制度、行政后勤制度和人力资源管理制度等制度和协议。当然，创业者不必因此将创业团队制度设计得过于复杂。一般来说，初期的制度具有定义中的准则、目标方向、权利和义务三方面内容即可；后期可以根据实际需要对创业团队制度进行修订和增补，也可以用发展衍生出的相关制度替代。

创业团队制度一般在创业团队具有了具体创业方向和目标后，开始市场活动前共同制订。创业团队制度可以有效降低创业初期因为资源争夺、价值和利润分配、责任不清、权力追逐等原因引发的破坏性冲突，此外还有如下作用。

1. 促进协同效应

创业团队制度可以引导团队成员形成一致的团队意识，使团队成员了解自身具有什么工作职责和何时需要协同团队的义务等，能更快地生成团队协作效应。

2. 警戒威慑作用

由于创业团队制度规定了共同遵守的行为准则，因此不遵守制度的团队成员会引起其他团队成员的反对和排斥，严重者会被驱逐出团队。虽然创业团队制度不具有强制执行力，但事实上能起到一定警戒威慑作用。

3. 目标导向作用

创业团队制度规定了团队的创业方向共识，明确了全团队的工作重心和努力方向，避免因团队成员工作中脱离创业目标而引起混乱。

4. 激励工作作用

对于利润分配方面，相关的制度规定一般具有激励团队成员工作的效果，也能在一定程度上减少相互之间对投入和获取在认知上的"不公平"感，优秀的团队制度也会包含一定的绩效激励方面的规定。要发挥有效的激励作用，首先必须将成员的收益模式界定清楚，尤其是股权、奖惩等与团队成员密切相关的事宜。

综上，创业团队制度设计体现了创业团队对成员的控制和激励作用，主要包括对团队的约束和激励两个方面。一方面，约束制度指导其成员避免做出不利于团队发展的行为，起到促进协同、发挥警戒威慑的作用。另一方面，激励机制能够引导团队保持创业方向共识，实现高效运作。需要注意的是，创业团队的制度应以规范化的书面形式确定下来，以免带来不必要的混乱。

延伸阅读

创业团队绩效管理的新方式：目标与关键成果法

目标与关键成果法（Objectives and Key Results，OKR）是一套对组织目标进行定义并追踪工作的进度和完成情况的管理模式，最早可以溯源至管理学大师德鲁克所提出的目标管理（Management by Objective），通过一系列的理论和实践研究，最终发展出了OKR这套管理模式。OKR目前普遍应用于英特尔、谷歌等创新型技术公司的企业绩效管理方面。

OKR相较于其他管理模式，具有如下优势。

(1) 管理透明化

OKR在绩效考核中要求所有的工作绩效都是透明的，即意味着在实施OKR绩效管理的组织中，每个成员都可以及时了解到其他组织成员（同事、主管、主管之上的领导，甚至是整个组织）的工作目标、工作进度和工作方法。

(2) 规范核心目标

OKR在设置的时候，工作目标的设置是比较模糊的，但集中到关键成果考评则必须是可以量化的，这样才能对组织成员的工作成果进行可靠的衡量。以餐饮店为例，工作目标的设置可以是更快地为客户提供餐饮产品。此时"更快"的关键成果就可设置为菜品上菜的时间比原先提前30%。而考核的时候，可以通过数据对比对组织成员工作的效果进行衡量，在考评时每个人都会明白自己需要达成怎样的工作结果（注意不是怎样做）。

(3) 更好地激发员工主动工作的情绪

OKR的绩效考评结果并不决定组织成员的最终绩效和工资回报结果，这让员工的接受程度更高。因为在规范的OKR指标考评体系中，工作目标和关键成果是由被考评者自己决定的。这意味着每个组织、每个组织内团队、每个人都可以自己单独设置工作目标和关键成果。这也可能意味着有些员工因为自己设置的关键成果较高，导致关键成果考核达成的百分比结果较低，但实际上他的工作成果可能优于其他所有同级别员工的情况。

因此，OKR的绩效考评结果将会作为员工待遇的参考而不是全部，员工可以通过达成自己设置的目标获得更高的成就感，同时由于关键成果彼此透明，员工知道自己需要什么结果，会更主动去思考自己需要做什么。

(4) 加强沟通交流

OKR更侧重于激发组织成员的工作主动性，它会告诉组织内部的成员、团队、同事各自的目标是什么，按时完成的进度及相互间目标的契合度。而员工将需要更主动地思考自己的目标是什么，应该如何达成。

OKR 的设计思路在于从个人到组织、团队的每个层级、每个时间段都拥有一个方向的战略目标和具体相关的关键结果。图 2-1 所示为一般 OKR 考核指标流程。

```
┌─────────────────────────┐   ┌─────────────────────────┐
│ 1. 目标发起阶段          │   │ 2. 目标的关键结果设定     │
│ • 员工围绕组织愿景设定目标│   │ • 基于"二八"法则寻找目标  │
│ • 直接领导与员工共同评价  │   │   关键活动                │
│   可行性                 │ ⇅ │ • 由领导基于关键活动设定   │
│ • 目标需简洁、直接、透明、│   │   关键结果                │
│   有挑战性               │   │ • 关键结果需可量化、产出   │
│                         │   │   导向、可调整             │
└─────────────────────────┘   └─────────────────────────┘
┌─────────────────────────┐   ┌─────────────────────────┐
│ 3. 执行与回顾阶段         │   │ 4. 绩效考核与更新         │
│ • 员工执行自己设定的目标  │   │ • 人力资源基于目标完成情况 │
│ • 员工基于关键结果进行自省│   │   进行考核                │
│   与完善                 │   │ • 同时衡量目标难度与员工   │
│ • 团队考察员工目标是否偏离│   │   执行力                  │
│   并提供资源             │   │ • 保存记录、分享经验、设定 │
│                         │   │   新目标                  │
└─────────────────────────┘   └─────────────────────────┘
```

图 2-1 一般 OKR 考核指标流程

**创业故事**

### 我和这支贴着"严肃"标签的高效科技团队一起前进

广西威双科技有限公司是一家专业从事物联网科技、无纸化信息技术的科技型公司。公司整合公安执法信息资源,为公安执法高效提供智能辅助、无纸化解决方案,建立综合性评价体系等服务。公司董事长是龚晨波。

龚晨波是一名长期从事公安行业信息化项目的创业者,主要从事公安行业执法规范化的建设,包含公安执法场所的设计、建筑装修、智能弱电、智能设备、软件平台、培训维护,与多地公安局、派出所合作开展执法规范化"四位一体"建设项目。虽然公司是 2018 年才创立的,但是早在 2016 年,龚晨波参与鹿寨县公安局执法办案中心建设后,就开始专心打造属于自己的团队。

龚晨波于 2016 年率先在广西开始执法规范化建设的学习和研究,他远赴浙江学习先进执法规范化建设经验,培养广西本地的设计施工维护团队。经过近 2 年的艰苦创业,项目得到客户的高度认可。在公安行业客户严要求高标准的影响下,公司全体人员不断学习、成长、提升,逐渐锻炼成为高效有序的团队。

对于一支创业团队,龚晨波最忌讳的就是散漫与无纪律,认为组织体系架构理应是团队建设中最明晰的部分。在龚晨波的创业团队中有四名成员,其中有毕业于广西司法学校,具有派出所一线工作经历的实施总监,还有长期从事 IT 行业安装维护工作并积累了大量现场经验的维护经理,以及某上市公司广西区域的行政负责人。"我们是一个有组织有纪律的团队,怀抱着高效前进的使命,激发组织能量,让组织围绕使命和愿景去努力变强大,往前奔跑!"龚晨波说。他对经验丰富的团队成员都委以重任,使其成为公司强而有力的助推器,更好地发挥光与热。

相信高效能实现创业的龚晨波秉承严格的创业机制和持之以恒的创业态度,终于在公司成立短短半年后就有所成就。2018年8月,公司成功中标了武宣县公安局执法规范化"四位一体"建设项目、柳州市城中分局柳东派出所"四位一体"软件及智能设备采购项目、平果县公安局执法办案中心建设项目。现在,龚晨波依旧定期制订公司的发展战略,实现一个目标后再冲向下一个目标,并且会从公安部门了解需求并听取建议,从管理层面开始督导各个部门执行战略,为企业蓄力打气。

如今,龚晨波和他的这支贴着"严肃"标签的高效科技团队,已经通过不断努力和发展,成为了服务公安业务的专业研发团队。随着公司业务在全区的整体辐射,公司团队计划在各地级市设立办事处或售后人员,切实做好业主的"贴身保姆"。

案例来源:https://mp.weixin.qq.com/s/ddjbrTR3JF8IN1O6d4aAWg? [2021-09-01].

### 思 考 题

1. 创业者应具备哪些能力?如何培养创业者的能力?
2. 创业动机对创业行为有何意义?
3. 如何理解创业团队?创业团队有哪些类型?
4. 创业团队的组建包含哪些阶段?
5. 创业团队冲突的原因有哪些?如何正确认识创业团队冲突?

### 案例分享及讨论

#### 陪伴走过创业青春的"熊朋兔友"

广西南宁熊朋兔友文化有限公司成立于2018年,是一家以原创漫画、漫画设计制作、漫画IP开发、文创运营为主的文化公司,现与腾讯动漫、哔哩哔哩漫画平台达成协议,成为其签约的合作公司,并服务于多家餐饮品牌公司的文化IP创造与互联网营销。

1. 身处在最好的时代,手握画笔开启创业征程

年轻活泼的李华忠毕业于南宁职业技术学院计算机工程系,早在大学时期就担任了大学动漫协会会长,多次举办广西高校漫画作品展,并在广西艺术学院展览馆展出过个人漫画作品。他曾与波洞动漫和漫友文化有过合作,并且在知音杂志、读者传媒、广西出版社等动漫平台发表过作品。李华忠很开心地向我们介绍起他的漫画作品,除了全国发行的漫画单行本《野人娃哈哈》1~4册外,《见怪不怪》《萌君》《半梦半醒》《熊哟尼》也都是他的代表作。

"我觉得自己很幸运!"李华忠说:"这个时代对我们真的很友好!"李华忠之所以发出这样的感慨,是因为他毕业时正处于中国互联网动漫文创高速发展的时代,在国家对版权大力保护与支持的大背景下,涌现出腾讯动漫、波洞漫画、快看漫画、哔哩哔哩等动漫平台,他深深地感受到IP付费阅读的年代已经到来。于是,怀揣创业梦想与对漫画的热爱,李华忠手握画笔开始描绘一幅创业画卷。

2. 创业从未止步,只有前进的站点,没有终点

李华忠坦言:"别看我作品很多,其实创业真的不是光坐着画画就能行的。"2014—2015年,李华忠在不少杂志上发表了个人作品。可是,2016年因为纸媒行业的迅速下滑,杂志

社纷纷亏损和倒闭。"梦想要有，面包也要有，如果没有面包，用什么支撑我继续去造梦呢？"李华忠不甘心，他认为的创业是一趟"只有前进的站点，没有终点"的列车，上了车就不能轻言放弃。在朋友的建议之下和自己的实地考察之后，李华忠选择了在餐饮行业创业。

于是，2015—2017年，李华忠和团队成员经过认真筹备，顺利创立了一个以动漫IP"熊哟尼"为卡通形象的烘焙品牌——YOONICAKE。这个项目从品牌的设计到产品的设计，都运用了漫画的元素，创意的脑洞结合打造出每一款烘焙蛋糕产品的个性化与时尚化。李华忠回忆起这个创业转折点时，很欣慰地说道："我已经很开心了，能找到一个既有梦想又有面包的方向前进。"

YOONICAKE不但运营顺利，而且在"90后"和"00后"年轻时尚群体中迅速传播开来，走红于各大网红和朋友圈，品牌也逐渐家喻户晓。仍旧执着于动漫的李华忠顺势推出了"熊哟尼"系列的独立漫画和插画作品，深受客户群体喜爱，获得10万粉丝的追捧。

3. 我一点也不曾觉得孤单，我的身后有一大群志同道合的伙伴支撑着我，与我同行

YOONICAKE品牌的成功，让李华忠有了底气。他一直没有忘记在大学时期，一位跟自己有着同样梦想的学弟刘士贵。"学弟也是一直在创业，他组建了一个独立漫画工作室，他创作的《漫话心理学》《漫话经济学》《咔朵历险记》《格林童话故事》等作品，在行业里小有名气。"作为同行，他们之间常常探讨互联网漫画IP创作问题。终于在2018年，两人决定携手合作，创作符合现代互联网发展市场需求的漫画作品，成立了广西南宁熊朋兔友文化有限公司。

由于公司规模不大，各种棘手的问题接踵而来。缺人、缺市场、缺资源，公司场地的租金和团队小伙伴们的工资酬劳，加起来每个月的开支都不小，特别是遇到有些画稿结款特别慢的时候，公司"小金库"真的捉襟见肘。因此，李华忠和刘士贵陷入一番愁苦之中。庆幸的是，正如漫画故事也于生活之中获得灵感，生活也像漫画一样，天无绝人之路，主角总是绝处逢生。就在性格开朗大方的李华忠眉头紧锁的时候，在好友的推荐下，他接触到了广西众创示范基地。

"基地真的给我们团队提供了很多帮助。"李华忠笑容灿烂地说道："我完全没有感觉到孤单过，我总觉得自己身后有一群人支撑着我，基地团队就是其中一只载着我向前奋进的大雁，与我同行！"基地为公司提供了8万元创业基金，以及宽敞的办公环境，免租金的优待方式更让大家觉得十分惊喜。李华忠把节约下来的创业资金合理使用，"创业者的银子真的是每一分都要花在刀刃上，这才对得起基地运营团队和读者对我们的支持与信赖嘛！"李华忠开心地说："我们的设备得到改进之后，团队成员的绘画激情与灵感不断迸发！"众创示范基地还有许多各行各业的创业公司，团队互相之间有了接触合作的机会，基地运营团队在IP品牌宣传和业务服务推广方面的建议，也让"熊朋兔友"增加了更多收益。所以，李华忠和他的一帮"熊朋兔友"都觉得，进入众创示范基地真的是超级赞的决定！

4. 创业已经不是一个人的事情，是为了支持"熊朋兔友"的读者们，也是为了创业团队

李华忠回想起作品《见怪不怪》的创作过程。《见怪不怪》是一个因互联网漫画悬疑故事创作市场短缺而想到的一个题材，悬疑惊悚和无厘头的剧情创作难度非常高。为了不让创作显得苍白无力，李华忠和团队成员不断寻找一些幽僻的地方获取灵感，比如大学里无人行

走的操场、公园里黑暗的凉亭、潮湿阴冷的湖边等，整个漫画从人物设计到故事创作，再到成品花了半年的时间，最终作品签约了腾讯平台。

谈到对未来的设想与规划，李华忠直言他想得再简单不过了，那就是在将来会创作更多的好作品，开创更多的合作机会！同时，李华忠不忘结合市场需求，他认为5G发展的新时代就要来临了，公司有计划从漫画延伸到有声动漫和抖音平台的有声漫画去发展，把漫画和动画结合起来，增加更多的互联网平台的流量导入，从而延伸漫画IP产品和漫画IP的互联网商城，让更多的读者从追求漫画到热衷漫画IP，从而逐步使读者延伸为漫画消费者，实现更多的文创变现价值。

案例来源：https：//mp.weixin.qq.com/s/UmVO5cnV8npAKeP7nkx3ZA ［2021－09－01］.

# 第 3 章 创业机会

**学习目标**

1. 区别创业机会与商业机会的不同；
2. 掌握创业机会识别的方法与技巧；
3. 了解创业机会评价的目的与方式；
4. 了解创业机会风险的构成及防范；
5. 透视创业机会识别的发现及构建途径。

### 广西南丹：都市美女老板石柳月返乡创业当"牛倌"

尽管已是初冬时节，广西河池的南丹县城关镇更垌村更垌养牛场，依然暖意融融。看着山头上400多亩绿油油的牧草，一排排现代化的牛棚里，一头头牛膘肥体壮，石柳月养牛带富村民的憧憬"也像牧草一样欢长"。

生于斯长于斯的石柳月，早年外出打拼，多年奋斗闯出一片属于自己的天空，如今在浙江杭州已拥有三家餐饮连锁店。事业有成的她一直想着为家乡的父老乡亲做点实事。

"既能增加村民收入，又有利于做好自己的餐饮业，这是两全其美的事！"在一次回乡探亲中，石柳月发现家乡的气候环境适合发展肉牛养殖，就决定成立农业发展公司，以"公司+农户"的模式，带动村民养牛脱贫致富，同时也为自己杭州的餐饮店提供更好的食材。

"电力充足了，养牛更有劲了！"在养牛场新建的供电平台竣工投运时，石柳月高兴地讲述了电力帮扶的一段故事。原来，距离养牛场最近的电源距牛场超过了1千米，养牛场的通风、照明及牧草切割和饲料加工等大功率机械的用电问题一度成为产业发展的瓶颈。在上门了解了养牛场的用电需求后，南方电网广西新电力投资集团南丹供电公司争取到35万元扶贫产业电力保障帮扶资金，成立党员突击队，2天完成设计，仅用10天时间就为养牛场新增了1台200千伏安的变压器，架设了1200米10千伏线路。

用电有了保障，石柳月决定扩大养牛规模，计划2年内，在南丹县境内选址再建5个大型肉牛养殖场，新增种植牧草3000亩以上，放养牛场扩大到5000亩。投产后，年出栏肉牛超1万头以上，可提供近600个就业岗位。石柳月的公司还将同步向农户提供牛源、饲料、技术，按市场价统一回收。

截至2020年11月26日，在养牛场务工的27户贫困户已脱贫摘帽。养牛业带动村民脱贫致富的效果已初步显现。

资料来源：http://gx.cnr.cn/xwzx/gxkjww/20201130/t20201130_525347601.shtml ［2021-09-01］.

## 3.1 创业机会的内涵

### 3.1.1 创意与机会

1. 创意

创意是指兼具原创性及创新性的构想，具体表述为将某些想法（或是某些需求）用带有逻辑性的形式展现出来，将理论转变成可以被理解的物化形态，而不是随随便便突发奇想。一般来说，有价值潜力的创意普遍具备独特性、切实性、价值性等特征。

2. 机会

机会是指具有时效性的有利情况，通常潜在于没有被明确的市场需求，或是未能被尽数使用的资源及能力中。一般来说，机会普遍具备持久性与适时性，且具有能够吸引人等特征。

创意可能来源于市场中客户的评价、市场内已存在的企业、企业的分销渠道、政府部门，以及企业的研究与实验活动等。对机会的识别一般源自创意的产生，但新奇的创意却并不等同于切实的机会。如果想要对机会进行准确的识别，则需要创业者对市场趋势进行细致的观察，能够发现问题并予以解决。

### 3.1.2 商业机会与创业机会

1. 商业机会

商业机会是指具有较强吸引力的、持久性较好的，同时兼具及时性的一种商业业务空间，存在于可以为消费者或客户贡献或提升价值的服务或产品中。企业可以利用系列的商业业务完成对其寻找、认识、挑选、运用等，进而为企业制造并贡献利润与价值。因此，商业机会也称市场机会。

2. 创业机会

创业机会的常用概念举例如下。

（1）创业机会是能够为顾客或试用者增加或提供价值的服务与产品，其一般性特征为具有强吸引性且较持久及较为及时。

（2）创业机会是一种区别于其他形式的"目的-手段"关系，其可以为经营业务带来新的原料、产品、服务，或是新的市场与组织方式的开发。

（3）创业机会是一种可能，具体表现为将现有资源进行创新结合，以填补市场需求的空白，进而贡献出价值。

（4）创业机会是指新产品、新服务、原材料、市场和组织方式被应用于新的组成"方式-结果"或"结果-方式"的结合。

（5）创业机会是一系列的环境条件，这种环境条件导致创业者通过现存风险或创造新风险将一种或更多种新产品或服务引入市场。

概括地讲，创业机会是指未明确的市场需求或未充分使用的资源或能力，在市场经济条件下，于一般性的社会经济活动过程中出现或被缔造出的一种能助推活动结果趋向成功的因素，通常具有突发性，但可以被经营者捕捉并进行较充分的利用。有别于商业机会的利益性，创业机会通常是借助捕捉或开发新的"目的-手段"关系来帮助创业者达到目的，一般在产品、服务、原材料及组织方式等方面，做出区别性较大的变动，相应地，其效率也将得到提升。

创业机会存在两个维度的特征：一是市场环境特征，包括市场的成长性、规模、竞争程度、网络关系等；二是产品技术特征，包括产品的技术壁垒、成本优势、技术优势及其持久性等。

创业机会一般来源于变化，如市场约束变革视角的机会与新技术、新产品和新运营视角的机会。前者涉及新消费升级、政治与制度改革、产业与企业变革、社会及人口结构变化、竞争催生等方面，后者涉及新产品与新技术应用、产业变革与新商业模式运用等方面。

创业机会相比商业机会，没有绝对性质的区别界定，前者更多的是注重其创新性的价值与利润贡献，兼具创造性与革新性。在实践中，人们不需要特意对二者进行划分，毕竟不是仅有利用创业机会这一种方式才能够进行创业。有些创业机会甚至就存在于特定商业机会中，这类商业机会普遍拥有极大的潜在价值。随着商业机会层级的增进，具体可从初级可能的，递升为中级可行的，进而是高级能够实现的。初级商业机会需要在市场中挖掘，中级商业机会一般与资源整合能力，高级商业机会更多的是同团队优劣相关。而评判创业机会的好坏，则要参考产品好坏、市场大小、团队匹配和收益可观度等因素。

综上所述，商业机会一般潜在于经营活动中，是能够帮助企业得到发展的契机或突发事件，并非一定会发生。创业机会较之前者，有更广义的界定，有别于普遍的商业机会。一般大多数创业者都是把握了商业机会从而成功创业的，然而，只有为数不多的创业者可以切实利用创业机会取得创业的成功。如果创业者获得了成功，则将会对人们的生存及休闲娱乐形式产生影响，有时还会助推新产业的诞生。在人们不断开发创业机会价值的同时，新的商业机会也会随之诞生，相应地更多的创业活动也会不断涌现出来。

### 3.1.3 创业机会的特征与类型

1. 创业机会的基本特征

创业机会作为创业过程的重要组成部分，仅有少数目光敏锐、有强大执行力的人能够发现并加以利用，从而成功创业。更多的人在面对创业机会时仍停留在创意阶段，没能及时地做出正确有效的行动。一旦有其他创业者发现了这个机会或者将它公之于众，这个机会就失去了意义。创业机会具有以下几个基本特征。

（1）普遍性

创业机会普遍存在于各种经营活动过程之中。只要是有市场、有经营的地方，无论是否被人们发现和抓住，都会产生具有盈利性的创业机会。

（2）偶然性

对于任何企业而言，创业机会的产生和捕获均存在极大的偶然性，所有创业机会的生成均潜藏着突发性因素，这就需要创业者不断地在市场环境变化的必然规律中做出预判并抓住创业机会。

(3) 消逝性

创业机会形成于某些时间或空间环境范围中,其客观性的生成条件产生变动,也可能会导致其随之消逝,因此如果无法及时地对其进行捕捉,很可能就会造成机会流失。

(4) 潜在价值性

潜在价值是创业机会存在的基础。如果一个机会不具有潜在价值,不能带来收益,对创业者来说,这就不是一个合适的创业机会。

2. 创业机会的价值特征

根据创业机会的基本特征,我们能够看出创业机会的价值特征。

(1) 匹配度高

需要对新创企业进行创业的三要素是否达到理想的动态平衡及达到平衡的程度进行测评,以探究三要素间的匹配度高低。对于该匹配度的评测,需要具体到创业活动进程中的各个阶段,得出系列匹配度数据组合。

(2) 策略弹性强

根据对创业机会进行测评的结果,我们可以发现创业决策速度会随创业者所处环境的变化而改变。当环境发生变化时,其决策速度相应会得到提升。一般越是新企业,其策略弹性越强,比之成熟型企业来说在决策速度上具有较大竞争优势。

(3) 时机精准

假设能够通过对机会窗口和产业、企业、产品生命周期理论的合理利用,帮助创业者选择并确定投身市场的最优条件与最优时机,则该创业企业获得成功的可能性也会相应加大。因而,创业者应当选准投身市场的时间点。

一个优质的创业机会一般具有如下特征:第一,应当能够保持五年内的健康成长趋势,市场前景大好;第二,凭借对该机会的利用,可以帮助创业者得到较优的社会资源;第三,能够确保创业者随时改变经营策略,而不是陷入单一化的创业模式中;第四,创业者具备开发出全新的市场需求的能力;第五,对于某些特定的机会来说,其可能遭遇的风险较为直观,对于大多说创业者来说,该风险在其可控制范围之内。

3. 创业机会的类型

因创业活动的数量越来越多,相应的创业机会的类型也变得越来越多样化,举例如下。

(1) 根据"目的-手段"关系的明确程度分类

① 创造型机会:是指在目的与手段二者均不确定的状况下,需要创业者具备更强的创造能力,以达到在市场中开发出创业机会的目的的机会类别。

② 发现型机会:是指在目的或手段中有一项不确定的状况下,需要创业者自发性地对机会进行寻找的机会类别。

③ 识别型机会:是指在市场中的"目的-手段"关系极其清晰的状况下,创业者能够通过对该关系进行利用,帮助自身完成对机会识别的机会类别。

(2) 根据"目的-手段"关系中的目的性质分类

① 问题型机会:是指因切实存在的且仍未能得到解决的问题而生成的机会类别。

② 趋势型机会:是指随着改变能够帮助洞悉后续的发展走向,进而对未来的潜力与机

会做出预判的机会类别。

③ 组合型机会：是指将已经掌握的服务、产品、技术等进行任意性搭配，以帮助达成相较过去新增的效用与价值，由此得到的创业机会类别。

(3) 根据"目的-手段"关系中的手段方式分类

① 复制型机会：是指对现有手段进行模仿性创新、予以运用的创业机会手段。

② 改进型机会：是指对现有手段进行渐进性创新、予以运用的创业机会手段。

③ 突破型机会：是指对现有手段进行突破性创新、予以运用的创业机会手段。

(4) 根据创业机会的来源分类

① 需求拉动型机会：从评估一个急需解决的需求或问题开始，创造颠覆性创新来生成新产品以满足该需求的机会类别。

② 技术推动型机会：将新的技术发现，以某种方式运用到实际生活中的机会类别。

(5) 根据创业机会的（潜在）市场价值和实现价值能力分类

① 梦想型机会：低市场价值和低实现价值能力的创业机会。

② 尚待解决的问题型机会：高市场价值和低实现价值能力的创业机会。

③ 技术转移型机会：低市场价值和高实现价值能力的创业机会。

④ 市场形成型机会：高市场价值和高实现价值能力的创业机会。

### 计划行为理论

人们的活动一般是一系列决策的集合，普遍较为繁杂。如果想要对该活动的系列决策逐一进行具体解释，一般需要做大量研究。

为了进行上述研究，美国心理学家阿耶兹以理性行为理论为基础，引入知觉行为控制变量，推出了计划行为理论，该理论体现的基本见地如下。

(1) 当处于实际控制条件被尽数许可的情景中时，一个人的思想意向将控制他的行动。

(2) 确定一个人最终行为的变量众多，其中最重要的几项分别是行为态度、主观规范与认知行为控制。当这些变量的作用系数降低时，一个人的行为意向就会随之减小，反之将得到加强。

(3) 上述三个变量有着明显的区别。但在实际作用中，三个变量彼此相互作用，任意两个变量间相关性较强，不可分割，均受同一信念的影响。

(4) 越为明确的认知行为控制，越能更好地体现出真实条件下的控制情形，甚至可以对未来某一行为是否会发生，以及发生的概率大小做出预判，具体准确程度同认知行为控制的真实性大小相关。

重要变量一（行为态度）：是指一个人在对某一活动进行实践时，其主观上的喜厌程度。一个人在参与某一活动、做出某一行为前，一般会先行对该活动或行为是否会造成某一结果，以及该结果产生的后续影响做出预判性分析。这两方面考量的综合，便确定了这个人最终的行为态度。

重要变量二（主观规范）：是指一个人在已确定参与某一活动时，该活动会带给他社会压力。这种压力具体体现在他人对该执行者的较高预期值，以及执行者本人为了迎合他人而产生的系列压力。

重要变量三（认知行为控制）：是指一个人根据综合经验与环境等因素，对完成某一活动的困难程度所做出的预判。具体包含两个方面：第一是指个人对某一特定行为的推动和影响因素的感知；第二是指个人感知到的相关因素对最终行为的影响力度。

资料来源：https://wiki.mbalib.com/wiki/计划行为理论 ［2021-05-31］.

**创业语录**

一个人围着一件事情转，最后整个世界可能都围着你转；一个人围着全世界转，最后全世界可能都会抛弃你。

——刘东华

## 3.2 创业机会的识别

### 3.2.1 创业机会的来源

创业机会是一种去满足未被满足的有效需要的可能性，它被视为市场需求和企业家精神的一个交集。创业机会的出现往往是受环境变动、市场不协调或信息滞后等因素的影响。

变化是创业机会的重要来源，没有变化，就没有创业机会。当一个新兴产业诞生时，众多创业机会必然接踵而至，引发群众创业热潮。但在追赶新趋势新潮流的同时，我们必须看到它背后潜在的危险。因为，对于新兴产业，我们了解得不多，准备得也不够充分。新兴产业的规模能扩展到多大，如何具体发掘新行业潜在的顾客需求，似乎都不能确定。所以，对于创业机会的来源，不同的学者有不同的看法。

著名管理大师德鲁克将"创业者"定义为"那些能寻找变化，并积极反应，把它当作机会充分利用起来的人"。这种变化主要来自产业结构变动、消费结构升级、城市化加速、人口思想观念变化、政府政策变化、人口结构变化、居民收入水平提高、全球化趋势等诸方面。他将创业机会的来源分为以下七种：①意料之外的事件——意外的成功、意外的失败、意外的外在事件；②不一致的状况——实际状况与预期状况不一致；③基于程序需要的创新；④基于产业或市场结构的变化，以出其不意的方式降临到每个人身上；⑤人口统计学特征（人口的变动）；⑥认知、情绪及意义的改变；⑦新知识——包括科学与非科学的。

奥地利学派代表者熊彼特的研究认为，一个不错的创业机会需具备以下几个特征：①创造新产品或服务；②对于现有产品或服务的品质或等级引入明显的改善；③引入生产的新工艺；④打开新市场；⑤创造或获取供应的新来源；⑥是产业内组织的新形态。

综合上述创业机会的内涵及其来源，我们认为：创业机会识别的过程是指创业者根据创业者的特点和环境变化等因素，从现有的产品、服务、原材料和组织方式等方面分析判断差距的过程，找出改善或创造"目的-手段"关系的可能性，最终形成全新的产品、全新的服务、全新的原材料和全新的组织方式。

### 3.2.2 影响机会识别的关键因素

机会识别是一个受多重因素影响的复杂过程，与创业愿望、认知能力和创业技能、以往经验、社会关系网络、创造性环境变化、产业经济结构变化、社会和人口结构变化、价值观和生活理念变化、竞争环境变化、技术变革等都有关系。最终，哪些因素使一些人更善于发现有价值的创业机会，从而顺利创业？许多学者认为，影响创业机会识别的关键因素如下。

1. 创业愿望

创业愿望是创业的动力。只有具有浓厚的创业欲望，创业者才能更精确地发现和识别市场机会。如果没有浓厚的创业欲望，即使有好的创业机会也会被错过。

2. 认知能力和创业技能

通常来说，在某一领域有多样经验的人更具有商业敏感性。根据国内外的研究和调查发现，识别创业机会需要拥有远见和洞察力，信息获取和分析能力，环境变化和技术发展趋势预测能力，模仿和创新能力，社会关系建立和维持能力，行业或创业知识和经验储备能力。

3. 以往经验

以往经验也是决定个人认知能力与创业技能的关键因素之一。因为大多数创业者的创业能力都是建立在大量以往经验的基础之上，然后不断成长的。此外，创业经验也非常关键。有创业经验的企业家很容易找到全新的创业机会。这个概念被称为"走廊原则"：企业家一旦创建了企业，他们就开始了一段旅程，在这段旅程中，通往创业机会的"走廊"将变得清楚。换言之，以往在特定行业的经验将有助于企业家发现创业机会。

4. 社会资本

社会资本是指与企业家和组织所建立的各种社会关系相联系的一系列资源。与企业家资本相比，社会资本和金融资本越来越受到关注。研究发现，社会网络是个体识别创业机会的主要来源。

5. 创新思维

创业的本质就是创造。从某种程度上讲，机会识别是一个创造性的过程，它分为五个阶段：准备、孵化、洞察、评估和阐述。它需要创造一种全新的"目的-手段"关系，最终形成全新的产品、全新的服务、全新的原材料和全新的组织模式。因此，创新思维对于创业机会的识别和后续的创业活动是非常关键的。

6. 创业环境

环境变化是创业机会的关键来源，因此创业环境会对创业机会的识别产生很大的影响。创业环境是创业过程中诸多因素的综合，包括宏观经济政策和制度、产业结构、人口环境、技术环境、自然环境、市场环境、创业价值观等。

## 3.2.3 识别创业机会的一般过程

创业过程始于创业者对创业机会的把握。创业者发现一个有价值的创业机会后，通过各种方式对创业机会进行深入地开发和完善，直至成功创业。

1. 搜寻机会

在这个阶段，创业者在整个经济体系中寻找各种可能性。如果创业者发现一个或几个想法可能是具有具体发展价值的潜在商机，就可以进入下一阶段。

2. 识别机会

这个阶段包括两个步骤：第一步是，通过对整个市场环境和行业的分析，判断机会是不是有利的商机，若埃尔和克雷格称这个阶段为机会的标准化识别阶段；第二步是检验机会对特定的创业者和投资者是否有价值，即个性化的机会识别阶段。

3. 评价机会

这个阶段研究的主要内容是企业的财务指标、创业团队的构成等，通过对创业机会的评价，决定企业是否重新招商引资。

事实上，在一些研究中，机会识别和机会评价并不是互相独立的两个概念，很多时候它们共同存在着。在机会识别的初级阶段，创业者可以通过市场调查、资源整合、经验判定等方式判断这个机会是否具有进一步开发的价值。在机会识别的深入阶段，创业机会的评价主要在于判定该创业项目是否能够创造出足够的商业价值。

### 3.2.4 识别创业机会的行为技巧

当前就业形势日益严峻，在"大众创业，万众创新"的时代背景下，创业的潮流来得十分迅猛，创业者把握住了难得的创业机会，就等于成功了一半。如何识别创业机会，是创业者首先要解决的问题。

然而，识别创业机会必须先具备以下前提条件。首先，需要获取别人难以接触到的有价值的信息。其次，需要具备优越的信息处理能力、智力结构、乐观的心态、敏锐的洞察力。最后，要明白以下四种识别机会的技巧。

1. 变化就是机会

大环境大背景的变化，会给不少行业带来新的商机，人们及时看清这些变化，把握住变化的规律和特点，就不难发现有价值的创业机会。变化可以包括：产业结构变化，科技进步，通信革新，政府政策支持，经济信息化、服务化，价值观与生活形态变化，人口结构变化，等等。

2. 从"低科技"中把握机会

随着时代的进步和科技的发展，高新技术领域是时下热门的创业方向，也是国家重点扶持的方向。但是我们要认识到，创业的机会是多种多样的，且涉及各行各业。在高科技发展的背景下，不走技术路线的"低科技"创业企业，如服务业、物流业、餐饮业等也有属于自己的发展机会。

3. 集中盯住某些顾客的需要就会有机会

我们早已习惯于通过努力来满足所有人的需求，对创业来说，不可能等到能满足所有消费者需求时，才认为是机会，因为现在已经很难在所有消费者共同需求方面找到创业突破口了。事实上，社会上每个人的需求都有所不同。如果我们能关注并解决一些特定群体的需求，我们就能找到创业的机会。因此，在识别创业机会时，首先要对消费者进行分类，细心研究不同群体的需求特点，看清机会本身。

4. 追求"负面"就会找到机会

追求"负面"，不是让创业者传递负能量，而是应着眼于消费者一直苦恼和困扰的方面。

### 3.2.5 抓住创业机会的技巧

创业者在找到机会后，用以下四种常见的方法可以更好地抓住稍纵即逝的创业机会。

**1. 新眼光调查**

新眼光调查是识别创业机会的常见方法之一，通过与顾客、供应商、销售商交谈开展初级调查，了解市场目前状况和未来需求；利用互联网等渠道搜索相关数据和信息进行二级调查；最后总结众多的想法和信息的来验证识别创业机会。

**2. 通过系统分析发现机会**

绝大多数机会都可以从宏观环境（政治、法律、技术、人口等）和微观环境（顾客、竞争者、供应商等）的变化中寻找机会，借助市场调研，通过系统分析，从环境变化之中发现机遇。

**3. 通过问题分析和顾客建议发现创业机会**

问题分析的关键是找出个人或群体的急切需求，这些需求可能是非常清楚的，也可能是隐含的。寻找精确和有价值的解决方案是创业者发现创业机会的基础。通过问题分析和顾客建议发现创业机会需要彻底了解顾客需求及满足顾客需求的方法。

**4. 通过创造获得创业机会**

这种方法在全新技术产业之中最为常用。它可以从一项全新的技术发明开始。通过创造获得机会比其他任何方式都更艰难，也更具危险性，但一旦成功，回报更大。

 创业故事

#### 大都市的生态鸡

随着人民生活水平的日益提高，吃一顿鸡对大多数家庭来说都已是平常得不能再平常的一件事了，甚至可以说，无论是全国哪座城市的鸡，无论是用哪种方式烹饪出来的鸡，无论你身处何地，只要想吃，都能够被满足。尽管如此，人们却总觉得现在的鸡肉，不管被烹饪得多好，似乎都没有曾经的味道了。

启先生早年毕业于武汉大学法学类专业，现今在南宁发展生态土鸡养殖事业。启先生之所以选择从事这个行业，是因为在每一次同朋友聚餐或是参加庆典活动时，必有一道以鸡为原材料烹饪的菜品，但无论是在多么高档的餐厅，由多么专业的厨师烹饪出的多么高级的鸡料理，都还是不能满足他的味蕾，他仍旧觉得小时候外婆用乡下的土鸡做出的菜肴才是最好吃的。

真的是现在的鸡肉品质不如以前了？还是说受了记忆中的味道的"蛊惑"？为了解开自己的疑问，启先生放弃了原本报酬丰厚的职业，转而选择了在养鸡这个行业进行创业。

继北大学子毕业后回乡卖猪肉被人们热议后，武大高材生回乡养鸡的新闻也被传开了。相比对创业者的尊重，启先生更多的是遭受嘲笑与讥讽。对此，启先生不以为意，专心于自己的事业。

创业之初，启先生先进行了市场调查，发现市面上养殖的鸡大多是集中养殖的速成饲料

鸡。其特点是生长周期普遍较短，鸡肉脂肪含量较高，成鸡体型偏大，鸡肉的肉质较为松散，所烹饪的鸡肉制品无论是口感还是味道都不是很好。更有甚者，无良商家在饲养幼鸡时，为加快出栏速度，违规添加激素类药品，导致人们在食用了该类成鸡后，影响到自身的健康。

为了找回曾经的鸡的味道，更为了改变养鸡行业的不良风气，启先生着手在南宁市区附近寻找适合进行土鸡放养的类似于乡村原生态的养殖环境。但现实总是难以达到预期，启先生始终没有找到符合要求的环境。在他一筹莫展之际，北方用树林放养土鸡的模式给了他新的启示。于是，启先生放弃了原本的选址方向，转向了在树林中散养土鸡。位于南宁邕武路的亚热带植物科普园，成为他最终选择的生态土鸡养殖场场址。该科普园内栽种的果树品种有200余种，无论是园内落果还是林间蚊蝇，抑或地里的虫蚁，对土鸡来说，都是极好的饲料。同时，大面积的果园环境，也给了土鸡充足的活动空间。

在选定了养殖场的场址之后，下一个需要解决的问题就是土鸡品种的选择。最终，广西三大地方鸡之一的野凤鸡成为启先生的首选。野凤鸡是野山鸡同农村土鸡自然杂交产生的品种，该品种的鸡，鸡肉的肉质不松散，且氨基酸含量较高。

在启先生斗志满满地投入养殖事业后，现实却泼了他一大盆冷水。该养殖场出栏的成鸡，在最初一段时间里销售极差，2011年全年销售量不足500只，销售额不足30000元。这主要是因为启先生养殖场的成鸡售价相比市场上普通成鸡的售价高出近50%。大家都说，市场上一只鸡才卖不到50元，这个野凤鸡卖80多元，很难被市场接受。

眼前的失败并没有让启先生灰心放弃。他用开发农家乐的形式，通过让顾客跟野凤鸡近距离接触，以提高野凤鸡的知名度，进而让顾客认识到野凤鸡的价值，开辟销售市场。这一措施的落实，果然奏效，启先生的养鸡大业终获成功。

案例来源：http://blog.sina.com.cn/s/blog_8a509717010164gs.html　［2021-09-01］.

 延伸阅读

## 生 态 创 业

生态创业是生态文明时代孕育的新型创业模式，是一种基于维护生态和谐，倡导健康环保理念的成功创富之路。它有下面四种定义。

第一类是根据"创业机会论的特征"来定义的，即生态创业是识别和利用由于市场失灵而产生的、与环境相关的经济机会的活动。

第二类是根据"创业企业的绿色产出"来定义的，即从狭义上来看，生态创业是一个创造性地提供环境友好型产品或服务的企业创建过程。

第三类是根据"改善环境作为手段实现经济利润"来定义的，生态创业是通过解决环境问题来获得竞争优势，进而达到赚钱目的的环保商业措施。

第四类是根据"降低环境退化为创业的最终目的"来定义的，即生态创业是一种有利于环境保护的创业行为；是一种致力于可持续发展的创业行为；是一种具有环境责任感的创业行为。

资料来源：https://wiki.mbalib.com/wiki/生态创业　［2021-09-01］.

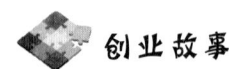 创业故事

于不可能中发现可能
——柳州农投集团创业历程

广西柳州市农业基础设施投资建设集团有限公司（以下简称柳州农投集团）是在柳州市人民政府的直接领导下设立的国有企业，于2017年3月21日挂牌成立，注册资本5亿元。从集团成立之前的两年平均年亏损2600万元，到2017年成立当年减亏1325万元，再到2018年全面实现扭亏为盈，柳州农投集团比原计划提前了一年实现盈利，2019年继续保持大幅增长。柳州农投集团发展的成绩不仅源自从高层到基层的上下一心，更与柳州农投集团领导层不断发掘、识别、开发新的创业机会，为柳州农投集团发展提供不竭动力息息相关。

在资产规模小、项目少、主业不突出、专业人才缺乏、管理基础薄弱、经营效益不理想的情况下，怎样才能完成柳州市委市政府交给的任务，实现柳州农业跨越式发展，是摆在刚刚组建的柳州农投集团全体员工面前的一个重要问题。为加强柳州农投集团转型发展，完成既定目标任务，集团党委经过研究，提出了"四争攻坚"和"三年新跨越"行动计划。"四争攻坚"，即项目争速、主业争投、管理争优、党建争强。"三年新跨越"，即通过三年攻坚克难，集团各项经济指标在2017年基础上翻一番，实现资产质量优良、结构合理、经营质量好、造血功能强、可持续发展，实现做优做强做大的跨越式发展目标。

1. 定位准，才能方向明

"打造一个什么样的农投集团，怎样打造农投集团？"这一重大命题，凝聚了柳州农投集团党委和领导班子对公司历史、现状和未来的诸多战略思考。柳州市原先有20余家各类型的企业，但后来按照"划行归类"的方式整合成了9家企业，柳州农投集团在成立之初无论是资本规模还是公司体量，均在柳州九大综合性国企的中下游。而且柳州农投集团成立之初的主要领导班子均是从其他领域调来的，对农业领域相关业务管理经验均为空白，对集团今后的发展方向不知如何下手。但是柳州农投集团领导班子从农业工作的实际需要出发，深入发掘柳州市农业生产的根本需求。经过调研，柳州农投集团发现由于贝江上游地形地势的原因，使得下游落久水利枢纽工程的建设直接影响到了上游居民的生产生活，但当时落久水利枢纽工程属于国家与自治区共建工程，并无额外预算来安置上游居民。柳州农投集团抓住这一机会，以预算外融资的方式加入落久水利枢纽工程的建设中。

2. 定位准，才能抓机会

对于创业机会的识别，柳州农投集团领导班子根据自身的实践经验整理出一套机会识别标准：与农业活动相关的造血性、资源性、辅助性项目。造血性，是指项目是否能发掘农业活动内部潜力，使其走向规模化、产业化的道路；资源性，是指农业生产所需的一切生产资源；辅助性，是指一切不直接作用于农业活动但与农业活动息息相关的项目。同时，柳州农投集团对已完成的项目也沿着价值链进行深入挖潜，探寻与落成项目相关的创业机会。例如，在建成落久水利枢纽后，柳州农投集团围绕贝江沿岸的农业生产生活进行调研，围绕着生态旅游、农贸市场建设、农业危房改造、耕地平整改造、商业地产开发等五个方面整理总结出融水县农业产业发展战略规划并上报发改委，获得了发改委直接的资金补贴。

企业发展的根源是项目，没有项目谈何企业发展，项目就意味着新的经济增长点。近几

年，柳州农投集团发现，传统农贸市场作为农产品交易中心的职能已不适应现代居民的实际需求，而"邻里中心"作为一个新型的社区服务概念，在居民区集成了商业、文化、体育、卫生、教育等功能，从"油盐酱醋茶"到"衣食住行闲"，为百姓提供了"一站式"的服务。同时，数字经济的发展为柳州农投集团项目落地提供了新的思路。因此，柳州农投集团上马了五个"邻里中心"的建设项目，在柳州、南宁等地开始进行试点建设。对已经存在的乡镇农贸市场，柳州农投集团利用数字技术等新手段对其进行智慧化改造。2019年12月31日，柳州农投集团全程改造的智慧农贸市场在东环路盛大开业，经过数字化的升级改造，东环路农贸市场一改往日杂乱无章的面貌，整体环境干净整洁。通过统一操作系统的加持，东环路市场能够实现5G信号的全覆盖，同时能够为市场管理服务的智能化与数字化提供保障。东环路农贸市场具备解决食品溯源、缺斤短两等市场顽疾，成为一个有能力保障食品安全、维护消费者合法权益、打造便捷购物环境的智慧型菜市场，与2019年12月19日开业的广雅新街市一起成为柳州市智慧化农贸市场的新标杆。

自成立以来，柳州农投集团在柳州民生工程方面投入了大量资金，仅2019年一年就为柳州十家农贸市场、商超提供了升级改造服务，总投资达2400万元。项目的落地不仅为柳州农投集团带来了巨大的经济收益，也使得柳州农投集团的社会声誉不断上升。

对于未来的发展，柳州农投集团将以强化主营业务创新发展为主线，围绕农产品综合化服务平台、供应链金融等方面进行探索，力争在"十四五"期间取得企业规模与运营收入的双提升。

资料来源：柳州农投集团微信公众号．

**创业语录**

善于捕捉机会者为俊杰。

——歌德

善于识别与把握时机是极为重要的。在一切大事业上，人在开始做事前要像千眼神那样察视时机，而在进行时要像千手神那样抓住时机。

——培根

运营企业需要的是一个先知先觉，能够预判形势发展的眼光。

——覃仁智

## 3.3 创业机会评价

### 3.3.1 有价值的创业机会的基本特征

创业机会的识别和发展是一个过程，这个过程依赖于客观条件的存在，更依赖于创业个体的主观判断，并因个体差异而不同。

有价值的创业机会一般具有以下基本特征。

1. 独特、新颖，难于模仿

拥有新的技术和新的解决方案，形成差异化的解决办法、更好的措施及一定程度的领先性，模仿起来具有难度。

2. 客观、真实，可以操作

创业应当把握好时机，且项目本身应该具有一定的持久性。具备真实的市场需求和实用价值，能够开发出可以把握机会的产品或服务，可以找到让潜在的消费者接受产品或服务的方法，才能对创业者和顾客都产生吸引力。

### 3.3.2 个人与创业机会的匹配

个人与创业机会匹配需要有个人经验、社交网络和经济状况等各方因素的支持。创业实质上包含有利机会的出现和能识别创业机会的个人的出现这两个面，而且两者缺一不可。仅从个人方面定义创业将严重阻碍对创业的深入研究。

我们在识别一个创业机会时，首先要问问自己：这个机会是适合我的机会吗？为什么我能够识别这个机会而不是别人呢？大量实践证实，并非所有的机会都适合每一个人，高科技行业的从业者不一定适合销售类的工作；设计行业的从业者不一定适合教育行业的工作方式；运动健康行业的从业者不一定适合信息类工作。特别是进入一个新的领域时，需要进行大量前期准备工作。我们在判断一个创业机会是否适合自己时，除了要看到创业机会背后的风险与收益，还要结合自身实际情况看看自己是否具备相应的技能、知识、关系。

### 3.3.3 基于系统的创业评价体系

1. 评价机会的价值特征

重点关注机会的价值创造潜力。蒂蒙斯的创业机会评价框架提出了包含 8 项一级指标、53 项二级指标的评价指标体系，涵盖了其他一些理论所涉及的内容，包括行业与市场、经济因素、收获条件、竞争优势、管理团队、致命缺陷、个人标准、理想与现实的战略差异等方面，被认为是目前最为全面的创业机会评价指标体系。表 3－1 所示为蒂蒙斯机会评价表。

表 3－1　蒂蒙斯机会评价表

| 一级指标 | 二级指标 |
| --- | --- |
| 行业与市场 | (1) 市场容易识别，可以带来持续收入<br>(2) 顾客可以接受产品或服务，愿意为此付费<br>(3) 产品的附加价值高<br>(4) 产品对市场的影响力大<br>(5) 将要开发的产品生命长久<br>(6) 项目所在的行业是新兴行业，竞争不完善<br>(7) 市场规模大，销售潜力达到 1 千万～10 亿元<br>(8) 市场成长率在 30%～50%，甚至更高<br>(9) 现有厂商的生产能力几乎完全饱和<br>(10) 在五年内能占据市场的领导地位，达到 20% 以上<br>(11) 拥有低成本的供货商，具有成本优势 |
| 经济因素 | (1) 达到盈亏平衡点所需要的时间在 1.5～2 年<br>(2) 盈亏平衡点不会逐渐提高<br>(3) 投资回报率在 25% 以上<br>(4) 项目对资金的要求不是很大，能够获得融资 |

续表

| 一级指标 | 二级指标 |
|---|---|
| 经济因素 | (5) 销售额的年增长率高于15%<br>(6) 有良好的现金流量，能占到销售额的20%～30%<br>(7) 能获得持久的毛利，毛利率要达到40%以上<br>(8) 能获得持久的税后利润，税后利润率要超过10%<br>(9) 资产集中程度低<br>(10) 运营资金不多，需求量是逐渐增加的<br>(11) 研究开发工作对资金的要求不高 |
| 收获条件 | (1) 项目带来的附加价值具有较高的战略意义<br>(2) 存在现有的或可预料的退出方式<br>(3) 资本市场环境有利，可以实现资本的流动 |
| 竞争优势 | (1) 固定成本和可变成本低<br>(2) 对成本、价格和销售的控制较高<br>(3) 已经获得或可以获得对专利所有权的保护<br>(4) 竞争对手尚未觉醒，竞争较弱<br>(5) 拥有专利或具有某种独占性<br>(6) 拥有发展良好的网络关系，容易获得合同<br>(7) 拥有杰出的关键人员和管理团队 |
| 管理团队 | (1) 创业者团队是一个优秀管理者的组合<br>(2) 行业和技术经验达到了本行业内的最高水平<br>(3) 管理团队的正直廉洁程度能达到最高水平<br>(4) 管理团队知道自己缺乏哪方面的知识 |
| 致命缺陷 | 不存在任何致命缺陷 |
| 个人标准 | (1) 个人目标与创业活动相符合<br>(2) 创业者可以做到在有限的风险下实现成功<br>(3) 创业者能接受薪水减少等损失<br>(4) 创业者渴望进行创业这种生活方式，而不只是为了赚大钱<br>(5) 创业者可以承受适当的风险<br>(6) 创业者在压力下状态依然良好 |
| 理想与现实的战略性差异 | (1) 理想与现实情况相吻合<br>(2) 管理团队已经是最好的<br>(3) 在客户服务管理方面有很好的服务理念<br>(4) 所创办的事业顺应时代潮流<br>(5) 所采取的技术具有突破性，不存在许多替代品或竞争对手<br>(6) 具备灵活的适应能力，能快速地进行取舍<br>(7) 始终在寻找新的机会<br>(8) 定价与市场领先者几乎持平<br>(9) 能够获得销售渠道，或已经拥有现成的网络<br>(10) 能够允许失败 |

## 2. 效益评估准则

**(1) 合理的税后净利润**

通常来说，有吸引力的创业机会需要创造至少15%的税后净利润。

**(2) 达到盈亏平衡所需的时间**

恰当的盈亏平衡时间应该在两年之内实现，如果实现不了，恐怕就不是一个值得创业的机会。然而，一些创业机会的确需要经过一段相对较长的时间。通过这些前期投资，我们可以创造进入壁垒，保证末期持续盈利。在这种情况之下，前期投资可以看作是一种长期投资，才能容忍较长时间的盈亏均衡。

**(3) 投资回报率**

考虑到创业可能存在的风险，恰当的投资回报率应在25%以上。通常来说，投资回报率低于15%是不值得考虑的。

**(4) 资本需求**

低资本需求的风险投资机会受到投资者的广泛欢迎。事实上，很多案例表明，过多的资金不利于创业，有时还会稀释投资回报。通常来说，知识密集型创业机会越大，对资金的需求越低，投资回报率越高。因此，创业之初，不要募集太过多余的资金。

**(5) 毛利率**

毛利率高的创业机会风险相对较低，容易实现盈亏平衡。相反，毛利率较低的风险投资机会具有较高的风险，企业在遇到决策失误或市场巨变时容易遭受损失。

**(6) 战略价值**

全新企业能否在市场之上创造战略价值也是一个关键的评价指标。通常来说，战略价值与产业网络规模、利益机制、竞争程度紧密相关，创业机会对产业价值链的增值效应也与其经营战略和商业模式紧密相关。

**(7) 资本市场活力**

当全新企业处于高度活跃的资本市场中时，其利润回报的机会相对较高。然而，资本市场变化很大。对于投资者来说，市场低点的成本较低，有时投资回报率反而会高。通常来说，新创企业活跃的资本市场更容易创造增值效应，因此资本市场的活力也是一个可以用来评价创业机会的外部环境指标。

**(8) 退出机制与策略**

所有投资都是为了回报，因此退出机制和退出策略是评价创业机会的关键指标。一个企业的价值通常是由具有主观评价能力的交易市场决定的，交易机制的完善程度也会影响到全新企业退出机制的弹性。由于退出的难度通常高于进入的难度，因此一个有吸引力的创业机会应该考虑所有投资者的退出机制和退出策略规划。

### 3.3.4 创业机会评价的方法和策略

#### 1. 阶段性决策方法

阶段性决策方法使用普遍。这种方法要求创业者在机会发展的每个阶段都要评估机会。一个机会在每个阶段能否通过预先设定的"门槛"，一定程度上取决于经常面临的约束或限制，如目标回报率、财力、个人责任和企业家个人目标等。

2. 影响机会评价标准的三个重要因素

（1）创业经历

许多研究表明，不同的创业者由于个人经历和个性特征的不同，在信息处理和决策方面存在明显差异。因此，在机会评价标准的实证分析中，有创业经验的创业者提出的意见和建议比没有创业经验的企业家提出的意见和建议更有价值。

（2）工作年限

蒂蒙斯在研究中指出，企业工作经验对企业家能否做出准确判断有关键影响。他认为："拥有至少10年的企业经验，我们才能识别各种商业行为，获得创造性的远见和捕捉商机的能力。"因此，在机会评价标准的实证分析中，工作10年或以上的创业者的意见更值得关注。

（3）管理经验

企业家的先验知识结构在机会识别和评价中起着关键性的作用。企业家作为一个高级管理者，拥有更多的决策经验且具有资源控制能力。因此，在机会评价标准的实证分析中，担任高级管理职务的创业者的意见更值得关注。

3. 机会评价标准

目前还没有绝对权威性的机会评价标准。创业机会能否从最初的市场需求和未利用资源的形式逐步发展成为全新的企业，不仅涉及机会本身的情况，还需要创业者在创业过程中将机会与其他力量（创业团队、投资者等）进行协调。

 延伸阅读

创 业 力

创业有风险。每个创业者都渴望成功，创业力影响着创业是否能够成功。因此，简单来说，创业力是指成功创业的能力或力量。

创业力的特征如下。

1. 创业力的第一要素是创业理念

创业力首先源于创业者的创业理念。根据行为学和心理学理论，人的行为遵循这样的规律：需求—动机—行为。在创业过程之中，创业需求、创业动机和创业行为的内在影响因素是创业者自身的创业理念。因此，制度和创业文化的建立为促进创业提供了取之不尽的动力源泉。

2. 创业力体现在创业管理过程中

创业力直接影响创业活动的成效。创业活动包括创业机会的发现和识别、创业风险的识别和评估、创业商业计划的制订、创业资源的整合、创业企业的经营管理等。创业者精神体现在对这些活动的管理之上。每项确切活动中出现的问题都会间接影响到创业的成败。因此，对创业的研究必须紧密结合创业活动的过程，从创业活动的精确开展入手，识别和总结创业的影响因素。

3. 创业力的基础是创业资源条件

创业需要资源。广义上，即从创业的内外部条件来看，创业资源包括企业家、人才、技术、资本、信息、市场、关系、营销网络等；狭义上，即从创业的外部条件来看，创业资源

包括人力资源、财力资源、技术资源和信息资源。无论从广义还是狭义上讲，创业资源都是创业成功的基本保障，是创业动力的关键组成部分。

4. 创业力的本质是一种综合能力

根据创业理论，我们知道创业的一般过程包含四个阶段。

第一阶段是识别与评估市场机会。

第二阶段是准备并撰写经营计划。

第三阶段是确定并获得创业资源。

第四阶段是管理新创企业。

创业力就体现在创业的四个阶段中，来源于识别市场机会能力、策划能力、资源获取能力、管理新企业能力、创新能力、风险管理能力等。因此，创业力本质上是一种综合能力，要提高创业力，必须以综合能力培养为核心。

资料来源：https://wiki.mbalib.com/wiki/创业力　[2021-09-01].

 **创业故事**

### 广西创业背后故事：互联网推动青年创业创新

**案例一**

几年前，在港资企业任职的岑参毅然决定辞职回乡，在他的家乡广西百色开始他的杧果创业征程。与大多数辞职创业的人一样，他也遭受到了来自家人的质疑与反对。但他没有理会这些反对的声音，继续以广西杧果走向世界为目标推进他的创业活动。

在岑参回乡之前，广西百色作为杧果大市，盛产多种个大、质优、味道甜美的杧果，但到了杧果成熟时却出现"丰产不丰收"的怪现象，质量上乘的杧果只能以低廉的价格销售。

岑参家也种了几百棵杧果树，每年都会有大量的经销商上门收购，但是定价权往往在经销商手里，杧果每斤收购价最低时甚至只有两元钱。

有港资企业上班经验的岑参清楚地知道，互联网作为新的销售平台能够为商品提供很大的市场。他意识到，网上消费者的数量逐年增长，互联网还可以打破空间的限制，那么为什么不自己做商家自产自销呢？

因此，在经过一段时间的准备之后，他的"农派三叔"杧果专营店在淘宝正式开业。为了方便物流，他的杧果统一以10斤一件起售，同时根据杧果品种不同，将每份定价为88元、98元等不同价位。和绝大部分创业者一开始就遭遇失败相反，他的小店刚开业一个月，销量就达到了三千余件。

通过对买家大数据的查询，岑参发现，一开始的买家多为在外工作的广西人，这些人因为远离家乡，对能够在网上直接购买到家乡的杧果感到十分兴奋，纷纷下单购买。

而小店的口碑也随着这些广西老乡的关系网络逐渐流传开来，渐渐地，岑参的淘宝店销售额也越来越高了。

**案例二**

"螺蛳粉为什么这么火？因为是一种思念、一种乡情。"这段深情款款的文字出自一个"85后"大男人之手。朱威，淘宝"天螺地网"店铺的店主，他为他销售的预包装螺蛳粉产品撰写了风格各异的宣传文案。

作为广西传统美食，螺蛳粉在全国的火爆程度实属罕见。自开业以来，朱威的店铺月均螺蛳粉销量达到了 4 万多包，同时朱威的店铺里的酸笋、腐竹等其他配套产品也因为螺蛳粉的火爆而同样销量大增。短短几年，朱威的店铺就因为良好的服务质量与产品质量获得了两个皇冠的信誉评级。

在刚成立时，朱威的店铺由于上游生产端出现了问题而导致上千份订单积压，当时不时抱怨的客户遍布朱威的"旺信"（淘宝聊天工具）界面，朱威的店铺面临着下架整改的危机。

面对困境，朱威找到了相应的对策，他一边给订单客户发信息说明此次延迟发货的原因与预计发货时间，争取客户的谅解，一边给客户发放无门槛的代金券供他们使用。这种及时、负责的处理方式收获了意外的效果：消除了潜在的投诉隐患，获得了代金券的客户还纷纷进行二次购买，又为朱威增加了一笔收入。

在朱威的眼里，他的店铺之所以能够获得快速的发展，除了螺蛳粉受到广大人民群众的欢迎之外，还因为他能够抓住互联网销售的核心——产品与服务，一个质量过硬的产品和一个尽善尽美的服务是消费者特别看重的方面。

其实，无论是情怀满溢的宣传文案，还是发放代金券的营销方式，都是淘宝其他商家用过无数次的"套路"，朱威在创业前就是常年在互联网冲浪的"浪客"，对这些手段可以说了如指掌，同时作为网络消费者的一员，他也知道网络买家的需求和特点。于是他就将这些经验结合起来运用到了自己的网店事业当中。

朱威说："我们这一代都是和中国互联网一起成长的，对于我们来说，互联网就是我们的时代标签，我们和互联网形影不离。"

**案例三**

2013 年，将创业目标定为打造广西名优产品的朱永和友人一起打造了"壮姑娘"品牌。该品牌以销售具有壮乡文化特色的产品为主，产品种类涵盖了农副产品、工艺品和旅游纪念品。在线下实体店开始营业的同时，朱永也将目光瞄准了互联网平台，"壮姑娘"网店也紧锣密鼓地开张了。

随着互联网对传统营销模式与人们消费习惯的影响，代表广西文化内涵的名优产品在网络上受到了越来越多的关注。朱永敏锐地察觉到这一变化，果断拍板将资源集中到网店的扩建中。

朱永认为，相对于实体店铺的租金、人力等不断增长的成本，互联网销售的最大优势就是成本低、体量小，一个员工就能负责好几家店铺的售前工作，这在实体店铺是无法想象的。同时，互联网店也避免了实体经营可能遇到的风险。他说，之前开设一家"壮姑娘"实体店铺的成本需要 60 万元，而在天猫上只需要缴纳一部分保证金就可以开店了，同时，网络销售的好处就是我们只扮演中间商的角色，我们只需将客户的订单转发给相应的厂家，让他们在生产之后直接通过物流发送到客户手中。这样节省了我们库存的成本和压力。

朱永坦言，随着网络销售的火爆，他们也成立了专业的网络队伍用以加速网店的发展，同时逐步缩减实体店的规模，以降低运营成本。

低成本的运营带来的是利润的快速上涨，同样的销售额，"壮姑娘"网店能够做到比实体店高出近两倍的利润。

朱永说："许多怀揣着创业梦想的青年，受制于初始的资本，导致他们创业活动开展得很不顺利，但是互联网恰好帮助他们解决了这些问题。"

资料来源：http://finance.people.com.cn/BIG5/n/2015/1117/c1004-27822435.html [2021-09-01].

**创业语录**

我们多数人的毛病是：当机会朝我们冲奔而来时，我们兀自闭着眼睛，很少人能够去追寻自己的机会，甚至在绊倒时，还不能见着它。

——耐尔·卡耐基

如果有人错过机会，多半不是机会没有到来，而是因为等待机会者没有看见机会到来，而且机会过来时，没有一伸手就抓住它。

——罗曼·罗兰

## 3.4 创业风险识别

### 3.4.1 机会风险的构成与分类

和成熟企业相比，创业企业在创业期更容易面临诸如资金链断裂、市场波动等诸多风险。如果不能正确识别风险并有效应对，则会对创业企业的生存发展造成严重威胁。而应对风险的第一步就是了解风险的构成与分类。

风险的基本含义是损失的不确定性。而当创业机会面临某种损失的可能时，这种因可能而导致企业亏损的状态就称为机会风险。

1. 机会风险的构成

① 风险因素：是产生创业风险的前提，一般分为人的因素与物的因素两个方面。
② 风险事件：是指风险有可能变为现实从而导致创业活动损失的事件。
③ 风险损失：是指由风险事件所引起的企业及创业者的损失，这一损失能够以货币进行计量。

2. 机会风险的分类

① 按风险来源的主客观性，机会风险可分为客观风险与主观风险。
② 按风险影响程度的范围，机会风险可分为系统风险与非系统风险。
③ 按风险可控程度，机会风险可分为可控风险与不可控风险。
④ 按风险在创业过程中出现的时间，机会风险可分为机会识别风险、机会评估风险、团队组建风险、获取创业资源风险、创业计划准备风险以及企业管理风险。
⑤ 按风险内容的表现形式，机会风险可分为机会选择风险、环境风险、人力资源风险、技术风险、市场风险、管理风险与财务风险等。

### 3.4.2 系统风险防范的可能途径

系统风险是多种发生在创业企业外部环境并可能造成创业企业损失的概率事件的总称。由于其不能被分散，因此系统风险又称不可分散风险。系统风险一般包括宏观环境风险、市场风险。宏观环境风险主要指来自企业所处区域政治经济文化等宏观条件的变化导致创业企业损失的可能事件。这些变化往往不以企业意志为转移，且通常会对企业发展产生根本性的影响。市场风险指由于创业企业目标市场供求不稳定而产生损失的可能事件。供需状况的不确定就意味着企业产品未必能在短时间内为企业带来收入，对于资金链天然紧张的创业企业而言，这往往是致命的隐患。对于不可分散的系统风险，创业者在创业过程中应做好规避，减少系统风险带来的损失。具体操作如下。

1. 周密的环境评估

工欲善其事，必先利其器。创业团队在制订创业计划时，要利用科学的评测工具对外部环境进行全面且合理的评估，以期对创业活动可能遇到的系统风险有一个先期应对方案。

2. 持续的商情搜集

在开展创业活动的过程中，创业企业要实时开展对商业情报的搜集，并通过专业团队的分析来预测创业环境可能发生的变化。

3. 调整中寻找机遇

风险与机遇往往是并存的，一个风险事件的出现就代表着新的创业机遇的产生。例如，新冠肺炎疫情的暴发破坏了很多企业的正常生产，但也刺激了口罩、消毒液等医护用品的需求。企业如能培养在风险中寻找机遇的思维，就可以减少系统风险对企业的破坏。

### 3.4.3 非系统风险防范的可能途径

非系统风险也称"可分散风险""非市场风险"，主要是指因企业内部因素引起的，只对某个企业产生影响的风险。非系统风险涵盖了企业创业的方方面面，机会选择、人力资源、技术、管理、财务都是非系统风险。对非系统风险的防范需要企业从自身出发，根据不同风险的特点采取不同的防范措施。

1. 机会选择风险的防范

机会选择风险是选择创业而放弃其他机会所失去的潜在最大收益，即创业不能带来比其他选择更多的收益，此时则产生了机会选择风险。为了规避此类风险，需要创业者在创业活动开始前就对创业及其他选择所产生的风险和收益进行全面比较，结合目前的创业条件进行权衡，最终做出合理选择。

2. 人力资源风险的防范

顾名思义，人力资源风险的产生与创业者及其创业团队有关。其中，创业者自身的能力水平及道德素养的低下、团队成员平均知识技术水平有限、人力资源管理方法不当、员工流失等都可能是风险诱因。为消除以上诱因，首先需要的是创业者的自我觉醒，不断提高创业能力与道德素养以匹配创业活动，其次，在团队建设中要以职业道德、团队意识、专业技能为导向来招聘员工，同时以合同形式明确权利义务。最后，在人力资源管理方面，通过设置合理的绩效考核方式及内容来最大限度地激发员工积极性。

3. 技术风险的防范

技术从开发阶段开始到技术被替代为止，都存在着全阶段不确定的风险。为了有效应对技术风险，创业者可以采取"五步走"举措：①强化对相应技术方案的事前认证，通过市场咨询、调研等活动对技术方案的可行性进行研究，对比技术风险与收益水平，对技术方案实施后的可能结果进行理性预测；②调整内部组织架构，使公司内部组织能够适配新技术方案并快速适应生产力；③完善风控系统，对技术应用全流程开展监控，及时发现技术开发应用过程中的风险隐患；④完善内控制度，强化对技术资产使用过程的管理；⑤推动技术外部合作，通过吸纳外部成熟的技术体系为己所用来降低潜在的技术开发风险。

4. 管理风险的防范

管理风险的产生往往是由管理过程中某些主客观因素引起的，如管理者素质低下、管理层权力分配不合理等都有可能引起管理风险。因此，管理风险防范的核心就是通过消除相应的主客观因素抑制管理风险的产生。第一，需要提高创业团队核心成员的素质，在团队内部树立诚信创业意识和市场经济观念，构建有能力适应企业发展阶段的管理层团队；第二，在企业内部强调民主决策和集中管理，将所有权和管理权合理分配，避免家族企业式的管理体制；第三，针对企业决策环节，在确定发展目标的前提下不断优化决策体系，降低因决策者主观因素而出现失误的可能。

5. 财务风险的防范

创业者受主客观因素影响做出错误财务决策进而削弱了企业的偿债及创收能力，这往往是财务风险产生的诱因。例如，创业初期对初始资本预估不足、企业财务结构不合理、融资失误、现金流管理不足等，这些因素都会影响企业的创收及偿债能力，最终导致财务风险。为抑制财务风险的产生，首先，在创业初期，创业者需要对创业活动所需资金进行估计，避免在筹融资过程中出现资金不足或资本结构不平衡的现象；其次，在创业活动中要时刻保持企业与创业者自身的社会信用以降低融资门槛；再次，不断完善创业企业的财务结构，平衡短期与长期收益；最后，保证创业企业能有一个稳定的资金链，避免资金流断裂而带来的经营危机。

### 3.4.4 创业者风险承担能力的估计

个人或是企业、组织所能够承受的最大风险即通常所说的风险承担能力。可通过特定时间内所要承担的风险、可用于承担风险的资金、从其他渠道取得收入的能力、危机管理的经验等几个方面进行评估。

一般而言，创业活动的深入与所带来的风险是呈正相关的。创业企业用于承担风险的储备资金越多，企业抗风险能力也就越强。此外，企业如能通过其他渠道获取额外收入，则可以增加风险储备金的数额，也相应增强了抗风险能力。但归根结底，创业者与创业团队的危机意识与危机管理经验是企业抗风险能力的前提保证。因此，创业者在创业过程中需随时对以上指标进行评估，保证企业上下有充分的思想准备与物资储备来对抗风险事件。

### 3.4.5 基于风险估计的创业收益预测

对于创业收益预测，应遵循这样一条总体原则：如果预计的创业收益能够弥补创业风险造成的潜在损失，并且能为创业者带来可观的收入，那么就应该开展创业活动。具体的预测步骤如下。

第一步，预测不同条件下的收入及成本情况。

第二步，计算风险条件下的预期收益。

第三步，计算与收益挂钩的各个要素的变动临界值（与收益呈正相关的因素计算其极小值，呈负相关的因素计算其极大值）。

第四步，测算最大风险条件下产生的收益与创业者风险承担能力的匹配度。

 **延伸阅读**

定性风险分析

在风险类型已经得到确定后，下一步的工作就是评估其所带来的影响及产生的可能性。定性风险分析就是为了实现这一目的而使用的分析方法。它能够通过对风险与项目要素的耦合分析，将所有可能对项目实施有影响的风险按影响力进行排序并明确其发生概率。例如，定性风险分析对项目时间规划、项目费用、产品质量及约束条件承受度与已知的风险进行分析，对风险优先级进行排序。同时通过概率定义及专家评审，纠正分析过程中可能出现的偏差。定性风险分析是业界公认的一种为风险应对方案建立风险优先级排序的便捷方法。一次优质的定性风险分析能够为后续的定量风险分析建立基础。值得注意的是，定性风险分析并不是一次性的评估，而是要随着项目进度及时开展回访调整，避免因项目发展而导致风险优先级的变化。定性风险分析往往需要和定量风险分析一起纳入风险管控计划。

完成定性风险分析需要提供以下几方面的相应素材。

① 风险管控计划。

② 已识别出来的风险。要尽可能地在风险识别过程中发掘潜在的风险，以便全面权衡风险对其项目产生的潜在影响。

③ 项目状态。项目状态往往随着其生命周期的阶段而进行变动，如在项目刚开始时，由于诸多因素不确定，因此会发现许多风险，如果项目发展到成熟期时，所面临的风险就会大大减小。

④ 项目类型。如果是首次使用新技术或是技术难度较大的项目，其面临的风险会比简单项目要大。

⑤ 数据精确度。项目管理者对项目进度、费用等方面的了解往往通过数据精确度反映出来，项目数据越精确，越能让项目管理者在定性风险分析中明确当前风险。

⑥ 计量标度。为了更好地进行优先度排序，往往会使用一些标度进行计量，一般包括标志、序数、基数、比率这四类标度。

⑦ 假设。对风险识别过程中产生的假设，也要视其为潜在的风险进行评价工作。

资料来源：https://wiki.mbalib.com/wiki/%E5%AE%9A%E6%80%A7%E9%A3%8E%E9%99%A9%E5%88%86%E6%9E%90　［2021－09－01］.

 **创业故事**

危中寻机，广西"90后"女大学生的互联网创业故事

覃钰，"90后"，2015年大学本科毕业。她在还没毕业时就开始创业，积极探索互联网创业的新路子，成立了广西百事帮电子商务有限公司（简称百事帮），同时负责"宾购优选"小程序的运营，是来宾市女大学生成功创业的典型。

1. 创业伊始，与"娘家人"妇联特别的缘分

"我今天创业的成功,离不开'娘家人'妇联一直以来的帮助。"覃钰充满感情地说。在校读书时,覃钰学的是财会专业,当时也接触了互联网,有一定经济头脑的她敏锐地感受到互联网在人们生活中的重要性。那时,覃钰已经通过 QQ 及 QQ 空间卖货了,主要是一些化妆品,这是覃钰第一次接触微商。这个经历为覃钰以后创业积累了宝贵的经验。2015 年年初,覃钰找到了合伙人邓春燕,两个还没毕业的小姑娘一拍即合,加上当时微商刚刚兴起,两人便商量着开一家电商工作室,引进外国化妆品、女性用品、零食等微商产品,于是"来宾市电商工作室"就这样成立了。

"一定是特别的缘分吧,工作室刚成立不久,时任来宾市妇联主席廖燕玲了解到我们两个在读的女大学生在创业,就过来参观了我们的工作室,对我们创业非常支持,给予了很多指导。"覃钰说。2015 年 7 月,来宾市网上妇联暨"基地+微商"创业联盟成立。在成立大会上,覃钰、邓春燕向与会成员介绍了工作室的情况,与来宾市女企业家有了面对面的接触和交流,并达成了合作意向,依托工作室平台销售女企业家、女能人基地的产品,如火龙果、哈密瓜、葡萄、瑶族浴足粉等,收获了"第一桶金"。当年 11 月,首个"来宾市女大学生创业实践基地"在工作室挂牌成立,工作室得到一笔来自市妇联的创业基金,后来还获得了自治区妇联的项目资金的支持,覃钰的干劲更足了。从当年 7 月份至年底,工作室帮助女企业家销售基地产品交易金额 100 多万元,在带动女大学生创业就业和妇女增收致富方面发挥了不小的作用。

2. 突遇变故,创业面临转型

在市妇联的帮扶下,覃钰的创业之路风生水起。但是仅一年之后,合伙人邓春燕的一个决定却让覃钰遇上了她创业路上第一个猝不及防的危机——邓春燕要远嫁国外。于是电商工作室将面临选择:要么覃钰一个人扛住,继续干下去,要么关门大吉。

综合考虑之后,最终,覃钰选择了前者。这也就意味着她将独立承担前进路上的所有风险。但是覃钰并没有停下思考的步伐,她已经尝到了运用互联网思维创业的甜头,她一直在思考着如何更好地转型,让互联网思维发挥更大的作用。在进行充分的市场调研后,她从"美团""饿了么"等平台嗅出商机,决心打造来宾本土的跑腿平台。

2016 年年初,在"美团""饿了么"等平台还没有入驻来宾前,她接手了百事帮。当时,百事帮是来宾本土三个年轻人创办的,通过电话接单的形式提供跑腿服务,但由于经营不善,百事帮在来宾并没有多少影响力。

接手百事帮后,从开始的电话接单到微信平台下单;从只有"百事帮"三个字,到开通微信公众号、设计 LOGO,到提出"广西百事帮,百事皆可帮"的亲民口号;从公众号开通的"0"粉丝到半年内粉丝破万到现在的 8 万多粉丝;从开始只有覃钰一个"光杆司令",到现在有固定员工近 50 人,无一不倾注了覃钰大量的心血。

覃钰说,前几年因为跑腿平台在来宾刚兴起,存在巨大的利润,但在 2017 年年末 2018 年年初时,全市达到十多家,竞争非常激烈。为了能够生存下去,一些平台还打起了价格战,她面临着创业路上的第二个危机——是参与到这场价格战之中,还是另辟蹊径以新姿态争夺市场。从结果来看,覃钰显然选择了后者。百事帮没有参与这场惨烈的价格大战,而是通过提升服务质量、拓宽服务范畴,在激烈的竞争中存活下来,成为现在市区仅存的三家跑腿公司中的一个。从一开始,覃钰就立志要打造属于来宾人自己的品牌,在面临着危及创业活动的风险时,她果断采取措施转危为机,所以百事帮才从无到有、从小到大走到今天,解决了 60 多人的就业问题(含兼职员工)。

资料来源：https://new.qq.com/omn/20200617/20200617A05ONV00.html　[2021 - 09 - 01].

 **创业语录**

一般人总是等待着机会从天而降，而不想努力工作来创造这种机会。当一个人梦想着如何去挣五万英镑时，一百个人却干脆梦想着五万英镑就掉在他们眼前。

——米尔恩

人生成功的秘诀是，当好机会来临时，立刻抓住它。

——狄斯累利

1. 创业机会同商业机会的区别在哪里？
2. 影响创业机会识别的因素有哪些？
3. 如何评价创业机会？
4. 如何理解创业机会的发现与构建？
5. 如何防范创业风险？

 **案例分享及讨论**

### 自古英雄出少年，不是猛龙不过江
#### ——海佩科技创业历程

来自广西南宁的七个"90后"年轻人，在2019年3月创办了一家名为海佩科技的年轻公司。这家以人工智能算法、综合遥感演绎为核心技术的科技公司，自成立起就致力于为客户提供基于环境的大数据计算服务，推动着南宁特色农业、房地产开发、新区规划等方面的数字化改造与可持续发展。

不到两年，这七个年轻人就以猛龙过江的态势，在邕江两岸干了几件大事。在产学研协作方面，他们与广西华蓝设计研究院绿色建筑技术中心、广西大学土木建筑工程学院联合成立了设计联盟。与业界顶尖的机构进行合作无疑是海佩科技实力的佐证。同时，海佩科技开发的相关应用已经获得了"广西地标作物大数据研究中心"的应用许可，并签订了合作协议。在旅游景点方面，海佩科技协助"南国乡村·农村综合旅游景区"等多个广西景区开展了数字化改造工作。

**1. 追梦七仔始成团**

对于这七个年轻人而言，最兴奋的时候大概是决定组队一起自主创业的时候。这个创业团队的核心成员是七个人，所以他们用了"南宁七仔"这个兼具南宁口语元素和广西特色的称呼来作为团队代号。

相比于大多数只有创业想法的创业者，"南宁七仔"除了具有强烈的创新意识之外，还有着丰富的技术储备和为广西美好生活而奋斗的高尚情操。

团队中的林奕桐、梁鹏程、周一行在团队成立之前就已经在一个名为"绿色屋顶系统"的项目中进行过合作。该系统是一套首次利用遥感技术对城市热岛效应进行可视化呈现、量化评估的系统,这个系统能够为城市降低热岛效应提供科学的、有操作性的建议。林奕桐主攻的是人工智能与遥感的耦合,他的研究成果先后刊载于国家级核心期刊;梁鹏程在大学期间进行了多个项目的创新攻关,先后获得国家专利认证,南宁首个自助洗车平台就是他在毕业后的成功作品之一;而有海外名校留学经历的周一行则对金融科技方面颇有心得,曾在公司负责亚洲首个智能投资顾问的推广工作。

他们最初的想法只是将这套系统卖给一个公司赚一笔零花钱。但是在同学聚会后的深入讨论中,他们感受到了科技创新和相关产品的应用前景所带来的广大市场机遇。于是他们的想法从最初的赚一笔零花钱变成了自主创业。他们通过整合自身的技术资源,实现科研项目落地,进而获取外部资源支持,最终实现技术变现的创业目标。

负责项目推广的周一行认为,目前高质量发展、创新性国家建设都是主流趋势,而人工智能、大数据通过前期的5G新基建已经具备了大规模运用的条件。这套绿色屋顶系统集成了遥感、人工智能、生态技术等前沿科技,在全国属于首创,如果掌握在自己手中,以团队对系统的熟悉程度,能够最大化地利用它的效能,为美丽广西做出自己的贡献。

于是,周一行等三人在邀请了其他几位同学之后,正式成立了富有神话气息的海佩科技。

2. 誓为广西献心力

在成立海佩科技之前,周一行等三人向其他四位伙伴阐述了他们的创业计划和理念,并得到了其他四人的理解与支持。为了应对未来可能存在的风险,团队成员尽可能地做到了多元化。在学历背景上,除了工程学、计算机等"工科男",还有公共管理、金融学等专业成员的加入。他们坚信团队成员的多学历背景不仅能够从多方位分析潜在的风险,也能通过知识的交互共享创造新的价值。

谈起为什么起"海佩科技"这个名字时,周一行说,"海佩"原意为希腊神话中的亥伯龙神,这是一个给地球带来光明与温暖的神。这与团队的创业愿景不谋而合,团队希望通过他们的智慧,能够提升广西地区生产效率和生态水平,为建设壮美广西贡献力量。

同时,团队也希望通过海佩科技的发展壮大,能为广西培养一个本土的高新技术企业。在这个强烈的愿景下,海佩科技将公司发展战略定位为以技术驱动为核心,以产业导向为目标,开发针对性系统。同时,团队利用"绿色屋顶系统"项目的成功经验,将研发重心定在了人工智能算法开发、遥感演绎、可视化数据模型,通过这些技术的交织融合,为客户提供基于环境大数据的平台支撑,让客户能够通过可视化数据模型来完成农业、旅游业、房地产开发等行业的数字化改造。

3. 百战艰难创业路

在经历了公司初创的兴奋后,团队很快迎来了公司成长过程中必经的挑战与失败。为了开发新项目,"南宁七仔"往往是通宵达旦地工作,办公室最先填满的往往是不起眼的垃圾桶。

作为一个以科技项目为主打的创业团队,他们面临的首要问题是如何跳出单纯的技术思维。在对科技问题上,他们精益求精,往往集中精力对局部的应用逻辑问题进行攻关,并开发出一套专门的数据模型来辅助他们。但是面对产业问题时,他们在初期都是一脸茫然,开发出来的项目缺乏可用性,所以他们在初期走了不少弯路。

主导"绿色屋顶系统"项目的梁鹏程说,一开始团队的思维仅仅是局限于如何做好一个产品,但是对于环境领域而言,重要的不是产品,是产品如何刺激政府及市场的需求,让他们和产品产生一个共鸣。如果仅仅是遵循着"做好产品——拿去推销"的简易策略,往往会收效甚微。

在扭转了思想上的弯弯之后,团队又面临着一个新的问题,他们正在努力的技术融合是前人从来没有尝试过的,对大众而言这更是天方夜谭。如何向大众及目标客户阐述他们的项目价值,又成为新的问题。

"这项技术太前沿了,前沿到出了公司的门大家都不知道这是什么,以至于我们在和客户讨论的时候收获的都是迷茫的表情。所以怎么样让我们的客户对我们正在做的工作有一个基本的认知,是一项非常耗费心力的事情。"林奕桐说。

于是,在一次次的头脑风暴中,"南宁七仔"经过筛选,将效率优化、成本管理、环境改良等功能作为项目的核心价值功能。三大功能的提出,无疑成为一条横跨在技术与市场鸿沟之间的桥梁。团队也趁此机会将海佩科技的平台系统分割为三个彼此独立的业务模块:科技、农业、地产。

4. 成果丰硕见光明

成立半年之后,海佩科技没有被困难与挫折打倒,反而取得了一系列令人瞩目的成果,并且和广西一些一流的科研机构建立了合作关系。

在科研上,海佩科技以"AI+遥感反演+环境场模型"为核心,攻克了国家自然科学基金的多个项目,获得了来自业界专家的肯定。

在产业协调上,海佩科技通过打造产学研联盟,推动优质资源在联盟内的整合,创建了一个创新性性能化设计联盟,为打造更宜居的环境不懈努力。

在农业生产方面,海佩科技与广西地标作物大数据工程技术研究中心合作,利用海佩科技自有技术体系,对农田环境展开以温度场、微气候等高精环境数据的采集与分析,为广西农业提高农田管理效率、实现增产创收提供技术保障。

在地产开发方面,广西区级重大项目"南国乡村·农村综合旅游景区"已经全面采用海佩科技开发的产品。海佩科技目前已经完成了相关场所的综合环境分析,为后续景区开展设施规划提供了设计方案,力争在保证居住品质和环境舒适度不断优化的同时,降低建设成本,提高管理的科学性。

通过"南宁七仔"的努力,广西的传统行业正在发生巨大的变革,比如在农业领域,海佩科技的产品能够将测量温度误差控制在2℃以内,为相关团队提供了极大地技术支持;而全面采用海佩科技设计方案的南国乡村景区,在炎热的夏天获得了更大的过风面积,成功地缩小了园区高温面积,减少了种植降温用绿色植物的支出,这一方案切实增强了游客的使用体验满意度。

资料来源:https://difang.gmw.cn/gx/2019-11/13/content_33317394.htm [2021-09-01].

# 第4章 创业资源

**学习目标**

1. 掌握创业资源的内涵及类型;
2. 认识创业资源在创业中的作用;
3. 掌握可以通过什么途径和方法来获取创业资源;
4. 掌握怎样测算创业所需的资金,创业融资有哪些主要的渠道;
5. 了解和掌握如何对创业资源进行管理,包括创业资源的开发、利用和整合。

## 从视美乐到澳视

在创业失败率高,甚至有的创新公司倒闭的现状下,由清华大学学生邱虹云、王科、徐中创办的视美乐公司却取得很大的成功。视美乐公司成功的原因除了它在创业初期的一年半中,成功地获得了两次风险投资(第一次是从上海第一百货商店股份有限公司获得5250万元的风险投资,其中一期获得250万元的投入;第二次是得到青岛澳柯玛集团追加的3000万元投资)之外,更重要的是视美乐公司作为在校大学生创立的一家高科技企业,在发展过程中体现出的应对创业复杂性和多变性的能力,对创业资源的整合能力,以及所体现出的发展潜力。

创业资源中技术和人才是很重要的资源,在创业的过程中起着很重要的作用,这一点在视美乐公司能够很好地体现出来。邱虹云本科毕业于清华大学材料科学与工程专业,硕士和博士的专业都是清华大学光学工程专业。这些教育经历使邱虹云成为视美乐不可多得的技术骨干,他利用专业知识发明了澳视单片投影机的雏形——多媒体超大屏幕投影电视。王科是视美乐公司创建的组织者,在清华大学第十七届"挑战杯"发明赛上,王科发现了邱虹云所发明项目的创业价值,之后王科说服了邱虹云,并找来了徐中,三人相约一起创业。王科用自己打工挣来的加上从家人、朋友那里借来的一共50万元钱,注册了视美乐公司,三人就这样开始了不寻常的创业过程。作为视美乐公司管理者的徐中,当时是清华大学经济管理学院的在校MBA学生,在企业管理和工程运作方面很有经验,这也是视美乐公司成立后成功运营的又一个关键。

通过研究视美乐公司的成长过程,我们发现其成功既有共性的地方也有其独特的地方,就是与顾问公司清华兴业投资管理公司(以下简称兴业)的双赢合作。在视美乐公司发展中的很多大事,如融资、管理、人力资源,以及成长过程中的创业孵化、中介服务等,都离不开兴业这个高参。比如视美乐选择澳柯玛集团作为二期投资方也是兴业这个高参给出的建议。

2000年4月,澳柯玛与视美乐签订合资协议,澳柯玛投资3000万元成立澳柯玛视美乐公司(简称澳视公司),原视美乐公司的主要技术人员全部进入新成立的澳视公司。与原视美乐公司不同的是,澳视公司将进行产业化发展并开发新的项目。至此,经过资源优化,支持产品走向市场的投资顺利完成。后期澳视公司调整管理结构,由多头管理转为"一长制"统一领导,聘请了具有丰富经验的原诚信公司总经理全面负责公司的营销体系,再加上集团的配套资金,澳视公司获得了新的资金,遇到了新的发展契机。

资料来源:https://zhidao.baidu.com/question/492110330754302652.html[2021-09-01].

## 4.1 创业资源

通过前面章节的学习,我们知道创业是一种长期且普遍存在的社会现象,狭义上表现为活动,即指创业者创建新企业;广义上表现为精神,即指创业者在开展创业活动时展现的特质。在创业的过程中,创业资源的获取和整合伴随整个过程并发挥重要的作用。如果创业者能够了解自己在创业过程中需要哪些资源,掌握有效的途径和方法,应用合适的技巧和策略去获取创业资源,可以有效地降低获取和整合资源的难度。

### 4.1.1 创业资源的内涵和分类

1. 创业资源的内涵

在了解创业资源的内涵之前,我们首先来了解什么是资源,什么是创业资源。所谓资源,是指任何一个主体所拥有或者所能够支配的能够实现向社会提供产品或服务这个目标的各种要素及要素组合。创业资源是指创业者在创立企业及企业在成长过程中所需要的各种生产要素和支撑条件总和。本章认为创业资源是新创企业在创造价值的过程中需要的特定资产,包括有形资产与无形资产。对于企业尤其是对于新创企业而言,有一种独特的且无法用钱买到的资源——创业者。

2. 创业资源的分类

(1) 按资源的性质分类

按资源的性质不同,创业资源可分为人力资源、声誉资源、财力资源、物力资源、技术资源和组织资源。

① 人力资源:是指创业者及创业团队成员及其拥有的能够被企业所用的对价值创造起贡献作用的那些资源,包括智力、知识、经验、智慧、判断力、视野、愿景及创业者自身的人际网络。

② 声誉资源:是指企业人员对企业的一种感觉,存在于产品和公司两个层面。存在于产品层面的声誉的表现形式是品牌忠诚度,公司层面的声誉则表现为企业的社会形象。声誉资源是无形的,但可以维持相当长的一段时间,给企业带来持久的竞争优势。

③ 财力资源:主要是指资金,一般包括向债权人筹集的负债资金、向权益投资者筹集的权益资金和来自创业者或创业团队成员个人或家庭、朋友以及通过企业内部积累而得的留存资金。一般来说,创业企业能够成功创办和顺利经营的前提条件是创业初期能够筹集到的财力资源不高于市场平均水平的资本成本。创业者在创业初期的辛苦工作、高效节约的作风以及个人社会关系等可以在一定程度上减少部分资金需求。

④ 物质资源:如建筑物、房屋、设施设备、机器、原材料等有形的资源,有时像森林、矿山等这样的自然资源也会成为创业和企业经营的物质资源。

⑤ 技术资源:有的是有形的,如专用生产设备;有的是无形的,如用于生产产品或提供服务的关键技术、涉及的制造流程、作业系统等。技术资源通常包含三个层次,如图4-1所示。

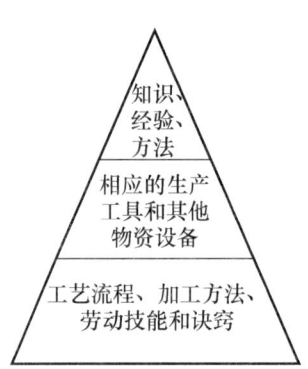

图 4-1 技术资源的三个层次

⑥ 组织资源：指企业的管理系统，包括企业的组织结构、作业流程、工作规范、信息沟通、决策体系、质量系统、计划活动（正式或非正式的）以及个人的技能或能力等。其中，组织结构是很重要的一种组织资源，好的组织结构的支持可以让人力资源更好地发挥作用。

(2) 按资源存在的形式分类

按资源存在的形式不同来分类，创业资源可以分为有形资源和无形资源。

① 有形资源：指具有固定物质形态的、可用货币来度量其价值的资源，包括自然资源（如土地、天然气、森林、水等）、房屋建筑物（如厂房、仓库等）、机器设备（如生产工艺类设备、通信设备、计算机、仪器、仪表等）、原材料、产品、资金等。

② 无形资源：指具有非固定物质形态的、难以用货币精确度量其价值的资源，如信息、人力、政策，以及企业的信誉、品牌形象等。无形资源虽然是非固定物质形态的，但是我们常常用它来撬动有形资源，使有形资源发挥更大的作用。

(3) 按资源的参与程度分类

在企业战略规划过程中，不同资源的参与程度是不一样的。按照资源的参与程度不同，创业资源可以分为直接资源和间接资源。

① 直接资源：是指直接参与企业战略规划的资源。例如，财务资源、管理资源、市场资源、人力资源等都是直接资源。

② 间接资源：是指间接参与创业战略制订和执行的资源。例如，政策资源、信息资源等都是间接资源，这些资源不直接参与创业战略的规划，只是提供便利和支持，起到间接作用。

(4) 按资源的重要性分类

按照对企业核心竞争力影响的重要程度不同，创业资源可分为核心资源与非核心资源。

① 核心资源：是指涉及创业企业有别于其他企业的核心竞争力的资源，包括技术资源、管理资源和人力资源。这些资源是识别、筛选和运用创业机会的主要资源。

② 非核心资源：是指涉及创业企业成功创办和持续经营的资源，包括资金资源、场地资源和环境资源等。

(5) 按资源的来源分类

按资源的来源不同，创业资源可以分为自有资源和外部资源。

① 自有资源：是指创业者或创业团队自身所拥有的资源或者来自内部机会的积累资源。

例如，创业者自身拥有的资金、技术、创业机会信息等都属于自有资源。

② 外部资源：是指创业者从外部获取的或者来自外部机会的发现的资源。常见的外部资源有从亲戚朋友、商务伙伴或其他投资者那里筹集到的投资资金、设备、经营空间或原材料等。

自有资源（尤其是技术资源和人力资源）拥有的多少，会影响外部资源的获得和运用。

（6）按其他方式分类

① 按照用途属性分，创业资源可以分为可以直接用于生产过程的生产资源和用于获取其他资源的工具资源。

② 按照复杂程度分，创业资源可以分为有形的、离散的、以产权为基础的简单资源和无形的、系统的、以知识为基础的复杂资源。

## 4.1.2 创业资源与一般商业资源的比较

创业资源跟一般商业资源比较，两者既有相同点，又有区别。

创业资源属于商业资源，但反过来，并不是所有的商业资源都是创业资源，只有那些创业者可以利用的资源才是创业资源。例如，一座无人开采的价值巨大的矿山是一种商业资源，但该矿山不一定是创业资源。因为创业活动多数具有轻资产、小团队的特征，一般没有能力通过开发一座价值连城的矿山而开始创业。

从表现形式看，创业资源一般表现为无形资源，而多数情形下一般商业资源则表现为有形资源。

## 4.1.3 创业资源的作用

尽管创业资源可以从不同的角度进行分类，但是按资源的性质分类是最基本最常用的分类方式。如上文所述，按资源的性质进行分类，创业资源分为人力资源、声誉资源、财力资源、物质资源、技术资源和组织资源。我们主要来看这些资源在创业中所起的作用。

1. 人力资源的作用

在创业活动中，人起着根本性的决定作用，是创业活动的主体。创业者及创业团队所拥有的知识、技能、经验、人际和社会关系网络等是成功创业最核心的资源，特别是高科技创业企业，人力资源更为重要。

2. 声誉资源的作用

由于竞争对手难以通过交易、模仿等方法快速获得声誉资源，因此，声誉资源通常具有战略性资源的特征，可以为企业带来竞争优势，而且可以维持相对较长时间。产品层面的声誉资源可以使企业保留大部分老顾客、获得更多新顾客，进一步提升企业的知名度；公司层面的声誉资源则有助于企业在同等情况下比他人更方便地获得其他资源，以形成企业持久的竞争力。

3. 财力资源的作用

对新创企业来说，无论是研发、生产产品还是销售产品都需要大量资金，而创办初期由于市场和销售的不确定性，会使生产经营中产生的资金数量不多。财力资源短缺也是很多创业者遇到的普遍问题，及时筹集到所需要的财力资源，是很多创业者迈出创业的非常重要的一步。

4. 物质资源的作用

物质资源是企业创建和赖以生存的根本保障，任何企业的诞生和存续都要以物质资源为基础。物质资源对于新创企业的起步阶段尤为重要。但物质资源通常不是战略性资源，竞争对手可以通过交易的方式获取它们。但是，某些稀缺的地理位置、石油等不可再生资源的控制也会成为新创企业的竞争优势。对创业者来说，物质资源的获取比较容易。

5. 技术资源的作用

技术是第一生产力，企业只有不断开发新技术、新产品，才能在市场竞争中立于不败之地。在创业资金需求基本满足的创业初期，技术资源是最关键的资源。因此，积极开发、引进有商业价值的科技成果，加强产、学、研合作，不仅有助于加快产品的研发速度，同时也能够提高企业的核心竞争力。

6. 组织资源的作用

人力资源是很重要的资源，但是人力资源要发挥作用，需要有组织资源的支持，而且组织资源对其他资源的利用效率和企业创新也起着决定性作用。

## 延伸阅读

### 创业企业组织架构

组织资源是创业资源按资源性质进行分类的其中一种，而组织资源的重要组成部分是企业的组织结构。创业企业在由小变大的过程中必须经历的一个环节就是企业的组织架构设计。常见的企业的组织架构有职能型组织结构、事业部型组织结构、矩阵型组织结构三种形式。

1. 职能型组织结构

职能型组织结构是企业最常见的一种组织形式，把承担相同职能的业务和人员组合在一起，设置管理部门和相应的管理职能。这种组织结构管理控制严格，上级部门（如总部）制定的战略决策可以在下属公司中得到较好的贯彻执行，组织效率高，侧重于集中现有具有统治地位的核心业务。一般来说，规模较小、产品品种较少、生产连续性和专业性强的集团企业适合使用这种结构。如果企业业务、产品、市场和客户的活动差异性大，职能型组织结构容易阻碍企业业务的多元化。

2. 事业部型组织结构

事业部型组织结构的表现形式是母子公司结构，母公司负责公司的战略管理，子公司专注于负责具体的生产经营，有较大的经营自主权和财务的独立性。事业部型组织结构最大的特点是分权程度较高，通过分权给子公司自主的经营权和财务独立，能够清晰地划分各个子公司的职责，从而减轻最高管理层的负担，并且能够根据各个事业部的不同特性来及时调整决策。规模较大、产业相关性不强的多元化控股公司比较适合采用事业部型组织结构。这种组织结构存在的不足是：事业部拥有较大的自主权，方便各事业部开展自己的经营，但是，这样一来也比较容易产生"离心"的倾向,这会对集团企业的总体协调提出更高的要求;另外,由于事业部拥有较大的自主权,容易造成各个事业部强调各自的利益而忽视集团企业的总体利益。

3. 矩阵型组织结构

矩阵型组织结构是集权的职能型组织结构和分权的事业部型组织结构的适度结合,兼顾集团企业整体的协调功能和各部门的自主权。这种组织结构适合于多元化控股公司。这种组织结构的缺点是:如果产生过多的内部摩擦就容易产生很大的冲突,难于管理。

在企业发展过程中,以上这三种类型的组织结构都有企业选择采用。但是从企业管理模式的发展变化来看,使用职能型组织结构企业的越来越少;使用事业部型组织结构的企业数量变化不大,略有减少;而使用矩阵型组织结构的企业越来越多,说明矩阵型组织结构更具有生命力。

由于创业企业较一般企业而言具有一定的特殊性,因此创业企业在设计企业组织架构时应注意以下几个问题。

1. 避免组织架构设计得过于细化

创业企业尤其是一个快速成长中的创业企业,如果组织构架设计得过于细化,会导致分工过细,企业的业务量均衡性差,缺乏灵活性,致使企业管理运作陷入僵化,从而导致出现问题时协调不力。

2. 构架设计不要过于追求扁平化

企业组织结构扁平化可以提高企业的执行效率,但如果过于扁平化,则会导致企业管理的集中性不足,需要协调的事务很多,容易产生协调问题和矛盾,反而使执行效率大打折扣。

3. 避免权、责、利不一致

权、责、利不一致有多种表现形式,主要是有权无责、有责无权、权责不对等。权、责、利不一致主要是因为:①权、责、利划分和界定不明晰;②划分权、责、利时不符合实际业务;③缺乏权力监督和责任追究制度;④管理幅度宽窄不一造成工作权责分布失衡;⑤组织构架设计缺乏应有的均衡性,部门之间缺乏制衡机制和联动机制;⑥管理的多头指挥重叠或管理空白。

企业的组织架构设计对于创业企业而言非常重要,企业在进行组织架构设计时要根据企业的经营目标,结合经营环境对设计的影响,充分利用组织资源确定适合企业的组织架构。

资料来源:https://wenku.baidu.com/view/5ac283cf6cdb6f1aff00bed5b9f3f90f77c64d9c.html [2021-09-01].

 创业故事

### 创业是一种生活习惯——朱章磊的创业故事

1. 生死存亡之际破釜沉舟

2010年,朱章磊来到广西,与合伙人创办宏章教育(后改名志公教育)。经过五年的发展,志公教育已经成为广西最大的公考机构,营业额在一亿元左右。作为公考的名师又是企

业的创办人，朱章磊在快速发展的时代中想要做些变革。

2015年，朱章磊感受到了信息技术对教育行业尤其是对公考的影响较大，传统线下辅导模式已经不能满足学生的需求，公司需要有一个更好的平台，公司员工需要有一个更好的发展空间，开拓互联网领域的任务迫在眉睫。

朱章磊的公司经营了一段时间后就遇到了困难：技术不够、经验不足。为此，他采取了技术外包的方式，但是合作的对象并没有给他带来惊喜。承包者花费了九个月时间苦苦挣扎在App的1.0版本上，而且后来的1.0到2.0的迭代又出现了问题。前后折腾了近一年的时间，朱章磊花掉了近百万元。

朱章磊经过调研后发现问题所在：选择的合作对象经验欠缺，导致开发进度慢、质量差、框架差、反应慢、核心的技术跟不上，不能维护迭代，导致后期开发、数据录入、市场等成本都比较高。为此，朱章磊想去挖掘真正能做这件事的人才：能做一个互动交互、流程交互的UI的人才。对缺失UI设计环境和共同语言的广西来说，这样的人才相对少一些，但朱章磊一直在寻觅技术上的顶尖人才。

2. 梧桐树下才能找到金凤凰

一直依托在志公教育门下，朱章磊发现受传统行业所限，难以获得最新的互联网技术信息和核心人才，于是他想要把线上业务从母公司剥离出来。他开始查找信息，对创业基地逐一拜访。机缘巧合，朱章磊发现了广西众创示范基地，在与基地运营管理人员的交谈中，朱章磊发现这就是他想要的平台。2016年9月13日，朱章磊入驻广西众创示范基地。在这里，朱章磊结识了有创业理想的朋友并找到了志同道合的伙伴。广西众创示范基地给了朱章磊很大的帮扶：不仅提供资金和场地支持，还组建专业导师团队提供指导和一些管理经验，让自己的想法成为可能。

3. 人生总要有一些轨迹才能对得起自己

朱章磊目前合作的伙伴都来自广西众创示范基地，原本仅有4个人的公司，现在扩大到了17个人，其中14个人做前期的技术开发。公司"扁平化"的架构是为了集聚更多优秀的人才。相比来到广西众创示范基地之前，朱章磊说："目前的开发速度是之前的3~4倍，希望未来一年内可以开发到App的4.0版本，整体下载量达到300万人次，每天的下载量达到3万人次，每天日活跃量达到3万人次左右。在数据流程体验、互动交流都要升级，希望可以排到同类产品的前3名。"

相对其他App产品，朱章磊的产品在内容、模式、服务上都有其创新之处：内容上结合线下的运营经验，有系统的综合学科学习和精、专、准的专业学科学习，所以教学资源是非常充足的；在模式上进行市场模式的创新、合作模式的创新，线上提供基础服务，线下提供更加高端完善的服务；在服务上，与志公教育合作，需要基础知识通过App就可以解决，需要视频课程可以通过App直播或者录播，需要更精准、快捷、有深度的授课可以在线下统一进行培训，这样可以满足学生的多方面需求。"

提起创业，朱章磊表示他一直在创业的路上，"志公教育每年都要在制度、管理、人员方面进行改革，因为只要市场在变化，科技、人在变化，企业就一定要变化"。朱章磊的创业意识很强烈，他表示创业已经成为他的一种生活习惯。"如果每办一个公司就算创业，那现在我已经有二十几次创业经历了，其中易考师是最大的改革。"

提起自己的创业经历，朱章磊表示，在年轻的时候还是要多去尝试，多去实践。创业近十年，朱章磊创办的大大小小二十几个公司都失败了，但是志公教育的成功是最好的回馈。"在创业时每天都要处理各种问题，你会学到很多东西，这样你不管是对这个项目还是整个行业都会有更深的理解。"对于"大众创业、万众创新"的这种社会风气，朱章磊更表示这是一个很好的机会，鼓励青年创业者要勇敢实现梦想，"人生总要有一些轨迹才能对得起自己的青春"。

资料来源：https://www.sohu.com/a/233236282_443934 [2021-09-01].

**创业语录**

企业发展就是要发展一批狼。狼有三大特性：一是敏锐的嗅觉；二是不屈不挠、奋不顾身的进攻精神；三是群体奋斗的意识。

——任正非

## 4.2 整合创业资源

### 4.2.1 获取创业资源的影响因素

获取创业资源是指创业者或创业团队在确认并识别创业资源的基础上，获得创业所需的资源并使之为创业服务的过程。创业资源的获取不仅决定创业者或创业团队能否实现创业设想，还决定企业的形成方式。因此，创业资源的获取对能否成功创业非常重要。通过学习4.1节的内容，我们了解到创业资源有很多种。如何去获取这些资源呢？影响创业资源获取的因素又有哪些呢？

**1. 创业导向**

创业导向是创业者对创业行为的一种态度或者意愿，是创业精神的具体表现过程。创业导向侧重于动态的运作，强调如何行动。这些行动常见的有管理者尝试有潜力的新技术、主动把握新产品的市场机会、承担风险性的投资等。

创业者通过创业导向识别和开发机会，进而促进对资源的获取。创业导向的形成主要受创业者的特质、组织文化及组织激励等因素的影响。

**2. 商业创意的价值**

商业创意的价值是创业的基础和关键因素，对资源的获取起到了杠杆作用。高的商业创意价值被资源所有者认同的程度，很大程度上决定了获取资源的程度。可以这样理解：一种有价值且能被资源所有者认同的商业创意，能有效降低创业者获取资源的难度。

**3. 创业资源的配置方式**

创业资源对于企业尤其是新创企业而言总是表现出相对的稀缺性，因此，创业资源配置是否合理，直接影响到一个企业的成败和发展。这就要求创业者对有限的、相对稀缺的资源进行合理配置，使之更好地满足资源所有者的期望，用最少的资源耗费获取最佳的效益并用来开展创业活动。

**4. 创业者的管理能力**

创业者的管理能力是企业软实力的体现，是创业资源获取的关键。创业者具有越强的管理能力他就越有可能获取到资源。

如何衡量一个创业者管理能力的高低呢？一般来说，衡量的指标有沟通能力、激励能力、行政管理能力、学习能力和外部协调能力等。

5. 创业者的社会网络

社会网络是由许多节点（社会、个人或组织）构成的相对稳定的关系体系。这些关系包括朋友关系、同学关系、生意伙伴关系、种族信仰关系等。处于社会网络不同地位，从不同网络成员那里获取资源的能力和机会也不同。处于优势地位的创业者，因为其具有较好的社会关系依托，更容易从不同网络成员那里取得创业所需的各种资源。

### 4.2.2 获取创业资源的途径与技能

1. 获取创业资源的途径

创业者可以通过市场途径和非市场途径获取创业资源。如果创业所需要的资源有活跃的市场，或者存在类似的可比资源可以进行交易的，采用市场交易的途径来获取比较合适，否则宜采用非市场交易的途径来获取。

（1）通过市场交易的途径获取资源

通过市场交易的途径获取资源一般是对外部资源而言的，获取的方式包括购买、联盟和并购等。

购买方式获取资源是指利用财力资源从市场购入物质资源（如厂房、装置、设备等）、技术资源（如专利和技术等）、人力资源（如有经验的员工）等。对创业者来说，购买资源是最常用的资源获取方式。

联盟方式获取资源是指联合其他组织来共同开发一些难以或无法自己开发的资源。联盟双方有共同的利益且资源和能力互补是联盟的前提。联盟是高科技企业常用的获取外部资源的方式。例如，创业企业和高等院校或研究机构通过联盟可以得到企业发展所需要的技术资源。

并购方式获取资源是指通过收购股权或资产将企业外部资源转化成内部资源的一种交易方式，资源并购的前提是并购双方的资源具有比较高的关联度。并购有助于缩短企业进入一个新领域所用的时间，从而及时把握商机，实现创业目标。

（2）通过非市场交易的途径获取资源

通过非市场交易的途径获取资源的主要方式有资源吸引和资源积累。

资源吸引是指发挥创业团队的无形资源（如声誉、品牌）的杠杆作用，获得资源拥有者的信任和青睐，从而吸引其主动将拥有的资源（如厂房、设备等物质资源，专利、技术等技术资源，以及有经验的员工等人力资源）投入创业企业中。

资源累积是指企业利用现有资源在企业内部通过培育的方式形成企业所需的资源（主要是人力资源或技术资源）。例如，企业自建厂房、装置、设备，开发新技术，通过培训的方式使员工的技能和知识得到提高等都属于资源累积。由于资源的积累是在企业内部进行的，因此企业在获得资源的同时不用担心商业机密的泄露。

企业在获取资源的时候是采用市场交易途径还是非市场交易的途径呢？这主要是看资源在市场中的可用性和成本。如果资源在市场中可以容易获得或者产品快速进入市场能够带来成本优势，这种情况下选择外部购买途径获取资源可能就是最佳方式。

2. 创业资源的获取技能

创业者及其团队拥有获取创业资源的以下技能，有助于降低获得创业所需要资源所耗费的成本和所需的时间。

（1）沟通技能

沟通技能，是指将自己的想法、感受与态度通过文字、口头或者肢体语言的方式明确、有效地向他人表达，同时能够正确地解读他人的信息，从而了解他人的想法、感受与态度的能力。

（2）合作技能

合作技能，是指团队的成员在不同的位置上各尽所能、与其他成员协调合作的能力。团队是一个整体，团队成员除了发挥各自的个人能力之外还要有协调合作的能力，互补互助以实现"1＋1＞2"的效果。

（3）杠杆技能

杠杆技能，是指利用资源去撬动另一种资源，达到事半功倍的效果。高素质的人才既是多用途的资源，也是高杠杆的资源，是创业者必须充分予以高度关注和重视的资源。

### 如何提高沟通技能

沟通是指运用语言、文字或外表、面部表情、肢体动作等非语言行为，把自己的想法、要求等表达给对方。沟通是一个人事业成功的重要因素。美国著名学府普林斯顿大学对一万份人事档案进行分析后发现：良好的人际沟通占成功因素的75%，而智慧、专业技术和经验只占25%。哈佛大学就业指导小组对500名被解职的男女进行调查后发现：因人际沟通不良而导致工作不称职者占了82%之多。

1. 造成沟通不畅的原因

（1）从沟通渠道的角度来分析

① 没有主动去开启沟通渠道，沟通双方不够主动。

② 沟通渠道选择不合适。例如，有些事情应当使用正式沟通方式进行，却错误地采用了非正式沟通的方式进行。

③ 沟通氛围不融洽。在不和谐的氛围下进行沟通，人们容易变得谨慎、退缩、沉默甚至变得偏激，导致沟通不畅。

（2）从编码的角度来分析

① 语言表达能力不佳，如观点不明、逻辑混乱、词不达意等。

② 不懂得说话的艺术或技巧。

③ 未充分表达自己的意思，造成对方无法得知自己真实的想法。

④ 不注重应用非语言信息。

⑤ 沟通时不能控制自己的情绪，导致说了不该说的话，做了不该做的决定，十分影响沟通的效果。

(3) 从解码的角度来分析

① 没有准确理解对方的意思，存在倾听误区。

② 没有换位思考，同理心缺失。

2. 沟通技能的提升方法

(1) 从沟通渠道的角度来提升

① 主动开启沟通渠道。例如，领导主动找下属沟通，下属主动及时找上级沟通。

② 选择合适的沟通渠道。例如，能当面沟通的尽量不用电话沟通，能电话沟通的尽量不用短信、QQ或邮件沟通。

③ 用真诚来营造和谐的沟通氛围，通过亲和的态度，恳切的语言与对方敞开心扉地沟通。

(2) 从编码的角度来提升

① 用精炼、清晰、有条理的语言进行沟通。精炼是指将要表达的内容浓缩成几个要点，将沟通的内容简洁、精炼地表达出来。清晰是指将沟通的内容明确地表达出来，不要使用"大致""基本上""几乎"等模棱两可的词语。有条理是指逻辑要严谨，建议采用"总述—分条阐述—总结"的方式进行沟通。

② 巧用语言的艺术，让对方听得进去，乐于接受，产生共鸣，进而引发共同的行为。巧用语言的艺术包括劝诫的艺术、批评的艺术、说服的艺术和汇报的艺术。

劝诫的艺术：劝诫要懂得委婉的艺术。一定要先真诚地肯定别人，再劝诫别人或给别人提出意见或建议，这样往往容易被对方接受。

批评的艺术：批评之前先肯定，一定不要伤对方的面子，更不能伤对方的自尊。

说服的艺术：说服别人一定不要讲枯燥的道理或理论，可以通过故事、案例，或引用名言来达到说服的目的。

汇报的艺术：既不能谎报、瞒报，又要讲究表达的方式。

③ 一定要确保发出的信息准确而又完整。如果信息没有充分传达，非常容易引起误解。

④ 重视应用非语言信息，如身体姿势、面部表情、眼神、声调、手势等。

⑤ 控制好自己的情绪，就事论事，对事不对人，少讲些情绪性的话，多讲些鼓励的话，少讲些批评的话。

(3) 从解码的角度来提升

① 巧用语言的艺术。

- 集中注意力倾听对方。对方讲话时，身体要前倾，态度诚恳，专心地倾听，这样对方才愿意为你敞开心扉。
- 不打断对方，要耐心地听对方把话讲完。
- 询问互动，尽量挖掘充足的信息，没有获得充足的信息不要匆匆下结论。
- 察觉非语言的信息，沟通时要注意观察对方的非语言信息（如表情、动作、姿势等），并以此判断对方的态度、情绪。

② 用同理心，将心比心，换位思考，设身处地为对方着想。

资料来源：https://wenku.baidu.com/view/7e2dc633a01614791711cc7931b765ce05087a65.html [2021-09-01].

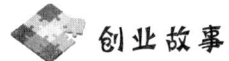 **创业故事**

### 这种财富"黑透了"——陈勇的创业故事

1. 创业从一台小型二手挖掘机开始

1993年,陈勇考上了高中,母亲却得了病,家里实在供不起陈勇和当时正在读初中的弟弟同时读书了。于是,陈勇背着家人跟学校提出了退学申请,主动把读书的机会让给了弟弟。退学后,陈勇来到南宁,当了一名汽车修理工。1997年,陈勇又做出了一个大胆的决定——南下深圳学习挖掘机修理技术。在深圳,他找到了一家修理店铺学习挖掘机修理。一年后,陈勇成了一名挖掘机修理师。很快,陈勇就用挖掘机挖到了人生中的第一桶金。2003年,陈勇的家乡广西河池市东兰县开始了革命老区基础设施建设大会战。听到这个消息,陈勇立即回到家乡,通过借钱和贷款凑了20万元,买了一台小型二手挖掘机,这是当地的第一台挖掘机。东兰县是贫穷地区,都是山地,没有挖掘机很难将地弄平,所以县里基础设施大会战的很多工程都要找陈勇用这台挖掘机。看到这是个机会,他干脆在东兰县成立了一家建筑公司。到2011年,陈勇积攒了300多万元。

2. 改变思路,继续做没人做过的事

2011年8月,陈勇决定去做一件县里没有人做的事情——在东兰县隘洞镇承包荒山养鸡。这个想法源于在一次施工时,他发现对面有一片1000多亩的荒山,陈勇出资45万元,承包下了这片荒山。经过仔细盘点之后,陈勇发现山上不仅到处都是杂草,而且原有的9000多棵栗子树中已经有4000多棵树不挂果了。怎么把这片山林盘活呢?陈勇想出个好主意——林下养鸡!他养的都是东兰县的特有品种——东兰乌鸡。这种乌鸡的一个最大的特点是身上的颜色都是纯黑的:毛黑皮黑,就连内脏、骨头都是黑的!这是全国独一无二的。东兰乌鸡原产地就在东兰县,可在东兰县一直以来都是农户小规模养殖,很少有人能把东兰乌鸡当成产业做大。而且出了东兰县,很多人不了解东兰乌鸡,销路也是一个难题。而陈勇偏偏就看上了这个一直没人做大的东兰乌鸡养殖产业,还说自己的思路肯定跟其他人不一样:要把这个鸡打造成高端的鸡,不找农贸市场,直接找餐饮市场。2012年3月,陈勇从县里的原种场进了3000多只鸡苗,6个月后,这些东兰乌鸡出栏了。坚持不走寻常路的陈勇,直接带着这些乌鸡到餐馆推销。但本地的餐馆都嫌贵,陈勇又带着这些鸡跑到南宁、柳州等地的酒店,居然也没卖出去。陈勇陷入了进退两难的境地。

3. 利用电商优势打开乌鸡销路

为了解决乌鸡销售问题,陈勇开始建网站,在网上宣传自己的东兰乌鸡。终于在2014年6月,南宁一家主打广西菜的餐饮企业老板秦蕾飞慕名找到了陈勇。她是在寻找广西食材的时候注意到了陈勇和东兰乌鸡。初次见面,东兰乌鸡一下子打动了秦蕾飞,秦蕾飞当即就要跟陈勇合作。现在陈勇把东兰乌鸡销到了秦蕾飞的几家餐厅,成为餐厅里的主打特色菜,很多客人来这里吃饭都会专门点东兰乌鸡。现在陈勇每年有4万多只乌鸡销给秦蕾飞的餐厅。陈勇还找到广东、湖南等地的一些餐厅,并与其合作。后来,陈勇又在东兰县成立了东兰乌鸡养殖专业合作社,带着当地160多户农民养殖东兰乌鸡致富。

那个曾经一门心思想摆脱贫困去外面的世界闯一闯的陈勇,现在已经踏踏实实地在家乡山区干出了自己的一片天地。

资料来源：https://news.cnhnb.com/rdzx/detail/281116/ [2021-09-01].

 **创业语录**

一个业务出身的领导者，不管他的业务能力有多强，如果创业若干年后他在专业领域的动手能力上仍然是团队中最出色的，那他一定不是一个好的领导者。因为好的领导者是靠判断力、靠制订管理标准"吃饭"的，有什么样的判断就会有什么样的产品，有什么样的标准就会有什么样的人才。

——刘东华

## 4.3 创业融资

蒂蒙斯认为创业融资主要研究的是新企业融资的各种关键问题；晏文胜、陈述认为创业融资主要研究创业企业发展过程中的"种子期""创立期""扩张期"的融资行为；苗淑娟、李雪灵认为创业融资是指创业企业如何适时适量地获得设立、运营一个企业所需的资金。本章所讨论的创业融资主要指创业企业在创建和生存过程中的融资行为。

### 4.3.1. 创业融资概述

所谓融资，是指资本的融通。融资有广义和狭义之分。广义的融资是一种经济行为，是资本在持有者之间流动起到以余补缺的作用。狭义的融资专指资本的融入，通俗的说法是资金来源。

1. 创业融资的重要性

资金对企业来说非常重要，任何企业的生产经营活动都离不开资金的支撑：技术研发需要资金，购买和生产产品或开发服务需要支付资金，进行广告宣传需要资金，支付员工薪酬需要资金，培训员工也需要资金。在企业能够产生现金流之前，创业企业需要筹集足够的资金并持续地投资资本。因此，融资对于创业者来说非常重要，具体体现在以下几个方面。

（1）资金是企业的"血液"

资金是企业的"血液"，没有资金的企业就像没有血液的身躯。大量的调查表明，创业的最大困难之一就是创业初期的资金缺乏和经营过程中的资金链断裂。有的企业盈利情况非常好，但是由于资金链断裂导致了企业破产倒闭。

（2）合理融资有利于降低创业风险

创业企业使用的资金，无论是从各种渠道借来的资金，还是创业者个人的自有资金，或者通过其他方式筹集的股权资金，都具有一定的资金成本和风险，合理的融资有利于降低创业的风险。

（3）科学的融资决策有利于企业可持续发展

企业在不同的发展阶段面临着不同的风险，有着不同的现金流特点，对资金筹集也有着不同的要求，科学的融资决策有利于企业可持续发展。

2. 创业融资难的原因

相对于既有企业的融资而言，创业融资是创业过程中面临的最大挑战之一。创业融资难的主要原因如下。

(1) 创业企业具有较大的不确定性

相对于成熟的企业,新创企业在资产、销售和雇员等方面处于弱势,同时存在高度的不确定性,这些不确定性表现在以下三个方面。

① 商业机会本身具有不确定性。
② 创业企业的利润具有不确定性。
③ 创业企业的寿命具有不确定性。

(2) 企业和资金提供者之间存在信息不对称

信息不对称是指参与某项经济活动的各方拥有的信息不同。在创业融资过程中,一些参与者拥有其他参与者无法拥有的信息,由此造成信息的不对称。融资过程中企业和资金提供者之间的信息不对称主要表现在以下三方面。

① 投资者处于信息劣势,创业者处于信息优势。
② 创业者倾向于对其创业信息保密。
③ 创业企业的经营和财务信息具有非公开性。

创业者比投资者更了解企业的产品、市场前景、企业的创新能力,创业企业没有可以供投资者参考的经营情况,投资者只能根据自己了解到的信息进行判断,这使得投资者对创业企业的投资很谨慎,从而使得创业企业难以融到资金。

(3) 资本市场欠发达

20世纪90年代,沪、深证券交易所的建立标志着中国真正意义上的资本市场的形成。经过多年的发展,沪、深证券交易所已经成为国家经济调控和企业融资的重要场所。但是对创业企业而言,资本市场还处于欠发达的状态。原因主要如下。

① 融资产品虽然不少,但是擅长中小企业融资业务的金融机构和针对创业企业特点的融资产品还是很缺乏的。
② 企业上市的要求较高,投入资本的推出渠道不畅。
③ 产权交易市场不够发达,影响投入资本的回收。
④ 高素质的投资者群体尚未形成。

(4) 创业融资难的其他原因

① 创业企业缺少相应的抵押和担保。投资者给创业企业投资会面临较大的风险,因此投资者不愿意给创业企业提供资金。
② 单位融资成本较高。一般来说创业企业的融资规模比较小,而投资者办理一次投资业务的成本差别不大,因此创业企业的融资成本较高,投资者不愿意向创业企业投资。
③ 资金的安全性难以评估。由于创业者缺乏经营经验,创业容易失败,资金的安全性不容易被评估,导致创业融资的难度增加。

3. 创业融资过程

一般来说,创业融资过程包括以下五个方面的内容。

(1) 做好融资前的准备

创业在融资之前一定要做好准备,还要有战胜困难的信心和决心。

(2) 计算好创业所需资金

筹集的资金不是越多越好,因为企业融资到的资金都是具有一定成本的,因此要计算好所需的资金。

(3) 撰写创业计划书

创业企业没有可供投资者参考的经营情况,因此要撰写好创业计划书,在计划书中写清楚融资的需求。

(4) 确定融资渠道

确定了创业企业需要的资金数额之后,创业者需要进一步了解有哪些融资渠道可以利用、不同筹资渠道具有哪些优缺点、创业企业自身的特征、创业企业所处的生命周期阶段等。

(5) 展开融资谈判

确定融资渠道之后,创业者还需要和潜在的投资者进行融资谈判。

4. 创业融资中常见的问题

了解创业者在创业融资时经常发生的错误,有利于创业者减少融资过程中的失误,合理规避融资陷阱。创业者在创业融资时经常发生以下六种错误。

(1) 高估价值、低估风险

创业者尤其是高技术创业者往往会高估其技术或者创意的价值,对技术转化过程中的风险考虑不足,从而对创业所需资金估计不足。

(2) 急于大笔融资

创业者在制订创业计划时,出于对自己专业知识或技术的自信,往往有些好大喜功、好高骛远、缺少一种脚踏实地的精神。

(3) 只接洽有限的投资者

有些创业者在进行外部股权融资时,缺乏必要的信息和渠道,始终只找有限的几个投资者。

(4) 缺乏系统考虑

与第三种情况相反,很多缺乏经验的创业者会没有选择地去寻找很多外部投资者。

(5) 过于精打细算

许多创业者在进行股权融资时会"精打细算",过于拘泥于局部小利益,从而错失融资机会和企业发展良机。

(6) 失去企业控制权

大量的学生创业案例显示,在创业早期由于创业团队的股权被过分稀释,因此使团队失去对企业的控制权。

### 4.3.2 创业所需资金的测算

日本创业家中田修说:有钱谁都会创业,关键在于没有钱怎么创业。

没钱创业,恐怕是大多数创业者的困扰。要在没钱的情况下创业成功,需要创业者了解创业所需资金的分类,并能够较为科学地测算出创业所需资金,做好创业融资的准备工作。

1. 创业所需资金的分类

(1) 按照资金流动性分类

按照资金的流动性分类,创业所需资金可以分为流动资金和非流动资金。

(2) 按照资金投入企业的时间分类

按照投入企业的时间,创业所需资金可分为投资资金和营运资金。

2. 测算创业所需资金

在测算创业所需的资金时主要测算投资资金和营运资金。

(1) 测算投资资金

在测算投资资金时,可以按照以下公式进行测算。

$$投资资金 = 企业开业前的流动资金和非流动资金 + 开办企业所需费用$$

其中,流动资金包括支付员工及创业者工资、业务开拓费用、广告费、水电费用、保险费、营业税费等;非流动资金包括购买厂房(包括装修费用)、设备、办公家具等项目的支出;开办企业所需费用主要包括办理开办企业所需要的手续相关费用,如设立登记、公章刻制、涉税事项办理等。

需要说明的是,创业者在测算投资资金时,一方面,要尽可能考虑各种所需要的支出,避免漏掉一些必需的项目,以充分估算资金需求;另一方面,由于创业资金筹集的困难性及创业初期资金需求的迫切性,创业者应想方设法节省开支,减少投资资金的花费,如采用租赁厂房、采购二手设备等方法节约资金。

(2) 测算营运资金

营运资金是指新创企业开始经营后到企业取得收支平衡前,为保证企业能正常营运所需要继续投入企业的资金。营运资金主要是流动资金,营运资金的估算需要根据企业未来的销售收入、成本和利润情况来确定,可以借助盈亏平衡点和利润表、资产负债表这两个财务报表来完成。

① 盈亏平衡点的计算。

盈亏平衡点是指销售收入与成本费用相等,或者是总成本与总收入相等的那一点。盈亏平衡点是一个界限,高于这个界限则企业盈利;反之,企业就亏损。盈亏平衡点可以用销售量来表示,也可以用销售额来表示,用销售量表示的称为盈亏平衡点的销售量,用销售额表示的称为盈亏平衡点的销售额。计算公式如下。

$$盈亏平衡点的销售量 = \frac{总固定成本}{单位产品销售收入 - 单位产品变动成本}$$

$$盈亏平衡点的销售额 = \frac{总固定成本}{1 - 变动成本/销售收入}$$

② 编制预计利润表。

利润表(有时也称损益表、收益表),是反映企业在一定会计期间(如一个月、一季、一年)经营成果的报表。通过分析利润表,我们可以了解企业利润的构成及主要来源、成本支出数额及成本支出的构成以及企业收益水平,有助于我们了解企业营运情况并对营运资金进行测算。

③ 编制预计资产负债表。

资产负债表(又称财务状况表),是反映企业在某一特定日期(一般为各会计期末)的资产、负债和所有者权益等财务状况的报表。通过分析资产负债表,我们可以了解企业的经营状况,为营运资金的测算提供财务依据。

## 4.3.3 创业融资渠道

创业融资渠道可以理解为创业企业筹集资本的来源方向与通道,创业融资渠道主要包括内源融资和外源融资两个渠道。

1. 内源融资

内源融资是指企业的资金的来源来自创业者个人（包括亲朋好友）或创业企业内部，包括自有资金和在生产经营过程中积累的资金（包括企业应付税利和利息、企业未使用或未分配利润等）。内源融资的优点是保密性好、风险很小（因为不必支付借款成本或支付的借款成本很小）；缺点就是资金来源数额有限，很难满足资金的使用需要。

2. 外源融资

外源融资是指企业的资金来源来自企业外部，如金融机构（如银行）、非银行金融机构、政府、专业的投资公司等。外源融资的优点是速度快、弹性大、资金量大；缺点是保密性差，企业需要负担高额成本（如要支付利息等），因此风险较大。

（1）向金融机构（如银行）贷款

向金融机构（如银行）贷款是常见的一种外源融资方式，被誉为创业融资的"蓄水池"，其成本表现为利息负债。向银行的借款利息一般可以在税前冲减企业利润，从而减少企业所得税。这种融资方式的优点是：我国的金融机构推出了许多缓解企业特别是中小企业融资难的金融产品，由政府或民间组织的专业担保公司为初创企业提供融资担保，创业者可以通过申请，由这些担保机构向银行贷款。不足的地方在于：①限制性条款太多，手续过于复杂；②借款期限相对较短；③借款额度相对较低。

（2）向非银行金融机构借款

常见的非银行金融机构包括信托公司、金融租赁公司、农村（城市）信用合作社、保险公司、小额贷款公司等。例如，小微企业融资比较适合选择向小额贷款公司贷款这种形式；对新创企业而言，采用中小企业间的互助机构贷款比较合适。通过非金融机构进行融资操作余地较大，但透明度相对较低，国家对此有限额控制。

（3）通过政府扶持基金融资

随着经济的发展，我国相继出台了一系列的政策，通过贷款贴息、无偿资助、资本金投入等方式支持创业者创业。创业者可以利用相关政策，获得政府的资金支持。

（4）向专业的投资公司融资

常见的专业的投资公司是风险投资公司，向专业的投资公司融资的主要方式是风险投资公司对企业进行投资，即风险投资。风险投资是公司出让一部分公司股份给风险投资公司而获得投资的一种融资方式。风险投资属于私人股权投资，风险投资公司一般会选择给拥有高新技术的初创企业投资，因为这些企业的创始人都具有很出色的技术专长。

### 中国常见知识产权质押融资的八种模式

1996年，国家知识产权局出台《专利权质押合同登记管理暂行办法》。1996—2006年，知识产权质押融资行业发展缓慢。2006年，在国家知识产权局的引导下，在地方各级政府的支持和多家银行机构的参与下，在上海、北京、武汉、广州等地进行首批试点，知识产权质押融资开始在全国较大范围内试行。

据国家知识产权局统计数据显示：我国专利质押融资总额在2017年达到720亿元，同比增长65%；专利质押项目总数为4177项，同比增长60%。2018年1—4月新增专利质押融资金额比2017年同期增长26%，达到261亿元；专利质押项目数量达到1256项，同比增长37%，增长率均创历史新高。

知识产权质押融资在一定程度上破解了中小微企业"融资难、融资贵"的难题，对实现专利价值、服务中小微企业、助力创新发展起到了重要作用。

在推广知识产权质押融资的长期实践中，我国逐步形成了具有中国特色的知识产权质押融资模式，概括起来有以下几种。

1. 北京模式

北京模式是一种直接质押融资模式，采用"银行＋企业专利权/商标专用权质押"的质押形式，参与的银行是交通银行，具有代表性的质押品种为交通银行北京分行推出的为中小企业专利权和商标专用权质押贷款"展业通"，以及"文化创意产业版权担保贷款"。

2. 浦东模式

浦东模式是一种以政府推动为主导的间接质押模式，采用"银行＋政府基金担保＋专利权反担保"的质押形式。其中，由浦东生产力促进中心为企业贷款提供担保，企业以其拥有的知识产权作为反担保质押给浦东生产力促进中心，然后由银行向企业提供贷款，政府是参与的主导方，各相关主管部门在政府的主导下充当"担保主体＋评估主体＋贴息支持"等多重角色。

3. 武汉模式

武汉模式是一种混合质押融资模式，采用"银行＋科技担保公司＋专利权反担保"的质押形式，在此模式中武汉科技担保公司充当专业担保机构，一定程度上分担了银行的风险。

4. 中山模式

中山模式由中央财政、市级财政专项资金共同出资，设立知识产权质押融资贷款风险补偿资金，引入保险公司对知识产权的专利保险，来保障企业知识产权的合法权益，减少知识产权侵权维权的难度，并通过保险公司以贷款保证保险的形式，进一步分担贷款风险。银行、政府、保险公司、知识产权服务公司等各方按照26∶54∶16∶4的比例进行风险分担。

5. 江苏模式

江苏模式是"政融保"的质押融资模式。这种模式将保险公司的险资直接用于知识产权质押融资。2017年9月，苏州贝昂科技有限公司和中国人保财险苏州科技支公司签订知识产权质押融资协议，苏州贝昂科技有限公司凭借其拥有的多项国家专利，将部分知识产权质押，以此获得中国人保财险苏州科技支公司知识产权质押项目中最高额度的融资，实现了保险资金与实体经济的直接对接。

6. 四川德阳模式

四川德阳模式是一种便民融资模式，采用"银行贷款＋保险保证＋风险补偿＋财政补贴"的质押形式。该模式的特点是：通过保险保证有效降低信贷风险；建立政、银、险、估、企五方合作融资新机制；建立政府补贴，对企业按贷款额同期基准利率利息总额的40%进行贴息，按保险费和专利价值评估费发生额的50%给予贴费；建立激励机制，对银行和保险机构分别按企业贷款额的1%进行工作奖励。

7. 中关村模式

中关村模式是知识产权投融资服务联盟建立的知识产权投融资快速通道和全流程服务体

系。截至 2018 年 10 月,北京中关村地区已有 400 余家企业通过专利权质押获得了融资,融资总额超过 100 亿元,占同期北京市专利权质押融资笔数和融资总额的比例均超过 85%。中关村模式是国内债股结合、投贷联动的经典模式。

8. 北京 IP 模式

北京 IP 模式是北京知识产权运营管理有限公司与北京市海淀区政府共同出资共建的首期规模 4000 万元的"中关村核心区知识产权质押融资风险处置资金池",为银行贷款提供全额的风险处置。

资料来源:http://ip.people.com.cn/n1/2018/1031/c179663-30373460.html [2021-09-01].

 **创业故事**

### 创业路上"进击的独角兽"

"资源"是困扰创业者的一大难题,而这个难题在我们接触"快条"创始人张宗华之后,得到了很好的回答:"任何一个创业项目的成功,取决于支撑这个项目的资源是否充裕。而改变什么?颠覆什么?这是需要创业者持续思考的问题,需要我们具有足够的探索精神和沉淀精神。"创业不是一夜暴富,而是一朝一夕的辛勤耕耘。

张宗华,广西快条科技股份有限公司的创始人,他创办的广西快条科技股份有限公司专注于社区拼购 SaaS 服务平台,在构建"人、货、场"的基础上,对产、供、批零供应链体系进行全面重构,开发全新的商业运营支持系统赋能各端,建立"商家(供应商)—管家(社区团长)—用户"最短通路。

**1. 任何创业成功都是从"小创业"到"大创业"的成长过程**

张宗华是一名连续创业者,他觉得在创业这条路上自己就像一只独角兽。他的初次创业经历是在广西师范大学求学期间。2002 年,当时大二的张宗华由于家境贫寒,参与了多个勤工俭学项目,由此进入了创业领域。两年多的时间内,他陆续创办了赛特电子(硬件)和华展信息(软件)项目,在桂林高校组装机市场占有绝对的市场份额,还与台湾公司合作成为国内首批推出 865 主板的厂商,在校创业经历让他初尝成功滋味。2005 年大学毕业后,张宗华希望能够到更大的平台上历练,他果断将大学的创业项目转让出去,随后应聘到一家国有制药企业,从人力资源、营销部门一直做到中高管理层。随着挑战性越来越小,2007 年他毅然停薪留职,再次踏上了创业之路!

在同学、亲朋眼里,张宗华是一个特别能折腾的人。2007 年停薪留职之后的张宗华先后涉足快消品、大健康、互联网、进出口贸易、休闲地产、投资管理咨询等领域,从广西发展到广东,一路磕磕碰碰、起起落落,像一只独角兽,屡败屡战,无畏前方困难险阻。经过十年的打拼,2017 年年初,张宗华再次做出重要决定:孑然一身返回家乡广西创业。

**2. 从起步那一天,合作精神就给他们的创业行动带来源源不断的动力和资源**

2017 年正值农村电商兴起,张宗华回到广西后,在和南宁电子商会、广西桂商总会到合山、巴马、南丹等地考察电商示范县项目的过程中,发现工业品下乡已经形成完善的流程和服务体系,但农产品流通到上游市场还缺乏一揽子的解决方案。广西拥有丰富的农产品资源,同时作为东盟农产品进口的桥头堡,产品顺利上行是最大的挑战,也是最大的痛点。如果能有一家公司可以提供一种完善的解决方案,这种方案能促进农产品从田间地头到标准成品到品牌再到销售通路这一过程的畅通,那将会极大地推动广西农业产业的发展!张宗华觉得这是一个机会,于是便开始寻找对应的项目和创业团队,先后加入"UT易起聚"和"快乐翼佰"等初创项目。虽然这两个项目都以失败告终,但是张宗华却因此收获了"快条"的初创团队。张宗华认为合作精神给创业带来了动力和资源,从"快条"起步那一天,合作精神就是"快条"的基石。公司从一开始就设立了持股平台,对早期初创核心团队,公司设立了股权激励机制,80%的初创员工持有公司期权,"预备期+行权期"共 4 年时间,有效确保了初创团队的稳定性和启动成本的控制。由 7 个人组成的技术开发团队,在短短的 6 个月时间里接连完成了拼拼端小程序、管家端小程序、商户端小程序、商户 PC 端和管理运营后台的开发,在完成公测后于 2019 年 4 月正式上线商业运营。

在此基础上,他们还同步设立了全资子公司——广西新农趋势文化传播有限公司,专注农产品品牌孵化并提供全过程解决方案,采用极富挑战性的"结果付费"机制和生产方式进行深度捆绑的模式,并逐步在实战中摸索出一个溢价方程式——"渠道定制标准+文创=溢价",并按照这个方程式打造了两个独立 IP,一个是"唐婉",另一个是"桂魅"。它们是所有项目中操作最为成功的,溢价和复购率都非常高。

3. 入驻广西众创示范基地,就像独角兽长出了翅膀

作为一个初创企业,资源尤其是资金是困扰创业者的一大难题,"快条"团队坚持"有钱进账的事情先做,没钱进账的事情放一放"的原则。这样做有两个好处:一是可以让团队快速将想法转化为行动,直面项目商业模式中的核心——"赚到钱",增强团队信心;二是可以根据项目运作的情况数据快速进行调整和优化,每次调整都能将项目推上一个新台阶。但是在"快条"转型做 SaaS 服务平台时,创始团队在思考"以何种形式启动"时遇到了瓶颈期。在考察了南宁所有的创业孵化基地后,"快条"最终选择了创业氛围浓厚、运营机构外部资源丰富、创业导师团队阵容强大的广西众创示范基地。基地帮助他们解决了发展中的大问题,帮助他们推广创业项目,帮助他们打响项目的知名度,使"快条"顺利渡过了瓶颈期。

通过创业导师对商业模式的梳理和指导,"快条"在入驻期间得到了快速成长,犹如独角兽长出了翅膀!

资料来源:https://www.sohu.com/a/407703559_443934 [2021-09-01].

**创业语录**

进一步减税降费,支持民企和小微企业融资。——李克强

## 4.4 创业资源管理

### 4.4.1 不同类型资源的开发

创业资源可以分为创业技术资源、创业客户资源等,针对以上资源我们有不同的开发模式。

1. 创业技术资源开发

创业技术资源开发的模式包括企业通过提高自己的科研能力自主进行技术创新及通过整合社会的技术资源达到提高其技术能力这两种。

（1）自主进行技术创新

技术创新是企业生存和发展的基本前提，因此要提升创业企业的市场竞争能力，必须提高企业的技术创新能力。技术创新能力是企业在技术及其相关领域的各项创新能力的集合，包括创新环境的优化、创新资源的投入能力、创新管理能力、研发开发能力等诸多方面，任何一个相关环节缺乏能力支撑，都会导致创新的失败和低效。提升创业企业的技术创新能力，可从以下方面入手。①增加投入；②建立技术创新人才激励机制；③面向市场。

（2）开展技术资源整合

创业者应时刻注意运用技术资源整合的力量，借助外力搞科研，利用自己的研发团队搞整合，这样才能通过内外部技术资源的有机融合，不断开发适合市场需求的新产品，保证企业的核心竞争力。

①技术资源整合的作用：可以提升企业产品整体概念构架的能力；能够促进企业技术检测能力的成长；可以增强企业技术学习的能力；有助于提高企业技术研究的开发能力。

②技术资源整合的过程：洞察技术及市场趋势，构架产品整体概念；识别选择与市场需求相匹配的技术资源；汲取、激活已选的技术资源并予以有效融合；促进基础研究与产品开发的衔接和互动。

③技术资源整合的机理：技术资源整合过程中，企业一定要很好地界定利益相关者及其相互之间的利益关系。一般来说，技术资源整合过程中的利益相关者主要有企业、科研机构及大学等教育培训机构，风险投资机构和政府参与的中介机构等。

④技术资源整合的影响因素。据初步调查，新创企业的技术资源整合往往受制于四类障碍。一是一些新创企业的技术基础薄弱，技术能力差，缺少实施技术资源整合的技术基础和能力；二是不少新创企业缺少技术资源整合的内在积极性，总是希望直接获取系统的"傻瓜技术"，直接走向创新产品的批量化生产，不愿意投资于技术资源的整合；三是不少新创企业的技术资源整合缺少产业配套环境，国内企业无力提供企业所需的原材料、零部件或制造设备，这样，即便是企业具有技术资源整合的积极性，也很难有效地实施技术整合；四是国内企业成功的技术资源整合案例不多，学术界关于技术资源整合的规律性研究也不多，使新创企业可以借鉴的技术资源整合的经验知识较少。

2. 创业客户资源开发

（1）客户资源开发原则

创业者要成功开发客户资源，需要把握客户资源的开发原则，理性界定客户范围，获得尽可能多的客户信息。开发客户时要站在客户的角度，时时刻刻为客户着想，采用先进的产品和服务理念吸引客户。

①理性界定客户范围：对新创企业而言，不是所有客户都具有相同的潜在生命周期价值，故对最具潜在营利性的客户（高价值客户）进行投资无疑是一种明智的选择。这就要求创业者首先应该了解谁是企业真正的客户，然后进行客户识别和目标客户定位。

②多途径获得客户信息：在对客户进行理性界定后，接下来创业者需要通过多种渠道取

得潜在客户的信息,以便有针对性地进行开发。一般来说,取得客户信息的方法主要有客户介绍法、地毯式访问法、积累客户法、名人介绍法、展会收集法。

③时时为客户着想:创业者在开发客户时,一定要时时刻刻站在客户的立场,从客户的角度出发来陈述创业企业的产品和服务。站在客户立场介绍产品和服务时建议采用FAB法则(Feature 属性、Advantage 优势、Benefit 益处)并基于4C(Customer 消费者,Cost 成本,Convenience 便利、Communication 沟通)的原则进行,实现无推而销。

④用先进理念吸引客户:创业者可以引导而非顺应客户的需求,按照乔布斯的话说,创业者应站在5~10年后,看现在的消费需求。站在未来的角度分析消费者可能出现的需求,有利于创业者开发出能够引导消费的产品和服务,而不是只从满足现存的市场需求,或弥补现有的供给不足入手。这样创业者就能够站得高、看得远,使自己推出的产品和服务给人以震撼和满足,带来令人惊叹的用户体验,从而吸引客户目光,扩大客户范围。

(2) 客户资源开发机制

在客户资源开发原则的基础上,如果创业者再建立一种恰当的开发机制,则不但会使客户开发更加容易,而且也会使开发出来的客户忠诚度较高,从而依靠稳定的客户资源,获得较高的经济收益。

创业者可以基于精益创业的观点,通过客户资源开发为客户创造价值,通过"点规模渗透"式的运作机制实现客户规模的倍增效应,也可以通过科学的客户资源管理,从老客户中挖掘更多的客户资源。

①精益创业,为客户增加价值。精益创业是一种消除浪费、加快速度与提升效率的方法,它可以运用到各行各业任何规模的公司。精益创业的标准是有效价值,即客户的实际价值需求。

②点规模渗透,实现客户指数增长。"点规模渗透"式的客户开发模式,指创业者先把客户的开发工作集中在一个城市,最好是创业者或创业企业所在的城市,而且最好是大城市,然后把前部的能量与资源集中在一起,通过在该城市客户的开发取得局部经验。

③周到管理,充分借助老客户资源。对于开发出的客户群体,创业者一定要通过加强管理,对客户实行深度开发,开发老客户的新需求,或者借助老客户的资源来开发新客户。

(3) 客户资源开发方法

①新客户资源开发。对创业企业而言,客户才是市场。在市场中,大客户有两种类型,即单一的大客户和利基的大客户。不同类型的客户具有不同的特点,能够给创业企业带来的好处也不同。创业者需要有针对性地采取一些方法,进行新客户的开发。

一般来说,创业者和新创企业可以通过特殊待遇或优惠、模仿、设计、广泛搜寻、循序渐进、放长线钓大鱼等策略开拓新客户。

②老客户资源的维系。国内外的研究数据表明,一个企业的主要收入和利润都来自老客户,而保持一个老客户所需的成本,仅是开拓一个新用户成本的20%左右!因此,留住老客户,可以提升客户资源的价值,提高企业的盈利能力。

维系老客户可以从以下方面入手:①增加客户的忠诚度;②加大客户的转移成本;③通过用户锁定留住客户。

### 4.4.2 有限资源的创造性利用

资源利用是对资源整合形成的能力予以调动、协调和配置的过程,资源利用有助于提升企业的绩效,并且企业特征及不同战略行为或导向将影响到资源利用。鉴于创业是在资源受到约束的条件下开展的活动,因此对资源的充分利用很多时候比单纯追求资源增加更为有效。

1. 创业资源利用的原则

按照《现代汉语词典(第7版)》的解释,利用是指"使事物或人发挥效能""用手段使人或事物为自己服务"。创业者在创业过程中,不必追求拥有更多的资源,而是要把握创业资源的利用原则,使尽可能多的资源为企业所用。创业资源的利用要强调"以用为先",坚持"能够使用""应该够用""善于利用"的原则。

(1) 能够使用

能够使用是筹集资源的第一原则。创业者筹集的资源应该能够与创业目标相联系,而且可以使用。"垃圾也是宝贝,只是放错了地方",世上本没有绝对无用的东西或失败的事情,只是利用的方式不同罢了。同一种事物,不同人,或者在不同的际遇里去运作和经营,往往会有不同的价值。创业者在筹集资源时最需要做的事情便是判断哪些资源能够为我所用,为创业企业带来价值。

(2) 应该够用

鉴于资源的有限性,一下子筹集到创业所需的全部资源是不现实的,也没有必要。创业者只要根据创业企业的发展阶段及其对资源的需求,筹集到足够当前使用的创业资源即可。这里所说的"够用",是指能够使创业企业生存下来的最低的资源。如果创业者无法筹集,或者出于某种原因没有筹集到维持企业生存的最低资源,则创业企业就会面临很严重的危机,甚至会威胁到企业的生存。

(3) 善于利用

善于利用资源是指在资源的使用过程中,关注资源使用的效率、幅度和阶段性,提高资源使用的效果。创业者可以通过资源的合理配置、有效整合,提高资源的使用效率,使筹集到的资源得到充分利用。

2. 创业资源的利用方式

创业者要在资源受到高度约束的情况下创造财富,运用平凡的资源实现不平凡的业绩,一定要善于利用有限的资源。创业者利用资源的方法包括利用自有资源、创造性拼凑资源和发挥资源的杠杆效应等。

(1) 利用自有资源

利用自有资源是指在缺乏资源的情况下,创业者在每个阶段或决策点投入最少的资源,分多个阶段投入。美国学者杰弗里·康沃尔指出,利用自有资源是在有限资源的约束下获取满意收益的一种最经济的方法,其不仅适用于小企业,还适用于高成长企业、高潜力企业。

采用利用自有资源的方法要遵循"节俭、有目标、自力更生"的原则,创业企业的资源有限,因此,创业企业一定要保持节俭。比如,提高资源的使用率从而降低资源的使用量,在不影响产品或服务质量的情况下尽量降低成本(如将一些非核心业务外包出去以降低运营成本，雇用临时工或者使用实习生降低管理成本）。保持节俭很重要，但是节俭一定以实现企业目标为前提。另外，企业应该自力更生，减少对外部资源的依赖，以降低经营风险。

（2）创造性拼凑资源

绝大部分企业在创立之初，都受到严重的资源束缚：没有钱购买先进的设备，就去淘一些别人废弃的二手货；招聘不到满意的员工，则由创业者身兼数职，或者"上阵父子兵"。受资源约束的创业者依靠自己的经验和技巧充分整合并利用手头已经存在的资源，或者手边能够找到的一切资源（尽管这些资源也许对他人来说是无用的，或者质量也许并不是最好的）创造独特的服务或价值，从而迈向自己创业帝国的第一步，最终实现自己的目标。

①创造性拼凑的概念和要素：拼凑有将就、修补等意思，创造性拼凑是指在资源短缺束缚下，整合手边现有资源，创造出独特的服务和价值。创造性拼凑有三个关键要素：身边现有资源、将就使用、将现有资源用于新的目的。

②创造性拼凑的策略：创造性拼凑的策略有全面拼凑和选择性拼凑。全面拼凑是指物质资源、人力资源等在长时间内都采用拼凑的策略。而选择性拼凑是指创业者在拼凑行为上有一定的选择性，有所为有所不为。有的领域采用拼凑策略而不是所有领域都采用，在创业初期采用该策略，待企业进入正规化后就逐渐减少使用。因此，创业者应采用选择性拼凑的资源利用策略来应对环境的限制，以赢得外部资源，满足新的挑战。

（3）发挥资源的杠杆效应

杠杆效应是指通过尽可能少的付出获取尽可能多的收获的现象。由于创业者在创业时拥有的资源有限，因此需要创业者在创业过程中应尽可能利用资源的杠杆效应，形成杠杆优势。可以充当杠杆的资源很多，比如资金、资产、时间、品牌、公共关系或能力等。对创业者而言，创业初期最缺乏的资源就是资金，在初创阶段最适合的杠杆是创业者个人的素质和能力。利用自己的个人素质和能力来说服那些拥有资源的人让渡资源使用权为创业所用对创业者来说尤为重要。

通过资源的杠杆效应，创业者比别人拥有更长的运用资源的时间，可以更充分地利用他人没有意识到的资源，甚至是利用他人或者其他企业的资源（而不一定拥有资源）来完成自己创业的目标。

对创业者来说，容易产生杠杆作用的是存在于社会结构之中的社会资源。创业者的个人社会网络为其提供了开拓不同市场的信息，并通过网络中的亲朋好友传递给创业者，为其提供创业机会，以及提高创业经济效率和发现新的获利机会。所以，能够成功创业并促进企业发展的是那些充分利用已建立了良好关系网络的人。

### 4.4.3 创业资源开发的推进方法

创业资源开发的推进方法其实就是资源整合。资源整合是指对资源给予配置使其发挥作用的过程。资源整合有助于企业创造新知识。

创业之初，创业所需的各项资源往往只能依靠创业者通过自身努力获取。但是由于创业者可以直接控制的资源一般比较少，而且新创企业具有高度的成长性，因此，依靠自有资源，分阶段投入资源，用拼凑的策略用好资源，以最紧急的方式开展工作都非常有必要而且有效。但优秀的创业者绝不会仅仅停留在这样的水平上，而是会关注外部资源，通过整合外部资源实现自己的创业理想。

整合是现代营销学中的崭新理念。整合就是要优化资源配置，即进退结合、有取有舍，获得整体的最优而不仅是局部的最优。把创业所涉及的问题都解决好，把一切创业资源都备足，对于任何一个创业者来说都是不可能做到的。

1. 创业资源整合的种类

（1）创业企业之间的整合

创业企业之间的整合是指同行各企业之间及产业链中的上、下游企业之间通过联盟或者股权置换的方式整合资源，实现在人力资源、物质资源、客户资源、技术资源等方面的优势互补，对内互相支持，对外协同发展，形成一定范围的利益共同体，有利于不同企业的共同发展。

（2）创业企业与产业资本的整合

创业企业与产业资本的整合是以一个或一批核心企业为枢纽，衔接产业上、中、下游企业而形成的产业群落。在这样的产业群落中，一部分企业为核心企业提供产品或材料，扮演供应商的角色；另一部分企业作为核心企业的客户或中间商，帮核心企业销售产品，回收资金。

（3）创业企业与金融资本的整合

创业企业与金融资本的整合方式可分为债权融资和股权融资。通过与金融资本的整合，创业企业可以筹集发展资金，加快企业成长。对创业企业特别是初创企业来说，由于它们缺乏可抵押的资产，通过债权方式获得融资存在较大困难，这时，股权融资是既现实又有效的一种选择。

2. 创业资源整合的机制

建立一套整合资源的机制是让创业者可以有效地、持久地保证创业机会实现所需要资源的基础，这种机制就是以利益相关者为核心的资源杠杆机制。

（1）利益相关者及其利益

资源是创造价值的重要基础，而利益是资源的交换和整合的基础。因此，对于缺乏资源的创业者来说，需要整合外部资源，更需要整合资源背后的利益机制。正如美孚石油公司的创办人、超级资本家洛克菲勒的名言"建立在商业基础上的友谊永远比建立在友谊基础上的商业更重要"所说的那样，整合外部资源一定要关注有利益关系的组织和个人（称为利益相关者）。创业者整合资源的第一步就是识别（有的时候甚至还需要创造）出利益相关者，并把他们之间的利益关系辨析出来。

一般而言，组织外部环境中受组织决策和行动影响的任何相关者理论上都是企业的利益相关者。具体而言，利益相关者可以分为以下三个层面：资本市场利益相关者，如股东和债权人；产品市场利益相关者，主要包括顾客、供应商、所在社区和工会组织；企业内部的利益相关者，如经营者和其他员工。外部资源整合时强调的利益相关者主要是前两种。

（2）构建双赢的机制

有了共同的利益和利益共同点，以及一定的资源整合机制，只是具备了合作的前提条件，并不意味着就可以开展合作。要与外部的资源所有者进行合作，创业者还需要构建一套能够使各方利益真正实现双赢的机制，在给新创企业带来收益的同时，也给资源拥有者一定的回报，并能够使双方合理地规避可能的风险。"双赢"模式是中国文化中"和合"思想与西方市场竞争理念相结合的产物。市场经济是竞争经济，也是协作经济，是社会化专业协作的经济。市场经济下的创业活动中，竞争与协作不可分割地联系在一起。近年来，许多学者倡导"合作竞争"，提出了有"竞合"概念的"双赢"模式。"双赢"的理念既适用于创业的合作伙伴，也适用于行业上、下游的商业伙伴，以及同行业的竞争对手之间。

李嘉诚曾说："如果利润 10%是合理的，本来你可以拿到 11%，但还是拿 9%为上策，因为只有这样才会有后续的生意源源而来。"同样的道理，当创业者能够将利益与资源提供者共享时，后续的资源才会源源不断而来。

(3) 维持信任长期合作

利益相关者在资源整合机制下进行合作之后，还要注意维持合作的长期性，长期的合作需要沟通和信任来维持。沟通是产生信任的前提，信任是社会资本的重要因素，是维持合作的基本条件。当信任产生的时候，资源提供和使用双方就有了一种相互的依托，就可以开展更长期的合作。

信任关系建立起来之后，要维持长期合作还需要做到以下几点：第一，给资源提供者一个明确的未来，让资源提供者看到资源投入的结果，增强其投入的信心；第二，要进行频繁的沟通，通过和资源提供者的互动，让对方了解企业资源使用的目的及方式，以便得到其进一步的支持和帮助。

延伸阅读

广西的创业扶持、创业补贴政策

1. 高校毕业生

2019 年 9 月，广西壮族自治区人力资源和社会保障厅、广西壮族自治区教育厅、广西壮族自治区公安厅、广西壮族自治区财政厅、中国人民银行南宁中心支行联合印发《关于做好当前形势下高校毕业生就业创业工作的通知》，通知提出了多项促进大学生就业创业的优惠政策。

(1) 带动就业补贴和社会保险补贴

小微企业和社会组织吸纳毕业年度高校毕业生或离校 2 年内未就业高校毕业生就业的，给予最长 1 年的社保补贴和 1000 元/人的带动就业补贴。对离校 2 年内未就业高校毕业生灵活就业的，按规定给予最长 2 年的社会保险补贴。

(2) 鼓励各高校引入规范成熟的社会组织机构

鼓励各高校引入规范成熟的社会组织机构进校共同建设大学生创新创业孵化基地，在项目开发、技术服务、成果转化等方面提供支持，对入驻实体数量多、带动就业成效明显的大学生创业孵化基地，优先参评各级创业孵化示范基地，获评后可享受最高 100 万元的奖励补贴。

(3) 放宽毕业生创业担保贷款申请条件

支持高校毕业生创业创新，对毕业 5 年内首次在设区市辖区内创办小微企业并正常经营 6 个月以上的高校毕业生，给予 5000 元的一次性创业扶持补贴；对创业地在贫困地区（国家和自治区扶贫开发工作重点县、石漠化片区县、天窗县）的，补贴标准提高至 10000 元。2019 年 1 月 1 日至 2021 年 12 月 31 日，毕业年度内高校毕业生持就业创业证从事个体经营的，自办理个体工商户登记当月起，在 3 年（36 个月）内按每户每年 14400 元的限额标准依次扣减其当年实际应缴纳的增值税、城市维护建设税、教育费附加和个人所得税。将求职创业补贴对象范围扩大到中等职业学校（含技工院校）符合条件的困难毕业生，补贴时限从毕业年度调整为毕业学年，补贴发放工作在毕业学年10月底前完成。对民办高校毕业生符合条件的，要确保同等享受政策。

2. 大学生创业群体

对于大学生创业群体，也出台了相应的创业扶持政策。

（1）学生毕业两年内创业可申请小额贷款

①可申请小额贷款的人员。持有高等学校或中等职业学校毕业有效证件、毕业2年以内打算在南宁创业的学生，以及打算在聘期内自主创业的大学生"村官"可以申请小额担保贷款。

②贷款申请流程。要贷款的大学生或大学生"村官"向本人所居住的社区劳动保障小额担保经办部门或工会、共青团、妇联等组织提交申请材料进行申请，再依次提交至人社部门、担保机构等审核，最后由银行发放贷款。

③贷款额度。大学生创业每个人一般不超过5万元，最高可达10万元。如果大学生合伙经营企业，也能申请小额担保贷款，如果有两名以上符合小额担保贷款条件的人员共同向工商部门申请营业执照，每人可申请最高额度为10万元的贷款，两人合伙能申请到最高20万元的贷款。

④小额担保贷款支持的创业项目。商业类、服务类、加工制作类、种植养殖类的创业项目可以申请小额担保贷款。不在贷款范围内的创业项目有建筑业、娱乐业、销售不动产、转让土地使用权、广告业、房屋中介、桑拿、按摩、网吧、氧吧等。

（2）就业与再就业税收优惠政策

普通高等学校、成人高等学校毕业生在毕业年度内（指当年1月1日至12月31日）自主创业并提出申请，持《高校毕业生自主创业证》的大学生从事个体经营，可以在3年内按每户每年8000元为限额，依次扣减其当年应缴纳的营业税、城市维护建设税、教育费附加和个人所得税。

（3）申请小额担保贷款需要的时间

只要申请人符合贷款条件，都允许申请贷款。提交申请后，5个工作日内完成社区初审，2个工作日内完成人社部门资格审查，接下来提交材料至担保机构，之后进行实地考察，所需时间不能确定。

资料来源：http：//www.xiandaiyuwen.com/news/huimin/827154.html　［2021－09－01］．
　　　　　　http：//www.creditsailing.com/JingJiZhengCe/793428.html　［2021－09－01］．

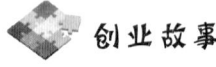

### 行天下道，易创物流新

#### ——广西"易道"公司总经理周春的创业故事

广西易道供应链管理有限公司（以下简称"易道"公司）成立于2016年1月，作为苏宁、京东、天猫等大型电商平台在广西区内的主要大家电落地配承运商之一，配送网点覆盖了南宁、柳州、桂林等地级城市，拥有配送车辆近90台，员工近100人，在南宁区域的大家电落地配市场占有率达到70%，在广西区域的大家电落地配市场占有率超过30%。"易道"公司的总经理周春为人随和、举止稳重,在谈到自己的创业经历时,他笑称自己为创业圈里的"老家伙"。从一开始的家电销售员成长为年营业额上千万、业务范围涉及广西的南宁、桂林、百色、崇左,拥有近百名员工的公司总经理,周春积累了丰富的创业经验,也有着独特的创业之道。

1. 天道酬勤,创业项目基于经验积累

刚进入社会参加工作的周春是一名家电卖场的销售员。通过一段时间的磨炼,他的业务水平得到很大提高,很快成长为省级的销售经理,后又分别担任集团公司西南、西北等片区的销售总监。在销售总监的位置上工作了一段时间后,周春经过深思熟虑,决定辞去外企高管的职位去独自创业。2016年1月,周春成立了"易道"公司。

过去,消费者在家电卖场或者电商平台购买了家电,安装和售后分别由不同的公司或同一公司的不同部门上门服务。这无疑既耗费消费者等待的时间,又增加卖家的运营成本。根据长时间的观察和体验,周春总结出了一种科学的大家电配送模式——"送装一体",即送货业务和安装业务同步进行。

为了突破传统模式,周春找来合伙人苏涛专门负责数据收集和软件开发,力求能开发出一个具有自主知识产权、兼具"送装一体"监控功能的系统。这个系统能监控到工单的接收与派发,配送师傅和安装师傅的出发时间、上门时间等环节,力争缩短"配送"和"安装"这两个环节之间的间隔时间。在广西壮族自治区人社厅主办的第三届广西创业大赛中,"易道"公司的"大家电送装一体"项目获得了优秀奖。在准备比赛的过程中,周春参加了广西众创示范基地举办的路演活动。在活动中,周春了解到广西壮族自治区人社厅对创业者的帮扶政策,并认识了创业导师胡冬。在广西壮族自治区人社厅的大力支持下,周春申请了十万元的一次性创业补助资金,同时获得了胡冬等多名创业"大咖"们的创业指导。

周春认为人脉和经验的积累对创业者来说极其珍贵,创业应当从自己熟悉的领域开始。家电销售、物流配送、售后安装,这些都是周春从事了十几年的行业,在业务操作和管理方面都轻车熟路。周春还认为,电商的发展是一把"双刃剑",危机和挑战之中也蕴藏着巨大的机遇。"易道"公司最初的业务是从与京东的合作开始的,他们承接了京东家电在南宁较大部分片区的配送业务和售后安装业务。后来,"易道"公司也因在业界的良好口碑获得了阿里巴巴旗下"菜鸟驿站"在大家电送装方面的部分业务。

俗话说,机遇总是留给有准备的人。周春之所以能抓住发展的好机遇,一方面是他拥有敢于突破传统的胆识;另一方面是他有丰富的工作经验,随时准备着机遇的来临。

2. "懒鱼"忙研发,创新助发展

"懒鱼"是"易道"公司旗下新注册的商标品牌,旨在提供针对家庭进行饮用水治理和空气治理的服务。"懒鱼"的产品主要有物联网净水机、食品级的厨房烟机清洗剂、空调清洗剂等。"懒鱼"正在研发的是一块能检测家庭内空气质量、甲醛浓度、天然气浓度等监测家庭室内居住环境的智能屏。物联网净水机是"懒鱼"主打的产品。这款净水机不仅具有普通净水机具有的净水功能,而且消费者还能通过手机客户端连接到净水机,随时随地查看净水机的运行情况。

"提高用户体验"是"懒鱼"系列产品的服务方向,"与消费者面对面交流建立信任感"则是"懒鱼"系列产品的销售手段。相对于直接在家电卖场或电商平台销售,周春更希望自己公司的员工能主动为公司带来业绩,因为物流一线的员工能直接接触到消费者,他们更容易与消费者建立信任关系。"懒鱼"微信商城的平台已上线面市，消费者可以直接通过微信平台购买"懒鱼"的产品。

党的十八大以来，我们常常提到"创新驱动发展战略"。党的十九大更是把企业创新提到了更高的位置。但在实践中，很多创业者认为创新需要政府驱动，或者认为创新离自己太遥远。周春用自己的实际行动证明了创新并不是遥不可及的，对普通人来说也不是天方夜谭。"易道"公司已获得四项自主知识产权，并正在进行国家"高新企业"的认证。对"易道"公司来说，创新的种子已经生根萌芽，而"懒鱼快服"则是含苞待放的花蕾，相信在周春及其团队的勤劳护理下，花蕾定能美好绽放。

3. 铁肩担重任，扎实做业务

周春说每次创业的背后都是沉甸甸的责任。这份责任不仅来源于个人和家庭，更来源于对客户的产品质量保证及对公司每位员工个人发展的负责。

2015年年初，"互联网+"概念刚刚兴起，全国掀起了一股互联网创业热潮。无论是创业者还是投资方，都极力热捧"互联网+创业"的模式。甚至曾有人戏称，晚上做个PPT，第二天去华强北商业区转一圈就能融资上百万。当然，这样的现象在如今竞争激烈的市场中已不复存在。所有的创业梦想、创业计划，都必然需要经历市场的考验。

面对市场环境的跌宕起伏和日新月异的变化，周春认为"易道"公司的竞争力主要有以下三点。①业务要"专"："易道"公司专做大家电宅配及相关周边业务，业务量在南宁范围内位居前列；②"易道"公司有自主研发的系统进行业务的管理调控；③"易道"公司有物流配送的后续配套服务。周春希望"易道"公司的业务范围能逐步覆盖到全广西，甚至能走出广西与物流行业发达地区的企业一较高下。同时，周春还认为"易道"公司发展到比较大的规模后不是要做到"一家独大"，而是"做强做专"，与众多的同行企业一同成长，互相激励，互相进步。

资料来源：https://m.sohu.com/a/227851075_443934［2021-09-01］．

**创业语录**

可持续竞争的唯一优势来自超过竞争对手的创新能力。

——詹姆斯·莫尔斯

**思考题**

1. 你觉得创业者经常受到资源匮乏约束的原因是什么？
2. 如何理解人们常说的"创业是白手起家"这句话？
3. 实地调查一家创新企业（比如你家乡的），了解其创业过程需要哪些资源？获取资源的途径和方法是什么？
4. 如果你是一名创业者，可能的融资渠道有哪些？
5. 在校大学生如果要创业，身边可以利用的创业资源有哪些？请举例说明。

**案例分享及讨论**

### "许三娘"海鸭蛋

许承华大学毕业后考上了广西区直事业单位，因表现突出还被提拔为公路局大队长。在亲朋好友看来，许承华的前途一片光明。2016年的一个深夜，许承华接到母亲打来的电话，电话那头，年迈的母亲由于对两年前过世的父亲的思念而泣不成声。母亲的这个电话让许承华深刻意识到，陪伴是他能回馈母爱的最好方式。经过再三思索，3天后，许承华做了一个大胆的决定——舍弃现在的工作，辞职回到生养自己的家乡北海市合浦县党江镇！

对于儿子的决定，母亲并不"领情"，她心疼儿子的事业编制并担心其今后的发展。亲朋好友对于许承华的"不慎重"，也是一片质疑声。"冷战"持续了一段时日，许承华虽然无奈，但想要陪伴在母亲身边的念头却始终不曾动摇。为了缓和僵局，许承华觉得必须在家乡干出一番事业，让母亲宽心。机遇永远是留给有准备的人的。许承华家乡一位年过八旬的阿婆有一门特殊的手艺：能将普通的海鸭蛋变成深受周边村民喜爱的咸鸭蛋。这个偶然的发现让许承华看到了商机。当年5月，他用自己工作多年积蓄的50多万元筹建了海鸭养殖基地，开始走上了卖海鸭蛋的创业路。仅用了一年的时间，他开发的海鸭蛋产品销售额就达到了1200万元。

海鸭蛋是党江镇的支柱农业产业，当地做海鸭蛋的企业有十几家，许承华凭什么在已经成熟的海鸭蛋市场中分得一杯羹呢？

创业当年，许承华就成立了"合浦县许三娘种养专业合作社"。之所以称为"许三娘"，是因为在家族中父母亲排行均为第三，母亲更是被称为"三娘"。为增加品牌辨识度，再冠以自己的姓氏，"许三娘"品牌由此诞生。

"创立'许三娘'品牌的初衷就是主打母爱牌，塑造母亲的形象，希望借此呼吁人们多关注自己的双亲，常回家看看。"许承华还把"带动群众致富，推动家乡建设"当作公司的宗旨。如今在党江镇，许承华有13个海鸭蛋养殖基地，极大地带动了周边居民依靠养鸭走上脱贫致富之路。

"许三娘"品牌海鸭蛋依靠良好的品质和服务，在海鸭蛋市场占有一席之地，已进入全国一线城市大型超市售卖。此外，"许三娘"牌蛋黄酥、"许三娘"牌海鸭蛋月饼等衍生产品也备受市场青睐。

资料来源：北海日报2019年1月7日，原文标题：把北海海鸭蛋卖遍神州大地——记"许三娘"海鸭蛋品牌创始人许承华.

# 第 5 章　商业模式设计

**学习目标**

1. 理解商业模式的内涵；
2. 掌握商业模式的要素与结构；
3. 掌握魏朱六要素商业模式模型；
4. 掌握商业模式九要素画布。

### 不一样的商业模式创造不一样的价值

如果你想开始做卖咖啡的生意，你能想到要采用怎样的商业模式？是星巴克开连锁店的模式还是像雀巢一样生产包装产品进超市售卖的模式？还有没有其他不一样的模式？有，绿山咖啡！在一些人看来，绿山咖啡的品牌知名度跟星巴克完全无法相提并论，但事实上，这家公司 2006—2010 年股价狂升了 9 倍，增幅远超星巴克！绿山咖啡是靠什么来创造企业价值的呢？靠的是卖咖啡机及咖啡 K 杯！咖啡机能即刻煮出口感很棒的咖啡，价格却只有星巴克的十分之一。虽然卖咖啡机不是很赚钱，但一年能卖掉 10 亿个 K 杯！同时，绿山咖啡允许其他饮料生产商生产 K 杯，使顾客有更多选择，自己也能获得相应的权益金。

生产咖啡机和配套的 K 杯咖啡，是绿山咖啡烘焙公司近年来持续发展的最大驱动力。

"为什么一次要冲一壶咖啡呢？我每次只喝一杯而已。"这是克里格公司创始人彼特·卓根和约翰·斯里文的名言，这一想法促使克里格公司发明了一次只冲一杯咖啡的克里格 K 杯包装。为与 K 杯这种包装形式相配套，克里格公司又开发出了专门的单杯咖啡机。把 K 杯放在咖啡机里，一分钟之后一杯香喷喷的咖啡就出现在你的面前了，不用磨咖啡豆、不用称量、不用清洗、杯底无残渣、每次正好冲一杯，而且从来不用揣量是否放多了材料！每次只煮一杯，较之传统咖啡机更便捷，咖啡香味也更浓郁。

但这种咖啡机，只能和绿山咖啡申请专利的 K 杯配套使用。所谓 K 杯，是一个外表像纸杯的容器，里面有一个小一点的纸杯状的渗透装置，只能渗透液体，里面装的是咖啡或茶，上面用铝箔盖封口，以保证咖啡的香味不会散发。24 杯装的 K 杯通常卖 12 美元，相当于每杯 0.5 美元。这不仅抢走了传统咖啡机的客户，还抢了星巴克的生意。越来越多的美国人，在经济危机中放弃了咖啡厅 5 美元一杯的咖啡，而选择 0.5 美元一杯的 K 杯。

K 杯只能在特定的咖啡机上使用。咖啡机全部外包给中国的供应商生产，每台售价通常在 100 美元左右——据说只是以成本价销售，根本不赚钱。真正赚钱的是 K 杯。2008 年，绿山咖啡卖了 98 万台咖啡机，但你知道 K 杯卖了多少个吗？10 亿个！如今，北美的家庭和办公室，每天都会消耗掉几百万个 K 杯。这种"剃刀/剃刀片"的商业模式使绿山咖啡每年的销售收入中，约有四分之三来自销售咖啡机和 K 杯。

## 5.1 商业模式的内涵

德鲁克说过,当今企业之间的竞争,不是产品和服务之间的竞争,而是商业模式之间的竞争。那么,到底什么是商业模式?它包含哪些要素?研究者从不同角度对商业模式进行了研究,但究其本质都是围绕企业价值创造的问题展开的。

### 5.1.1 商业模式内涵的演变

"商业模式"概念从最早出现时的一些模糊描述,发展到现在形成一系列商业模式理论体系,经历了不同的阶段。每个阶段,专家学者们对商业模式内涵的认识都有一些共同之处。

"商业模式"一词的出现,最早可追溯到兰(Lang)在 1947 年发表在的文章中。1957 年,贝尔曼(Bellman)和克拉克(Clark)的论文中也有所提及。直至 1960 年,琼斯(Jones)正式以"商业模式"为题撰写他的论文。

在"战略管理"相关理论的发展中,商业模式的研究大多还在波特(Poter)所界定的竞争战略范畴,认为商业模式仅仅只是具有"修辞学"的含义。波特将经营战略界定为"正确的目标、价值主张、价值链、有所取舍、战略要素之间的匹配及战略方向的持续性"。这样的描述跟商业模式比较接近。战略首先是选行业,但商业模式不是选行业。同一个行业可以有很多不一样的商业模式,同一个商业模式也可以用于不同的行业。商业模式关注的是结构,以及在这个结构里面出现的要素及要素关系。所以,同样的结构,可以用到不同的行业,而战略是不可以的。2020 年,切斯伯勒(Chesbrough)和罗森布卢姆(Rosenbloom)认为应从围绕价值来构建价值获取点、可持续性及关注创造价值的受益对象。

2005 年后,商业模式内涵的研究更多地关注要素的结构化、体系化;商业模式模型开始出现更丰富的构建,比较具有代表性的如谢弗(Shafer)的核心逻辑模型(图 5-1)、约翰逊(Johnson)和克里斯滕森(Christensen)的四要素模型(图 5-2)、波士顿咨询公司的六要素模型(商业模式的目标市场、产品/服务、收入模式、价值链、成本模式和企业组织)、蒂斯(Teece)的环状逻辑模型(图 5-3)。约翰逊和克里斯滕森的四要素模型认为:顾客价值主张是商业模式研究的起点,从目标客户群中研究他们要完成的任务会遇到哪些困难和问题,然后为客户提供能够帮助其解决问题的方法,就是商业模式中客户价值创造的起

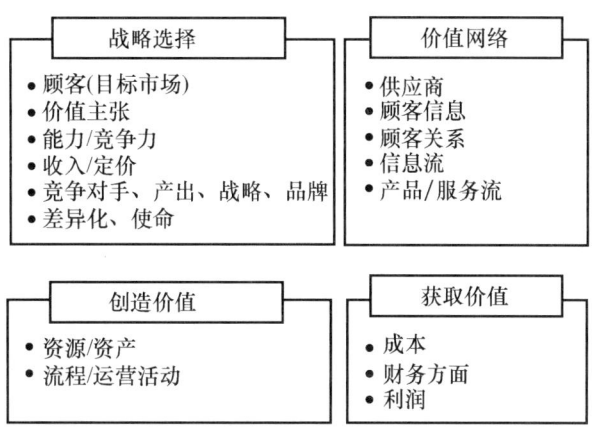

图 5-1 谢弗的核心逻辑模型

点;设计盈利模式,考虑收益及成本结构,考虑资源利用周转速度,好的商业模式需要更低的运营成本、更高的资源利用及周转速度;关注企业拥有的哪些关键资源;最后是关键流程,如何设计相关业务内容及交易关系。因此,他们得出这样的观点:第一,商业模式根本不是公司成功的起点,其起点是要抓住满足客户需要的机会;第二,公司要制定一个规划,列出公司该如何满足那些需求从而盈利;第三,公司要对比新商业模式与现有商业模式之间存在的差异,弄清需要改变多少才能抓住机会。

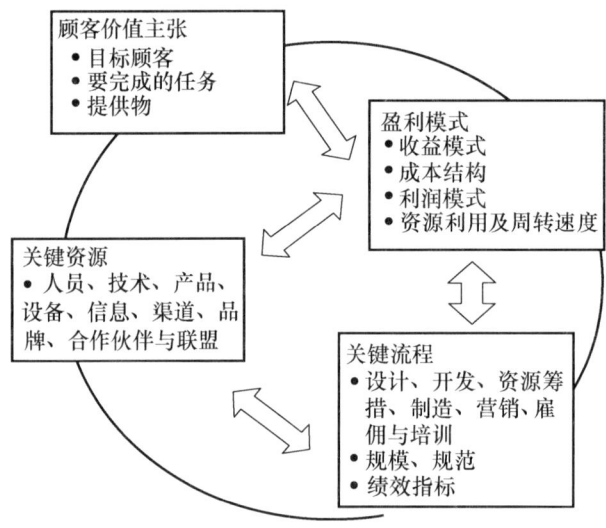

图 5-2 约翰逊和克里斯滕森的四要素模型

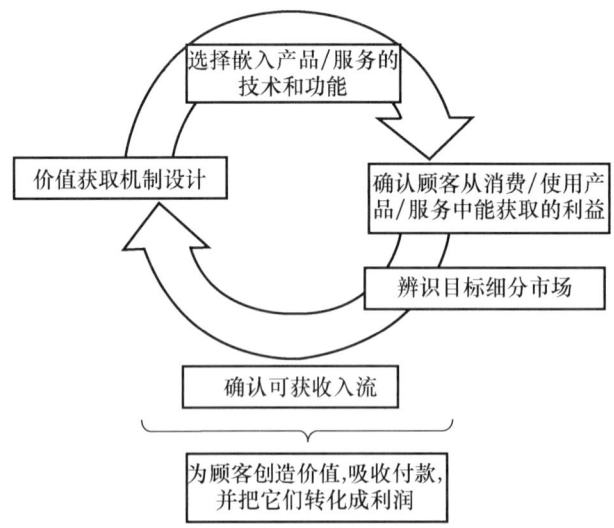

图 5-3 蒂斯的环状逻辑模型

2011 年,亚历山大·奥斯特瓦德和伊夫·皮尼厄构建出商业模式九要素画布,用表格化的形式描述了以价值主张、客户细分、渠道通路、客户关系、关键业务、核心资源、关键合作、成本结构和收入来源这九大要素构成的商业模式设计内容框架,从而能够更清晰直观地分析商业模式设计中主要要素内容。图 5-4 所示为商业模式九要素分析框架。

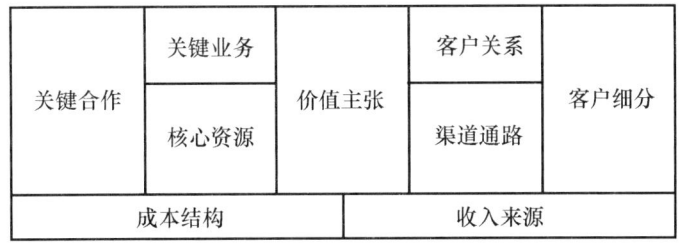

图 5-4 商业模式九要素分析框架

由商业模式各阶段研究可以看出，商业模式设计的核心在于企业通过对价值发现、价值创造、价值占有三个环节的因素进行设计，在创造顾客价值的基础上，为股东创造企业价值，为商业伙伴创造伙伴价值，最终实现企业价值在资本市场和产品市场的价值认可。

## 5.1.2 商业模式的定义和本质

商业模式的研究在中国起步较晚，但国内学者的研究成果对商业模式的内涵及本质理解也有了丰富的拓展。魏炜与朱武祥两位教授对商业模式构建要素（简称魏朱六要素）做出了明确的描述。

1. 商业模式的概念

商业模式就是企业为了最大化企业价值而构建的企业与其利益相关者的交易结构。商业模式的本质就是一群利益相关者把自己的资源能力投进来，形成一个交易结构。这个交易结构持续交易，会创造出新的价值，每一方都会按照一定的盈利方式去分配这个价值。如果每一方分到的价值超过了它投入资源能力的机会成本，这个交易结构就会越来越稳固。

2. 魏朱六要素商业模式模型

图 5-5 所示为魏朱六要素商业模式模型。

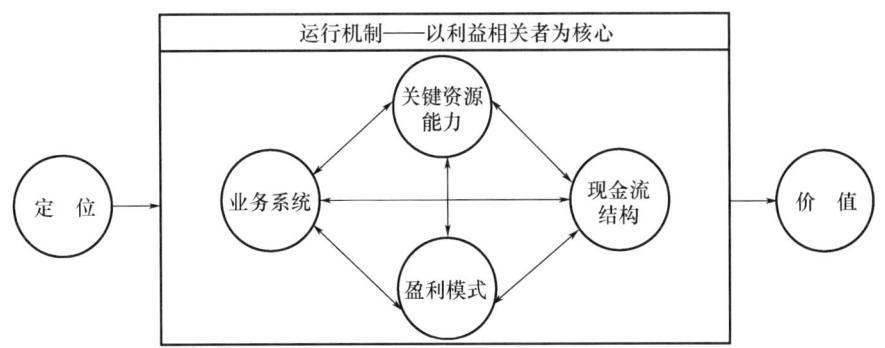

图 5-5 魏朱六要素商业模式模型

从图 5-5 可以看出，企业首先需要明确公司定位，最后追求企业价值的最大化。商业模式设计的目的是企业价值最大化。商业模式是连接顾客价值与企业价值的桥梁。商业模式为企业的各种利益相关者（如供应商、顾客、其他合作伙伴、企业内的部门和员工等）提供了一个将各方交易活动相互联结的纽带。一个好的商业模式最终总是能够体现为获得资本和产品市场认同的独特企业价值，商业模式是企业战略的核心。

### 5.1.3 商业模式和战略、营销的区别与联系

商业模式构建须厘清资源，明确定位，设计出企业相关利益者认可的、整合的业务系统及盈利模式，这是企业在构建一个面对未来不确定性的商业逻辑。好的商业模式之所以能长盛不衰，就在于其现金流结构、交易结构的稳健性，以及随之而来的企业经营抗风险能力。商业模式构建需思考外部环境，应注重以生态圈系统视角看生态圈内物种和个体的关联，在系统内构建相关利益者关系及形成获取各自所需资源的小系统，完成小系统生态链闭环。

企业战略需要由外而内地分析企业所处的内外部环境的机会与威胁，明确企业内部资源能力的优劣，思考竞争与业务生存发展目标等方向性问题。安索夫指出，战略是企业为适应外部环境，对目前和将来从事的经营活动进行决策，所以要关注产品市场范围、成长方向、竞争优势和协同作用等。传统战略思维侧重竞争对手，往往局限于产业链和竞争环境（直接）。商业模式则强调生态系统和利益相关方：系统由哪些利益相关方组成及相互之间的治理关系与角色行为，焦点企业在生态系统内是如何运作和创造价值的；利益相关方能否优化格局或重整结构；有无颠覆性的新商业生态簇出现；会带来何种冲击；好的商业模式可以为企业决策者提供良好的视野和预见性，可以促使企业形成更合理的战略，并使战略实施更加有效。

企业的市场营销活动同样是创造价值的活动。市场营销价值的创造是通过策划营销战略及策略，并通过交换来实现产品或服务项目的价值。其关键执行环节：市场需求的了解、产品的设计、产品的定价、渠道设计及促销宣传。

由此可以看出，商业模式既是设计企业的手段，也是企业设计的目的。通过商业模式的理论与工具设计企业，最终目的是实现整个商业模式，而非制造产品或服务。产品和服务仅仅是企业与客户的交互界面，是整个商业模式的载体。客户不仅享用产品和服务本身，更是通过产品和服务享受企业为其塑造的整个商业生态系统。

## 5.2 商业模式的设计框架

### 5.2.1 商业模式的设计内容及步骤

进行商业模式设计，我们可以按照魏朱六要素商业模式模型，所描述的以价值主张、客户细分、分销通路、客户关系、关键业务、核心资源、关键合作、成本结构和收入来源9大要素的商业模式构建框架进行设计。

### 5.2.2 魏朱六要素商业模式设计内容

1. 定位

定位是指企业需要明确公司产品、客户需求和需求满足方式。企业创业之初会思考这是一家什么样的企业？为客户群体提供哪些产品或服务？例如，小米公司定位为一家互联网公司，而并不是一家手机生产企业，手机是构建小米商业模式生态圈的要素，小米的"米粉"群体是生态圈商业的主要客户。小米公司除了生产小米手机基础硬件以外，还生产很多配套

的硬件和软件,这些都是小米公司的收入来源。更重要的是,通过把成千上万的"米粉"连在一起,小米公司可以知道"米粉"们在说什么,在做什么,在用什么。"米粉"群体的衣、食、住、行涉及的所有产品都是小米生态圈企业可以提供的。这些都可以变成小米公司新的收入来源和商业模式。投资机构之所以对小米公司估值这么高,也正是因为看到"米粉"群体背后的商业价值。由此可以看出,定位会影响企业发展空间及业务系统。定位影响成本结构,影响收入来源,最终影响投资价值。你准备以什么样的方式来为你的客户提供什么样的独特价值,是多、快、好,还是省钱、方便?你的客户是谁?这些都是投资商高度关注的问题。

因此,定位设计涉及以下关键问题:为什么样的客户服务?为客户提供什么产品和服务?所提供的产品和服务是否是客户的真实需求?是否可以持续?客户价值的空间是否大?

2. 业务系统

业务系统由构型、角色与关系三部分组成。构型指利益相关者及其联结方式所形成的网络拓扑结构。角色指拥有资源能力,即拥有具体实力的利益相关者。关系主要描述控制权和剩余收益索取权等权利束在利益相关者之间如何配置。对这三方面的不同配置会影响整个业务系统的价值创造能力。

业务系统决定企业把握客户和实现投资价值所需参与的业务环节、扮演的角色,与利益相关者的交易组织形式、利益分配和风险承担约定。

企业需要围绕定位建立一个内外部利益相关者合作共赢的业务系统或价值网。

3. 盈利模式

盈利模式是指以利益相关者为基础划分的收入结构、成本结构及相应的收支方式。

盈利模式是在给定业务系统中利益相关者利益分配结构后,企业自身的收益来源、方式和结构。企业设计盈利模式需要关注如下问题:从何处获取收益?谁可以分担或支付成本?今后收益来源是否可以扩展?

定位和业务系统相同的企业,可以通过盈利模式的差异,形成差异化。

好的盈利模式不仅能够为企业带来收益,更能为企业编织一张稳定共赢的价值网,本身就是重要的竞争优势。好的盈利模式需要设计多元化的收入来源,或尽量实现成本的分担与转移。盈利模式收入及成本结构设计的主要模式如图5-6所示。

| 成本支付 | | | |
|---|---|---|---|
| 零可变成本 | 盈利模式9 | 盈利模式10 | 盈利模式11 |
| 第三方伙伴 | 盈利模式6 | 盈利模式7 | 盈利模式8 |
| 企业和第三方伙伴 | 盈利模式3 | 盈利模式4 | 盈利模式5 |
| 企业 | 盈利模式0 | 盈利模式1 | 盈利模式2 |
| | 直接顾客 | 直接顾客和第三方顾客 | 第三方顾客　收入来源 |

图5-6 盈利模式收入及成本结构设计的主要模式

以传统的超市为例，我们来分析一下家乐福的主要盈利模式。家乐福的主要盈利模式是产品前台毛利（产品供应价与零售价的差价顺差毛利）和后台毛利（条码费、堆头费、直接邮寄费等毛利）。家乐福采取的是营采合一的经营方式。营采合一的最大特点是灵活多变，对各个店授予一定的采购权限，可以根据地方文化特色进行自由组合，也正是这点，促成了家乐福在中国的巨大成功。家乐福超市收入来源主要如下。

（1）费用收取

① 进场条码费，一般产品单个存货单位的条码费不低于1000元。大家可以算算一个大型连锁卖场有上万个单品，每个单品以1000元计算，这笔费用单个店就是几千万。而以家乐福、沃尔玛、大润发这种大型超市在全国几百家分店来算，收取的费用高达几十亿元。而且每年、每天都有新品加入、老品淘汰。

② 店庆费，每年到了分店开店店庆日，卖场会根据供应商的规模收取5000~10000元的店庆费。

③ 新店开张费，如果该卖场在所在地城市新开了分店，那么供应商要缴纳新店开张费，每店大约5000元。

④ 节庆费。每年的劳动节、端午节、中秋节、国庆节、元旦、春节都要根据供应商规模和客情关系，收取几千到上万元的节庆费。

⑤ 促销人员管理费。供应商如果要派促销人员进场促销，每人次每个月要收取500~1000元的入场管理费。供应商在很多大卖场都要安排两个促销员：一个给自己的产品做促销，另一个要去超市的仓库帮助搬货、理货（给超市节省了人员，增加了供应商的成本）。或者供应商只安排一个促销员，但这个促销员大部分时间不是站在自己产品面前促销，而是去仓库搬货、理货。

⑥ 直接邮寄费。大卖场每年都会定期对产品进行促销，将一些商品上海报，商品想上海报，供应商就要付费，一般12~15天为一个档期，每个单品的费用为500~1500元。

⑦ 堆头费。堆头分大堆头（四个托盘）、普通堆头（一个托盘）、端头等几种，按照位置不同，档期时间不同，堆头费从几百元到上万元不等。这部分的收费最为沉重，尤其是在几大节假日期间。

⑧ 年度扣点。年度扣点一般为年度销售额的0.5%~3%，按照行业不同、销售额不同会有差异，这一部分也是大卖场一个重要的利润来源。

⑨ 拖延账期。大卖场对消费者收取现金，但对供应商则采取延期付款的方式，账期一般少则2个月，多则3~4个月，其间大卖场免费获得了大量的现金流，这部分资金是不用付利息的，所以大卖场比银行还要宽裕，然后大卖场可以拿着这些钱去别处开店。

⑩ 补损费。补损费包括产品保管不善无条件扣款、无条件退货、促销毛利补差费等。

（2）赚取差价

大卖场最平常的一种赚钱方式就是顺差，即在来货价格基础上加上一个点位就成了零售价格，是传统商业赚钱最常用的一种方式。

（3）以租养租

卖场初期大部分都是从物业那里租房屋，很少有自持物业或自己建造物业的，因为那样既不经济也浪费时间。由于面积大、租期长，因此卖场可以较低的价格承租。但是几千、几万平方米的物业租过来后，不能就这么简单地开卖场。他们会把一些位置转租给个体户，比如个体专柜、饰品店、专卖店、快餐店等，通过收取别人的租金来降低自己的开支，很多时候转租的租金就已经为卖场带来很好的收益。

4. 关键资源能力

关键资源能力是支撑交易结构背后的资源和能力，也是能持续推动企业成长、降低风险、增加企业投资价值的资源和能力。拥有怎样的关键资源能力是商业模式设计的重点。资源就是企业所控制的，能够使企业构思和设计好的战略得到实施，从而来提高企业经营效果和效率的特性，包括全部的财产、能力、竞争力、组织程序、企业特性、数据、信息、知识等。企业关键资源如图 5-7 所示。

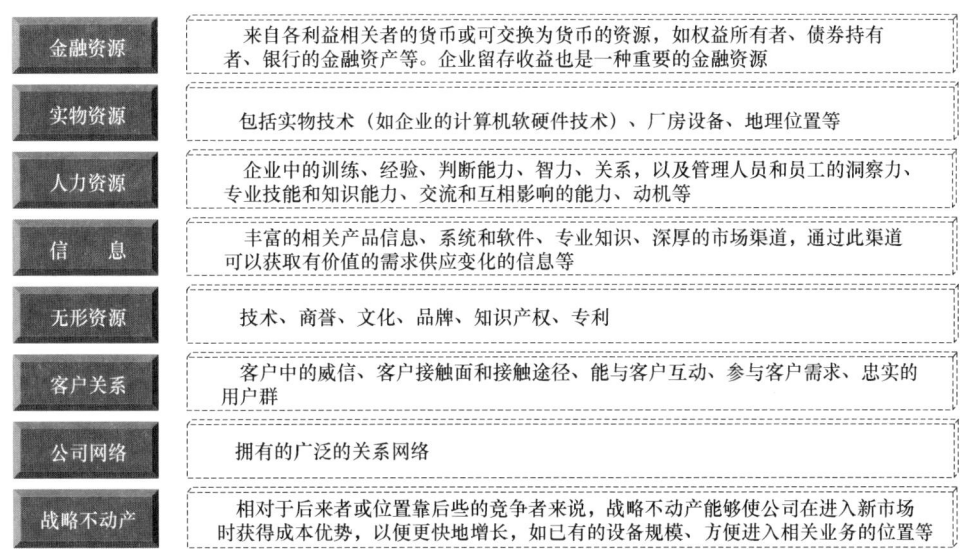

图 5-7 企业关键资源

（1）能力

能力是企业协作和利用其他资源能力的内部特性。能力是由一系列活动构成的，可出现在特定的业务职能中，也可能与特定技术或产品设计相联系。

特殊能力与核心能力关注的并不是每个公司自身的能力，而是它与其他公司相比之下的能力。企业的关键能力如图 5-8 所示。

（2）关键资源能力设计的关键问题

① 实现定位的客户价值需要哪些关键资源能力？

② 它们如何分布，谁掌控了关键资源能力？

③ 如何建立或获得关键资源能力？

5. 现金流结构

现金流结构是指以利益相关者划分的企业现金流流入的结构和流出的结构以及相应的现金流的形态。

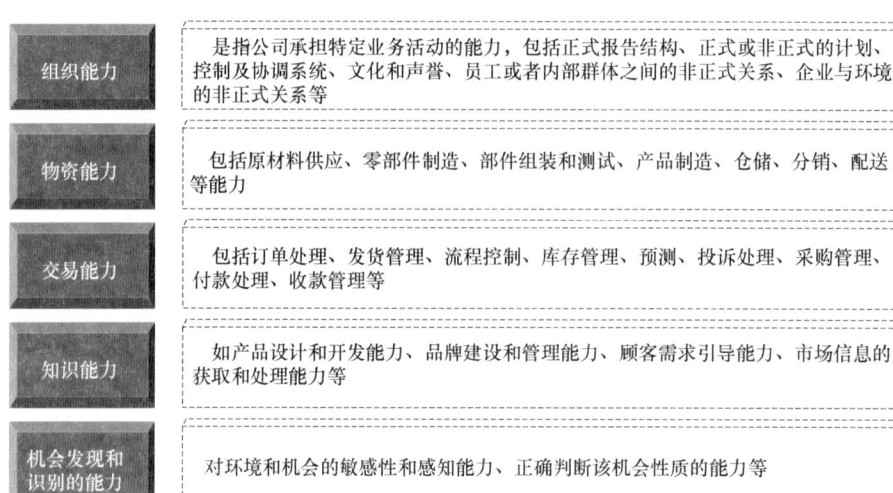

图 5-8 企业的关键能力

6. 企业价值

企业价值是指未来净现金流的贴现。对上市公司而言，直接表现为股票市值。

### 5.2.3 商业模式部分样式

1. 平台模式

平台是指通过构建系统基础设施促成双边（或多边）用户达成交易，并从中获取收益的第三方接入系统。平台构建的系统中各方参与的相关利益人可以有相互的利益关系，如果平台通过提高对其中一边的收费，同时降低对另一边的收费来达到改变交易量的目的，则称这一平台市场为"双边市场"。它是指由两个或两个以上互相提供网络收益的独立用户群体构成的经济网络。罗歇（Rochet）和蒂罗勒（Tirole）首先给出了粗略的定义：双边（或多边）市场是一个或几个允许最终用户交易的平台，通过适当地从各方收取费用使双边（或多边）保留在平台上。也就是说，平台吸引各方在平台上交易获利（不一定是钱）。简单地说：有一个中心企业，左边是一群卖方，右边是一群买方，通过这个平台提供的基础设施进行交易，其盈利模式是非价差的，可以是租金收入、广告费收入、分成等。

多边平台将两个以上具有明显区别但又互相依赖的客户群体集合在一起，通过促进各方客户群体之间的互动，以资源或能力、产品或服务来构建业务系统，并提高参与的各方客户群体间的交易效率来创造价值。多边平台需要通过一方客户群体吸引更多用户的程度及网络效应提升其价值。例如，苹果公司就是个经典案例，它以全新的方式对产业进行重组，凝聚音乐、出版、电信等各个环节，甚至创造出新的跨界产业平台。如果生态圈里的一方客户群体需求增加，另一方客户群体的需求也会随之增长，这样一个良性循环的机制便建立了，通过此平台交流的各方也会促进对方无限增长。多边平台对于某个特定用户群体的价值，本质上依赖于这个平台其他边的用户数量。例如，一方面如果有足够多的游戏，一款家用游戏机平台就能够吸引足够多的游戏玩家。另一方面，如果有足够多的游戏玩家，也会吸引游戏开发商开发更多的新游戏。所以多边平台经常会面临如何激励多边群体的问题，解决方法是为一方客户群体提供低价甚至免费的服务来吸引他们，并依靠这个群体来吸引与之相对应的另一方客户群体。

2. O2O 商业模式

O2O（Online to Offline）是线上与线下结合的商业模式，为商家与用户之间更便利地提供交易服务。商家通过网店将自己的商品信息、商家服务信息等展现在交易平台上，用户通过在线上浏览相关的信息，选择适合自己的商品，支付后，商家获取客户信息，通过线下将产品送达用户手中。这样不仅为用户提供了更优质、高效的消费服务，同时，商家的相关信息在线上也传播得更快、范围更广。O2O 充分利用互联网的优势，把互联网变成了交易的前台，信息的推广效果更加明显清晰，可以随时查询到所要了解的信息，每笔交易都可以追踪到，将误差降到最低。

O2O 将线上的虚拟活动与线下的实体交易有效结合。对用户而言，O2O 降低了消费成本和消费风险；而对商家而言，O2O 降低了其他如地理位置等因素对商家产生的影响。O2O 不断发展优化，会吸引更多的商家加入，从而改善为用户提供的产品和服务，规模不断扩大，就将成为颠覆传统商务的又一个契机。

## 5.2.4 免费商业模式

小米科技董事长雷军曾经说过，"互联网企业从来不打价格战，他们一上来就是免费，传统企业向互联网转型，必须要深刻理解这个免费背后的商业逻辑的精髓到底是什么。"早在 20 世纪初期，免费的商业模式就十分盛行，例如，剃须刀厂商免费派送剃须刀具，使用者拥有剃须刀具后会持续地消费刀片，厂商就从刀片的销售中盈利；早期的电视节目也是免费向观众播放，通过第三方及广告商预付的广告费来盈利。

基于互联网免费商业模式的分类有以下几种免费类型。

1. 免费加收费模式

免费加收费模式是互联网最常见的商业模式，互联网企业先期通过向大众提供边际成本极低的数字产品或服务引起消费者的注意，这些免费的馈赠能够吸引大量消费者参与进来。

2. 三方市场

三方市场的一个典型例子就是电视媒体，电视媒体负责向观众免费播放新闻娱乐节目以及广告，而广告发布商向电视媒体支付广告费，广告产生的广告效应可以扩大企业产品的销量，最终弥补广告费，电视媒体用广告费收入来弥补运营成本并且获得利润。

3. 非货币市场

非货币市场来自个人行为的外部性，由于互联网信息传播的成本很低，人们上网几乎是免费的，唯一花费的就是时间成本，这也是互联网能迅速普及的一个重要原因。如今互联网已经成为一个大的平台，人们在互联网上可以完成各种各样的互动并进行交换，从而满足自己的各种需求。

## 5.3 商业模式创新方法

### 5.3.1 商业模式创新的意义

在理解商业模式创新之前，我们需要知道什么是创新？最早提出这个概念的是熊彼特。他认为创新是把一种新的生产要素和生产条件重新结合后引入生产体系的过程，这是一个具有创造性的、破坏的过程，结果必须要创造价值。

商业模式创新与单纯的技术创新、产品创新不一样，它通常会为了让企业获取更多、更合理的客户价值而对原来的商业模式进行完全的破坏，然后再重新进行构建，这也是他们口中的"破坏性创造"，这几乎是每家企业在进行商业开拓或转型时的常态方式。因此，为了方便重构，国外的学者们更喜欢从商业模式的构成要素出发，通过改变要素之间的关系来实现商业模式的创新。

创新，其实是商业模式与生俱来的本质。除了技术创新，商业模式创新已经成为一种新的创新形态，其重要性不言而喻。尤其是近些年电子商务发展的突飞猛进，企业对商业模式创新越来越重视。而对于商业模式创新，国内有些学者认为，企业的商业模式创新就是将企业已有的商业模式打破，然后重新构建出一种新的商业行为模式的过程，这中间既可能包括构成要素的变化，也可能包括要素间关系或其动力机制的变化。通俗一点来说，商业模式创新就是让企业以有效的方式进行更高的价值体现。

如果从要素的视角来研究的话，我们就要更加注重商业模式要素的创新及其要素之间的动力关系，并且通过将关键资源整合或业务流程重组来对企业或产品进行重新定位，进而让企业体现出更高的价值。那么当以要素视角来进行商业模式创新路径设定时，国内的学者们是如何定义的呢？

曾涛在对商业模式要素进行设定和分析基础上，将商业模式创新的路径设定为：从挖掘客户需求入手来重新定义产品或服务，然后通过满足客户需求的方式来重新定义供应链组织形式，最后形成以顾客价值为中心的创新模式。

田志龙和马君则从重新定义客户入手，强调要提供特别的产品和服务，通过改变提供产品或服务路径的方式来改变收入模式，进而改变对客户的支持体系，最后发展成独特的价值网络，而这一过程最终都是为了更好地为顾客创造价值、持续盈利。

劳辛提出商业模式就是资源向经济价值的转化模式。他提出了创新思维观念，即进化观与系统观。进化观提醒我们要不断提高资源向经济价值的转化率，而系统观则为商业模式的设计提供了新的方法，即构建和重塑企业的生态系统。针对商业模式的构建与重塑，他提出了价值链、用户链和行业链三个链条，这三个链条分别代表着三个不同的视角，即分别从"生产者——看自身""使用者——看用户""生产者——看行业"三个方向去研究企业新的价值空间。在下面的研究中我们会着重针对这三个链条的方向来重塑商业模式创新路径图。

### 5.3.2 商业模式创新的方法

1. 方法1——客户洞察

企业在市场研究上投入了大量的精力，然而在设计产品、服务和商业模式上却往往忽略了客户的需求。良好的商业模式设计应该避免这个错误,需要依靠对客户的深入了解,包括环境、日常事务、客户关注点和愿望。

商业模式创新者应避免过于聚焦于现有客户细分群体,应盯着新的和未满足的客户细分群体。许多商业模式创新的成功,正是因为它们满足了新客户未得到满足的需求。任何研究商业模式的人都应该能大致描述出所需要满足的客户细分群体的特征。

客户移情图(Empathy Map,见图 5-9)是 XPLANE 开发、设计的一个可视化思考工具,也称"超简客户分析器"。这个工具可以帮助企业超越客户的人口学特征,更好地理解客户的环境、行为、关注点和愿望。这样做的话,可以让企业设计出强大的商业模式,因为对客户的深入理解可以指导企业设计价值主张、接触客户的途径和合作关系。因此,客户移情图可以让企业更好地理解客户为什么愿意付费。

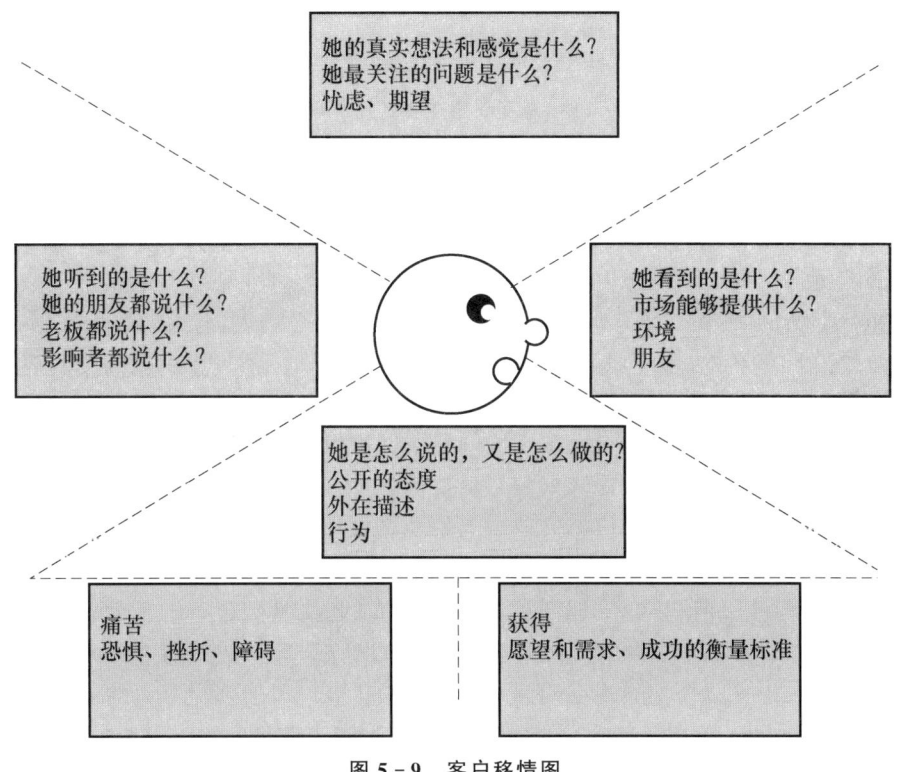

图 5-9  客户移情图

首先,设计者要找出相关商业模式中可提供服务的所有客户细分群体,每个客户细分群体选择一个有希望的候选人。

其次,设计者给每位候选人一个名字和一些人口统计学特征,如收入、婚姻状况、职业,并且对所有候选人进行排序。

最后,设计者从中选择相关信息,按照顺序给每位候选人设计一套"基于商业模式设计的客户画像",可以由"基于价值主张选择的移情图""渠道通路选择的情图""基于客户关系选择的移情图""基于收入来源选择的移情图"4 个部分组成,"基于价值主张选择的移情图",如图 5-10 所示。

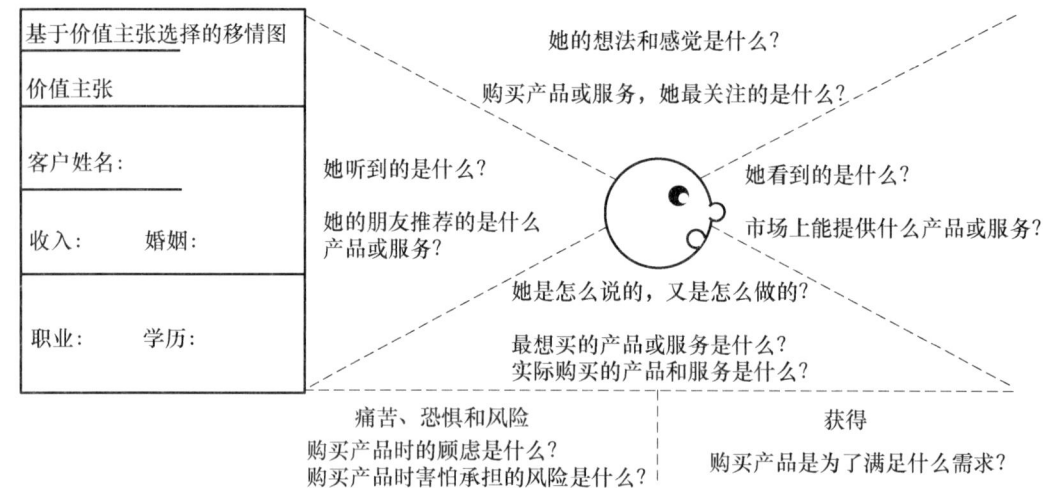

图 5-10　基于价值主张选择的移情图

2. 方法 2——创意构思

(1) 生成商业模式创意

设计新的商业模式需要大量的商业模式创意,筛选出最好的创意,这是一个富有创造性的过程,这个收集和筛选的过程被称作创意构思。

当设计新的商业模式时,需要面对的一个挑战是忽略现状和暂停关注运营问题,这样才能得到真正的全新创意。

对未来商业模式是什么样而言,过去的经验参考价值极为有限。商业模式创新不是参照竞争对手就能完成的,因为商业模式创新不是复制或标杆对比,而是要设计全新的机制,来创造价值并获取收入。更确切地说,商业模式创新是设计全新的模式,来满足过去未被满足的、新的或潜在的客户需求。

创意构思有两个主要阶段:一是创意生成,这个阶段重视数量;二是创意合成,这个阶段讨论所有的创意,并加以组合,缩减到少量可行的可选方案。这些可选方案不一定要是颠覆性的商业模式,也许只是把你现有的商业模式略做扩展,以增强竞争力的创新。创新构思的方式有两个:一个是使用商业模式画布来分析商业模式创新的核心问题;另一个是使用"假如"的提问方式。

(2) 商业模式创新的多个集中点

商业模式创新的创意可以来自任何地方,商业模式的构造块可以是创新的起点。具有改造作用的商业模式创新可以影响到多个商业模式构造块,这些创新可以分为 4 个集中点的商业模式创新:资源驱动、产品或服务驱动、客户驱动和财务驱动。这 4 个集中点的每一个都可以成为主要商业模式变化的起点,对其他构造块产生强大的影响。有时候,商业模式创新可以引发自多个集中点。此外,变化经常源于那些通过 SWOT 分析后被标识出来的区域:针对一个商业模式的优势、劣势、机会和威胁的调查研究。

3. 方法 3——可视思考的价值

所谓的可视思考,是指使用图片、草图、图表和便利贴等视觉化工具来构建和讨论事情。因为商业模式是由各种构造块及其相互关系所组成的复杂概念，不把它描绘出来将很难真正理解一个模式。事实上，通过可视化描绘商业模式，人们可以把其中的隐形假设转变为明确的信息，这使得商业模式明确而有形，并且讨论和改变起来也更清晰。

一般有两种常用的可视思考技术：便利贴和结合商业模式画布略图。这两种可视思考技术能展示理解、对话、探索和交流4个视觉化思维改善的过程。

**4. 方法4——原型制作**

(1) 原型制作的价值

对于开发全新的商业模式来说，原型制作与可视思考一样，可以让概念变得更形象具体，并能促进新创意的探索。原型可以被看作未来潜在的商业模式实例，也可以作为讨论、调查或验证概念的工具。商业模式原型可以用商业模式画布简单描绘成完全经过深思熟虑的概念形式，也可以表现为模拟新业务、财务运作的电子表格形式。

原型是一个思维工具，可以帮助我们探索不同的方向。例如，增加另一个客户细分群体会对商业模式意味着什么？消除高成本源将是怎样的结果？如果赠送一些产品或服务，并且用一些更具创新性的产品或服务替代现在的收入来源又将会意味着什么？

(2) 原型制作的步骤

① 概括主要问题。
- 考虑一个典型的咨询客户。
- 挑选所选择客户的行业和客户细分群体。
- 阐述与战略咨询相关的5个最大的问题。

② 生成各种可能方案。
- 再仔细梳理你所选的那5个客户的问题。
- 生成你能做到的、尽可能多的咨询类商业模式创意。
- 挑选5个你认为最好的（不必是最现实的）创意。

③ 制作商业模式原型。
- 从5个创意中选出最具多样性的3个创意。
- 通过在商业模式画布上绘制每个创意的各个元素来开发3个概念商业原型。
- 标注每个原型的优点和缺点。

**5. 方法5——故事讲述**

讲故事是为了介绍新事物让创意不再抽象。形容一个全新的、未经考验的商业模式就如同只用单薄的文字去描述一幅画作，通过讲故事可以让人们理解这个商业模式是如何创造价值的，就如同用色彩来装饰画布。这样，新概念就变得有形起来，而不再抽象了。讲故事还可以鼓励员工参与其中并调动员工的积极性，同时，还能清晰地将项目推销给投资者。

通过讲故事来描述商业模式是如何为客户解决问题的，可以清楚地把整个想法介绍给听众。讲故事为下一步详细地介绍商业模式提供了很好的支持和认同。

(1) 设计故事

讲故事的目的，是要把一种新的商业模式以形象具体的方式呈现出来。故事的内容一定要简单易懂，主人公也只需要一位。结合观众的实际情况，可以从不同的视角塑造不同的主人公，也可以从公司视角和客户视角两方面说明。

#### (2) 技巧运用

要把故事讲得吸引人的技巧有许多，每种技巧也都有其优势和劣势，适用于不同的场合和听众。在了解了你的听众、你会出席什么场合后，再来选择一种匹配的技巧。

### 6. 方法6——情景推测

#### (1) 基于情景推测的商业模型设计

在新商业模型的设计和原有模型的创新上，情景推测把抽象的概念变成具体的模型。它的主要作用就是通过细化设计环境，帮助我们熟悉商业模型设计流程。有两种类型的情景推测值得注意。

第一种情景推测描述的是不同的客户背景下，客户是如何使用产品和服务的，什么类型的客户在使用它们，客户的顾虑、愿望和目的分别是什么。

第二种情景推测描述的是新商业模式可能会参与竞争的未来场景。

#### (2) 探索创意

作为另外一种思维工具，情景推测帮助我们思考未来的商业模式，一些行业面临着如何设计出变革型商业模式的巨大压力。缺乏新产品和即将消失的收入来源，这两大难题深深地困扰着现在的一些企业。在这样动荡的环境中，结合一系列的情景推测进行商业模式的头脑风暴，是一种有效的尝试。情景推测有助于激发出一些打破常规的想法。

#### (3) 未来的情景推测和新型商业模式

一旦设计好了情景，它们或许还能为企业提供一些其他帮助，甚至是最简单的情景设计都能激发企业的创造力，将参与者投射到未来的情景之中。为了在研讨会上取得最佳效果，最好基于两个或多个考量标准，设计出两种或四种不同的情景推测。每种设计的情景都应该加上标题，并用简短而形象的描述性词语将主要元素加以突出。

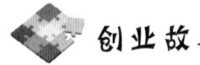

"三只蜻蜓"的创业历程

广西三只蜻蜓校外托管服务有限公司（原名广西三只蜻蜓教育科技有限公司，以下简称三只蜻蜓）成立于2015年5月，是一家集托管与教育为一体的公司，专注于中小学生课外成长教育。公司创始人团队由几名广西大学商学院MBA学生组成，公司的核心业务板块有精品托辅、特色课程、习惯养成、寒暑营队、亲子教育等。截至2019年6月，三只蜻蜓在广西共有5家直营校区，10家加盟校区，覆盖的城市有南宁、钦州、崇左、柳州、百色。

三只蜻蜓初期的商业模式是专注于小学托管，之所以选择托管是因为这个行业是刚需，进入门槛低，对从业人员素质要求不高，有很多可以拓展的空间。

公司成立之初，三只蜻蜓就组建了非常好的核心团队，其成员均在教育界从业十几年、有丰富的教学和管理经验。大家齐心协力，一起打拼使校区落地，促成商业模式成型。他们的使命是："让孩子找到更好的自己！"

2015年的下半年，三只蜻蜓顺应互联网发展趋势，将托管业务与线上平台相结合，与深圳一家公司合作研发了线上"E放学"App。这款产品研发了半年，但在之后的实践落地过程中失败了。线上平台的失败让团队重新审视托管行业,思考公司的未来在哪里。经过深思熟虑后,他们转战到实体校区运营,试着开辟新的商业模式。2015年下半年三只蜻蜓开了第一家实体校区——琅东校区,在实体运营中取得了很好的成绩。第一个校区学生的爆满,使团队坚定了实体作战模式的信心。在运营琅东校区的过程中,获得了种子轮投资,同年开了第二家实体校区——滨湖校区。一年内两家校区的同时开设,让三只蜻蜓完成了校区体系的构建,完善了管理,锻炼了团队。从琅东校区、滨湖校区的业绩来看,验证了开办实体校区这一模式的初步成功。

2016年,三只蜻蜓继续在实体校区运营模式上开疆拓土,相继成立了桂中、桂雅两大校区。随着公司的不断扩张,教师队伍不断壮大,核心团队呈现出多元互补,运营、教学、市场、财务、行政各板块搭建完成,公司组织架构完善,为之后的持续扩张打下了坚实的基础。为走得更快、更远,三只蜻蜓开始研发品牌体系,开始吸引加盟业务。至此,三只蜻蜓品牌的认知度、信誉度与美誉度已在行业内形成,成为广西本土托管第一品牌。

2017年,公司引入天使轮,在资金上获得强有力的支持,为撬动整个托管市场,形成托管、教育的闭环,三只蜻蜓商业模式再一次转变,成立了"金珊瑚教育",形成"托管+加盟+教育"的运营模式。为此,在运营托管四家直营校、四家加盟校的同时,成立了"爱大树教育",正式落地语、数、英课程。并且,继续开启互联网教育平台打造,创立"爸妈有范"线上平台,它是全新的移动端综合性"一站式"教育平台,专为0~15岁的孩子家长提供优质教育信息导航及亲子资源共享服务,通过搭建教育联盟和依托连锁实体店的支撑,为各教育机构提供完善的管理端口,共享行业数据,搭建联盟生态圈。三只蜻蜓通过实体运营与加盟输出,线上与线下的资源聚合,使其品牌、产品覆盖了托管、教育行业。同年,为将三只蜻蜓不断扩大以及发展现有业务的需要,三只蜻蜓注册成立了百色分公司,开始成为百色校内托管背后的服务商。

2018年,三只蜻蜓直营和加盟校区达到15家,单校区投入400万元,新建了玉兰校区。玉兰校区是三只蜻蜓打造"托管+教育""一站式"教育综合体校区的试验田,它的开业运营,标志着三只蜻蜓的教育综合体的设想初见雏形。玉兰校区除进驻三只蜻蜓托管之外,在常规教育的基础之上,整合了国内外的文化、艺术、教育与媒体等专业机构,提供家庭教育、素质教育、素质拓展一体化服务。与南宁的市场驱动不同,在百色,三只蜻蜓探索的是资源驱动之路,分公司与右江区政府成立合资公司,正式进驻公办小学做课后辅导,开始校内四点半后的教育运营。但在线下开花的同时,线上平台再次"触礁","爸妈有范"停止运营。

2019年,三只蜻蜓继续三大模式的深化运营,即沉淀教育综合体的运营体系、百色校内合作模式及自有产品体系,探索可输出的模式,为以后在托管、教育市场再占一席之地做出规划。经历四年时间,三只蜻蜓已基本完成由托管向托育的转型。

案例来源:根据广西三只蜻蜓教育科技有限公司创业者团队创始人之一孙晓雷口述整理撰写。

**创业语录**

工作上的执着实际上是人的一种意志。

——张近东

# 第 6 章　商业计划书

**学习目标**

1. 了解商业计划书的定义，掌握商业计划书的作用；
2. 理解商业计划书的基本内容；
3. 掌握商业计划书的制作思路；
4. 掌握商业计划书的制作流程；
5. 了解商业计划书路演展示的基本内容，理解路演展示的准备流程。

导入案例

### 抓住商机　创造价值

广西百色田阳县那坡镇那驮村以杧果闻名，这里的南亚热带季风气候十分适宜杧果生长。以前，到了杧果丰收的季节，乡亲们要乘坐两个多小时的车到几十千米外的城里售卖。如今，镇里的杧果大部分都是通过电商平台销售的。

"咱们村里的电商差不多有500多户了。"小张自豪地说道。小张原先在城里工作，现在回家乡投资建设了农产品电子商务产业园。产业园把村民们凝聚在一起，今年镇上的生意更好了，快递业务也逐渐发展起来。

近几年人们的生活水平逐步提高，网购的人也越来越多，村民们都纷纷与农林服务中心、电商协会合作，通过包装技术培训课，销售的瓜果蔬菜都用上了真空包装、低温保鲜技术，扩大了销路，保证了销售品质。

同时，村民们学习制作杧果干技术，扩大杧果产业链，提高了农产品的附加值。网络直播的走红也大大促进了农村电商的发展，果园现场直播，从采摘、选果到包装全部可以由消费者选择。如今村民腰包里有钱了，生活也越来越好了，许多贫困户摘帽了，村子也漂亮起来了。互联网带来了商机，想要抓住机会，一份好的商业计划书是必不可少的。

资料来源：国考申论材料改编.

## 6.1　商业计划书的定义与作用

### 6.1.1　商业计划书的定义

商业计划书是为了达到融资或者其他目的所撰写的一个企业、产品或项目的现状和未来三到五年发展的一个过程的书面材料。商业计划书是以书面的形式全面描述企业所从事的业务。它详尽地介绍了一个公司的产品服务、生产工艺、市场和客户、营销策略、人力资源、组织架构、对基础设施和供给的需求、融资需求及资源和资金的利用。

一份优秀的商业计划书，其目的应清晰明确。从定义不难看出，商业计划书是一份全方位的项目计划，那么在制订过程中，首先，要明确计划为谁而定。从投资者、借贷方到员工、客户及供应商等对项目感兴趣的人，都是商业计划书的目标人选。例如，当创立一家公司需要融资时，那么商业计划书的主要意图是递交给投资者，作为他们评判该项目、决定是否投资的支撑材料，以达到融资的目的。其次，商业计划书具有相对固定的格式，应涵盖产品市场化的全过程内容。但因为各企业所属行业不同，制订目标也存在差异，再加上阅读商业计划书的对象评价的重点不同，因此制订过程中的侧重点会有所不同。一份好的商业计划书，不仅要突出企业自身特点，更要抓住投资者的兴趣。最后，商业计划书的制订是有规律可循的。

### 6.1.2 商业计划书的作用

1. 达到企业融资的目的

商业计划书是风险投资的敲门砖，它搭建起了投资者和创业者之间的桥梁。如何在众多的商业计划书中脱颖而出，其专业性的计划说明以及高质量的企业规划成为抓住投资者关键性因素。商业计划书是企业获得融资的重要媒介，投资者往往通过阅读商业计划书筛选出符合他们投资的想法，进而确定进一步协商与合作，以免浪费他们宝贵的时间。

2. 为创业者厘清项目思路提供载体

制订商业计划书的过程其实是重新梳理整个创业项目的过程，从产品到定价，从服务到运营，全方面分析该创业项目的运营模式是否存在竞争能力等一系列问题，可以通过制订商业计划书厘清逻辑。

在制订过程中，不仅可以发现创业项目的创新点，更重要的是，可以发现创业项目当前所面临的挑战与机遇。除此之外，将项目计划以书面形式呈现，可以更有效地进行项目管理，做到有据可依。当项目在执行过程中出现什么突发情况时，可以及时依据商业计划书调整未来的计划与布局。

对初创企业来说，一个需要生存下来的新兴企业比成熟企业更需要商业计划书，因为在制订商业计划书的过程中，不仅可以培养创业者的大局观，把握企业的战略目标，而且可以从各个角度来检查企业的业务与发展。

3. 为创业项目后续实施和调整计划提供行动指南

为项目后续调整提供一个蓝本，告诉投资者在环境变化中企业是否需要调整自己，调整市场营销的思路，调整已有的方案。一个成熟的企业往往都会制订发展计划，五年计划、十年计划，每个阶段都有明确的思路，以便在未来的发展过程中不断调整方案。

## 6.2 商业计划书的基本内容

商业计划书就像求职简历一样，可以通过各种各样的形式展示，它的外观、格式，甚至色彩都没有严格的规定，但都遵循一个基本框架。接下来介绍一份商业计划书到底包括哪些基本内容。

1. 基本内容

一般商业计划书应包括封面、目录、摘要、公司介绍、产品与服务、行业与市场、生产运营、公司管理、财务计划、风险控制、资本退出、附录这 12 个基本内容。

**封面。**封面包括公司的名称、联系方式、保密约定等。可以根据项目和产品做出相应的调整。

**目录。**目录不仅能帮助投资者明晰该商业计划书的大体框架，而且能够帮助投资者快速找到商业计划书中的关键部分。

**摘要。**摘要是用最简洁的语言，精炼地概括商业计划书的内容，即简要地对商业计划书中的关键点进行简短概述。

投资者往往在阅读完摘要后，决定是否继续阅读后面的内容，是否符合投资者的投资领域，所以摘要写得如何十分重要。总的来说，摘要就是执行总结。摘要是投资者首要关注的部分，它必须能调动起投资者的兴趣，能够激发投资者继续阅读的欲望。一个好的摘要能够让商业计划书达到事半功倍的效果。

**公司介绍。**给出公司的基本轮廓和基本情况，包括公司的历史、当前状况、未来的发展计划。这部分是对公司及业务性质所做的重要介绍，介绍企业前期的发展情况、当前的运营模式以及未来的应用前景。具体而言，主要有基本情况概述、主营业务运营情况、发展历程、未来发展前景的展望、竞争优势或者独特性。

创业者可以模拟成立一个公司来具体介绍。（成立什么样的公司，公司名称是什么，公司的 Logo 是什么，公司在哪里成立，公司的创意和想法是什么，公司发展过程是什么样的）。此外，已存在的企业也需要写商业计划书，企业融资往往不是一次完成的，所以需要向后续投资者介绍企业的当前状况与未来规划。

**产品与服务。**最重要的部分，也是明晰产品的核心环节。主要介绍公司产品的发展理念、性能优势、竞争力、研发与改进等基本情况。关于企业服务方面，需要介绍企业的商业模式。

**行业与市场。**阐述企业外部行业和市场中的关键影响因素。行业分析是所属行业领域的基本情况；市场分析是公司产品的市场情况、目标市场、市场竞争中的位置、竞争对手的情况、未来市场的发展趋势。企业需要明白进入了一个什么样的市场，怎么把产品卖给消费者，从国家政策、行业竞争者环境、企业的内部环境，到目标客户如何确定、营销策划案如何确定等一整套的体系。

**生产运营。**此项内容包括厂址的选址与布局，生产工艺流程，产品的包装与储运。

**公司管理。**此项内容需要介绍公司的组织架构，部门职能情况、负责人及主要成员，利润分配体系、股东大会、董事会成员等。

**财务计划。**此项内容包括融资需求和财务预测报告。

**风险控制。**此项内容说明各种潜在的风险，并向风险投资者阐述针对各类风险的规避措施。

**资本退出。**在商业计划书中需要设计一种最优的资本退出方式，告诉投资者应采取什么方式退出。

**附录**：附录是商业计划书正文内容的有力补充和说明。在附录中可能出现的附件包括财务报表、主要合同资料、市场调研结果、主要创业者履历、技术信息、相关获奖和专利证明、授权使用书等。

2. 小结

在商业计划书中所有组成要素的内容是否需要一一介绍,商业计划书的基本内容可以根据企业自身产品与服务的特点不同而不同,撰写者既可以按照上述逻辑阐述商业计划的实施过程,也可以根据产品与服务的特点拟定撰写,对基本内容进行合并、裁剪和扩充。同时,应把握一个重要原则,计划完善且精简,遵循内容至上原则,形式可以多样化。另外,应避免出现错别字等低级错误。

## 6.3 商业计划书的制作思路

### 6.3.1 商业计划书的制作准备

制作商业计划书首先要明确以下几个问题。
① 干什么,公司生产什么样的产品,提供什么样的服务,解决了什么样的问题。
② 怎么干,你的产品怎么生产出来的,你的服务怎么提供出来的。
③ 消费人群,企业的市场细分是怎么样的,目标客户是怎么样的,市场容量有多大。
④ 竞争对手,竞争优势是什么。
⑤ 营销计划,怎样把你的产品传递到客户手中,价格、促销是怎么样的。
⑥ 经营团队,有哪些创业者,创业者特质怎么样,合作程度怎么样。
⑦ 股份构成,现金投资,现在占股情况是怎么样的。
⑧ 财务分析,资金流,各项财务指标怎么样,融资情况是怎么样的。

### 6.3.2 直面投资人的九大疑问

直面投资人的九大疑问如下所述。
① 你是谁?
② 团队有谁?是如何分工的?
③ 你是做什么的?
④ 为什么要做这个?
⑤ 你的什么地方比对手强?
⑥ 这些优势有门槛吗?
⑦ 如何让优势与需求对接?有打开市场的渠道吗?
⑧ 满足这些需求能赚多少?
⑨ 能给我的回报以及可能的风险是什么?

要明确自身企业的主管业务、市场占有情况,最大化展示企业特点优势、重点回答企业经营重点问题。

### 6.3.3 如何制作一份商业计划书

明确了商业计划书制作的总体思路,我们如何快速制作一份商业计划书呢?利用"三层次拆分合作法"。

1. 需要一份好的模板和样本去学习

第一层次,你需要多阅读优秀的商业计划书,比如,"挑战杯"中国大学生创业计划竞赛中的优秀作品,可以挑选你认为优秀的作品作为模板和样本去学习。

2. 研讨该企业核心问题后,去模仿撰写商业计划书

第二层次,选好了模板,需要明确你自己的企业需要在商业计划书中展示哪些核心问题,再模仿写一份商业计划书。撰写过程中需要学会分工与合作,将一份商业计划书的不同模块细分给你的团队成员,各个成员对各自运营的部分的了解程度会比一个人对所有运营情况的了解程度更加深入。

3. 在已有商业计划书基础上,不断修改和完善

第三层次,在撰写商业计划书时,企业还没有正式经营,计划书只是对未来的一个发展目标的描述;当企业正式投入生产销售时,你需要根据企业自身情况、市场情况做出相应调整,不断地修改,不断地完善,使得商业计划书更加贴合你的预测,不要让商业计划书成为空想。

总之,商业计划书的模板并不唯一,不同的创业者都有自己的撰写思路。你可以根据自身产品与服务的特点,围绕基本结构,增加裁剪或合并制作商业计划书。重点是你一定要搞明白你的商业计划书将重点突出哪些问题。

## 6.4 商业计划书的制作流程

### 6.4.1 商业计划书制作流程的环节

商业计划书制作流程包括以下四个环节。
① 通过相关问题讨论该创意是不是一个好的创业机会(识别商机)。
② 探讨创业项目的商业模式和发展规划。
③ 讨论如何把公司发展构想阶段化,在每个阶段需要关注哪些核心问题。
④ 根据产品与服务的特点设计出商业计划书制作的阶段。

### 6.4.2 市场调研资料获取

了解行业:对需要进入的行业与市场初步研究,了解该产品与服务在行业与市场中所处的位置。

市场调查:与现有和潜在客户建立联系,准备一份客户调查表,要获取足够多的信息。

竞争对手:确定竞争对手并分析本行业的竞争态势,准备一份竞争者调查报告。

### 6.4.3 商业计划书制作

可以将商业计划书的基本结构划分为以下四个逻辑层次。
① 封面:外表和导入,这是一个独立的部分,需要精心设计。

封面是第一印象，一个好的封面可以快速抓住投资者和评审者的眼球。

封面的内容：公司或项目的名称和 Logo（商标），可以使用副标题或者口号，起到解释等作用。

例如，×××学院：热豆腐——现做现卖豆制品连锁运营第一品牌主标题（×××有限公司）、副标题（简单解释所从事的领域）

② 摘要：全文总结，强调结果。

③ 正文内容：分析和支撑。

④ 附件内容：正文的补充。

### 6.4.4 正文内容的核心要点

商业计划书正文内容分为以下几个核心模块。

① 产品分析：阐明产品需求、功能和竞争力。

② 市场分析：目标市场的阐述、行业分析、竞争分析。

③ 司运营：从今天到将来的运作方式。

④ 团队建设：成员及分工。

⑤ 财务分析：价值评估、收益率、三大报表。

⑥ 注意事项。

在制作商业计划书时，应注意以下几点。

① 内容要全面。包括你是谁，你做什么，以及公司运营等重点问题。

② 运用平实的语言。语言简洁易懂更加有利于风险投资。

③ 表述明确而详尽。

④ 避免过分浮夸。

总之，商业计划书的制作流程，可以根据你的项目情况与团队成员或者该领域的专家进行深入的研讨，然后，应对行业、市场、客户、竞争者等外部环境进行调研，最后根据你的调研分析形成一份商业计划书，并且在商业计划书的基础上把讲演稿和路演展示的整体思路构思出来。

## 6.5 路演展示

### 6.5.1 路演展示的基本内容

路演展示的本质就是以更加生动的形式，在规定的时间内传达项目的价值。路演展示能否打动评委、投资人，是项目能否获取融资的关键。因此，你需要站在评委或投资人的角度，设想评委或投资人提问时的所有情况，以清晰明了的思维来解决他们心中的疑惑。因此路演展示过程中，你演讲中应包含以下五个问题。

1. 你是谁

蒂蒙斯的创业三模型：团队、资源、机会。你站在此处演讲，首先你需要告诉评委或投资人，你是谁？团队组成成员有哪些？你们的专业背景、工作经历，以及你们的关键性优势是什

么。回答这个问题时，应抓住与项目背景相关的重点进行介绍，注意语言应言简意赅。

**2. 做什么事**

你是否能够用一句简短的话概括你的项目正在做什么？路演 10 分钟的时间里，很多同学把握不住演讲的重点，喋喋不休地谈论着，发现时间不够时，匆匆以"由于今天时间不够，所以想要了解更多详情，可以去我们公司看看"结尾。时间掌控是创业者的基本素质，时间都规划不好的人，如何进行公司规划、如何管控整个公司？

西方有一个著名的演讲方式——60 秒电梯演讲。当你和你的投资人搭乘同一部电梯时，你只有 60 秒的时间，必须说服他为你投资。这看似是一个极端的方式，但是能够有效地训练演讲者充分利用每一秒，讲清楚你在做什么事情。

**3. 卖什么产品**

项目产品是项目的核心主体，公司运营发展都必须依托一个优秀的产品。什么样的产品算是优秀的呢？你需要在路演展示中，说明你的产品的独特性以及可实现性。理论必须付诸实践才有意义，否则都是纸上谈兵。大学生创业者不缺乏扎实的理论基础，但缺乏战略的实践细化、产品如何落地、公司如何运营，最终都指向了你到底卖的是什么产品，一个好的产品可以直接抓住评委或投资人的眼球。

**4. 卖得怎么样**

评委或投资人了解了你的产品是什么之后，接下来最吸引他们的便是产品的销售情况，目前的销售数据表现如何？用真实的数据说话。评委不是百科全书，不可能了解所有行业的具体情况，因此你需要告诉他"产品现在卖得怎么样"。只谈论着市场前景有多好，市场份额有多大，这些都是占用你的演讲时间的空话，你需要阐明这与你的产品有什么关联。清晰的财务数据，明确的销售渠道，成熟的商业模式，这些往往更能打动评委。

**5. 能否持续卖下去**

一个好的创意、产品、模式，是别人不能够模仿的，评委或投资人一定会评估项目的可持续发展性和项目的竞争壁垒。如果别人能够轻易抄袭模仿，那这样的项目势必也难以持久地做下去。因此，在做路演展示时，一定要展示项目的核心竞争力以及竞争壁垒所在。告诉评委或投资人，你的竞争优势与运营保障，能够保证项目长久经营，可持续发展。

## 6.5.2 路演展示准备流程

① 明晰路演时间：路演时间根据每个老师的要求不同，一般应控制在 5～8 分钟内。

② 撰写路演大纲：由于路演时间有限，各公司需要展示的内容应突出重点，逻辑清晰。撰写路演大纲可以帮助同学们梳理路演逻辑，整理重点内容。路演大纲一般包括：开场、主内容（通常与 PPT 大纲一致）、结尾。

③ 分配模块时间：根据项目情况，分配各模块演讲时间。

④ 撰写路演词：应与 PPT 呼应，体现项目亮点。

⑤ 试讲整理稿件：同学们在路演讲解时，应保持一定的语速，标准的语速应是每分钟 180～220 字。在正式路演展示前，应模拟演习，以便及时发现需要调整的地方，使正式路演时以最完美的状态展现。

## 6.5.3 小结

总的来说,路演展示应注意把握路演节奏,开场应清晰明确,自报家门;无须强行过渡,自然进行;突出亮点,一招制胜。路演展示应包括的基础内容有三点:客户痛点、产品服务、盈利模式。其中展示你们项目的核心优势、运营现状等都是加分项;过多的与竞争产品的比较、暴露项目的劣势、盲目预估市场都将成为路演展示的减分项。在路演展示过程中,注意用数据说话,没有什么能比数据更直观、更有说服力了,最后应注意把握项目的大局观。

### 创业计划

计划往往是行动的依据,一个好的计划往往会达到事半功倍的效果。如何制订计划并付诸实践,也是大家大学四年里必修的课程。制订创业计划的第一步就是走访调查,调查市场、顾客需求,只有实地考察才能进行详细地规划。调查之后,首先,要找出具有市场潜能的创业点子。创业点子不在其新颖与否,也不必是自己独有,甚至不需要是什么好点子。重要的是,这个点子具有市场潜能。其次,要制订缜密的计划。一个好的创业计划大纲应包括以下内容:①整体概念的陈述;②产品或服务内容;③市场情况;④各种准备工作的进度表;⑤周密的预算;⑥创业资源。

### "牛人"潘小波

小潘是农村出来的,是从桂林电子科技大学通信专业毕业的大学生。毕业那年,他就职于深圳中兴通讯股份有限公司。工作七年的时间里,他被外派到了十多个国家从事外包业务,年薪非常可观。正值事业巅峰的他,却毅然决然地辞职回到了家乡——永福县堡里镇波塘村,开始创业。他敢想敢干,是个办事周到的年轻人,被群众称为"牛人"。

潘小波说他回家乡创业的启发来源于多年在国外工作的见闻。他介绍说:"有一次我在国外吃牛排,发现价格竟然是国内的一半,新鲜又美味。于是我仔细研究了一下原因,发现国外牛排的价格完全受益于国外食品及农业系统。"另外,由于常年在国外工作,离家很远,而孩子一天天长大,父母一天天变老,都需要陪伴,因此潘小波下定决心辞去工作,回农村发展肉牛养殖。

潘小波租下养殖场地后,多次请教县畜牧局专家及肉牛养殖大户,走访调查临桂区和灌阳县相关牛市。中途他也失败过,首批引进的20多头牛,由于缺乏经验不仅没赚钱还亏了好几万元。潘小波事后仔细分析,吸取经验教训,最终选择了永福本地和灌阳的肉牛进行养殖。目前,牛场里的肉牛有利木赞、安格斯、夏洛莱、西门塔尔等多个优良品种。为促进肉牛优胜劣汰,他还大胆实验,让不同种类的牛进行杂交。杂交三代的牛,明显个头更大、体格更壮、产肉率更高,一头牛重达1000千克。

为保证肉牛的优良品质,在发展过程中,潘小波始终坚持纯天然喂养,坚决杜绝饲料饲养。为了让牛吃得健康,他专门从南宁收购玉米秆,连着玉米棒一起打碎给牛吃。他还适时给牛搭配蛋白粉、钙片、啤酒渣、豆腐渣、红薯藤、花生藤等，这样的喂养，一头牛一天要吃20～25千克食物，一天可以长1千克。潘小波认真观察、亲自实践，并一丝不苟地记好肉牛养殖档案，通过不断摸索、实践，他养牛养出了门道，总结出自己的一套经验，对养牛也更加充满信心。

2016年，阿里巴巴进驻永福，正式开展农村淘宝运营业务。见过世面的潘小波再次看到了商机。他积极报名并参加相关培训，通过层层审核，面试后顺利成为县里第一批农村淘宝"村小二"，他家的"村淘"点在春节前已投入运营。

潘小波放弃高薪回乡自主创业的事迹，在全县迅速传开。通过市、县团委的牵线搭桥，他和许多创业青年组成了"朋友圈"，交流创业经验，他的眼光放得更远更宽了。未来，潘小波计划将牛场继续扩大，3年内肉牛的养殖数量争取达到300头。同时他还以"公司＋基地＋农户"的经营模式，着手注册商标，申请肉牛有机认证。为发展壮大产业，他和同行们一起组织成立了桂林养牛协会，并担任协会副会长。由于事迹突出、效果明显，2016年8月，潘小波被团市委授予"桂林市乡村创业创富好青年"荣誉称号。

来源：广西新闻网-广西日报.2017年03月17日.

 **创业语录**

创业历程就是不断寻找、不断纠正的过程。

——吴锡桑

# 第7章 成立新企业

**学习目标**

1. 了解企业的法律形式,掌握注册企业的流程和所需提供的资料;
2. 理解新企业的社会认同及注册企业需要考虑的法律和伦理问题;
3. 掌握新企业选址的技巧和策略;
4. 了解新企业管理的特殊性,理解新企业成长的驱动因素;
5. 了解新企业成长面临的挑战,掌握新企业的成长管理策略。

## 肥猫帮帮

广西迈睿思通网络科技有限公司是一家经营电子、计算机、网络专业领域内的技术开发、技术咨询、技术服务等产品的公司,拥有一支专业研发团队。公司旗下拥有自行研究和开发的"肥猫帮帮"开锁服务系统、"花茶宝"服务系统等互联网产品,填补了南宁市同类互联网产品的空白。其中"肥猫帮帮"开锁服务系统接入南宁市公安局服务平台端口,应用广泛、受众甚多,取得了良好的社会反响和社会效益。

1. 埋下创业的种子

出生于1990年,来自广西南宁,说话条理分明,脸上透着一股沉稳气质的黄劲,已经拥有了一家自己的公司——广西迈睿思通网络科技有限公司。

"我是2013年从广西民族大学毕业的,大学就读的专业是通信管理。"黄劲介绍说。"刚毕业时,我对未来的工作没有什么规划,我最大的愿望是去大公司,国企是首选。"同学中有的去了银行,有的去了企业,我也得到了一份大家看来很不错的通信运营公司的工作。

这份工作薪酬不错,加班也不算多,唯一让黄劲遗憾的是在公司做的是市场部的工作,终日埋头于数据分析、文案策划等工作中,与他所学专业并无关联。工作期间,黄劲和自己的大学老师一直保持联系,经常交流想法。"老师常常跟我讨论中国的互联网发展形势,他认为现在中国互联网的发展非常迅猛,互联网的运营存在着很多新的市场、新的商机,值得一试。"经过和老师的多番讨论,黄劲心里渐渐形成了一个创业梦想的雏形。

2016年春节后,黄劲对家里人宣布了辞职的决定。"为啥呀?现在的工作不是挺好的吗?"家里人不解地问。家族里很少有人经商,长辈们大多希望他有一个稳定的工作。但黄劲心意已决:"我还年轻,我很想去拼一拼,即使有可能失败我还是想找机会拼一下!"

2. 搭上创业平台

2016年3月,他当机立断,从所在的公司辞职,并接手朋友的科技公司。同时,公司入驻广西众创示范基地。说起来,入驻广西众创示范基地也是一个巧合。黄劲就职的公司就在广西众创示范基地附近,他常常在广西众创示范基地周边经过,正好留意到广西众创示范基地的招牌,出于好奇,就走进去详细询问。"当时,我了解到这里对创业者有很多优惠政策,我下决心辞职时,也决定在这里安营扎寨。"黄劲说。

在广西众创示范基地,可以享受免费的水电、网络及其他优惠政策。"这里很多设施、管理都非常专业,我们公司在场地这方面的运营成本……我想说基本没什么成本可言。"黄劲感慨地说。

更令人惊喜的是,在2016年下半年,黄劲的公司在广西众创示范基地申请到9万元的一次性创业补助资金。这笔资金犹如春雨,为刚开始创业的黄劲带来不小的帮助。

黄劲说:"我们基地有自己的微信群,对于创业新手'小白',基地创业指导老师在群里发的有关工商、税务等创业指导知识是很有用的。"基地里入驻的企业,有时也能互相合作和帮忙,成本比市场定价要低得多。创业的场地、设施等无后顾之忧,黄劲开始安心"鼓捣"自己的项目了。

3. 寻找创业项目

对公司的第一个规划,黄劲的想法很大。他说:"当时移动互联网4G网络已经开始蓬勃发展,给人们的生活带来了很多便利,我们想做一个'智慧社区'的大项目,梦想着社区里的大多数事情都可以用互联网来完成,连项目书都写好了。但是经过咨询经营硬件的公司,我们发现硬件投入需要巨额资金,大概需要几百万元,这个投入太大了,我们就放弃了。"

黄劲想,不能一口吃成个大胖子,还是要找适合公司特点的项目去做。之后不久,团队联系上了南宁市锁业协会。在与锁业协会的交流中,黄劲了解到,锁业协会设想能有一个互联网平台,能整合南宁市的开锁资源,整治市面上存在的一些开锁乱象。"当时开锁服务水平良莠不齐,存在着很不专业的开锁行为,比如说有开锁人员肆意破坏原有锁具,开了锁换锁时漫天要价,等等。还有开锁人员什么生意都接,随意上门为他人开锁,也有可能为犯罪分子提供了便利。"混乱的市场给非法开锁企业和锁匠提供了生存的土壤,严重影响正规开锁企业和锁匠的合法权益,扰乱了正常的开锁服务市场经营秩序,也给公共安全和人民群众的生命财产安全带来了重大隐患。根据锁业协会的建议,黄劲和合伙人开发了全新的开锁系统平台,接入南宁市公安局原有服务平台端口,取名"肥猫帮帮",为南宁市民提供开锁服务。

"通过系统的服务、监督、评价机制,公开透明的服务价格参考,减少以往开锁人员漫天要价的现象。通过该系统获得服务的开锁企业和锁匠,都是在公安机关备案的,不会随意为人开锁,间接维护了社会治安和稳定。"黄劲说。

4. 在困苦中前行

"现在的收入虽然不能按月衡量,但也可以说是翻番了。"但黄劲坦言,收入相对不稳定,也有入不敷出的时候。

由于做项目有一定的回款周期,因此公司总要耐心等待几个月或半年,项目才能回款。有时候有些合作方未能按约定时间回款,黄劲只好每天都打电话给对方,不断提醒:"不好意思,您看那笔款能不能尽快支付给我们……"他甚至曾经跑到合作方的公司去等。最困难的时候,黄劲只能自己先掏钱垫付公司员工的工资,而技术人员的工资是非常高的,这是一笔很大的支出。"追款"和"垫钱"的滋味并不好受。

创业一年多,公司也开发了其他项目,也不是每个项目都能收到预期的效果。比如说他们针对南宁横县茉莉花市场开发的一个系统平台,系统开发的初衷是很好的,希望茉莉花收购商、花农都能在这个系统平台上查到公开透明的买卖信息,并能用系统平台完成交易,免去供求双方互相寻找、比价的麻烦,特别是对信息闭塞的花农来说有很大的帮助。但是这个系统对乡镇的农民来说也许有点"超前",很多花农用不惯平台,宁愿多走几步路到市场去问价,导致平台应用率不高。以上的这些困难,并不能阻止黄劲"往前走"的创业决心,他和他的创业伙伴,最不缺的就是技术和信心。钱款追不回来、发不出工资的时候,黄劲和合作伙伴、员工们积极调整心态,做好继续开发的心理准备,做好财务规划,资金回笼时就能立即对新技术领域进行投资,公司业务就能按照设想的方向继续前进。当开发的新系统启用初期应用率较低时,他们也不会气馁,还是坚持不懈地去宣传、推广新系统,让受众去接受、起用新系统。"我们想尽可能去做一些别人没做过的东西,这就是我们的梦想。"黄劲信心满满地说。

资料来源:罗琦.寻找人生的另一种"可能"[N].广西日报,2019-03-26(010).

创业者组建了创业团队,通过市场调研和分析找到了创业机会,制订了创业计划,获得了创业启动资金,协调好内外部关系之后,就可以开始成立新企业了。从某种意义上说,成立新企业是创业过程中最关键的环节,因为与创业过程的其他环节相比,成功创建新企业更能突出体现创业的成果。但是,创业者还必须清楚,当走到这一阶段,创业的真实故事,才刚刚开始。

## 7.1 企业组织形式与企业注册

### 7.1.1 企业组织形式的选择

企业的组织形式也称企业的法律形态,成立新企业只能选择法律规定的企业组织形式。选择合理合法的企业组织形式是一个复杂的问题,如果创业者最初选择的组织形式不再适合企业的发展,也可以在经营过程中选择时机变更企业的组织形式。

1. 组织形式需要考虑的因素

创业者选择企业组织形式时,需要考虑选择最符合企业需求的组织形式,并结合自己的偏好、中长期需要及税收环境等来权衡每种组织形式的利弊。创业者在选择组织形式时必须要考虑的因素有以下几种。

① 资产保护,如果企业失败,企业组织形式将决定个人资产(如家庭收入)的风险。

② 有限责任,即企业参与者对企业负债的责任被控制在具体的有限数量范围内。

③ 资金分配,不同的企业形态决定了不同的资金分配方式,如营业利润、资本收益、税务减免等。

④ 财务管理,随着企业的发展,创业者可能需要筹集更多的资金,为此,在选择企业形态时需要考虑未来是否容易筹集资金。

⑤ 税收,选择不同的企业形态意味着企业上缴的税收不同,这是一个复杂的问题。

⑥ 企业环境,包括受规章限制的、被认可系统的苛刻性和技术风险。

⑦ 个人关系,不同企业形态对参与者的所有权、管理权和风险承担责任都有规定,这是企业良性运转所必不可少的。

2. 企业形式的选择

在目前的经济环境中,与创业者距离较近的企业形式有个体工商户、私营独资企业、私营合伙企业、非公司企业法人、有限责任公司及股份有限责任公司。不同的企业形式对注册资本的最低限额及要求各有不同,具体参考市场管理部门发布的最新企业注册相关文件。主要公司组织形式优缺点对比如表7-1所示。

表 7-1 主要公司组织形式优缺点对比

| 企业形式 | 优　　点 | 缺　　点 |
|---|---|---|
| 个人独资企业 | 企业通过登记机关即可办理设立、转让和解散等程序，手续简单；个人独资经营，影响因素少，经营方式灵活，方便迅速应对市场变化；利润无须分配，完全归企业主所有；有利于相关商业与技术机密的保密，保护企业市场竞争地位；如果企业因企业主个人努力而使经营获得成功，则可以满足个人的优越感 | 当企业经营失败，企业主依法承担无限责任，个人独资企业财产不能清偿债务时，将以其个人的其他财产予以清偿，经营风险较大；个人独资企业从外部获得资金能力较弱，企业主自有资本经营规模难以扩大；企业主如果发生意外、犯罪、转业、破产，则企业也不复存在 |
| 合伙企业 | 合伙企业资本来源多，融资能力强，充分发挥团队协作能力，增强企业的管理能力；有利于企业扩大经营规模 | 合伙企业的合伙人不得随意转让其在合伙企业中的全部或部分财产，如转让，必须经过全体合伙人同意；当合伙企业清偿企业债务时，其不足部分，由各合伙人用其在合伙企业出资以外的个人财产承担无限连带清偿责任 |
| 公司制企业 | 公司的经营情况与股东个人的其他财产无关，只对公司承担有限责任；股东可以自由转让股权，公司具有独立存续时间，不会因个别股东或高层管理人员的意外或离职而消失；除非因经营不善企业破产或停业，公司在管理上实行所有权与经营权分离，聘任专职的经理管理公司，管理水平相对较高 | 公司组建的程序复杂，创办费用高；股份有限公司需要定期披露经营信息，公开财务数据，可能会泄漏商业机密；公司吸纳社会资金多，相关部门对公司的约束较多，法律法规的要求严格 |

## 7.1.2 企业注册

现在注册公司的人越来越多，而且注册公司的门槛越来越低，同时国家也是在鼓励创业。

1. 企业注册流程

一般情况下，企业注册流程为：申请名称预先核准→提交文件→前置审批→申领营业执照，具体如下。

（1）申请名称预先核准

设立有限责任公司，应当由全体股东指定的代表或者共同委托的代理人向公司登记机关申请名称预先核准；设立股份有限公司，应当由全体发起人指定的代表或者共同委托的代理人向公司登记机关申请名称预先核准。申请名称预先核准，应当提交下列文件：①有限责任公司的全体股东或者股份有限公司的全体发起人签署的公司名称预先核准申请书；②全体股东或者发起人指定代表或者共同委托代理人的证明；③国家工商行政管理总局规定要求提交的其他文件。

（2）提交文件

申请设立新公司，应当向公司登记机关提交相关文件，如公司法定代表人签署的设立登记申请书、公司章程、企业名称预先核准通知书、公司住所证明等。

（3）前置审批

公司申请登记的经营范围中属于法律、行政法规或者国务院决定规定在登记前须经批准的项目的，应当在申请登记前报经国家有关部门批准，并向公司登记机关提交有关批准文件。

（4）申领营业执照

依法设立的公司，由公司登记机关发给《企业法人营业执照》，公司营业执照签发日期为公司成立日期。公司凭公司登记机关核发的《企业法人营业执照》刻制印章，开立银行账户，申请纳税登记。

2. 注册企业必须考虑的法律与伦理问题

（1）创办企业必须考虑的法律问题

企业依法经营是确保自身和他人的利益不受到非法侵害的保障。与经营相关的法律法规一般有以下几个方面。

① 与知识产权有关的法律法规。

传统观念注重企业的有形资产，如厂房、生产线、设备等，而对知识产权一类无形资产重视不足。创建新企业一般不能准确识别自己的知识产权，没能认识到知识产权的价值，没有采取法律手段保护知识产权等。应当充分利用《中华人民共和国著作权法》《中华人民共和国商标法》《中华人民共和国专利法》等对无形价值的资产进行有效保护，通过版权、商标、专利等形式可以获得保护。加强知识产权管理，形成企业核心竞争力。

② 与劳动相关的法律法规。

劳动法是调整劳动关系以及与劳动关系密切联系的社会关系的法律法规的总称，新企业需要雇用员工，就会涉及劳动关系问题。创业者需要熟悉《中华人民共和国劳动法》《中华人民共和国劳动合同法》，正确处理劳动关系，签订劳动合同，避免劳资纠纷问题。

③ 与合同法等有关的其他法律法规。

创业者还需要了解《中华人民共和国企业所得税法》《中华人民共和国会计法》《中华人民共和国反不正当竞争法》《中华人民共和国产品质量法》《中华人民共和国消费者权益保护法》等相关的法律法规。

（2）创办企业必须考虑的伦理问题

企业伦理是企业在处理企业内部员工、企业与社会、企业与顾客之间关系的行为规范的总和。企业伦理不是企业经营的手段，而是企业赖以生存的基石。企业家应该可以接受诚实的损失，但不应该赚取不诚实的利润，这是人格的底线。损失带来的痛苦可能是一时的，但是由不诚实造成的伤害是永久的。企业伦理包括劳资伦理、工作伦理、经营伦理。创业者首先应学会站在雇主的立场上，保护雇主权益不受侵害；同时，要尊重员工，维护员工的基本权益，按时发放工资，不侮辱员工的人格，不得有性别歧视行为，更不可进行人身攻击。

企业家在追求个体经济效益的同时更要注重维护公共利益，体现其社会价值，承担更多的社会责任，对服务的对象和创造的成果表现出高度的责任感。创立企业时，不能因为创业的困难和各种不确定因素而忽视道德和伦理问题。

3. 新企业选址策略和技巧

（1）新企业选址的影响因素

① 交通因素。

任何企业选址都应优先考虑交通状况。便利的交通是节约时间成本与物流成本的决定性因素。结合企业经营项目与房租成本，尽量选择接近市场需求交通便利的路段。

② 商圈因素。

根据行业选择商圈，对特定商圈进行针对性分析，如在旅游景点、车站附近，人流量比较大的区域，适合餐饮、娱乐等行业；在商业区，以大型综合商场与专卖店相结合的方式，满足消费者的不同需求；在市郊区，可以选择为驾车者提供休息和车辆维修等服务行业。

③ 物业因素。

企业的经营项目对经营场所有特定要求的，创业者应明确所选择地段或房屋的规划用途与自己的经营项目是否相符合。创业者在购买或租赁商铺时，除了考虑价格因素与合法性以外，还要关注周围环境与治安问题。

（2）新企业选址的策略

① 依据"金角，银边，草肚皮"的策略选地址。

一条商街因为位置差异，产生的效益也是有差别的。街角人流量大，人们停留的时间长，街角商铺因人流多财气旺，是择铺的首选。"边"是指一条街两端的位置，处于人流进出的端口，刚进入商街的顾客比较有兴趣，停留时间也会长一些，商铺生意也会兴旺。"草肚皮"是指街的中间部分，由于客流相对分散、购物兴趣降低、体力不支等，光顾这些商铺的顾客相对较少。

② 依据"选低不选高"的原则定楼层。

依据顾客的购物习惯与消费心理，如果商铺没有电梯，顾客为省时、省力一般不愿意上楼购物，低层商铺往往收益更高。商业楼的层高与其经济效益成反比。当然，这里的选低不选高只是选址的一般策略，在一些大商场，每一楼层只销售特定的商品，电梯会让顾客很容易到达各个楼层。另外，各个楼层的租金和对不同产品的销售优势也不同，所以这个策略不宜泛化。

③ 店铺企业经营项目与商圈要求相契合。

根据顾客的消费需求，各种经营项目之间都有一定的关联性。一般而言，商圈内餐饮、零售、娱乐、维修等业种齐全，才能满足不同顾客的需求。投资商铺之前，投资者需了解消费人群的多元化需求差异，以此确定自己经营项目的行业及业态，使经营针对性更强。

④ 关注社区内商铺的投资价值保证长期稳定的投资回报。

社区是消费者常年长期固定生活的空间，社区商业可以充分利用自身的便利性，提升盈利。一般而言，新兴社区入住率偏低，社区商业规模大于社区需求。从长远看，社区需求会持续上涨，社区商业的远景看好。投资社区内商铺，还要考虑城市的整体规划，因为未来城市的空间格局，会随城市未来的发展而变化，从而改变城市的商业格局。

 创业语录

如果大环境小环境都由自己去建设的话，我自身的能力实力不具备。所以当时我们只有一个简单的想法，就是我把自己有限的资本或者力量聚焦到一个核心——如何去塑造品牌，把相关的交给社会来完成。

——周成建

## 7.2 新企业管理

### 7.2.1 新企业管理的特殊性

根据生命周期理论，企业注册成立后，一般遵循创立初期、发展期、成熟期、衰退期四个阶段。后续章节将针对这四个阶段会有详细讲解。一般把处于创立初期和发展期的企业定为新企业。创业者必须清晰地了解新企业管理有怎样的特殊性，再结合现代的管理方法帮助新企业成长。

1. 新企业具有高成长性和高风险性

新企业在创业初期处于超常规发展阶段，经营机制比较灵活，在产品、技术等方面具有一定的独特性和领先性，市场竞争力强，成长性较好。但与高成长性相对应的是，新企业的成长具有很大的不确定性和高风险性。由于外部环境的变化、商业模式的变革、内部管理的瓶颈等，新企业的业绩波动也高于成熟企业，呈现出不稳定、风险高等特点。新企业的成长呈现出非线性的特点，可能爆发式增长，也可能逐步衰退，或者是彻底失败。

2. 新企业管理是以生存为首要目标的"生存管理"

新企业在创立初期的首要任务是在市场竞争中生存下来，让消费者认识和接受自己的产品或服务，所以生存是第一位的，应避免危及生存的做法。要尽快找到客户，把自己的产品及服务销售出去，掘到第一桶金，只有这样新企业才能在市场中找到立足点，才有了生存的基础。"别再跟我讲对新产品的构想，告诉我你能推销出去多少现有的产品"是这时期的典型独白。重要的不是在于想什么，而是在于做什么。企业里的大多数人，包括创业者在内，都要出去销售产品。这就是所谓的"行动起来"，明确定位，充分利用各种机会。

3. 新企业管理具有较强的灵活性和创新性

新企业规模相对较小，管理者更贴近客户，加强分工协作，老板与员工形成利益共同体，反应灵敏、机制灵活、充满活力。同时也会面临许多新问题，只有敢于创新、善于创新，才能有效解决这些问题。因而新企业管理通常需要有较强的创新性。

### 7.2.2 新企业成长的驱动因素

新企业在建立初期是为了获得生存空间而艰苦努力。当企业度过了以生存为主要特征的初创期后，就进入了以快速成长为主要特征的发展期，也叫成长期。成长期的企业发展各不相同，发展速度有快有慢，个别甚至会遇挫夭折。一般而言，随着产品或服务逐步占领市场，销售收入增加，企业规模也会不断扩大。成功穿越初创期"死亡陷阱"的新企业会表现出强烈的成长冲动。归纳起来，新企业成长的驱动因素可以分为内部因素和外部因素。

1. 内部因素

（1）企业家的成长欲望

创业者如果具有企业家精神，往往具有战略眼光和强烈的成长欲望，工作热情，勇于挑战，善于把资源用到生产率较高的领域，最大限度地实现利益最大化。具有企业家精神的创业者不会安于现状，期望将新企业打造为可以向行业内的标杆看齐的高速成长企业，期望在市场上打造一个让消费者认同的品牌。创业者的企业家精神和成长欲望，给新企业的成长注入动力，是新企业实现快速成长的最关键因素。

创业者或创业团队将创业视为个人事业平台与人生梦想，不是简单地享受创业给个人带来的短期利益和满足物质生活水平的提高，而是要有开辟一番事业的气魄，以及具有将新企业做大做强的企业家精神。这样的创业者或者团队对新企业成长的愿望非常迫切，工作热情度高，对事业具有强烈的成就动机和自我驱动力。

新企业核心成员不仅要有明确的目标，还要有高水平的创业能力：一是对外部市场机会敏锐洞察力和及时把握能力；二是凝聚新企业内部各种力量，领导团队实现各个阶段的目标的能力。

（2）创新与变革

新企业的成长具有明显的创业特征，需要持之以恒的创新精神，创新是新企业快速成长的源泉。与此同时，新企业在成长的过程中会面临各种挫折和挑战，具有企业家精神的创业者会不惧挑战，审时度势，大胆变革，并以此为契机将新企业推向一个新的发展阶段。

新企业需要在进入市场初期就有比较独特的产品或者服务，以获取成长空间。无论是基于技术的还是营销的创新，新企业都应该在准备把握行业发展趋势以及深刻理解客户需求或痛点的基础上，积极寻求创新，以创新驱动新企业开拓市场，吸引顾客。

（3）组织资源的增加

组织资源包括人力、资金、设备、厂房等有形资产，也包括管理能力、技术能力、销售网络等无形资产。新企业成长欲望的实现取决于其度过初创期后，新企业所拥有的组织资源无论在数量上，还是在质量上都要有明显的增加，而且创业者对资源的获取、整合和利用能力也要有明显的提升。新企业能否有效控制和能够利用的组织资源是新企业发展的关键。比如新企业累计的利润、银行的商业贷款、转让部分股权筹集的资金用于扩大规模还是技术革新；创业团队对经营活动来越熟悉，管理能力不断提高，节约的管理资源如何支配等等都需要全面统筹规划，以实现新企业利益最大化。

新企业在成长阶段虽然比初创阶段拥有和控制的资源更多，但是也不可能实现所有资源持续成长，因而也需要整合和利用资源。新企业提炼和应用一些优势资源才能构建竞争优势。这些带来竞争优势的资源，可能是自有资源，也可能是新企业从外部整合的资源。一方面，新企业对已有资源进行开发和利用，如人力资源、技术资源、自有资金资源等，增加资源的利用效率和效益。另一方面，吸引和控制新企业从外部整合的资源，如财务资源、物质资源、渠道资源等，有效地利用外部资源，为新企业生存和发展提供资源基础。

2. 外部因素

（1）寻找风口，充分利用市场速度

促进新企业成长的一个非常重要的外部因素就是市场的发展速度。市场容量快速地扩大，能够为众多新企业提供足够的生存发展空间。对新企业而言，寻找这样的行业，这样的"风口"是新企业构建良好外部发展环境的重要工作。

如果新企业的产品或服务具有较好的市场竞争力，良好的市场反应会使创业者确信自己的事业是有生命力的，会极大地强化创业者的企业家精神。在区域市场取得初步成功的创业者有很大的动力去加快市场扩张，从而推动新企业的快速成长。这里指的市场扩张包括两个方面：一方面是指在现有的区域市场，由于更多的消费者接受新企业的产品或服务，因此本地市场扩张；另一方面是指创业者采取批发、代理、特许经营、建立直营分支机构、直销、电子商务等，将新产品或服务分销到更广阔的市场区域，进行异地扩张。

（2）聚焦顾客，深挖市场需求

在新兴的细分市场，成熟企业尚未建立竞争优势，或成熟企业尚未关注某些细分市场，这就为新企业发展提供了更多的外部机遇。聚焦顾客，理解顾客需求本质上就是为了深挖顾客痛点。深度挖掘顾客需求可以为新企业找到新兴的细分市场。

（3）借助政策，合理依靠政府支持

新企业要充分利用中央和地方各级政府的政策引导，合理依靠政府支持，营造良好的外部环境。一方面，新企业需要深入理解本企业所在行业的产业政策和发展规划，充分利用国家产业引导政策或地方区域经济发展规划中的优惠条件和鼓励措施，为新企业发展寻求便利条件。另一方面，新企业应该全面了解本企业所在地区的创业鼓励政策和优惠条件，合理运用税收减免或返还、场地租金优惠等政府出台的一系列支持措施；合理依靠政府支持，能够为新企业发展，包括获得合法性等提供良好的外部条件。

### 7.2.3 新企业成长管理的技巧和策略

新企业成长是个动态的过程，是通过创新、变革和强化管理等手段整合资源并促使资源增值进而追求持续发展的过程。创业者除了需要为新企业成长做好准备外，还需要结合新企业的管理特性，遵循企业成长规律，抓住成长管理的重点。

1. 确立企业愿景、企业使命和企业核心价值观

企业愿景、企业使命和企业核心价值观是引领企业发展的灵魂，虽然无形，但渗透在企业发展的方方面面。企业愿景又称企业宗旨，是指企业长期发展的方向、目标、目的和自我锁定的社会责任与义务等，其描述了企业在未来社会里会是什么样子的；企业使命是指企业在社会经济发展中所应担当的角色和责任，是指企业的根本性质和存在的理由；企业核心价值观是指企业在生产经营活动过程中逐渐形成的，由组织成员共同遵守和分享的同一价值观念、价值判断和行为准则。

多数快速成长的企业都有比较固定的价值观体系，用以支持企业的健康发展。

对新企业而言，其企业价值观一般是创业团队，尤其是创业领导人自身价值取向的体现，这种价值取向直接而又深远地影响着企业的成长和发展。有共同愿景、明确使命和核心价值观的企业，在成长过程中如果遇到挫折，创业团队能够团结一致，患难与共，求新求变。相反，没有共同愿景、共同使命和核心价值观的企业，遭受挫折打击就会涣散、消沉，直至分崩离析。因此，在新企业成长过程中，创业者必须制订出一套能够凝聚人心的愿景、

使命和核心价值观，从而在成长中凝心聚力，形成强大的组织力量。

### 2. 管理好支撑企业持续成长的人力资源

人才是支撑企业成长的关键要素，是企业的核心资产。从根本上说，企业的成长是基于人力资源的成长，企业的发展是基于人力资源的发展，快速成长企业的一个共同特点就是有强大的人力资源管理。在某种意义上，人才队伍无法模仿。因此，企业持续具有竞争力的根源是其良好的人力资源管理机制。快速成长的企业必须通过建立包括"招聘、培育、使用、挽留"在内的人力资源管理体系，打造一支优秀的人才队伍，具体措施主要有以下几点。

（1）提供有竞争力的薪资待遇

新企业要吸引优秀人才加盟，所提供的薪资待遇在人力资源市场上要有竞争力，同时在企业内部要有相对的公平性，包括提供较好的工资收入和跟绩效挂钩的奖金，以及医疗保险、养老保险、工伤保险、失业保险、生育保险、住房公积金等"五险一金"等。

（2）提供广阔的成长空间

员工的成长机会和成长空间包括：①晋升空间；②学习与培训机会；③持续的工作指导和工作支持；④工作内容丰富；⑤管理技能的发展和提升等。对于不同的员工，其关注和需要的成长机会是有差异的，要因人而异。

（3）实施经营成果分享计划

新企业的薪酬水平，很难比得上大企业，更为不利的是，新企业有失败、被兼并和被收购的危险，稳定性和安定感较差。事实上，新企业的员工总是承担着公司的一部分经营风险，一旦企业倒闭，他们的生活就没有了保障，所以只有让员工分享企业的成功才是公平的办法。因此，一些优秀的新企业实施利润分享计划，通过员工持股、股票期权、虚拟股份制等方式让员工参与经营成果分享。

（4）营造良好的工作环境

良好的工作环境不仅包括提供开展工作所需的各种必备资源，如办公空间、办公设备等，而且包括营造良好的人文环境，如和谐的同事关系、顺畅的沟通渠道、沟通氛围、积极向上的企业文化等。

### 3. 注重资源整合和资源管理

新企业在人力、物力、财力资源方面没有竞争优势，自身的滚动发展速度相对缓慢，但是可以想办法借助外力来发展壮大自己。可以选择政府部门、社会团体、金融机构、合作伙伴，甚至是竞争对手，进行多种方式的合作，这也是快速成长的新企业的策略。快速成长的新企业常采用的外部成长策略包括：①建立战略联盟；②成立合资公司；③兼并和收购；④引入创业投资；⑤上市融资等。

新企业的成长是靠资源积累实现的，但是，如果积累的资源没有被新企业有效利用，而是被新企业中的个人（无论是创业者、高层管理人员，还是一般员工）占有，必将威胁新企业的成长。这些未被有效利用的资源不仅包括一般的财务资源、人力资源、客户资源、固定资产和办公设备资源等，还包括占用人自身的人力资源。例如，常见的衍生型创业，有很大部分是在母体公司不情愿也不支持的情况下出现的，给母体公司的发展带来很大的伤害。对于母体公司来说，离职创业的员工大多在企业中担任重要的研发、市场或管理工作，掌握关键的技术，拥有较高的地位，因此更容易发现和识别创业机会，他们的离开不仅会造成企业技术资源、客户资源的外流，往往还会带走人力资源团队，危害极大。

在新企业成长的过程中，当创造和整合的资源越来越多时，新企业管理团队就需要重点关注创造和整合资源。从注重"资源的开创"到注重"资源的有效开发利用"，并通过现有的资源实现最大的价值增值。例如，首次公开募股（Initial Public Offering，IPO）虽然可以为企业聚集大量的资金，迅速壮大企业的规模，提高企业的知名度，增强企业的市场影响力，获得持续的融资能力，获取扩张资本等，但是，如果企业不能很好地利用所获得的资源，不能为投资者创造价值，最终还是会走向失败。

4. 注重用成长和创新解决成长过程中的问题

每个企业在成长过程中都会遇到各种各样的问题和障碍，有的企业在障碍面前止步不前，甚至一蹶不振；有的企业则将障碍变成动力，适时变革、积极应对，实现了新的成长。优秀企业和平庸企业的重要区别之一，就在于其对待障碍所采取的对策存在巨大差异。平庸企业通常采取的是被动应对，用"救火式"的方法来应对发生的各种问题，结果只是问题的暂时解决。优秀企业则积极主动地推动变革和创新，用成长的方式解决成长过程中所遇到的问题。从快速成长企业的经验看，往往在以下几个方面表现突出。

① 注重在成长阶段主动变革。主动变革意味着企业管理团队掌握变革的主动性和主导权，所承受的变革成本也较低，所面临的变革阻力也较小。

② 善于把握变革的切入点。企业变革不能一下子全面推开，需要科学地把握切入点，由点到面，层层深入，这不仅可以在短期内取得较好的效果，还能够增强对变革的控制。

③ 善于通过系统的建设和制度的完善，来巩固变革的成果。持续的创新与变革是新企业成长的强大驱动力，也是新企业快速成长的基本生存方式。但如果不注意管理，创业精神会随着时间的推移而慢慢减弱，乃至消亡。因此，对于追求成长的新企业而言，企业管理团队务必要通过创业精神的保持和发扬，源源不断地给新企业的成长注入创新与变革的基因，使其不因企业的成长而减弱，不断地迎接挑战，进行二次创业、三次创业等。

## 7.2.4 新企业的风险控制和化解

一般来说，新企业大多规模较小，但承受的风险却很多，来自外部环境和自身的管理水平的因素都会形成各种风险，因此能否及时发现和应对这些风险对于新企业来说非常重要。根据市场调查，新企业在成立后的前三年里，多数会出现以下五种风险。

1. 开业风险

开业风险一般有以下几种情况：市场调查不足，企业的决策缺乏可靠依据，盲目跟风，看到别人赚钱，匆忙上马项目；新企业的经营者管理能力不全面；财务管理系统不健全；资金、设备和技术配置不合理等。

应对开业风险的对策：选择最熟悉、最擅长的项目或行业；制订切实可行的计划；合理分配流动资金，提前做好各项预算，一般要预留10%的准备金以应对意外事件；资金明显不足时，不要勉强上项目，发现问题，随时调整解决。

### 2. 资金风险

资金是企业生存与发展的保障。即使资金充足,也要考虑固定资产的投入与流动资金的配比。资金风险产生的主要原因是忽视资金管理,盲目扩张,过分看重利润和销售的增长,固定资产投资过多,资金流动性差。巨人集团的失败不仅在于盲目的多元化经营,其资金流动性差也是一个重要原因。

应对资金风险的对策:正确解读资产与现金的区别;企业财务部门定期评估企业现金状况,编制现金流量表及各项预算,尽可能地节约资金;全面监控企业原材料、半成品、成品的库存和应收账款的余额等各项财务指标;加强现金管理,订货任务要与现金能力相匹配;约束投资冲动,不能将短期流动资金移作长期的固定资产投资;资金确有剩余时才可以考虑多种经营的拓展;预先安排好资金以应对需求高峰;安排责任心强的专业人员管理资金。

### 3. 市场风险

大多数企业经营上的失败都是由销售不足引起的,因此市场风险是必须慎重对待的问题。市场风险的主要表现是:只偏爱自己的产品和服务而无视市场的变化;市场调查不充分,缺乏有效的市场营销策略;没有充分分析同行业竞争对手的状况;创业者的成本较高;对工商、税务、防疫等外界主管机关不甚了解;没有建立起配套的售后服务体系。

应对市场风险的对策:前期做好市场调研,以市场为导向,制订市场营销策略;关注竞争对手的动态变化,及时调整自己的应对计划;做好产品成本与质量控制,构建线上线下销售网络;诚信经营,做好售后服务;全面掌握各主管机关发布的各项与企业经营相关的信息,合法、合规经营。

### 4. 技术风险

创业初期的技术风险主要是指企业技术开发、取得、使用过程中不能实现预期目标而造成损失的可能性。它的产生和发展所表现的形态比较隐蔽,引起的损失也比较严重,涉及项目成败,因而必须对其有足够的警惕。技术风险不仅来自技术上获得成功的可能性,而且来自是否能在市场中取得经济上的收益。在开发过程中,无论是物的因素、技术本身的因素,还是人的因素,都有造成风险的可能性。

应对技术风险的对策:通过市场调研,了解市场需求,明确技术发展的方向;根据企业自身技术、资金等情况,全面进行技术研发方案的论证,适当增加投入进行技术研发;按照先进性、适用性、经济性原则与高科技单位合作,引进技术;健全技术开发和管理的控制制度,尤其加强对企业科技人员的规范管理,保障技术资料的机密性,防止技术流失;建立技术风险预警系统,并通过科技保险,减少技术风险损失;加强对职工的技术培训,减少风险发生的概率。

### 5. 人员风险

人员风险的主要表现是:不加挑选地招募新员工;不能有效地通过面试挑选出合适的人选;论资排辈,任人唯亲;忽视了新入职员工的初期工作安排,导致其不久便退出企业;只以业绩论英雄;尚未建立完善的上下级信息沟通制度;没有进行必要的员工培训;未能形成优秀的企业文化。

应对人员风险的对策:从技术和协作能力等多角度完善员工选择标准;记录并跟踪新入员

工的工作细节，综合考虑员工素质及其发展方向是否与企业经营目标相符；通过广泛的调查研究，进行科学的工作评价；建立信息沟通汇报制度，使管理者能充分掌握员工及企业动态；加大教育培训力度，通过开展各种活动加强员工内部凝聚力，发展健康而卓越的企业文化。

## 熊彼特企业家理论

熊彼特是著名经济学家，他继承了瓦尔拉的一般均衡分析方法，但是他注重动态研究方法。他提出的创新理论对西方经济学的发展产生了重要影响，以此为基础产生的"技术创新经济学"和"制度创新经济学"成为西方经济学的重要学派。

熊彼特把新组合的实现称为企业，把以实现新组合为基本职能的人们称为企业家。熊彼特认为，对企业家从事"创新性的破坏"工作的动机，固然是以挖掘潜在利润为直接目的，但不一定出自个人发财致富的欲望。他指出，企业家与只想赚钱的普通商人或投机者不同，个人致富充其量仅是他的一部分目的，而最突出的动机来源于"个人实现"的心理，即"企业家精神"。熊彼特认为"企业家精神"包括以下几点。

① 建立私人王国。企业家经常有一种梦想和意志，要去找到一个私人王国，常常也是一个王朝。对于没有其他机会获得社会名望的人来说，它的引诱力是特别强烈的。

② 对胜利的热情。企业家存在征服的意志和战斗的冲动，证明自己比别人优越的冲动，他求得成功不是为了成功的果实，而是为了成功本身。利润和金钱是次要的考虑，而是作为成功的指标和胜利的象征才受到重视。

③ 创造的喜悦。企业家有创造的欢乐，把事情做成的欢乐，或者只是施展个人能力和智谋的欢乐。这类似于一个无所不在的动机。这种类型的人寻找困难，为改革而改革，以冒险为乐事。企业家是典型的反享乐主义者。

④ 坚强的意志。企业家在自己熟悉的循环流转中是顺着潮流游泳，如果他想要改变，他就是逆潮流游泳。从前的助力现在变成了阻力，过去熟悉的数据，现在变成了未知数。需要有新的和另一种意志上的努力，去为设想和拟订出新的组合而搏斗，并设法使自己把它看作一种真正的可能性，而不只是一场白日梦。

企业家必须具备一定的能力，这些能力具体如下。

① 预测能力。企业家应具有尽管在当时不能肯定而以后则证明为正确的方式去观察事情的能力，以及尽管不能说明这样做所根据的原则，而却能掌握主要的事实、抛弃非主要的事实的能力，能抓住眼前机会，挖掘市场中存在的潜在利润。

② 组织能力。企业家不仅能找到或创造新的事物，而且能利用其组织能力给社会集团留下深刻的印象，从而带动社会集团跟在它后面走。企业家善于动员和组织社会资源进行并实现生产要素新组合。

③ 说服能力。企业家善于说服员工，使他们相信执行他的计划的可能性；注重取得信任，以说服银行家提供资本，实现生产方式新组合。

资料来源：https://baike.baidu.com/item/%E7%86%8A%E5%BD%BC%E7%89%B9%E4%BC%81%E4%B8%9A%E5%AE%B6%E7%90%86%E8%AE%BA/736492[2021-09-01].

### 甜甜都安酸

"甜甜都安酸"是以广西酸品为主打的酸嘢店,在广西有多家连锁店,靠成为大众日常美食而年入过千万元。创始人梁桥是一名退伍军人,在每个退伍军人都渴望得到"钱多、事儿少、离家近"的稳定工作时,梁桥有了自主创业的想法。他学历不高但是喜爱新兴事物,对互联网与社会热点尤为敏锐。他自知自己的短板,经过自我分析,他认为如果重新学习编程或设计的技能,也许无法成为领域中的佼佼者。于是,他尝试进校园开小卖部、互联网投资及其他各式各样的摸索。

都安县的酸嘢,是不少人都会驱车去寻找的味道。都安县旅游资源丰富,亚热带季风气候下,瓜果鲜甜,村民们便用当地特制红糖将瓜果腌制成广西人的家常零食酸嘢。都安酸嘢区别于广西境内其他酸嘢的味道——偏甜,这正是都安酸嘢的独特之处。不少食客们时常不远万里,来都安寻找酸嘢的味道。正是这样的市场痛点,让富有商业嗅觉的梁桥觉得这是个可以开发的契机。于是,在回都安老家学成之后,他在不足十平方米的小铺子里开始了他的"甜甜都安酸"创业之路。

2011年刚开始创业的时候,梁桥只用了四种蔬果:白萝卜、哈密瓜、水蜜桃、白包菜。虽然小有名气,但是压力也并不小。由于对市场经营不熟悉,他做了很多尝试,走了很多弯路。创业之初,对没有经验的梁桥团队来说困难重重。"甜甜都安酸"开始时只能靠数量打开市场,但是,每天卖剩的酸嘢都很多。"一到晚上11点收摊,我就开始纠结:卖剩的酸嘢是丢掉还是留下接着卖?留着卖会流失客户,但是丢掉真的很浪费。"梁桥团队只能含泪把当天卖剩的酸嘢吃完,吃到不能再吃了才忍痛扔掉。

"很少有创业一举成名的人,许多'网红'店都是经过无数次摸索才成功的。所以我不觉得创业失败一定是坏事,每次失败都在为成功做准备。"梁桥说道。刚开始创业的前三年,梁桥把自己比喻为走钢索的人。"直到创立品牌三年后才开始有加盟!"在此之后便顺利起来,从新竹路、七星路等热闹的老城区街道渐渐蔓延到"高、大、上"的东盟商务区,直至今天,全南宁已有34家分店。食客们再也不用长途跋涉去都安寻那一口"甜甜酸"了。

问到梁桥如何把一家最传统的酸嘢做成"网红店"时,他大笑打趣道:"大概因为我是一个'段子手'吧!"虽然梁桥自谦是"段子"令他的酸嘢爆红,殊不知,在好业绩的背后,有一套互联网的经营之道。

外表低调的梁桥,在社交媒体中其实是一个不折不扣的"网红",一些爆款朋友圈的内容竟可收获100~200个赞。无论是在微信朋友圈建立健康阳光美食家的人物设定,还是认真经营的甜甜都安酸的公关形象,都是他为"甜甜都安酸"打造的第一个品牌形象——创始人自己。他打趣说道:"我可是有粉丝的人噢!"他的朋友圈内容看似即兴有感而发,其实也是经过精心编辑的。旅行日志、店内新品、工作成果记录、异地学习、美食分享……梁桥的朋友圈与常人区别不大,但是却把植入式营销的方式融入其中。"严格来说,我可是比微商还要早用互联网营销的人了!"在生意之余,梁桥常被邀请到其他企业分享互联网的经营之道。

从最初的漂流瓶发广告到微信"摇一摇"添加陌生人聊天,再到后来微信公众号的经营,到现在微信小程序的应用,梁桥都未停歇让品牌曝光的念头。在互联网时代,抢得别人的注意力就是抢到了品牌的宣传头筹。

梁桥感言,这六七年来创业的成功离不开互联网这阵"东风",人人都在谈论的"互联网+"风口,实质就是要求人们在思想上打破传统理念。梁桥对自己的企业进行系统化管理。他的公司虽然只有50余人,但是"麻雀虽小、五脏俱全",公司设有电子商务部、财务部、项目部、行政部、后勤部,甚至还有专职的文宣、采编、设计师等。在管理方面采用了大数据化管理方式,除了从公众号后台分析品牌受众人群情况外等,还是南宁最早一批使用移动支付的企业,每天从电子支付端(如美团、支付宝)支付的客户信息一目了然,通过后台数据还可了解客户的年龄、爱好、消费水平、所属区域等。"这都是以前跑市场跑不来的数据!"梁桥感叹。这阵子,梁桥开始玩起微信新出的小程序,除了"1元秒一盒酸嘢"的新品推广活动,还有许多让客户感兴趣的小游戏。在品牌方面,梁桥采用模块化管理,在"甜甜都安酸"大火之后,日韩式轻食"一同卷"、特质卤味研究所的"煎熬"等都是公司新开发的、不同定位的品牌。

资料来源:广西众创示范基地·创业故事汇第3期|征服味蕾的甜甜都安酸,爱迪实验室官方媒体平台[2021-09-01].

**创业语录**

一个人不管如何努力,永远也赶不上时代的步伐,更何况在知识爆炸的时代。只有组织起数十人、数百人、数千人一同奋斗,你站在这上面,才摸得到时代的脚。

——任正非

**思 考 题**

1. 如何选择公司类型,需要考虑哪些问题?
2. 小李要开一家便利店,请帮他分析应该怎样选址呢?
3. 企业成长的动因是什么?
4. 如何管理并留住核心员工?
5. 学习本章后,你对"创业失败率很高"如何看待?

**案例分享及讨论**

### 南宁德曼尼农业科技有限公司成长之路(一)

南宁德曼尼农业科技有限公司是2015年收购南宁南帝农资有限公司之后改组成立的,注册资本30万元。公司经营范围:农业技术推广服务;销售化肥、农药、农用机械设备等。公司负责人在该行业从业近10年,熟悉本行业特点及市场行情,积累了大量的厂家资源,建立了各级销售网络,也有一定的资金积累,具备了独立经营的条件。现公司选址隶属于农业技术指导及相关行业集中地带,与商圈要求相吻合。按照"金角,银边,草肚皮"的说法,街角上的铺位是择铺首选,"边"是指一条街两端的铺位处于人流进入的端口。公司地址既是街角,又在路边,公交发达,交通便利,有利于客户及厂家往来。

### 1. 公司团队

由于资金有限,初期只有5名员工。公司员工均具有农业生产技术相关专业大专以上学历,员工平均年龄35岁,具有相关行业从业经验5年以上,懂技术,也积累了推广销售经验,熟悉业务与市场,能独立开展相关业务。公司具有能支撑企业持续成长的人力资源,包括:①提供有竞争力的薪资待遇,内部实行包干制管理,有直接的激励机制;片区经理分管不同的区域经营,产品统一价格,实行利润分成;业绩与利益直接挂钩,统筹安排,方法灵活;片区经理业务相对独立,又有一定的协作分工,统一商定进货计划,规划区域市场,尽可能减少库存。②提供广阔的成长空间,实施经营成果分享计划,销售旺季深入田间地头,为农户提供技术服务;淡季集中在公司开市场分析会,了解产品行情,分享工作的经验与心得;定期参加各类植保类交流会。

### 2. 新企业生存管理

秉承新企业是以生存为首要目标的"生存管理"原则,公司依靠广西农业生产资料的广大市场,定位为"大而全"的多元化经营模式,提供多方位的农业技术服务,业务范围广。经过两年的经营,公司渡过了困难期,但收益并不乐观。第一年营业额200万元左右,毛利润率20%左右;第二年营业额300万元左右,毛利润率15%~20%。

### 3. 新企业的经营风险

随着市场格局的变化,同类公司越来越多,竞争日趋白热化,最后变成资金实力与价格的竞争。少数资金充足的公司既可以获得厂家优惠的价格,又有实力给下游经销商留有赊销的额度。多数普通中小公司为了维持现有市场份额,也效仿大公司的赊销模式,结果死账、呆账严重,资金风险很大,账面上有盈利,实际却处于亏损状态,现金风险比较突出。有些小公司为了生存,不惜引进质量低劣产品,从而发生效果差和药害问题,农户受损现象时有发生。

### 4. 新企业的社会认同

创办企业不能只考虑自身利益,必须承担相应的社会责任,以法律和道德为底线,为社会提供质量达标、货真价实的产品。该公司一直奉行合法经营、诚信经营,只销售正规产品,绝不坑农害农,得到了下游经销商与农户的广泛认可,形成了品质良好的口碑,赢得了更多的合作者。

公司硬件设施齐全,实行规范化管理,保障公司整体高效运营。

新企业管理具有较强的灵活性和创新性,企业家的成长欲望、组织资源的增加、外部环境变化等因素驱动新企业成长。在稳定生存的基础上,公司决定改变经营策略,实行产品差异化策略,向小而专的专业化经营方向发展。

资料来源:根据编者采访编写.

☆**课堂讨论**

企业建立初期最重要的是什么?

# 第 8 章　创业决策与企业成长

**学习目标**

1. 了解创业决策的概念、原则、过程及影响因素；
2. 掌握新企业成长理论；
3. 了解新企业成长中的决策及常用决策方法。

## 广西揽胜企业管理服务集团有限公司的成长历程

广西揽胜企业管理服务集团有限公司（简称揽胜集团），其前身为广西揽胜企业管理服务有限公司（简称公司），成立于 2012 年 7 月，是政府各级部门外包服务供应商，为中小企业提供全生态链服务，主要定位为建设国家级中小企业公共服务示范平台，面向全区中小企业提供完整的公共服务体系。公司现地址为广西南宁市高新区科创路 2 号，地处快环边上，临近地铁口，交通便利，车位充足，同时该地段也是其所服务的客户比较集中的地带，有利于客户往来。

揽胜集团顺应经济发展新常态的需要，秉承"揽贤天下，胜在人才"的经营理念，实施开放战略，植根广西，面向全国，辐射东盟，建立了涵盖东盟的国际经贸合作创新模式及全球服务网络，提供金融、信用评级、人力资源、学历提升、人才培训、信息化、内外贸、知识产权及科技成果转化等专业化服务。

1. 公司创立

2012 年 7 月，公司在南宁市市场监督管理局的批准下成立，经营场所为南宁市桂春路 3 号（230 平方米），内设企业人力资源服务部、继续教育部、综合部三个部门，共有员工 21 人，开展劳务派遣、人力资源、继续教育等服务。

截至 2012 年 12 月，公司共为富士康招聘 2335 人，劳务派遣 596 人，继续教育专、本科录取 1700 多人，继续教育在职研究生学员 45 人。

2. 发展初期

2013 年，公司整合政府和社会资源，摸清市场需求，结合自身特点和优势，紧紧围绕南宁市中小企业服务体系建设，不断完善对中小企业的服务功能，先后增加开展企业培训业务、投融资服务业务、企业信用评级服务业务等。同时，为满足公司的发展需求，2015 年办公地址迁移至桂春路南二路和兴大厦（530 平方米）。

2017 年，经过 5 年的发展，公司的员工从最初的 20 人发展到 50 多人，均为专职人员，公司先后在玉林、桂林、柳州、贺州、钦州、北海、防城港、崇左、河池、百色等地设置分支机构，以人力资源服务和学历教育为基础，包括管理咨询、投融资、风控、培训、信用评级等服务，后又延伸到了知识产权代理、外贸综合、科技成果转化等方面，服务范围遍布整个广西。在业务不断拓展壮大的同时，2017 年 6 月 28 日，公司整体搬迁，正式入驻高新区科创路 2 号（6300 平方米）。

截至 2017 年，公司累计为企事业单位招工 4000 多人，劳务派遣、外包服务 20000 人；解决中小企业融资 35 亿元，开展培训 25000 人次，服务在校生达 11189 人，常年服务南宁市企业 2000 家左右，促进了中小企业的发展。

3. 公司现状

2018 年，为全方位整合优势资源，进一步拓展更多的服务功能，公司改名为广西揽胜企业管理服务集团有限公司。2019 年，揽胜集团陆续全资投资组建了广西揽胜人力资源服务有限公司、广西鼎信信用评级有限公司、广西汇贸通商贸有限公司、广西和泽盛教育科技有限公司、广西连连赚投资有限公司、广西领智信息科技有限公司、南宁市鼎立小额贷款有限公司、广西揽胜志于道财务管理有限公司、广西南宁先进育成科技产业服务中心有限公司、广西智于卓知识产权代理有限公司等 10 家专业服务机构，拥有一支近 300 人的高素质的专业服务团队。

揽胜集团围绕中小企业缺人才、缺技术、缺市场、融资难、融资贵等问题开展服务，立足找准自身定位，以市场化和公益性相结合的手段，针对企业发展需求的难点和痛点整合资源，为企业客户提供培训、学历提升、知识产权服务，建设"产学研"服务公共平台，搭建了广西工业品开拓市场综合服务平台和南宁外贸综合服务平台，创建信息化平台服务；通过融资服务、信用评级公司、基金公司、小额贷款公司等平台，参与并有效解决了企业"融资难、融资贵"的问题，全力打造了"两台一会"中小企业贷款平台、中小企业大数据公共服务平台、中小企业"两化融合"公共服务平台、中小企业人力资源公共服务平台、南宁先进技术育成中心产学研公共服务平台、中小企业内外贸公共服务平台等六大平台，形成了较为完整的服务企业生态链体系。

为顺应经济发展新常态的需要，2018 年，揽胜集团利用已经开设的防城港、贵港、百色、河池、来宾等分公司，先行导入部分实际业务，在当地复制南宁平台的发展模式，时机成熟时将成功经验复制到钦州、北海等地，实现平台的北部湾同城化发展战略。2020 年 7 月 13 日，随着"云上钦州·5G 云招商中心"启动仪式暨"三企入钦"云招商会议的正式启动，揽胜集团正式开启了落户钦州的新篇章。

2020 年 7 月 31 日，揽胜集团成功签约高新区 25 亩建设基地，将在基地内建设一座具有地标性的国家级中小企业公共服务示范大厦及一批配套附属建筑设施（包括研发实验室、中试车间、配套服务综合体等），主要围绕电子信息、装备制造、生物医药等产业，为南宁市重点工业产业或领域提供研发设计、金融服务、服务外包、生产性租赁服务、高性能计算软件、虚拟现实软件、移动互联网、物联网等产业服务，以及其他具有显著创新、创意、专业化程度高、知识密集特征的现代产业服务，打造一个独立、完善的平台配套服务体系。

揽胜集团自成立以来，累计解决中小企业融资 245 亿元，中小企业商品进出口额达 27 亿元，累计培训人员 14 万人次，人力资源服务 12 万人次，知识产权服务 6200 多件，常年直接服务南宁市企业 2000 家以上，覆盖服务中小企业 10000 家以上。

2020 年，揽胜集团荣获"国家中小企业公共服务示范平台""国家小型微型企业创业创新示范基地""广西壮族自治区中小企业公共服务示范平台""广西壮族自治区小型微型企业创业创新示范基地"称号，被广西商务厅认定为"外贸综合服务试点企业""广西人力资源诚信服务示范单位""南宁市 AAA 级劳动关系和谐单位""南宁市企业信用协会信用评级 A+级企业""高新技术企业"。

4. 今后规划

未来，揽胜集团将继续深入挖掘市场需求，在现有经营基础上继续拓展经营业务范围和扩大延伸业务领域，集团将以开放式、模块化思维，建设具有区域重要影响力的公共服务聚合体，打造战略新兴产业，发展形成全国一流的中小企业公共服务体系，带动南宁市战略性新兴产业发展。集团将以专业化服务推动企业科技创新，促进企业开拓国际市场，提升南宁市中小企业的综合竞争能力。

① 加大推动创新业务服务发展模式的力度，优化各业务板块的运营模式，提高运营效率，打造平台的核心竞争优势。

② 继续引入和扩大信息化的服务手段，加快实现公司内各个服务业态板块资源共享互通，通过科技化的手段推进对已被平台服务的企业的精准识别，提高对广大企业的多重服务覆盖。

③ 建设以"揽胜大厦"为标志的自有公共服务平台基地,拓展揽胜集团服务中小企业的物理空间。

④ 继续实施和推进北部湾同城化发展战略,在当前钦州基地建设的基础上,加快推进北海乃至全区各市基地建设并发展壮大,再造若干个区域性的新平台。

⑤ 拓展服务中小企业新的蓝图,最终建成以南宁为核心,带动广西,面向全国辐射东盟的中小企业产业链服务平台。

资料来源:根据编者采访编写.

## 8.1 创业决策

### 8.1.1 创业决策的概念

创业决策主要有两种理解。从广义上讲,创业决策涵盖了创业者整个创业活动中涉及的所有决策过程;从狭义上讲,创业决策是创业者决定成立新企业的决策过程。本小节所说的创业决策属于狭义范围。具体来说,创业决策是创业者面对不确定的商业机会时,为谋求超额收益,对是否进行资源投入所做出的取舍抉择,创业就是创业决策的结果之一。简单来说,创业决策就是对创业这个事进行先期判断,思考其"能不能赚钱,值不值得做"这样一个选择判断的过程。

创业决策的主体是管理者,其本质是一个过程,这一过程由多个步骤组成。

1. 创业决策首先要有明确的目标

确定明确具体的目标为经营决策提供依据,为经营活动提供指南。

2. 创业决策要准备多个方案

通过对多个方案的对比分析,选择切实可行的方案为行动方案。

3. 具体执行

决策是认识过程与行动过程的统一,实施后才是真正的决策。

### 8.1.2 创业决策的原则

创业决策需要遵循一定的准则来开展决策活动,才能使决策尽可能地达到预期效果。特别是大学生创业,他们工作和决策的经验相对缺乏,准则就更具有指导意义。可以把决策和准则进行一一比较,看看是否符合其中的要求。

1. 一般原则

(1) 合法性原则

创业决策必须符合各项法律、法规和政策要求。违背法律的创业决策是无法实施的,就是实施也会受到处罚。例如,国家提倡节能减排,淘汰落后产能,创业可以着眼于绿色能源,避开一些与落后产能相关的行业。

(2) 创新原则

创业环境的多变,要求创业者不能墨守成规,要冲破旧思维、旧方法、旧习惯,以新思维、新方法、新技术来选准方向,进行创业决策。大学生在资金、人脉等资源方面缺乏优势，选择创业决策中创新度高的方案是提高创业成功率的最佳方法。

(3) 经济性原则

创业决策的目的就是获得创业成功，经济效果是必须要考虑的，即基于投入与产出的关系，应尽可能获得最大的经济效益。就是说在创业活动中，要尽可能降低各种费用，不能不计后果，不计成本。离开经济效益，创业决策也就失去了意义。在衡量经济效益时，既要考虑企业的利益，也要考虑到社会效益。如能产生良好的社会效益，企业就会更快地获得社会认可。

(4) 可行性原则

创业决策不能只是表面看着好看，数据、前景似乎都很好，到最后却无法实施。要从自身条件到外部环境进行全面的可行性分析，否则再理想、再完美的创业决策，如果无法实施，就没有任何意义了。

(5) 科学性原则

创业决策要符合经营管理活动本身的规律，从决策思想、体制、程序等多角度科学化，从而获取准确的信息，进行科学的预测，进而达到科学决策。

(6) 系统性原则

协调整体与各部分的关系，分工合作，将各个部分的特性放到整体共性中去权衡，实现整体目标与各部分目标协调一致。

2. 创业决策的特殊原则

(1) 不做决策，也是一种决策

每个决策对于决策者来说，总有一项"替代方案"，那就是不做决策，什么都不做。例如，外科医生除非必要，否则不会决定让患者动手术。即使决定做手术，若本地医护条件达不到，也会要求患者转到条件更好的医院进行手术治疗。创业过程也一样，资源条件没达到或者不适宜做决策的时候，创业者可以先不做决策，避免失败；等资源条件达到了，再根据情况进行创业决策，管理决策也同样适用。

(2) 力求简单，但不能过于简单

过于复杂的决策方案和决策过程，会过分消耗资源和决策者的精力，可能会造成难以决策或者无法分辨优劣的状况。过于简单的决策过程，可能忽略了某些关键要素，让决策偏离方向，甚至做出错误的决策。企业在决策过程中，会逐步找到一些相对固定的决策框架对一些正常的业务进行决策，这个是比较可行的。比如说采购，针对指标重要性（价格、功能、性能、耐久度等）形成采购决策框架后，后续类似的决策，依然会继续参考这个采购决策框架进行评判和选择，既节省了决策过程中需要消耗的资源，也做到了不过于简单。

(3) 不要机械地理解和应用决策程序

在决策过程中，不能机械地理解决策程序，否则就犯了教条主义、本位主义错误。人们的实践活动是纷繁复杂的，千变万化的，创业者可以把决策程序当成一般行动指南。创业者把这些决策程序用到实际决策活动中时，应当懂得灵活变通。

### 8.1.3 创业决策的过程

决策过程是指从问题提出到确定方案所经历的过程。创业决策是一项复杂的活动，有其自身的工作规律，明确和掌握科学的决策过程，是创业者提高创业成功率的一个重要方面。

1. 分析资源形势，确定决策目标

一般情况下，创业者大致知道自己的优势资源并对市场有一定的了解，而且有大致的创业方向和目标。接下来介绍简单的分析方法和目标确定过程中要注意的事项。

通过优势（劣势）分析，决策者能够比较全面地掌握内外部情况，对确定目标进行合理判断，如表 8-1、表 8-2 所示。

表 8-1　企业优势（劣势）分析表

| 微观环境分析视角 | 企业优势（劣势）分析视角 |
| --- | --- |
| 企业本身 | （产品）技术优势（劣势）<br>（生产操作）技能优势（劣势）<br>有形资产优势（劣势）<br>无形资产优势（劣势）<br>人力资源优势（劣势）<br>组织体系优势（劣势） |
| 供应商 | 和供应商合作的优势（劣势） |
| 营销中介 | 和营销中介合作的优势（劣势）<br>和营销支持单位合作的优势（劣势） |
| 市场 | 适应市场的优势（劣势） |
| 竞争者 | 在竞争中获取的优势（劣势） |
| 公众 | 在公众形象中的优势（劣势） |

表 8-2　企业机会（威胁）分析表

| 宏观环境分析视角 | 企业机会（威胁）分析视角 |
| --- | --- |
| 人口 | 人口新特征出现带来的机会（威胁）<br>消费者新消费观念、消费方式带来的机会（威胁）<br>（适应人群）人口规模变化带来的机会（威胁） |
| 经济 | 整体经济形势发展带来的机会（威胁）<br>经济转型带来的机会（威胁）<br>经济周期变化带来的机会（威胁）<br>资源储藏（使用）带来的机会（威胁） |
| 自然 | 自然环境特征（改变）带来的机会（威胁）<br>人与自然关系（转变）带来的机会（威胁）<br>自然资源获取方式（改变）带来的机会（威胁） |
| 科技 | 新技术带来的机会（威胁）<br>技术向新领域发展带来的机会（威胁） |

续表

| 宏观环境分析视角 | 企业机会（威胁）分析视角 |
|---|---|
| 政治法律 | 政治（法律）倡导带来的机会（威胁）<br>汇率和外贸政策带来的机会（威胁）<br>货币政策带来的机会（威胁） |
| 社会文化 | 社会民俗带来的机会（威胁）<br>文化倡导带来的机会（威胁）<br>新文化现象带来的机会（威胁） |

对表8-1、表8-2进行比较判断，最终形成SWOT分析模型。

确定创业决策目标，需要注意以下几个方面。

（1）正确的目标，必须对未来有科学的预判

既要知道团队或企业的优势、劣势，同时又要掌握未来的变动趋势，才有可能选择合理的创业方向和目标。准确预判是比较困难的，预判做得越充分、越好，创业成功的概率越高。

（2）必须确定决策目标的具体时间

因为环境和客观条件是不断变化的，目标是有时效性的，所以创业者必须确定决策目标的具体时间，也需要在一定时间内对目标进行跟踪，并判断是否需要调整。目标的调整也是为了目标更贴近实际情况，不脱离实际。若调整，要给出调整后决策目标的时间。

（3）目标应尽可能可衡量，要有个衡量目标是否达到的具体标准

实在无法衡量目标时，可用陈述方式，尽可能把目标描述得具体、详尽、清楚。

2．调查预测和情报收集

调查预测和情报收集是创业决策的基础。情报是否准确关系到创业决策是否正确。所以创业决策前，必须围绕目标开展调查，收集有关情报，为创业决策提供可靠的依据。调查工作的具体内容如表8-4所示。

表8-4 预测调查表

| 项 目 | 具 体 内 容 |
|---|---|
| 市场环境 | （1）市场上存在的同类产品和代用产品的数量及发展趋势<br>（2）顾客对产品需求的变化<br>（3）社会购买力的变化<br>（4）原材料、燃料、动力、辅助材料、协作件供应商的可选择性与价格<br>（5）竞争对手的发展动向，包括技术力量、设备状况、取得资源和能源的条件以及经营策略等情况<br>（6）流通渠道的状况，如产品流向和销售地域分布、贸易途径、销售方式等<br>（7）金融市场的状况及对企业的影响<br>（8）技术市场的状况及对企业的影响<br>（9）劳务市场的状况及对企业的影响<br>（10）生产资料市场的状况及对企业的影响<br>（11）国际市场的变化情况 |

续表

| 项　目 | 具体内容 |
|---|---|
| 社会环境 | （1）社会经济发展的水平及趋势<br>（2）人们的消费水平、消费结构和层次<br>（3）社会经济结构、劳动力结构、物质资源和矿产资源的状况<br>（4）政府的政治、经济方针，政策，法令，政治局势的稳定性<br>（5）人口增减情况及对市场的影响<br>（6）一个国家或地区当前技术的水平与状态、新技术的成就、技术发展的动向 |
| 企业内部经营要素的状况 | （1）人、财、物的状况<br>（2）产、供、销的状况<br>（3）技术水平和设备状况<br>（4）管理水平和管理现状<br>（5）形成什么样的企业文化<br>（6）企业本身的优势和劣势 |

3．拟订备选方案

决策者认真对待拟订备选方案。备选方案数量也是有讲究的。方案越多，选择余地越大，准确性就越高，但是与之相应的调研成本、人力成本、物力成本、时间成本也就越高。方案太少，会影响全面比较，会影响方案的合理性，甚至遗漏关键问题。这里我们推荐3～4个备选方案。备选方案可以是标准的，也可以是独特的和富有创造性的。标准方案通常是指组织以前采用过的方案。通过头脑风暴、名义小组技术和德尔菲技术等，可以提出富有创造性的方案。

（1）拟订方案的思路和方法

① 先找简单的方案，后找复杂的方案。

② 先在自己熟悉的领域找，然后才到其他领域找。

③ 先找最有把握控制行动后果的方案。

④ 发挥创新精神，另辟蹊径，寻找有独特竞争优势的方案。

（2）方案基本要求

① 不同备选方案之间最好是互斥的。资源时间有限，应合并相似方案，淘汰可行性差的方案。

② 说明方案的特点、弱点和实施条件。

③ 每一方案都应尽量以确切的定量数据来反映成果。

④ 方案表达必须合理、直观。

4．选择满意方案

（1）分析评价备选方案

根据决策目标，建立评价指标体系，评价每个方案对于解决问题或实现目标所能达到的程度，以及采用这些方案后可能带来的后果。

（2）最优方案评价标准

备选方案评价后，针对多个备选方案进行比较，选定一个最佳方案，评价标准如下。

① 目标有可预测性，风险可控。

② 技术上合理，具有高度的可行性。

③ 经济上比较适度，实施创业决策方案的费用合理，预期收益可观。

（3）方案选择注意事项

① 因为各种因素存在不确定性，所以方案都会有一定的风险。

② 综合考虑各种因素后，选择的不一定是最佳方案，而是一个相对满意的方案。

③ 在最终选择时，应允许不做任何选择。不能确定时，不如不采取任何行动，以免冒不必要的风险。

5. 创业方案选择的常用方法

（1）直觉判断法

依靠直觉判断，做出快捷、简单的分析。如果直觉是建立在过去的经验和广泛学习的基础上的，就可以做出比较正确的判断。但是大学生在创业时，这方面的经验是比较欠缺的，因此不建议采用此法。

（2）实验法

对缺乏经验和风险评估不完全的创业决策，我们可以选择少数典型单位进行试点，取得经验和数据后作为决策依据。

（3）数学分析法

运用数学分析法，把各个方案的有关指标加以量化，进行比较，使创业决策更加精确和科学。这里我们介绍其中一种简单实用的数学分析法——决策权重模型。

决策权重模型步骤如下。

① 用数字来表示模型中相关标准或者属性。

② 根据重要性，对每个因素都赋予一个重要性权重。

③ 计算最终结果。

举例说明（表8-5）：按分数评定选择方案，分数为1~10分。

表8-5 决策权重模型

| 方　案 | 风险（风险越低分数越高） | 预计收益 | 方案预算 | 技术力量 | 加权总得分 |
| --- | --- | --- | --- | --- | --- |
| 权重 | 40% | 20% | 25% | 15% | |
| A | 7 | 6 | 6 | 7 | 6.55 |
| B | 8 | 5 | 7 | 6 | 6.85 |
| C | 5 | 7 | 5 | 8 | 5.86 |

通过比较，我们可以很清楚地知道应该选择方案B。

权重模型的关键在于确定权重，不同的权重得出的结果是不一样的。制订权重的过程，可以根据决策者自身的特点制订权重;也可以建立专家判断模型,根据专家意见设置权重;还可以根据客观实际情况和实验反馈制订权重。

(4) 价值分析法

价值分析法准确率高,但是费时费力,专业性要求较高,需要受过专业训练的决策分析师参与。

表8-6所示为不同决策方法的优缺点对比。

表8-6 不同决策方法的优缺点对比

| 决策方法 | 质量 | 需要的精力 | 透明度 |
| --- | --- | --- | --- |
| 直觉判断法 | 低 | 低 | 很低 |
| 实验法 | 中等 | 中等 | 中等 |
| 权重模型法 | 高 | 高 | 很高 |
| 价值分析法 | 很高 | 很高 | 低 |

基于大学生的特点,这里推荐将数学分析法与实验法结合起来使用来选择方案。

6. 实施方案

为了实现创业决策的既定目标,创业者必须将选定的方案付诸实施,除非选择的是创业决策中隐含的最后一种方案——暂不决策。

(1) 制订方案执行流程。

(2) 加强宣传与沟通,保证方案参与者彻底了解方案的内容与实施方法。

(3) 应用项目管理方法分解决策目标,注意各个环节的关联。

(4) 加强监督与反馈,确保目标的实现。职能部门经常检查各岗位方案的执行进度及目标达成情况,建立工作报告制度,通过追踪方案的实施情况,及时采取措施纠偏。监督方案不是创业决策的终止,而是创业决策的循环。通过监督与反馈,继而不断审视和调整目标,调整方案。

 延伸阅读

**创业决策的影响因素**

1. 外部因素

创业决策的影响因素首先是来自外部的因素。

(1) 环境

环境特点影响着企业的活动选择。环境一定程度上决定企业的生存和发展。企业对环境的习惯反应模式也影响着组织的活动选择。环境发展趋势基本上分为两大类:一类是环境威胁,另一类是市场机会。

(2) 组织文化

文化通常指人民群众在社会历史实践过程中所创造的物质财富和精神财富的总和。它是一种历史现象,每个社会都有与其相适应的文化,并随着社会物质生产的发展而发展。

创业受其文化特征的影响。企业的管理人员应该把握其文化特征,同时还应从决策的角

度研究组织文化与决策的关系。一个新决策要求原有的组织文化的配合与协调,而企业原有的组织文化有它的滞后性,很难马上对新的决策做出反应。所以,组织文化有可能成为实施决策的阻力;另一方面,积极的革新组织文化也可能成为实施决策的动力。

企业在进行管理和实施一个新决策时,内部的新旧文化必须相互适应、相互协调,这样才能保证决策获得成功。虽然,创业者在决策时要考虑所做出的决策尽量与组织文化相适应,不要破坏企业现有的组织文化。但是,当企业环境发生重大变化,企业的组织文化也需要相应做出重大变化的情况下,企业应考虑到自身的长远利益,不能为了迎合企业现有的组织文化,而将企业新的决策修订得与现有的组织文化标准相一致,这有可能损害企业的长远发展。

(3) 时间

决策受时间的制约。决策是指在特定的情况下,把企业的当前情况与企业未来可能的行动联系起来,并旨在解决问题或把握机会的管理活动。这就决定了决策必然受时间的制约。一旦超出了时间的限制,情况发生了变化,再好的决策也不可能达到预期目标。"刻舟求剑"的故事就充分说明了随着时间的改变、条件的改变,决策也必须随之变化的道理。

一个方案可能涉及较长的时间,在这段时间里,形势可能发生变化,而初步分析是建立在对问题或机会的初步估计上的,因此,管理者要不断对方案进行修改和完善,以适应变化了的形势。同时,连续性活动因涉及多阶段控制而需要进行定期分析和控制。

2. 人本身的因素

创业决策的影响因素除了外界影响因素还有人本身的因素,包括以下几点。

(1) 决策者对风险的态度

风险是指一个决策所产生的特定结果的概率。决策者对风险的态度可以分为三种类型,即风险喜好型、风险中性与风险厌恶型。不同的决策者对风险的态度,决定了其决策的方式。风险喜好型的决策者敢于冒风险,敢于承担责任,因此有可能抓住机会,但也可能遭到一些损失。风险中性的决策者对风险采取理性的态度,既不喜好也不回避。风险厌恶型的决策者不愿冒风险,不敢承担责任,虽然可以避免一些无谓的损失,但也有可能丧失机会。由此可见,决策者对风险的态度影响了决策活动。

(2) 过去的决策

在大多数情况下,创业决策不是在一张白纸上进行初始决策,而是对过去的决策的完善、调整或改革。过去的决策是目前决策过程的起点。过去选择的方案的实施,不仅伴随着人力、物力、财力等资源的消耗,而且会给管理者的心理和情感带来变化,甚至会伴随着内部状况的改变,带来对外部环境的影响。过去成功的决策所带来的良好效果和记忆必然给未来的决策以有益的借鉴,过去失败的决策必然给未来的决策带来阴影和消极影响。正所谓良性循环和恶性循环。

过去的决策对目前决策的影响程度,与过去的决策和现任决策者的关系的密切程度相关。如果过去的决策是由现任决策者制订的,而决策者通常要对自己的选择及其后果负责任,那么,决策者一般不愿对组织活动进行重大调整,而倾向于仍把大部分资源投入过去方案的执行中,以证明自己决策的正确和避免损害自身形象。相反,如果现任决策者与过去的主要决策没有很深的关系,则一般都愿意接受改变。

资料来源:决策的影响因素-道客巴巴-《互联网文档资源(https://www.doc88.co)》

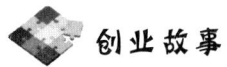

## 创业故事

### 尝试创业

周梦娟毕业于泰国清莱皇家大学泰语专业,海外留学经历使得她的独立性很强。回国后,她在私企工作了四年时间,后又与朋友成立咨询公司。2015年之后,周梦娟还独立运营了四家大型网咖。在工作趋于稳定之后,周梦娟开始反思:"难道我要每天在办公室守着营业额吗?"经过半年的深思熟虑,2017年年初,周梦娟在爱迪实验室创业导师的介绍下结识了车载散货三维体积测量系统创始人兼总经理张得强,并加入了他的创业团队。

周梦娟起初担心不熟悉的领域会限制自己的事业发展,直到亲赴丰林集团的造板厂实地考察车载散货三维体积测量系统的运行情况后,才打消了顾虑。丰标集团创造的计量工具——车载散货三维体积测量系统,该系统分为硬件系统和软件系统两个部分。硬件部分是一个高约23米的三维扫描车库,软件系统是一个集成信息处理系统。外形与一套台式计算机类似。实际运用中,货车只需在满载、空载的情况下分别进入测量库内,短短几分钟时间,系统就可计算出货物的实际体积和质量。

周梦娟了解到,在过去的人造板和造纸行业,传统的木料计量方式存在诸多弊端。例如,木料掺水率高达55%,人工抽样、化验耗时耗力,而且还存在徇私舞弊等职业道德问题。由于木料掺水后较容易腐烂,木料烘干能耗增大,这既增加企业成本又造成资源浪费。车载散货三维体积测量系统提高了工作效率,规避了道德风险,降低了木料的保存风险,降低了烘干能耗,减少了买卖双方的结算纠纷,提高了运输效率。对于社会来说,使用车载散货三维体积测量系统降低了资源的消耗,环境也得到了保护。车载散货三维体积测量系统的优势和市场发展前景令周梦娟信心倍增。2017年,丰林集团的年销售额超过了1000万元人民币。

除了对市场的广阔前景及产品优势的认知,周梦娟还看中了团队的研发能力。周梦娟认为,现在大部分创业项目技术含量不高,很多项目是借用别人的东西,稍做修改就开始推向市场。而丰林集团生产出的产品都是自主研发的,而且已经得到了部分企业的认可。截至2017年12月,团队共获专利30件,软件著作权11件,并取得示值相对误差0.38%的计量院测试证书。这些产品与技术创新成果就像是定心丸,增强了团队成员努力工作的底气。"我从来就不喜欢虚的东西,尤其是学习和工作更要亲力亲为。"耿直的周梦娟在总结自己的创业经验时曾说。刚加入团队的周梦娟对信息管理系统、造纸业、林业等与项目相关的知识一无所知,从加入团队的第一天起,周梦娟每天都会反复地看公司各项目的资料。在现场勘察设备运行的时候,周梦娟会带着笔记本认真地记下设备运行的每个环节,不懂的地方过后反复请教技术人员,直到精通每个流程和环节。作为团队中从事市场推广的负责人,周梦娟带领着团队在不断探索新的商业模式。2018年,丰林集团开发出了代理、直销、租赁的市场销售渠道。在不久的将来,丰标集团将基于三维建模技术的测量建立虚拟现实及其相关交易平台。这个交易平台将充分整合企业大数据、企业信用、企业互联网三大模块资源,通过金融P2P业务和交易App,有效连接企业、供应商甚至是货车司机。企业可通过该平台找到最合适的货源,供应商可以筛选出利润最高的销售方式,货车司机也可以尽可能多地接到配送订单。周梦娟认为,国人的科研能力很强,虽然丰林集团销售的产品仍处在行业前列,但再过几年或许会有更先进的计量方式诞生,如若故步自封,将会很快被市场淘汰。周梦娟认为创业的风险和利益是对等的,一方面准创业者要通过多想、多看、多试、多做来获得创业的条件,另一方面要有良好的心理素质和个人能力来面对风险,若任何时候都想着把自己的风险规避到最低,那自己与合作伙伴的利益也会大打折扣,久而久之也就没有了合作伙伴,这还何谈创业?周梦娟在创业过程中,很重视个人能力和团队能力的培养。

周梦娟从一名创业项目发起人到创业团队合伙人,她不断地变换着自己的身份以提升自己的能力。创业道路崎岖坎坷,不忘初心,才能得始终。周梦娟只是万千努力的创业者的一个影子,在她身上,我们看到了年轻,看到了活力和希望。

资料来源:广西众创示范基地·创业故事汇第14期 | 年轻就是希望——访"我的科技"周梦娟,爱迪实验室官方媒体平台 [2021-09-01].

**创业语录**

企业总裁是一个职业的决策者,不确定性是他的敌人,克服它则是他的使命。

——约翰·麦克唐纳

## 8.2 企业成长

### 8.2.1 企业成长的概念

企业成长是指企业内在素质提升、外部价值网络优化,凭借有效的商业模式、企业战略及策略等赢得市场竞争优势,进而实现业绩增长的过程。企业成长的具体表现为企业规模的不断扩大、内部结构优化和成熟、生产效率的提升等,实现从量变到质变。

### 8.2.2 企业的生命周期

企业的生命周期,是指企业创立、成长、衰退的过程,具体可分为初创期、成长期、成熟期和衰退(蜕变)期。

**1. 初创期**

初创期的企业,首先要解决的问题不是成长问题,而是生存问题。这个时期企业富有创新精神,但总体实力较弱,管理水平较低,产品方向不稳定,市场占有率无法保证。受企业财务管理水平限制,这个时期企业的投资收益率相对较低。

**2. 成长期**

企业进入成长期后,发展速度快,波动小,产品方向稳定,企业之间的协作能力有所加强;企业专业化水平提高,开始注重发展与其他企业的联合关系,拓展各方面资源;经营风险加大,现金流不稳定。处于成长期的企业依然要步步谨慎,尤其不能为众多令人炫目的投资机会所诱惑,从而放弃主营阵地或者分散精力,盲目冒进,从事多元化经营,最后断送大好局面。成长期是一个企业做大做强的关键时期,企业不仅应关注有形资源(如规模、资金等)积累,更应关注无形资源(如声誉、稳定供求关系等)的积累。企业有一个超长成长期意味着企业长时间处于发展上升阶段,企业可以重点考虑如何延长成长期的寿命。

### 3. 成熟期

快速成长在给企业带来巨大收益的同时，也同样消耗企业此前积累的有形资源和无形资源。最终，当企业发展到一定规模时，成长速度会慢下来。此时，企业进入成熟期，经营模式逐渐改变，管理要求更高，发展多元化，并形成具有本企业特点的企业精神。此时，企业主要关注无形资源的积累，并积极寻找新的利润增长点，发掘新的明星业务，提前为即将到来的衰退（蜕变）期做好准备。特别是处于成熟期后期的企业，可以考虑多元化经营问题。追求可持续发展的企业，会有效利用成熟期获得丰厚的利润并投入新的事业领域中。

### 4. 衰退（蜕变）期

企业进入衰退期的原因很多，如企业关键人物的离职、产品因技术落后被其他产品替代、企业组织管理不健全等。如果企业能够在成熟期培育出新的经济增长点，形成现代企业管理体系或制度，就有可能形成更高层次的蜕变。企业进入一个新的生命周期循环和成长模式循环（蜕变期），在更高的基础上开始新的有形资源和无形资源的积累，开始一个新的从量变到质变的过程。

## 8.2.3 企业成长的模式

企业成长的模式是指企业在其所经历的生命形态过程中所呈现的整体的成长态势或路径特征。从企业的资源和能力两个维度可以将企业成长的模式分为以下三种。

### 1. 渐进型成长模式

渐进型成长模式基于保守型企业文化，企业经营稳健，缺乏创新的氛围，创新得不到宽容和支持，强调的是循规蹈矩。渐进型成长模式面对市场各种机会的时候，首先考虑的是风险因素，利润并不是最重要的，永续经营才是最根本的，利润只是企业生存的手段而不是目的，符合可持续成长的理念。

渐进型成长模式并非使企业在整个战略当中都一直保持低速发展。只要条件成熟，企业也可以在短时间内抓住机会，加快发展，甚至变成阶梯式或者跳跃式发展。总之，渐进型成长模式使企业的成长速度犹如"变速跑"，有时快，有时慢，一切取决于企业外部环境和内部条件，单纯追求发展速度对企业的健康成长并没有好处。

### 2. 跳跃型成长模式

跳跃型成长模式追求高速成长，以最短周期达到企业整体高水平增长。相比于渐进型成长模式，跳跃型成长模式为实现快速发展，追求投入产出同步最大化，以及经营管理活动结构的最佳化；善于利用一流的合作伙伴、一流的人才、一流的技术、经营管理知识的最佳成果和最佳的产业和经济环境，让它们也作为企业高速发展的推动力；把企业内部有限的人力、物力和时间成本都集中在核心领域的持续研发和优势的保持上。

（1）跳跃型成长模式的特征

① 向顾客让渡价值最大。

买方市场的形成导致市场竞争加剧。在竞争中，哪个企业向顾客让渡的价值越大，哪个企业就拥有引导大量顾客与支配竞争态势的能力。因此，企业为顾客创造超值的产品，才能在激烈的市场竞争中占据有利地位，为跳跃型成长创造条件。

② 产权制度利用最大化。

跳跃型成长的企业善于在企业不同的成长阶段，根据企业高速发展的需要及时调整产权制度，以有效地激励员工和拓展融资渠道。

③ 健全管理平台建设。

健全战略领导、资本扩张、产品经营三大机制为基础的运营体系，是跳跃型成长的企业为夯实企业高速增长的支撑平台必须先行的一项基础管理工作。这个体系能为提升企业管理平台提供全面的经营管理职能设计和一流的经营管理方法体系。

（2）跳跃型成长的企业的危机防范

高速运动的物体，很可能轻轻一绊，就摔倒在地，这就是高速成长企业的风险所在。正在高速发展或者谋求高速发展的企业，要时刻保持清醒的头脑，切莫"快不择路"，须认真学习并保持均衡稳健的跳跃型成长状态，避免失衡性增长导致的一系列风险。

① 紧跟"潮流"，导致个性模糊。

企业步入高速发展的时候，容易让企业领导膨胀，决策随心所欲，跟随"潮流"。将企业选择业务的基本原则（只做自己最熟悉、最擅长的业务）抛之脑后，致使差别优势丧失，不明白自身优势所在。

② 目光短浅，缺乏远见。

企业现在的高速发展，可能是透支企业将来的利润。所以企业经营者决策的时候必须权衡企业现在和将来两个时间因素对决策方案的影响。决策方案既有利于企业现在的发展也有利于企业未来的发展，这样是最佳的。但是很多时候，决策满足了现在的发展却不利于将来的发展；或者说有利于将来的发展却不利于现在的发展。这就需要权衡两者的时间因素，做出合理的选择。如果企业当下已经经营困难了，那么多考虑当下的利益，先活下去是关键，此时天平要往当下的利益倾斜；如果当下企业发展平稳，那么天平应该往长期利益倾斜。

③ 抱残守缺，不知道放弃。

企业曾经的光荣和昔日的辉煌，不能确保企业风光常在。环境变化，竞争加剧，更需要企业领导者去接受新观念、寻找新路子。企业"抱残守缺"往往源自人的惰性。竞争不仅需要勇气，还需要智慧和创新，一旦懒于创新，那些昔日的成功者可能会被淘汰。

企业有目的、有计划地抛弃老旧的、跟不上时代的东西，才是追求创新，谋求持续发展所必需的成功条件。只有战胜自我，企业才能先破后立，不断革新进步。

④ 漠视顾客，丧失市场。

顾客是企业的衣食父母。企业要是不搞市场研究，不知道顾客购买习惯的动态变化，就会失败。尤其是那些市场生命周期短的高科技行业和潮流性行业等，如果不能紧跟顾客兴趣爱好变化而采取相应对策的话，就很难维持市场份额，更别说开发新市场了。

因此，精明的经营者不光把营销的注意力放在自己已有顾客身上，而且也把注意力放在还未购买其产品或服务的潜在顾客身上。

⑤ 内部树敌，祸起萧墙。

在企业迅速发展时，会有某些管理者自我膨胀、盛气凌人，成为企业内部安定团结的破坏者。这些管理者大多是创业的有功之臣，随着企业快速成长，他们可能会力不从心，也有可能存在刚愎自用和尖酸刻薄等情绪化行为。这些都是经营者要时刻关注的。依照"用人之道"，经营者要为下属提供宽松的管理平台，让他们尽其所能地施展才能。

3. 阶梯型成长模式

阶梯型成长模式追求企业发展与安全的平衡，以实现企业的长远发展为终极目标。企业确定自身发展速度时，并不是从主观意愿出发，而是根据企业自身条件和外部环境，将自身的速度目标确定在稍微高于行业发展速度或者竞争对手发展速度的水平上。

企业发展建立在资源供应适时补充和管理平台适时升级的基础上。企业在实现一个阶段快速发展以后，企业经营者及时盘点消耗的资源和剩下的资源，并判断下一轮增长需要多少资源，有计划补足缺口，建立起坚实的资源供应平台。企业在业务快速增长的同时，要持续完善和改进企业管理，使之与企业成长速度相匹配，巩固管理平台，为企业快速增长提供支持。

阶梯型成长模式注重主动地构建"经营安全系统"。所谓"经营安全系统"是指：在理念上防范经营风险；在战略上追求经营安全；在措施上强化经营安全对策，措施上我们可以利用现代的信息化管理系统，如财务管理系统、ERP 系统等对公司运营进行管控，对风险点进行预警等。百年企业，是企业家不懈追求的目标，它来自一种理念，就是追求企业永续经营。这里"经营"二字，即资源供应平台和管理平台应随着企业的发展而不断坚实、不断提升。

全面提升管理平台是企业阶梯型成长的一项基础工作，提升管理平台应从以下方面考虑。

（1）管理平台应该规范，须具有一定支撑力的管理系统与之相配合

建立规范化的管理平台，就是进行企业组织系统设计、流程设计、管理制度设计、绩效考核方案设计、薪酬福利激励方案设计、预算和管理方案设计，以此提高企业整体管理的效率和效益。

为了使设计的管理平台能在实际中有效实施，在专业设计咨询项目的推动阶段，在推动有效管控项目的同时，还要进行大量的培训，进而更新观念，提高管理技能，真正提高企业管理水平。

（2）提升管理平台的含义

管理平台应包含现代企业制度，从明确产权入手，从理顺管理体制及领导体制入手，明晰管理工作的标准和流程，制订《经营管理手册》《员工手册》《营销手册》等文件，使企业运营成为一个有机管理整体。总之，无论从整体还是局部，都要体现管理平台提升的要求。

（3）从制度和文化两个层面完善管理平台

企业管理不仅靠制度，企业文化的提升和进步也是企业管理平台提升的一个重要标志，也是企业成长壮大的保证。管理平台的提升，既包括企业硬件的进步，也包括企业软件的进步。企业要成长，企业文化的及时提升是必要的。

4. 成长模式的选择

影响企业成长模式选择的因素有很多，大致可分为外部因素和内部因素。针对这些因素，下面进行分析和讨论。

（1）影响企业成长模式选择的外部因素

① 政策法律对企业成长的影响。

企业所在的产业和地域范围，相应的税费、市场竞争环境的公平性和国家行业政策对企

业发展支撑的程度等，都会影响企业成长模式的选择。一般来说，在面临的政策、法律、环境比较有利时，企业可以充分利用机会选择跳跃型成长模式或阶梯型成长模式，使企业在短期内取得快速发展。相反，在政策、法律、环境对企业不利时，企业应采取渐进型成长模式。

② 经济环境对企业成长的影响。

国内经济发展状况影响国内市场需求的大小。如果国家总体经济发展状况良好，企业所在行业也是朝阳产业，则市场潜在需求旺盛，为企业扩大生产，开拓新业务提供了动力，企业相应的成长机会也比较多，此时企业可以采用跳跃型成长模式来把握机遇。而在经济下行、消费疲软时，企业不能盲目扩张，此时应采用渐进型成长模式或阶梯型成长模式。

同理，在行业寿命周期中也如此。在行业形成早期，市场需求小，技术不成熟，相关配套不健全，此时企业应选择渐进型成长模式，在达到生存下来的目标时，积累资源和培养能力。当行业进入快速成长期，市场需求急剧上升时，采用阶梯型成长模式或者跳跃型成长模式可以让企业及时搭上行业发展的"顺风车"。

③ 社会文化环境对企业成长的影响。

社会文化环境在短期内对企业成长模式的选择影响不明显，但从长期来看，它却影响着企业经营的方方面面。比如说，在保守型的社会文化中，企业通常不会采用激进的成长方式，在开拓市场、产品开发和业务发展上大多会循序渐进。而在比较崇尚冒险的社会文化中，企业在把握机会方面胆子可能会比较大，在扩大企业规模、扩大经营范围、进行组织制度和结构调整方面会比较坚决，因而倾向采用跳跃型成长模式。

④ 技术环境对企业成长的影响。

技术环境的变化会影响企业的竞争格局，影响企业相对的市场地位，影响企业所采用的发展战略，最终体现在企业成长模式的选择上。

新技术的出现，对某些企业可能意味着新的机会，而对另外一些企业可能意味着巨大的威胁。前者可能采用跳跃型成长模式或阶梯型成长模式，以充分利用新技术带来的机会；而后者则可能采用渐进型成长模式，以尽力摆脱或化解新技术带来的威胁。

（2）影响企业成长模式选择的内部因素

外部环境提供了企业成长的机会，而内部因素从根本上影响着企业成长模式的选择。

① 资源对企业成长模式选择的影响。

资源包括企业所拥有的人、财、物、信息和建立的关系网络等，是一个企业赖以生存和成长的主要依靠。企业对资源利用得不平衡、不充分是企业成长的内在阻力之一。企业需要扩张业务以充分利用企业过剩的资源。资源不足往往会成为企业发展的瓶颈。因此，当可以利用的资源比较充足时，企业可以采取资源消耗比较大的跳跃型成长模式，以使企业快速成长；而当资源不充足时，企业就不宜盲目进行扩张，以免分散企业资源，可选渐进型成长模式或者阶梯型成长模式。

② 经营能力、管理平台对企业成长模式选择的影响。

企业经营能力包括企业经营组织能力、生产能力、竞争能力和获利能力，它决定了一家企业管理平台的高度。一般来说，管理平台较先进，企业成长的步伐可以加快，采用跳跃型成长模式或者阶梯型成长模式比较合适。若管理平台落后于行业平均水平，则应采用渐进型成长模式并逐步改善管理平台。

③ 企业所处生命周期对企业成长模式选择的影响。

企业每个生命周期内部的情况和面临的问题都不一样。因此，企业在不同的成长阶段，应采用不同的成长模式。

在创业初期，企业规模比较小，抗风险能力弱，生存是企业的主要目标，适合选择渐进型成长模式。当然也有部分企业在创业初期就掌握了核心技术，能获得大量融资，选择性宽些。在成长期，企业完成了资产积累，有条件选择跳跃型成长模式。进入成熟期，企业已经获得较大的市场空间，业务范围得到很好的延伸，同时也消耗了不少资源。此时，企业成长速度放缓，面临的主要任务是保持现有业务的良好成长和巩固现有市场地位，此时企业选择阶梯型成长模式比较合适。经过成熟期发展的企业，如果培育出新的资源和经营能力，就能成功进行蜕变，进入下一轮新生命周期的循环；反之，则可能进入衰退期。

企业生命周期中每个阶段成长模式的选择都不是一成不变的，还要根据自身的内部资源、拥有的核心技术等，进行全盘统筹考虑。

④ 组织制度对企业成长模式选择的影响。

组织制度体现着企业的产权安排和运行效率。组织制度对企业的资金运筹、风险的分散，以及拓展业务和市场后企业的运行效率有着重要的影响，在一定程度上也会对企业成长模式的选择产生影响。例如，大部分家族制企业都不适合采用资源和平台要求很高的跳跃型成长模式，否则很容易"猝死"。我国很多企业的发展历程很好地说明了这一点。

## 8.2.4 企业成长的动力与制约因素

**1. 企业成长的动力**

在企业的动力系统中，股东、管理者和员工都是企业动力的发出者，是企业必不可少的动力之源。

（1）股东是企业成长的原始动力

股东利益与企业发展息息相关，是保持企业持续发展的原始动力。投资主体不同，股东利益最大化的目标也有差异。私人出资股东以赚取最大利润为目标，国家投资企业在赚取利润的同时要兼顾社会效益。投资的外部环境、行业利润率、国家政策以及不同性质的企业在国民经济中的地位都是影响股东投资决策的因素，因此，可以通过环境因素激发投资热情，增强股东原动力。

（2）管理者的能动性是企业成长的持续动力

管理者的能动性与企业动力系统呈正相关。企业管理结构和对管理者的激励、约束机制是影响管理者能动性的主要因素。管理者能动性的激发必须依靠建立和完善管理者市场，形成有效激励约束机制的管理人才市场。

（3）企业员工是企业成长的终极动力

企业成长离不开每个员工的努力。员工是企业发展的动力，是创造企业利润的源泉。

员工薪酬分配与激励机制、企业文化等方面都会影响员工能动性的发挥。企业可以通过保持员工在内外部合理的流动，建立有效的员工激励机制、强化员工的能动性；通过劳动力市场竞争机制激发员工潜力。

## 2. 企业成长的制约因素

企业成长受内部和外部多种因素影响。这些因素有正面的也有负面的，某些因素可能还会成为企业成长过程的障碍。

（1）内部因素

① 管理能力制约。

企业对各类资源的综合利用水平是由企业管理能力决定的。创业者或创业团队成员大多具有不同的专业背景，但缺乏相应的行业经历和综合管理经验，管理水平提高缓慢。当然，企业老板几乎都不愿意承认自己不重视管理。不扎实抓管理，不但会造成压力机制和动力机制的退化，还会造成管理团队成长缓慢甚至夭折，造成管理效率低下。特别是处在成长期的企业，更需要由管理来推动发展。企业管理滞后，就会成为企业发展的阻力。因此，企业的经营和管理必须两手抓。

② 技术创新问题。

创新意识是企业占领市场的核心竞争力。企业如果没有自主开发能力，技术创新能力不足，那么在市场上就会处于被动地位。企业必须在技术、人才等方面的管理上形成有效的监督、约束与激励机制，以减少人才流失，保障企业具有持续的技术创新能力。

③ 资金约束。

企业想要实现快速成长，需要在购买设备、租赁办公场所、运营等方面投入资金。

企业在创立初期，大多数情况下资金都不会很充裕。所以在资金使用上，一方面要尽量做到"好钢用在刀刃上"，"节流"可以让初创企业活得更久；另一方面，应进行多种正规渠道的融资，通过银行和非银行机构进行借贷，或者通过风投获得新的融资，这些都是"开源"的好方式。但也要注意，贷款多了，企业资产负债率过高，也会影响企业正常经营；引入外部资本太多，会导致创业团队股权被稀释，创业团队对企业的控制力就会减弱。

④ 战略规划能力不足。

企业在创业初期，为了生存，每天都在为了解决眼前的问题和短期目标而运转。初创企业更善于策略的设计和执行，而很少进行战略思考和谋划，一些中小企业创业者甚至认为企业不需要战略。事实上，缺乏发展的大局意识和长远眼光，缺少对企业中长期发展的准备和规划，是很多初创企业快速催生又快速消亡的重要原因。

（2）外部因素

① 国家政策与法律因素。

国家各项产业政策、经济鼓励政策和约束政策是国民经济总体稳定运行的保障。企业的生产经营如果与国家的相关政策和法律约束相悖，其生存和发展就必然会受到阻碍。企业需要及时调整错误的生产经营方向，以符合相关政策和法律法规。

② 企业所属行业的特点和发展趋势。

行业根据发展状况可以分为零散型行业、新兴行业、成熟型行业和衰退型行业。成熟型行业和衰退型行业的市场需求趋近饱和，生产能力过剩，竞争激烈，建议初创企业最好选择新兴行业或者零散型行业。

③ 市场容量限制。

市场是企业得以生存和发展的经济土壤。企业的建立往往源于某种创新行为，向顾客销售具有特定价值的产品或者服务。一旦初创企业的行为价值得到市场认可,产生了经济价值,就会有其他企业快速跟进模仿,甚至再创新。众多竞争对手加入,会使市场很拥挤,也会使顾客掌握更多的主动权。顾客掌握的信息越来越充分,市场选择更加广泛,其议价能力会变得更强,最终迫使初创企业不得不调整竞争策略,以赢得更多顾客。

初创企业需要通过市场扩张来突破现有的市场容量限制,这种扩张可能是目标市场客户群体的扩张,也可能是目标市场地域的扩张。无论是哪种扩张,都会为初创企业带来潜在的影响和风险。

④ 消费观念变化。

现代科技的发展对消费观念影响巨大,消费观念进而影响消费者的消费行为,具有一定的不确定性。如果企业没有跟上消费者消费观念的变化,就会逐步失去消费者,继而会有被市场淘汰的风险。

⑤ 融资环境因素。

资金不足、融资难一直是制约企业成长的关键因素。企业在创业初期规模一般比较小,主要依靠自有资金或向亲朋借贷等手段维持经营。银行贷款以大企业为主,针对中小企业的融资渠道相对较少,而且也不规范,相关金融风险也较大,一般无法满足企业扩大生产规模的资金需求。

**创业语录**

思路决定出路,布局决定结局。

——牛根生

## 8.3 企业成长中的决策

### 8.3.1 现代企业成长中三大决策类型

决策实际上是一个过程,而不是简单的选择方案的行为。相应地,这些决策在具体操作方法上也必然会存在种种差异。

企业决策划分为三大类型:确定性决策、不确定性决策、风险型决策。每种决策类型都有各自的特点与适用性。

1. 确定性决策

确定性决策是指决策的未来状态是一种完全确定的情况,即提供给决策者的每种方案都有一个明确的结果。这里的"完全确定"是相对意义上的,并不能说绝对的不变和绝对的安全。例如,"田忌赛马"就是一个经典的确定性决策(表8-7)。

表8-7 孙膑给田忌的策略

| 如果齐王派出 | 上等马 | 中等马 | 下等马 |
| --- | --- | --- | --- |
| 那么田忌则出 | 下等马 | 上等马 | 中等马 |

最终田忌以两胜一负的战绩得胜。大家可以看到,田忌获胜,需要先知道齐王派什么马,那么这个就是确定的情况。确定情况下就有了确定性的决策,才能比较准确预判结果。

(1) 判断是确定性决策的条件

① 存在着决策人系统达到的明确目标：田忌赢比赛。

② 存在着比较肯定的自然状态：可以知晓齐王派出什么马。

③ 存在着可供决策人选择的两个或者两个以上的决策方案：田忌可以派出的组合有多种，如上中下、中下上、下上中、下中上、中上下、上下中。

④ 各个方案的损益是可以计算出来的：田忌派出什么马对战齐王的马，输赢可以预料。

(2) 确定性决策常用的分析方法

确定性决策常用的分析方法很多，这里我们介绍两种，即决策效益表分析法和线性规划法。

① 决策效益表分析法。

所谓决策效益表，就是将不同决策条件下收益值分别计算出来，列在一张表格上进行比较，最后选一个收益最大的方案。决策收益表包括三部分：供决策的不同备选方案、各个方案下可能的自然状态、不同状态下的收益值。

这里举例说明（表8-8）：某企业如果大规模生产，商品畅销会获利100万元，销路一般会获利40万元，滞销则亏损50万元；如果小规模生产，商品畅销会获利50万元，销路一般会获利30万元，滞销则亏损20万元；如果不生产，商品畅销会获利0元，销路一般会获利0元，滞销则亏损0元。

表8-8 某产品的决策收益表

| 收益值方案 | 概率 | | |
|---|---|---|---|
| | 畅销 | 一般 | 滞销 |
| | 0.4 | 0.4 | 0.2 |
| 大规模生产/万元 | 100 | 40 | -50 |
| 小规模生产/万元 | 50 | 30 | -20 |
| 不生产/万元 | 0 | 0 | 0 |

分别计算可能的盈亏额：

大规模生产：$100\times0.4+40\times0.4+(-50)\times0.2=46$(万元)

小规模生产：$50\times0.4+30\times0.4+(-20)\times0.2=28$(万元)

不生产：0元

因此，决策应该采用大规模生产。

② 线性规划法。

在实际工作中，决策者面临的方案数量可能很多，要想从中选出一个最佳方案比较困难。这个时候，需要应用线性规划法才能解决。

一般来说，线性规划法主要分两部分：一是建立线性规划模型，二是根据线性规划模型来求解。求解过程可以运用计算机软件快速得出。下面我们列举建立线性规划模型的几个要点。

a. 弄清需要决策解决的问题。

b. 设计控制变量。设计的变量，在实际生产或日常经营活动中要有可行性，计算出的结果可以被执行。

  c. 弄清决策目标的各种约束条件。就是企业生存或者日常经营活动中的资源数。

  d. 建立目标函数。

  e. 建立约束式。

  2. 不确定性决策

不确定性决策是指只知道未来客观条件出现几种情况，但无法获得不同状况的概率时的决策。

举例说明：某公司需要对某新产品生产批量做出决策，各种批量在不同的自然状态下的收益情况如表 8-9 所示

表 8-9

| 行动方案 | 自然状态 | |
|---|---|---|
| | $N_1$（需求量大） | $N_2$（需求量小） |
| $S_1$（大批量生产） | 30 | -6 |
| $S_2$（中批量生产） | 20 | -2 |
| $S_3$（小批量生产） | 10 | 5 |

一般来说，决策者在不确定性决策中的态度常有四种：乐观、悲观、折中和尽量避免后悔。针对这四种态度，下面介绍不确定性决策中常用的四种方法。

（1）乐观准则

决策者在决策时由于抱着乐观的态度，从最有利的角度去考虑问题。

方法：先选出每个方案在不同自然状态下的最大收益值（最乐观），然后从这些最大收益值中选取最大的，从而确定行动方案，如表 8-10 所示。

表 8-10

| 行动方案 | 自然状态 | | |
|---|---|---|---|
| | $N_1$（需求量大） | $N_2$（需求量大） | Max$[\alpha(S_i, N_j)]$ $1 \leqslant j \leqslant 2$ |
| $S_1$（大批量生产） | 30 | -6 | 30（Max） |
| $S_2$（中批量生产） | 20 | -2 | 20 |
| $S_3$（小批量生产） | 10 | 5 | 10 |

我们可以看出：大批量生产最大收益值是 30，中批量生产最大收益值是 20，小批量生产最大收益值是 10。

三者中数值最大的是 30，结论是采用乐观准则，企业会选择大批量生产。

（2）悲观准则

决策者在决策时抱着悲观的态度，从最不利的角度去考虑问题。

方法：先选出每个方案在不同自然状态下的最小收益值（最保险），然后从这些最小收益值中选取最大的，从而确定行动方案，如表 8-11 所示。

表 8-11

| 行动方案 | 自然状态 | | |
|---|---|---|---|
| | $N_1$（需求量大） | $N_2$（需求量大） | Max $[\alpha(S_i, N_j)]$ $1 \leqslant j \leqslant 2$ |
| $S_1$（大批量生产） | 30 | -6 | -6 |
| $S_2$（大批量生产） | 20 | -2 | -2 |
| $S_3$（大批量生产） | 10 | 5 | 5（Max） |

我们可以看出：大批量生产最小收益是-6，中批量生产最小收益是-2，小批量生产最小收益是5。

三者中数值最大的是5，结论是采用悲观准则，企业会选择小批量生产。

（3）折中准则

决策者在决策时采取乐观和悲观折中的态度去考虑问题。

方法：先确定一个乐观系数（乐观系数+悲观系数=1），然后计算。从这些折中标准收益值中选取最大，从而确定行动方案，如表 8-12 所示。

表 8-12　　　　　　　　　　　　　　　　　　　　　　乐观系数 0.7

| 行动方案 | 自然状态 | | |
|---|---|---|---|
| | $N_1$（需求量大） | $N_2$（需求量大） | $CV_i$ |
| $S_1$（大批量生产） | 30 | -6 | 19.2（Max） |
| $S_2$（中批量生产） | 20 | -2 | 13.4 |
| $S_3$（小批量生产） | 10 | 5 | 8.5 |

我们可以看出：

大批量生产折中标准收益=30×0.7+（-6）×0.3=19.2

中批量生产折中标准收益=20×0.7+（-2）×0.3=13.4

小批量生产折中标准收益=10×0.7+5×0.3=8.5

三者中数值最大的是 19.2，结论是采用折中准则，在乐观系数是 0.7 的条件下，企业会选择大批量生产。

（4）后悔值准则（沙万奇准则）

决策者为了避免吃"后悔药"，从后悔的角度去考虑问题。

方法：把在不同自然状态下的最大收益值作为理想目标，把各方案的收益值与这个最大收益值的差称为未达理想目标的后悔值，然后从各个方案最大后悔值中选最小者，从而确定行动方案，如表 8-13 所示。

表 8-13

| 行动方案 | 自然状态 | | |
|---|---|---|---|
| | $N_1$（需求量大） | $N_2$（需求量大） | Max $a'_{ij}$ $1 \leqslant j \leqslant 2$ |
| $S_1$（大批量生产） | 0（30，理想值） | 11 [5-（-6）] | 11 |
| $S_2$（中批量生产） | 10（30-20） | 7 [5-（-2）] | 10（Min） |
| $S_3$（小批量生产） | 20（30-10） | 0（5，理想值） | 20 |

需求量大时,理想值是30。需求量小时,理想值是5。
我们可以看出:

$$大批量生产后悔值 =（30-30）=0 和 5-（-6）=11,取大者:11$$
$$中批量生产后悔值 =（30-10）=10 和 5-（-2）=7,取大者:10$$
$$小批量生产后悔值 =（30-10）=20 和 5-5=0,取大者:20$$

三者中数值最小(最不后悔)的是10,结论是采用后悔值准则,企业会选择中批量生产。

3. 风险型决策

风险型决策是指决策者对决策对象的自然状态和客观条件比较清楚,也有比较明确的决策目标,但实现决策目标必须冒一定风险。风险型决策,主要是人们对未来有一定程度的认识,但又不能肯定情况。每种自然状态均有出现的可能,人们无法确知,但是可以根据以前的资料来推断各种自然状态发生的概率。在按照不同概率制订的备选方案中,决策者无论选哪一个方案,都有随机因素的影响,都存在一定的风险。

风险型决策的特征有:自然状态已知;各方案在各种不同自然状态下的收益值已知;自然状态发生的概率分布已知。下面我们针对风险决策常用的几种方法进行简单介绍。

(1) 最大可能性准则

方法:在一次或者极少数的几次决策中,取概率最大的自然状态,按照确定型问题进行讨论(表8-14)。

表 8-14

| 行动方案 | 自然状态 | | |
|---|---|---|---|
| | $N_1$(需求量大)$P(N_1)=0.3$ | $N_2$(需求量大)$P(N_2)=0.3$ | 概率最大的自然状态 $N_2$ |
| $S_1$(大批量生产) | 30 | -6 | -6 |
| $S_2$(大批量生产) | 20 | -2 | -2 |
| $S_3$(大批量生产) | 10 | 5 | 5(Max) |

我们可以看出:

$$大批量生产取概率最大的是 N_2,收益值是-6$$
$$中批量生产取概率最大的是 N_2,收益值是-2$$
$$小批量生产取概率最大的是 N_2,收益值是 5$$

三者中数值最大的是5,结论是采用最大可能性准则时,企业会选择小批量生产。

(2) 期望值准则

方法:根据各自然状态发生的概率,求不同方案的期望收益值,取其中最大者为选择方案(表8-15)。

表 8-15

| 行动方案 | 自然状态 | | |
|---|---|---|---|
| | $N_1$(需求量大)$P(N_1)=0.3$ | $N_2$(需求量大)$P(N_2)=0.7$ | E($S_i$) |
| $S_1$(大批量生产) | 30 | -6 | 4.8 |
| $S_2$(中批量生产) | 20 | -2 | 4.6 |
| $S_3$(小批量生产) | 10 | 5 | 6.5(Max) |

我们可以看出：

大批量生产取期望收益值 $=30\times0.3+(-6)\times0.7=4.8$

中批量生产取期望收益值 $=20\times0.3+(-2)\times0.7=4.6$

小批量生产取期望收益值 $=10\times0.3+5\times0.7=6.5$

三者中数值最大的是6.5，结论是采用期望值准则时，企业会选择小批量生产。

（3）决策树法

方法：①从左向右绘制决策树；②从右向左计算各方案的期望值，并将结果标在相应方案节点的上方；③选取收益期望值最大（损失期望值最小）的方案为最优方案，并在其他方案分支上打"\\"记号，如图8-1所示。

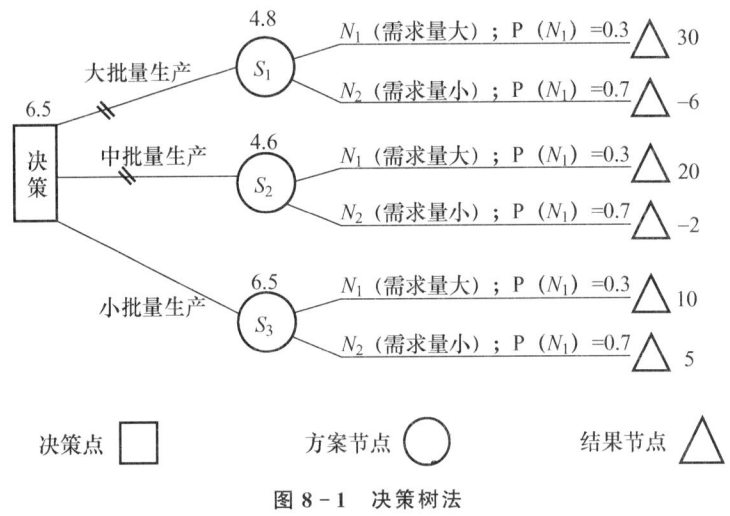

图 8-1 决策树法

我们可以看出采用小规模生产是最优方案，收益期望值是6.5。结论是采用决策树法时，企业会选择小批量生产。

### 8.3.2 企业营销策略

随着中国市场形态从卖方市场向买方市场的转变，营销在企业成长过程中扮演的角色越来越重要，作用显得日益突出。可以说，成功的营销是企业获得超额利润的一大来源，也是企业赖以生存发展的一个必要条件。对于初创企业而言，更急需解决的问题是如何填补"营销空白症"。企业既要不断总结自己的实践经验，向事实求取真经；又要学习理论知识，用理论指导实践，下面介绍常用的营销策略。

1. 4P营销组合

4P营销组合由麦卡锡在1960年提出，当时的经营者需要面对的是生产能力提升带来大量产品的异地分销，以及为应对竞争而对现在的产品的大量促销，获取更多的利润。

（1）产品（Product）

根据市场需求，把产品的功能开发放在首位，注重产品的独特性。

企业开发产品的时候，首先确定目标市场。目标市场主要分为产品/市场集中（单一细分市场）、产品专业化（多个细分市场）、市场专业化（市场集中）、有选择专业化（产品集中)、选择全部细分市场(整体市场)这五类。

(2) 价格 (Price)

结合企业品牌战略制订价格策略,差异化产品定价,注重品牌含金量。

产品定价方法有成本导向定价法、竞争导向定价法(随行就市定价法、限制进入定价法、密封投标定价法)、需求导向定价法等。新产品定价时,需要考虑产品自身的差异化、渠道环节、品牌、技术水平、行业水平、消费者价值认知、成本价格核定方法、地区差异等方面的因素。

(3) 渠道 (Place)

渠道是指企业与消费者之间的联系方式。销售渠道分为直接分销渠道和间接销售渠道。

直接分销渠道没有中间商,制造商将产品直接销售给消费者,如厂家直供模式。直接分销渠道具有渠道短、贴近消费者、市场导向明确、反应迅速等特点,有利于企业的长远发展。但直接分销渠道也存在投入较高、市场覆盖面有限、资源分散、管理难度大等问题。

间接分销渠道指制造商通过中间商将产品供应给消费者,也称多级分销渠道。间接分销渠道具有成本低、市场覆盖面广、管理简化、风险分散等优点,有多家代理、独家代理、平台式渠道等多种模式,是目前多数企业选择的渠道模式。但间接分销渠道主要依赖中间商,市场信息不能及时准确地获得,影响应对速度,企业容易失去发展机会。

企业可以根据产品的特性选择营销渠道。高科技产品,工艺复杂、专业化程度高的产品适合直销渠道,普通的大众化产品适合间接分销渠道。

(4) 促销 (Promotion)

促销包括品牌的宣传、攻关、产品的促销等。促销方法灵活多样,有反季节促销、翻耕促销、降价促销、最高价促销、拍卖式促销等多种方法,依据产品特性和市场状况综合选择。

2. 4C营销组合

4C营销组合是1990年美国市场营销专家劳特伯恩提出的,主张以消费者的视角去运作"产供销"问题,强调依据消费者的需求,方便消费者,加强与消费者的沟通,结合消费者愿意付出的成本和支付能力来组织销售。4C营销组合考虑到了顾客的需求,需求——产品,价值——价格,方便——分销,沟通——促销。

(1) 顾客 (Customer)

顾客主要指顾客的需求和预期,根据顾客的需求提供对应的产品和服务,重点关注客户价值。

(2) 成本 (Cost)

成本指顾客获得满足的代价,包括生产成本和顾客的购买成本。成本直接影响产品的定价,要兼顾顾客的心理价位和企业的盈利。

(3) 便利 (Convenience)

便利是指企业从顾客角度出发制订销售策略,充分考虑顾客购物和使用的便利,注重销售各环节的服务,让顾客买得放心、顺心、安心。

(4) 沟通 (Communication)

沟通指顾客与企业之间信息与情感的交流。企业通过有效的沟通可找到合适的途径实现双赢。

3. 4P 营销组合与 4C 营销组合的相互关系

4P 营销组合的构成要素形象具体，直接关联厂家、商家和消费者，是 4C 营销组合的基础。4C 营销组合的构成要素比较抽象，要通过 4P 营销组合进行实践。没有 4C 营销组合的 4P 营销组合，是漫无目的的产品促销。没有 4P 营销组合的 4C 营销组合便没有了支点。

### 8.3.3 创新与企业成长

企业创新就是依据市场导向，充分利用并不断优化内部资源与外部资源而进行的创造和革新。

1. 优化组织结构，加强管理创新

企业经营战略的实施需要健全的组织结构。传统的企业组织结构高度正规化，职责固定，层次关系严格，管理环节多，管理成本高，效率低。为适应现代企业对管理的需求，组织结构进行了三个方向的调整。一是柔性化管理，即通过建立临时性组织，体现组织管理的多样性与灵活性，提高对各种外界因素变化的适应能力。二是扁平化管理，精简机构，构建横向管理组织，避免多头管理，提升信息传递和反馈的速度，提高管理效率。三是虚拟化管理，依托相应软件支撑平台的辅助，建立高度仿真的商业环境，进行多角色的虚拟企业经营，体验从企业创建到经营、管理，到参与竞争的全周期活动，加深对现代商业环境和行业领域知识的理解。通过模拟企业间的竞争与协作，综合提升企业在创新创业过程中的业务处理能力、经营管理意识和商业沟通技能。

2. 强化知识管理，加快制度创新

科学技术是第一生产力，知识的更新与管理是企业保有核心竞争力的重要保障。企业应利用现代技术手段合法获取新知识、新信息，及时关注信息变化；强化知识的商品化，并通过知识产权的交易，实现知识价值增值。企业应通过管理与制度的创新，建立现代企业制度，提高管理效率；注重人才管理，全面提高员工的综合素质，挖掘员工的内在潜能；建立以人为本的企业文化，通过营造融洽的人际与管理关系，提升员工的安全感与归属感，从而调动员工的主动性与积极性。

3. 多种形式加强技术创新

技术创新包括硬件创新、软件创新与生产方式创新。硬件创新主要指设备、原材料、能源等生产物质的创新。软件创新包括设计工艺程序、改进操作方法等。生产方式创新是指企业从优化配置的角度把生产要素重新组织，使整个物质生产过程发生"革命性"的变化。三者相辅相成，综合提高生产效率。

 创业故事

广西诚必荣商贸有限公司（简称诚必荣）注册资本为 360 万元人民币，经营范围：通信产品（除国家专控产品），电子产品（除国家专控产品），计算机软硬件及辅助设备，五金交电，机械设备（国家禁止经营的除外），环保设备，制冷设备，消防设备，医疗设备（涉及许可的，具体项目以审批部门批准的为准),建筑材料(除危险化学品),家具(涉及许可的,具体项目以审批部门批准的为准),陶瓷制品,日用百货,酒店用品,保健用品,农副土特产品(仅限初级农产品),办公用品,食品(具体项目以审批部门批准的为准),纺织用品,工艺品,家用电器的销售及安装,维护服务,商务信息咨询,文体活动策划,计算机网络领域内的技术开发、技术咨询、技术服务、技术转让,计算机软件开发,计算机维修,计算机系统集成。

罗泽进来自玉林容县,曾就读于广西交通职业技术学院,之后专升本进入了广西民族大学。他的梦想是尽快在经济上实现独立。罗泽进20岁时就获得了自己的第一份兼职——美的集团微波炉事业部广西营销中心储备干部;22岁时,他已经是"万家乐"广西办事处的区域经理,负责与万家乐部分区域代理商的业务对接与跟进。这些经历对他的创业产生了深远影响。2016年8月8日,罗泽进创办了诚必荣这是罗泽进在传统家电销售中开启的一条不寻常的微商家电销售之路。罗泽进出的第一招是与建材销售业建立联盟。诚必荣的门店设在南宁市某个建材家居广场内,门口写着主营万家乐厨房与卫浴家电,但室内只有少许几台家电作为陈列展示。门店特色在于在小区设立家电样板间,推动样板间内的所有产品相互带动销售,就连业主的房间也成了诚必荣家电的展示间和样板间。

在广西众创示范基地里,罗泽进看到了一些企业做的App(有些是网站)。罗泽进也动了心,想着诚必荣是否也要开发专属App,建一个3D场景,让顾客自由选择任意型号的家电摆入3D样板间之中,帮助客户选择家电的型号与款式……但是,基地导师提醒他:开发并运营一个成功的App价格不菲,而且还需要花精力培养客户的使用习惯这可能会直接影响到初创公司的资金问题,不能为了"创新而创新"。在导师的建议下,诚必荣的销售模式继续采取"小区实体业主的展示样板间+互联网销售"的模式,确保了初创公司盈利的稳定性。罗泽进在维护老客户的同时,不断开发新客户,并对诚必荣未来的发展有了较为清晰的规划。2017年下半年,诚必荣的销量取得了飞跃式的提升。

资料来源:广西众创示范基地·创业故事汇第5期 | 小Boss大梦想,爱迪实验室官方媒体平台[2018-02-09]

**创业语录**

真正的牛人,第一是做好自己,第二是尊重对手。

——任正非

1. 创业决策的过程有哪些具体步骤?
2. 企业有几个生命周期?每个周期的特点是什么?
3. 创新在企业成长中扮演着什么样的角色?
4. 企业营销策略有哪些?你可以举出相应的商业案例吗?
5. 人们常说创业是白手起家、无中生有,对此你怎么看?

**案例分享及讨论**

### 南宁德曼尼农业科技有限公司的成长之路

经过两年初创期的经营与摸索,根据广西农业结构的特点,南宁德曼尼农业科技有限公司（简称公司）决定调整市场定位：从开业初期的大而全的多元化经营，向小而专的专业化经营方向发展。公司实行产品差异化策略，专注于专业——专业态度和专业思维，专注于除草剂领域。公司以前业务范围广，与之合作的厂家多、产品杂、市场容量大，但收益并不乐观，难以实现公司的战略目标。公司根据市场调查发现，农资市场上杀虫剂已饱和；而除草剂、杀菌剂不受病虫害影响，市场广阔，但专业性不强，而且专业除草剂公司少，产品落后，效果差，且市面上现有除草剂易出现药害和高残留。在市场调查基础上，结合公司资金有限的现实情况，公司及时调整了营销战略，选择先在某一领域重点突破——专业经营除草剂。

1. 公司采用阶梯型成长模式

在理念上防范经营风险，在战略上追求经营安全，在措施上强化经营安全对策，在生存管理基础上积累一定的资金与资源，实行专业化经营。

第一阶梯：经营玉米用除草剂。

公司与国内几个专业除草剂厂家进行深度合作，开发出适合广西农业的特色除草剂。以玉米田除草剂做突破口，快速打开市场，接着引进系列产品，提高公司产品的市场占有率。经过一年的示范及推广，公司收到了意想不到的效果，2017年销售额实现300多万元，毛利率达到40%，收益明显提高。2018年，玉米田除草剂销售进入高峰期，在同行业公司走下坡路的情况下，公司业绩逆势上扬，实现400多万元的销售额，毛利率达到35%～40%。公司推出的系列玉米田除草剂安全与效果并重，得到了农户的广泛认可，赢得口碑，在此领域中已占主导地位。第一阶梯的成功搭建，为下一步开发其他市场奠定了坚实的基础。

第二阶梯：玉米田除草剂、甘蔗田除草剂。

近几年受国家农业政策的影响，广西玉米田种植面积大幅度减少，预计会直接影响玉米田除草剂的销售量，公司的当务之急是主动开发新市场。甘蔗是广西的主导产业，广西蔗田面积1000多万亩，占全国甘蔗种植面积近60%。除草剂是甘蔗田的必用产品，其品种繁多，销售量大。但因多年使用同类产品，杂草已产生抗药性，农户不得不加大除草剂用量，造成成本增加，又易出现药害，效果不理想，所以甘蔗田除草剂面临转型升级。公司与辽宁三征化学有限公司、河北志诚生物科技有限公司、江苏省激素研究所有限公司等单位合作，开发采用新配方的升级版甘蔗田除草剂，经过2018年的示范及推广，效果好，性价比高，市场反馈迅速，产品一度供不应求。在玉米田除草剂销售量稳定的情况下，甘蔗田除草剂销量稳步增长，公司2018年实现600多万元销售额，毛利率达到30%～35%，第二阶梯目标完成。

第三阶梯：玉米田除草剂、甘蔗用除草剂、果树除草剂。

2019年4月，公司又与全国草铵膦原药生产厂家——山东亿盛实业股份有限公司合作，成为桂南地区独家代理商，销售广谱除草剂草铵膦。草铵膦用量大、成本低、质量有保证、施药安全、无残留，特别适合果树林除草，在广西橘柑、香蕉种植上广泛使用。公司已超额完成年度销售计划，第三阶梯目标完成。

第四阶梯：玉米田除草剂、甘蔗田除草剂、果树除草剂、花生田除草剂、大豆田除草剂、广谱除草剂。

第四阶梯计划正在运作中。

2. 公司采用 4P 营销策略

产品：正规大厂产品，效果与安全并举，主打产品在桂南地区独家代理。

价格：批量进货，价格有优势，性价比高。在各乡镇定点销售，统一价格，防止市场混乱，杜绝串货，维护区域市场的相对稳定。

渠道：采用有中间商的间接销售渠道。前期受人力、物力限制，以县级代理商为主；两年后，产品在整个市场打开，县级经销商经过市场竞争，大部分被淘汰，网点下沉，基层网点发展成为公司的终端客户，数量大幅增加。

促销：重点核心产品，划分核心市场，核心客户。在约 300 个客户群中划出 50 个核心客户，占总销售额的 70%，给予重点支持。根据产品的特殊性采用技术与产品销售相结合的方式。

公司协助经销商做好推广示范工作，旺季不定期地做现场技术指导，门店推广，讲解实用技术，免费发放促销品，配合经销商做示范，组织农民开展座谈会，引导农户科学用药；核心客户在结清货款后，给予奖励；批量进货，直接奖励，刺激销售商扩大销量，抵抗同类产品的竞争，抢占市场份额，保障市场占有率。这样运作，产品利润率可能降低，但销量大，利润总额不降反升，也为新产品的推广奠定基础。企业扩大销售的同时加紧货款回收，为下一步采用现款销售模式做好准备，有效防范资金风险；目标是货款回收率达 98%，保障资金安全，锁定利润。

不利因素：农民种植玉米、甘蔗的积极性不高，种植面积波动大。同类产品竞争激烈。

有利因素：果树种植面积增长快，抓住机会扩大广谱除草剂推广。国家加大对假冒伪劣产品的查处力度，净化农资市场，对经营正规产品的公司有利。农资市场更广大。南宁物流四通八达，委托物流公司送货上门，当天的订单，第二天即可送达，保证按时供货。

公司合法经营，管理规范，市场定位准确，质量有保证，得到了农户的接受与认可。经过几年经营，公司不仅有了一定的资金基础，还与优质厂家建立了稳定的联系，在广西范围内形成了稳定的销售网络，开发了 300 多个客户及二级代理商，其中 90% 是终端零售商，减少了流通环节，销售更加高效。2020 年，公司实行产品冬储计划，保证优先获得稳定货源及价格优惠，更有市场竞争力；对客户实行多项奖励政策，鼓励客户一起参加冬储项目，共同享受厂家的优惠政策，同时共同承担市场风险，大大提高销售积极性。公司计划 2021 年实现销售额 1000 万元、利润率 25%～30% 的目标。依据市场监测，做出科学预测，制订客观的销售计划，不盲目扩张，不停滞不前。

资料来源：根据编者采访编写.

☆ **课堂讨论**

企业做决策时要考虑哪些因素？

# 第 9 章　旅　游　创　业

**学习目标**

1. 了解我国旅游创业现状，掌握旅游创业生态系统；
2. 掌握旅游创业的机会与模式；
3. 了解广西旅游创业环境；
4. 了解广西乡村旅游发展和旅游扶贫的路径。

### 携　程　旅　游

携程在线旅游电商，由"携程四君子"——梁建章、季琦、沈南鹏和范敏创立于 1999 年，总部设在中国上海。携程拥有国内外 60 余万家会员酒店可供预订，是中国领先的酒店预订服务中心。

1. 互联网带来的创业机会

携程的创业源自"携程四君子"对互联网经济的共同看好。在那个时代，互联网对大部分国人而言，显然是一个陌生的概念。新兴的行业、未知的发展态势、互联网经济的第一轮泡沫，都让想要创业的人心怀忐忑。而携程的四位创始人带着大干一番的梦想，一拍即合，义无反顾地走上了创业之路，通过一路的资本运作将携程铸就成在线旅游市场寡头。

1999 年 10 月 28 日，在和投资人多轮谈判后，携程网站正式面世。

1999 年 11 月 14 日，携程获得第一张网上酒店订单。

2000 年年初，携程业务进展缓慢，于是转向收购全国最好的酒店预订服务公司。携程谈判的收购对象包括当时全国酒店预订服务的前五强——现代运通、商之行、金色世纪、国信商盟和百德勤。

2000 年 3 月，携程和软银、商之行谈下第二轮投资，携程国际在开曼群岛成立，吸引风险投资 450 万美元。在历经了业务拓展、收购酒店预订服务公司、融资之后，携程的主业由最初设想的涵盖吃、住、行、游、购、娱各方面的"3C"——Content（内容）、Community（社区）、Commerce（商务）领域，集中到酒店预订这个主业（后来拓展了机票预订、目的地预订等业务），携程集团架构完成。从 1999 年公司成立开始，携程利用互联网的概念，利用携程高估值的股票置换，获得了生存空间。

2000 年 11 月，携程引来美国凯雷集团等机构的第三笔投资，总计超过 1000 万美元。

2001 年 10 月，携程实现了盈利。

2003 年 9 月，携程吸引老虎基金 PRE-IPO 投资 1000 万美元，提升了国际投资者的认可度。

2003 年 12 月 9 日，携程登陆纳斯达克市场，私募完成增值，IPO 后，携程总股本达到 3040 万股，市值约 5.5 亿美元。经过多轮融资和收购，携程迅速成为线上旅游的佼佼者。2003 年的成功上市，标志着携程完成了原始财富的积累。

2007 年，携程已经成为中国在线旅游市场当之无愧的第一。

2. 势如破竹的携程之路

携程的发展集中在两个部分：一是依托现有资源和互联网的发展拓展自身的业务、增加用户黏性；二是通过资本运作将更多的资源收入囊中。

2000年3月，在看到客户对在线预订酒店价格的回复之后，季琦亲自体验了上海各大酒店，获得大量一手数据，并在携程内部孵化了一个新的经济型酒店项目——如家酒店。

2002年，携程全年交易额突破10亿元大关，在行业内一骑绝尘！

2004年，携程收购上海翠明国际旅行社。

2010年，携程收购香港永安旅游90%股权。

2010年，携程连续收购部分汉庭连锁酒店集团、首旅建国酒店管理有限公司股份，成为其主要股东，兼并其酒店资源。

2011年，携程战略投资订餐小秘书。

几次漂亮的资本运作，携程分别将酒店、机票、度假业务更好地收入囊中，获得了长期发展所必需的机票和出境旅游经营执照，成功建立了迥异于国外在线旅游业的商业模式。

3. 资本运作助力携程脱颖而出

从创业初期的火花到中国在线旅游的标杆，携程在创业中经历了无数激烈的竞争，而擅用资本运作的手段实现去竞争对手化是携程善用的法宝。

2013年10月10日，携程发行8亿美元可转债，由摩根大通担任独家账簿管理人。

2014年4月28日，携程以2亿美元现金投资同程，打破了同程和艺龙旨在对抗携程的合作。

2014年8月7日，携程与美国在线旅游公司Priceline达成投资合作，接受Priceline集团5亿美元融资，继续扩大产业链，完成由在线旅游向移动客户端的转型。

2015年5月22日，携程以4亿美元的价格收购艺龙37.6%的股份，成为艺龙的最大股东。由此同程艺龙联盟的另一方也被携程收入麾下。

2015年10月26日，通过股权置换交易的方式，携程和"去哪儿"宣布合并，携程获得"去哪儿"45%的投票权，"去哪儿"的背后大股东——百度，获得携程约25%的总投票权。

携程的投资布局均专注于旅游生态，意在打造携程旅游帝国。经历了多年发展之后，携程吞并了"去哪儿"、整合了"同程-艺龙"。

4. 携程的国际化发展战略

过去十年间，携程的国际化战略始终在全球旅游创业的"时机"中谨慎前行。首先，携程通过收购开展的国际化业务（主要是Trip.com）成功的核心来自B2C业务，即直客流量的快速增长及在不同国家中打造出的品牌信任度。其次，尽管道阻且长，携程通过Meta Search的渠道熟悉纯海外业务模式和业务场景需求，建立起以亚太地区的韩国、日本、泰国等为重要据点来扩张的策略，利用自身对中国游客的影响力，逐渐在亚太地区扩张。

5. 成功经验

回顾携程发展的历程，我们可以总结出以下三点成功经验。

一是理性而有温度的创业团队。创业时，梁建章是ORACLE中国咨询总监，技术背景深厚；沈南鹏是耶鲁大学MBA，是具有多年投资经验的银行家，具备相当的融资能力和宏观决策能力；季琦则有着丰富的创业经验，擅长管理、销售；而作为上海旅行社总经理的范敏，则有充分的行业资源。携程管理团队融合了技术、市场、行业等方面的精英，从而能充分发挥团队的行业和资源优势，理性决策与运营。

二是充分利用先发优势。从行业大格局看，携程取得了毋庸置疑的先发优势。携程通过不断发展壮大，成为"一站式"综合旅游服务提供商的代表，"互联网+呼叫中心"的销售预订模式、"前台现付+送票上门"为主的产品和服务体系，充分体现了中国电子商务发展的特色；运营营销层面，携程建立了独具中国特色的派发会员卡的推广模式，迅速覆盖了中国各大主要机场、火车站、码头等，开辟了传统旅游行业从未走过的新路。

三是打造在线旅游全产业链发展模式。携程的发展从一开始就定位在：在产业链上游、中游和下游的相关产业实行相关多元化，携程通过收购和兼并全产业链相关的酒店、旅行社、餐饮平台等旅游资源，实现了资源端和用户端"双控"。

本案例根据多个素材编写，部分素材引自：

黄鑫.携程集团联合创始人、董事局主席梁建章：为什么是携程？[N].经济日报，2020-04-12.

何加盐.携程四君子：中国最美创业故事，公众号"何加盐"，ID：ihejiayan [EB/OL].2020-11-18.

**创业语录**

所有的权利、所有的思想都要聚焦在一个人身上，最好是一个人，不要两个人，这叫作中心化。因为创业的时候，所有的资源都是非常宝贵的。时间很宝贵。

——季琦

## 9.1 旅游与旅游创业

### 9.1.1 旅游与旅游创业概述

**1. 旅游**

瑞士学者汉泽克尔和克拉普夫于1942年提出了旅游的艾斯特定义："旅游是非定居者的旅行和暂时居住而引起的现象和关系的总和。这些人不会长期定居，也不会从事任何赚钱的活动。"艾斯特定义曾被认为是关于旅游的最完美的定义，也曾普遍被人们接受。但随着旅游实践的深入，其不足之处不断被发现。世界旅游组织对旅游做了如下定义："旅游指为了休闲、商务或其他目的离开其惯常环境，到某些地方并停留在那里，但连续不超过一年的活动。"

旅游是一个从低级到高级发展的过程，包括吃、住、行、游、购、娱。这六要素在相当长的时间里，成为旅游计划、旅游统计的主要框架，至今仍有相当大的影响。但是，这里六要素概括的内容主要是对观光旅游的概括提炼。就功能而言，前三要素是满足人的生理需求，后三要素是满足人的心理需求。

**2. 旅游创业**

旅游业作为一项经济性产业，不仅是现代服务经济的重要内容，也是现代经济发展的重要组成部分，是推动经济发展的重要动力。旅游创业，即围绕旅游相关领域创业，是一种"旅游+创业"的模式。

（1）旅游创业的定义

国外旅游创业研究起步较早，学者对旅游创业研究的关注始于20世纪70年代末到80年代初。其中，学者们通过对旅游创业中的创业者、创业环境、创业企业、创业绩效等方面进行了相对集中和深入的研究，形成了较规范的分析范式，并在"生活方式型旅游创业动机""旅游创业者的地方身份认同"等方面提出了属于旅游创业理论的独特视角。而国内旅游创业的研究基本上还处于对创业者和创业过程等维度做探索性、描述性分析阶段，对创业环境、创业企业等维度还较少涉及。本节我们将侧重旅游创业实务的研究探索。

旅游业是天然的集群经济，具有较明显的关联集群消费特征，其中蕴含极大的细分机会，每一次再细分都意味着全新的创新创业空间。旅游需求的多样性特征及市场细分的多元性使得旅游创业门槛具有多层次性。社会配套设施与服务的不断完善，旅游需求的不断进发，则进一步降低了创业的门槛，旅游业成为最适合创业的领域之一。

（2）旅游创业的内容

从理论上来讲，旅游的创业与创新主要集中在以下三个方面。

一是要素。王昆欣对旅游活动要素提出了新的见解，认为旅游活动的要素会随着旅游业的发展而变化。从传统的六要素——吃、住、行、游、购、娱，到全域旅游时代提出的新六要素——商、养、学、闲、情、奇，旅游内核的转变可见一斑。突出体验强调主题，构成旅游新业态，是近年来旅游生产经营要素及创新创业的重要发展方向。

二是区域。区域首先是一个有边界和范围的地理概念。冯德显、翟海国认为区域创新需要从开发理念、发展理念、发展模式、空间组织模式、体制机制和区域协作模式这六个方面进行。区域旅游创新首先需要形成区域旅游格局，这是旅游企业创业机会识别的动力源泉。在这个过程中，通过融合发展，刺激旅游在区域内的创业，形成相互作用发展区域旅游的网络系统，并进一步推动区域旅游发展。

三是技术。随着云技术、大数据技术、区块链、人工智能等信息技术在旅游领域的推广，这些技术对旅游业发展的影响与日俱增。谢礼珊、关新华认为识别顾客需求的知识可分为四个维度：信息需求知识、服务需求知识、人机交互知识和顾客消费模式知识，"互联网＋旅游"的发展和"智慧旅游"是旅游创业的外生驱动力之一。

在旅游业发展过程中，旅游创新企业往往会被旅游政策制定者视为旅游业经济增长的生命线，是旅游创新和旅游增长的保证，旅游创新支持是旅游产业长足发展的关键所在。

## 9.1.2 我国的旅游创业

### 1. 我国旅游业的发展

改革开放 40 多年，我国的经济与日俱增，社会生活也发生了翻天覆地的变化。中国的旅游业从外交事业的延伸与补充，发展到写入国家发展战略，成为国民经济的战略性支柱产业和人民群众更加满意的现代服务业，旅游业已经深入国民大众的日常生活，它不仅满足了人们对美好生活的追求，更是全面融入国家战略体系。中国正在从世界旅游大国向世界旅游强国迈进。

从文化和旅游部发布的数据来看，2018 年是文旅融合顺利的一年，2019 年国内旅游市场和出境旅游市场稳步增加。2019 年，我国国内旅游人数达到了 60.06 亿人次，比上年同期增长 8.4%；出入境旅游总人数达到了 1.54 亿人次；全年实现旅游总收入 6.63 万亿元，同比增长 11.1%。

2020 年，面对突如其来的新冠肺炎疫情，全球旅游业受到了极大的影响。从短期来看，新冠肺炎疫情改变了周围的一切。从长远来看，消费者对诗和远方的向往，是人民对美好生活的期盼，也是旅游需求日益增长的根基。2020 年 9 月 14 日，中国旅游研究院规划所助理研究员郭娜博士代表课题组在线发布了《中国国内旅游发展报告 2020》。该报告指出，2020 年预计全年国内旅游人数 34.26 亿人次，国内市场是新冠肺炎疫情常态化下旅游振兴的基础支撑，市场下沉和消费升级让国内旅游消费基本面更加稳固，国内旅游市场的产业格局将发生变化。在旅游创业中,流量运营成为下一个风口,市场下沉和消费升级为新兴旅游目的地带来了发展机会,也为这些地方旅游创业带来了机会。

实际上旅游产业是一个体量巨大、碎片化特别多的产业,是一个体现全链条式创新创业的服务体系。在我国提出"全域旅游"的发展理念后,旅游业经历着重构与变革。各种旅游新模式、新业态不仅有效激发了社会活力,释放了巨大的创造力,更成为旅游经济发展的一大亮点。

2. 我国旅游创业发展趋势

我国旅游业围绕"推进全域旅游、引导大众休闲、体制机制改革、美丽乡村建设、生态绿色发展、旅游扶贫富民、旅游公共服务体系、旅游投融资、产业创新与文化创意、'旅游+'与跨界合作、休闲品质与特色品牌、市场治理与信息化建设"等方面开展"大众创业、万众创新",迎来了发展新机遇,旅游创业创新纷纷涌现。

从业界评估来看,资本与技术驱动作用的预期在减弱,"政策红利"减少的预期开始出现,资本对旅游"双创"市场环境持谨慎乐观的态度,且乐观的预期减弱趋势明显,旅游创业上的"寒冬期"可能会来临,但我们依然可以用三个词来形容旅游创业的发展趋势:国际化、百花齐放、共享共融。

从携程的国际化案例中,我们见到中国的旅游创业公司在经济环境下行的当下进入国际市场寻求机会与机遇的尝试,尽管这样的尝试有限。例如,除锦江酒店和石基通过并购构建全球业务版图、德比软件在早期便进入全球酒店直连市场以外,其他的旅游企业国际业务收入占比较低、直采产品不高、拥有核心技术和产品的公司不多。随着旅游产业革命在中国的变革,后端供应链的整合会促成旅游产业链的细化与融合,并促进旅游细分市场上游资源的集聚。这是旅游创业公司尝试和希望获取流量和资本的核心机会,旅游创业解决市场刚性需求是发展的大趋势。我们应当认识到,资本是中国企业进行全球化并购和整合的利器,而技术整合能力则是提升长期投资回报率的重要手段。只有在技术创新方面坚持长期的投资,打造核心竞争力,不再仅仅依靠"中国市场规模"讲故事,中国旅游企业才能真正站上国际化的大舞台。

3. 我国旅游创业的模式与机会

从创业的领域来看,过去十年间,由移动应用所推动的中国旅游创业浪潮可谓是热闹非凡。从Last-minute(最后一分钟)酒店预订、旅游尾单、旅游团购、B2B平台、海外专车、酒店PMS(设备管理体系)、旅游计划、景区导航、目的地旅游、目的地司导、旅游达人、旅游社区、门票、出境Wi-Fi、旅游购物、旅游保险,到短租、民宿、旅游内容、旅游金融、商务旅行、社群营销、定制旅游、翻译机、短视频、AI和聊天机器人、票价预测、小程序、旅游区块链,新概念可谓层出不穷。这些统统可以归纳为:在机票和酒店预订领域扩张之后,目的地旅游和活动已经成为旅游创业公司竞相追逐的领域,竞争热度在上涨。

从流量为王到价值共创,用户体验和深度运营是未来旅游创业的核心要素。然而,随着在线旅游巨头之间整合的完成和资本市场的遇冷,巨头时代的旅游产业格局正在逐步固化。在线旅游行业受到资本寒冬的重度波及,旅游B2C创业倒闭潮与B2B跑路潮时有发生,业界对旅游创业成功率持谨慎乐观态度。消费者需求升级仍然是最主要的驱动力,资本与技术次之，但对资本与技术的预期驱动作用在减弱、对市场竞争的预期驱动作用在增强，反映出了旅游"双创"正在经历一个"转型期"。

(1) 我国旅游创业的模式

旅游创新创业热潮吸引了大量不同行业背景的企业和个人创业者，他们基于拥有的资源及各自的背景经验，分别在旅游平台及不同的细分领域寻找切入点，其中依托互联网大数据和人工智能的智慧旅游方向突出，主要有以下几个模式。

① 基于旅游产业价值链的创业创新：涵盖了旅游产业链条从供应到最终消费的一系列过程的各个环节，趋于细分化、专业化。

② 基于平台战略的创业创新：依托技术手段将食、住、行、游、购、娱六大要素的产品资源进行整合，提高渠道运营商收益，丰富消费者体验，使产业结构得到优化。

③ 基于跨界融合的创业创新：以不断变化的需求为中心，利用先进技术，不断吸纳其他产业的生产或服务类要素，实现资源的优化配置。例如，旅游＋互联网、旅游＋农业、医疗、文化等。

(2) 我国旅游创业的机会

尽管道阻且长，但不可否认的是中国的创业生态系统正在蓬勃发展，旅游市场刚性需求是发展大趋势。中国旅游业在"封闭"与"开放"的业态交织中，走出单向度的"线思维"，走向多元交互、融合发展的"场思维"，才能做到文旅融合、创赢未来。旅游企业从价值链到生态圈的思想转型，是中国旅游创业创新的增长空间。我国旅游创业的机会主要体现在以下几个方面。

① 以 C 端为导向：现阶段对酒店或景区提供平台服务的企业，无论是 B2B 还是 B2B2C，最终都要服务 C 端客户。在一个缺乏差异化的竞争环境中，"补贴"和"返现"就是拉流量的最有效手段，"低价策略"和"封杀"更是被众多的在线旅游巨头奉为打击竞争对手和创业公司的法宝。然而，这些手段只能是短期行为，优质的旅游产业生态体系恰恰需要返璞归真。随着互联网和手机应用的不断普及，用户的行为转向了内容、社交和直播等方式，不管是前几年强调的"流量"还是近几年强调的 IP 及 AI，最终决定旅游者购买的关键因素还是"供应链"与"客户服务"。

② 旅游创业正转向"内生驱动"：从过去强调"技术驱动、资本驱动"到如今重视"用户体验和深度运营"，我国旅游创业驱动力正由外部直接刺激转向内生动力驱动。其中文旅融合的民宿类、亲子研学类是近两年最受关注的旅游创业产品，特别是有关中小学研学旅行的文件——《教育部等 11 部门关于推进中小学生研学旅行的意见》（教基—〔2016〕8 号）的发布，第一次将研学旅行纳入中小学教育教学计划，并明确要求学校搭建一套完善的研学旅行活动课程体系，这是把握"旅游＋教育"创业的新机会。在这个过程中，新的消费热点、消费模式不断涌现，"内功"逐渐凸显其重要性。

③ 基于市场的商业逻辑因素成为旅游创业重要的保障因素：包括商业模式、资金、市场分析与营销等要素。这一方面说明了当前旅游创业正逐渐形成规范的市场竞争，以往旅游行业中的混乱、同质化的竞争环境正在改变，特别是基于互联网和移动互联网技术的旅游企业的创业实践，对整个竞争环境的优化起到了重要作用。另一方面，旅游企业的创业方式，不是传统的人脉关系，而是将商业模式、市场分析等作为重要因素，这些因素都是市场经济下基于商业逻辑的因素，说明了市场不仅在回归理性，企业的行为也在随之规范。

### 我国在线旅游的发展与创业

在线旅游，即依托互联网，以满足旅游消费者信息查询、产品预订及服务评价为核心目的，囊括了包括航空公司、酒店、景区、租车公司、海内外旅游局等旅游服务供应商及搜索引擎、OTA、电信运营商、旅游资讯及社区网站等在线旅游平台的新产业。在线旅游服务的核心价值有两个：一是提供旅游相关信息，二是提供行程安排预订服务的功能。

中国在线旅游的发展最早可追溯到1997年由中国国旅总社参与投资的华夏旅游网的创办。此后携程网、中青旅在线等旅游网站相继成立，纷纷上线新兴的在线旅游预订模式，发展势头强劲。与国外相比，我国在线旅游行业虽起步较晚，但发展迅猛。1997—1999年是在线旅游的萌芽期，一些大型的旅行社开始投资兴建旅游网站；2000—2004年，我国在线旅游企业开始吸纳资金，扩大业务范围，这一阶段是我国在线旅游的发展期（以2003年12月携程网在纳斯达克成功上市及2004年10月艺龙在纳斯达克上市为标志）；2005年至今，随着在线平台及移动终端等技术的不断发展和普及，中国在线旅游行业呈现出多元化、差异化的发展态势。

根据公开资料显示，2008年中国在线旅游预订市场交易规模为486.4亿元人民币，2009年为617.6亿元人民币，2010年为948.9亿元人民币，2011年为1313.9亿元人民币，2012年为1689亿元人民币，2013年为2216亿元人民币，2014年为3153亿元人民币，2015年为4487亿元人民币，2016年为6138亿元人民币，2017年达到8286亿元人民币，同比增长35%。

2010年淘宝旅行频道正式上线；2011年4月百度旅游正式上线，百度旅游刚开始的定位是以"目的地指南"和"游记攻略"为基础的旅游信息社区服务平台，后又投资3.06亿美元获得了"去哪儿"62%的股份；2011年6月京东商城开通了机票业务，后又陆续上线了酒店、景点、度假、租车等预订业务来布局在线旅游市场；腾讯也入股了艺龙、同程网，形成了"预订＋团购＋移动互联网＋资讯"的在线旅游立体模式。

在线旅游种类繁多，凭借着资本的涌入，创业者如雨后春笋般层出不穷。从模式上来看，在线旅游可以大略分为：OTP（Online Travel Platform）类、OTA（Online Travel Agent）类及UGC（User Generated Content）类，其中OTP类及OTA类又可划分为B2B及B2C的模式。

OTP类主要是以搭建购买平台，进行信息配对，收取流量费用或者广告费用进行运营的模式，其主要代表是曾在机票领域大放异彩的"去哪儿"。"去哪儿"主要连接的是上游的终端资源及下游的终端客户，是一个典型的B2C的模式。

OTA类主要是整合上游资源（这里的整合包括控股、战略同盟或者是中介等方式），向下游提供直接购买渠道的线上旅行社。上游的资源包括机票、酒店、包团产品，甚至是更加碎片化的产品。典型的OTA类企业包括携程、途牛、艺龙等，它们主要是以促成交易收取佣金的方式来盈利，目前这个领域的主要模式也是B2C。

UGC类主要是为客户生成内容，主要代表就是目前的一些社区攻略分享类的网站，譬如马蜂窝、驴妈妈等。这一类机构是在线旅游利润的分享者，通过用户生成的内容，将客流引入预订系统的网站,从而与相关的机构进行利润分成。

随着竞争日趋激烈,携程正在通过大规模的入口持股(途牛及同城)、上游资源的控制(控制华远旅行社及其他B2B系统),以及在无线领域的布局,朝着平台化的方向发展。而"去哪儿"现在也开始有意识地通过传统的扫地面的方式,加大自己在酒店资源方面的布局,补充短板以应对携程系资源的离开给其带来的资源孤立,并进一步强化机票资源的优势。此外,途牛在包团产品上已经成为当之无愧的王者,通过二三线渠道的下沉及产品特卖,正在稳定自身在包团领域的领头羊地位,并且也共享着携程碎片化产品(如酒店资源)。而后起之秀——飞猪(阿里旅游)正在线上旅游领域利用2C平台化及支付宝两套体系,复制着淘宝的线上神话。

大数据时代的到来,使在线旅游展现出来巨大的发展潜力,也使资本市场对消费者进行更深层次、更具个性的需求细分成了可能。通过分析大量的旅游消费数据信息,旅游创业企业可以发现一个又一个在传统统计分析环境中无法识别的全新需求和小众需求。随着互联网技术的不断成熟,通过全域集合、规模生产的方式满足个性需求成了可能,旅游创业企业可以在全世界范围聚拢小众需求,通过市场区域的全域化实现"碎片化"需求产品的规模化生产。因此,我们发现大量旅游创业创新案例来自在线旅游服务领域。

经过20年的发展,目前在线旅游的格局已基本显现,每一家都有了自己的核心优势、相对壁垒和用户群体。

- 携程:在规模化、资源端、技术系统、"品牌+用户心智"上占据优势。
- 途牛:在"资源直采+交易系统"及品牌上优势明显。
- 同程:拥有旅游顾问及微信的流量入口。
- 马蜂窝:依靠内容流量,加上用户的高黏性及内容流量的趋势红利,不断做大平台。
- 美团:凭借高频流量优势和本地生活属性,在酒店,玩乐等相对较低的客单价项目上优势明显。
- 飞猪:拥有成熟的互联网交易"平台+流量"优势,交易效率很高。

案例来源:http://www.woshipm.com/it/1041000.html [2021-09-01].

## 9.2 旅游创业生态系统与机会识别

### 9.2.1 创业生态系统与旅游创业生态系统

旅游创新创业的热潮吸引了大量不同行业背景的企业和个人创业者,他们基于拥有的资源及各自的背景经验,分别在旅游平台及不同的细分领域寻找切入点。旅游创业是一个系统工程,亟待从系统视角思考相关问题,以实现可持续发展。了解旅游创业生态系统,将有利于深入了解创业主体与各利益主体之间、创业个体与社会之间、创业主体与环境之间的互动交融方式,借助"生态"的思维探寻旅游实现创业成功的最优路径。

1. 创业生态系统

创业生态系统的概念早期是由杜恩(Dunn)、科恩(Cohen)和伊森贝格(Isenberg)等学者提出。杜恩仅仅提出了"创业生态系统"这个名词,没有进一步的探讨结论。科恩提出创业生态系统是特定区域内相互作用的主题形成的群落,通过支持和促进新企业的创建和成长来实现可持续发展,创造社会价值和经济价值。伊森贝格指出,创业生态系统是指一个能够让创业者容易获取所需的人力、资金和专家资源,并受到政府政策激励,能够容忍失败的环境。其中市场、政策、资金、人才、文化及技术支持是伊森贝格认为的创业生态系统的黄金组合。

2. 旅游创业生态系统

王彩彩、徐虹认为,从传统上来说,创业生态系统源自生态学,是从生命科学的视角解析创业活动。旅游则是一个由若干要素构成的"自然-生态-经济-社会"复合体,形成了天然稳定的系统网络。旅游系统由旅游供给与旅游需求两部分构成。旅游供给与旅游需求在空间上表现为旅游目的地空间结构。因此,旅游创业活动必须依赖旅游供给方和需求方的共同发力、相互促进。此外,创业生态环境是创业生态系统的重要组成部分,为新创企业的创建和成长提供必要的支持。同样地,旅游创业离不开生态环境这一载体,它受区域的自然、文化、制度、基础设施、公共服务等环境的影响。因此,可以认为旅游创业生态系统是由供给系统、需求系统、环境系统共同构成,依托于环境系统、由供给系统和需求系统双轮驱动的动态生态体系。

## 9.2.2 旅游创业生态系统的构成

旅游业的蓬勃发展刺激了大量的创业活动,创业者们从产业链的每一个角度寻找创业的机会,构建了生机勃勃的中国旅游创业生态系统。

根据供给-需求模型,王彩彩、徐虹将旅游创业生态系统划分为供给系统、需求系统和环境系统。

1. 供给系统

旅游创业供给系统包括创业者、政府、投资企业、智力专家四大主体。创业者是旅游活动的直接参与者,提供旅游产品与服务;政府提供项目扶持、政策优惠及公共服务等便利条件;投资企业为创业活动提供持续的资金支持;智力专家给予创业者源源不断的精神动力。在供给系统多方的努力下,旅游创业创新纷纷涌现。各种旅游新模式、新业态不仅有效激发了社会活力,还释放了巨大的创造力。在互联网技术的加持下,旅游创业者可以在全世界范围内聚拢小众需求,通过全域集合、规模生产等方式满足旅游者日益增长的个性化需求,实现"碎片化"需求产品的规模化生产。

2. 需求系统

旅游创业需求系统的构成主体是旅游者。大数据时代的到来,使旅游展现出巨大的发展潜力,也使资本市场对旅游者进行更深层次、更具个性的需求细分成了可能。旅游市场需求对创业生态系统的形成起到催化剂的作用。通过分析大量的旅游消费数据信息,旅游创业企业可以发现一个又一个在传统统计分析环境中无法识别的全新需求和小众需求。旅游者要求创业主体进行旅游创新(包括技术驱动下的旅游创新),以满足自身多样化的体验需求。供给系统根据游客的旅游需求,开展创业活动,提供旅游产品和服务。二者双向互动、及时反馈,促进旅游创业生态系统的动态平稳发展。

3. 环境系统

旅游创业环境系统包括文化、景观、基础设施三个要素。文化是创业主体开展创业活动所依赖的重要氛围,也是旅游的重要吸引物;景观构成创业活动的基础场景,是创业主体进行创业活动的载体,是让旅游者产生旅游意愿的最基本要素;基础设施影响创业活动开展的空间、规模和水平,也是旅游者做出旅游决策的重要考虑因素。环境系统是供给系统和需求系统的重要外部支持力。同时,供给系统和需求系统根据环境系统提供的保障条件进行互动、共融,对旅游目的地环境进行调整和完善。现阶段,由于云技术的发展,旅游目的地的环境系统创新尤为重要,从产业的顶规设计到旅游目的地生态共建,都强调智能化、品质化和 IP 化,旅游目的地环境系统创新已迈向以科技为引擎的智能新时代。

## 9.2.3 旅游创业机会的识别

创业机会识别是创业过程的起点,是机会的发现和确认过程,是机会的潜在预期价值及创业者的自身能力得以反复权衡的过程。创业者除了要对自己的团队负责,还要对投资人负责。创业者在创业初始阶段就要思考,如何能实现商业价值量化和规模化,如何减少用户获取成本,如何增加每个用户带来的收益及用户留存率。在这个时候,创业机会的识别显得尤为重要。从过去的研究来看,创业机会识别是指把一个想法进行深化和评估,到最后确定这个想法是一个可能创造潜在价值、带来潜在收益的商业构想过程。杨学儒、杨萍提出,旅游创业者都是由于事件的刺激诱发出创业动机,再经过机会感知、机会识别、机会创造及机会评价,最终决定是否创业。

1. 机会感知

旅游创业者的机会感知始于创业者对整体环境的把握,包括自然、人文、生活及市场环境等,旅游创业者需要结合各行业特性和环境,对比投资成本和自身资金情况,结合创业动机、先前的知识和经验及社会网络等来确定创业项目和产品,如旅游者的流量、知名度和市场前景。机会感知应当包含整体环境分析、行业特性与环境分析、差异化战略分析这三个部分。

2. 机会识别

相对于广义的创业机会识别,这里是狭义的机会识别,包括两部分:一是通过市场环境和具体的行业分析来判断该机会是否属于有价值的商业机会;二是考察对于特定的创业者而言,这一机会是否有价值。旅游创业者需考察当前的市场结构,包括游客数量、购买力、消费行为特点、需求结构、进入和退出市场环境等。其次旅游创业者需要进行个性化识别,主要考察和分析创业者及其团队的能力和拥有的资源等。比如当下的旅游行业,不管是需求方还是供给方,无论是消费市场还是产业链都在进行更新换代。在这个更新换代的过程中,会产生非常多的新机会。过去以跟团游为主,纯资源导向,主要输出相对标准化的产品。未来,旅游一定是以自由行和定制游为主,并以需求为导向,关注客人的个性化需求,这就属于有价值的商业机会。但每个目的地对自由行和定制游的开发模式存在明显的差异。

3. 机会创造

经过机会识别,旅游创业者接下来就需要进一步分析如何把机会转化为商业概念,包含考察产品特色、装修风格、产品质量、服务质量、销售手段、地理位置等。在将机会转化为成熟的商业概念之前，可以考虑通过建立最简可行产品的概念，先在小范围内把整个闭环跑通，跑出来一个觉得可以去放大或是可复制的逻辑或产品时再将其转化为商业概念。

4. 机会评价

创业机会评价主要包括以下三方面。

① 可行性，即创业者开发机会的资源和能力。

② 盈利性，即投资回报率。

③ 风险性，即创业可能存在的风险及相应的规避风险的方法和退路。

首先，资金是所有创业者都必须考虑的，每个创业者在构建自己的商业王国的时候，资金都是每一个发展阶段考虑的重中之重。创业者进行初期投入的时候，需要多少资金，创业者自身是否拥有足够的资金，是否能筹集到足够的资金，所筹集来的资金能维持多久的运营，是考验创业持久性的重要因素。其次，投资回报率是创业者对未来营收的估算和创业盈利的期许，投资回报率是多少、投资回收期是多久，代表了创业者能从该创业活动中得到的经济回报。最后是风险评价，创业者面临的市场环境在不断的变化中发展，会遇到各种不确定性事件，从而影响企业目标实现的程度。因此创业者需要在考虑发展的时候，将这些不确定性纳入考虑的范畴，通过前期、中期和后期的预防措施和补救措施，减少或规避因风险给企业带来的损失。在科技助力的基础上，部分旅游目的产业要素已经开始实现智慧化升级，情景演艺秀、AR、VR等项目成为旅游场景的新体验核心，网红打卡地也成为重要的旅游者出游选择，因此，合理的设计、规划和创新网红打卡地，使其在抖音等自媒体上广为流传，并借助网红打卡地和城市新地标，创新场景体验，实现智能出行，已经成为旅游创业者未来的重要发展机会。

## 9.3 广西旅游创业环境

### 9.3.1 广西旅游业的发展

1. 广西旅游业发展现状

广西旅游业几十年来取得的成绩是有目共睹的，近年来广西旅游业发展成效显著，主要表现在：接待人数年年增加，旅游收入不断攀升，旅游产业规模持续扩大，旅游产品体系和项目建设成绩日益显著，文旅产业长期向好发展。旅游已经成为广西国民经济战略性支柱产业，"山清水秀生态美"成为广西的一张响亮的名片，也是广西的知名"品牌"。根据广西壮族自治区文化和旅游厅提供的数据，"十三五"以来，广西旅游业规模不断扩大，旅游总消费由2015年的3254亿元增加到2019年的10241亿元，接待游客总人数由2015年的3.41亿人次增加到2019年的8.76亿人次。从总体来看，经过多年发展，广西各方面的旅游投入加大，旅游服务能力提高，旅游成为产业经济发展的核心竞争力，各项旅游经济指标发展趋好。特别是近几年，通过倡导"双创"工作——即围绕"广西特色旅游名县"和"国家全域旅游示范区"的创建，广西实施"双创双促"品牌工程，走出了"双创并举、三级联动"的全域旅游发展的广西模式，即党政统筹引领"双创并举"、县域、区域和省域三级增长及联动带动富民强区。

根据广西壮族自治区文化和旅游厅财务处公布的数据，2019年，广西全区接待国内外游客共8.76亿人次，同比增长28.2%；实现旅游总消费10241.44亿元，同比增长34.4%。其中，接待入境过夜游客623.96万人次，同比增长11.0%；国际旅游（外汇）消费35.11亿美元，同比增长26.4%；接待国内游客8.70亿人次，同比增长28.4%；国内旅游消费9998.82亿元，同比增长34.5%。

2020年，广西全区累计接待国内外游客6.61亿人次，同比恢复76%；旅游总消费7267.53亿元，同比恢复72.6%。

截至2019年，广西拥有旅行社899家，星级饭店470家，旅游行政管理部门321个，旅游景区557个，其中5A级景区7个，4A级景区247个，3A级景区290个。此外，广西拥有各类旅游民宿6000多家，形成了桂林阳朔、贺州黄姚古镇、北海涠洲岛、崇左大新这四大旅游民宿集聚区。与此同时，广西将实施乡村振兴战略摆在优先发展的位置，广西的乡村旅游发展如火如荼，截至2020年7月，入选全国乡村旅游重点村的广西村落有33个。

在国家的战略布局下，广西旅游创业的政策环境得到了极大改善。受益于《广西壮族自治区人民政府关于推动创新创业高质量发展打造"双创"升级版的实施意见》（桂政发〔2019〕25号）等一系列国家和自治区各项发展政策和旅游政策，广西旅游的发展重点聚焦到全域旅游的发展上。广西的全域旅游发展是以创建特色旅游名县作为切入点和着力点的，通过双创工作助推广西旅游产业转型升级，在深入挖掘地方资源特色的基础上，加大旅游产品的开发力度，从规模化的大众旅游走向百花齐放的发展态势，如"观鸟旅游"等特色旅游层出不穷。"旅游+"产业不断融合发展，产业集群不断扩大，旅游创业亮点的不断涌现，促进了广西旅游业践行全域旅游的发展构思，由"景区旅游"向"全域旅游"发展。

从当前广西旅游业的市场需求趋势来看，休闲度假旅游、文化旅游、生态旅游、农业休闲旅游、康体养生旅游、运动健身旅游将是未来广西旅游发展的重点，其中，文化旅游、农业休闲旅游、康体养生旅游、运动健身旅游是广西旅游创业的突破口。

2. 广西旅游资源的分布与特点

广西旅游资源十分丰富，奇观胜景覆盖全区。广西具有内陆省份欠缺的海上水域风光资源。水域景观与自然景观、人文景观完美结合。瀑布、溶洞、古树、青山、绿水、奇花异草构成美丽画卷，再加上人工建筑的亭台楼阁等旅游设施，和谐的自然景观和人文景观吸引了无数游人前往休闲度假。已开发的景区、景点多达500多处，可开发的景区、景点上千处。其中，国家级风景名胜区3个，国家级旅游度假区1个，国家级森林公园21个；省级风景名胜31个，旅游度假区9个，省级历史文物保护单位220个。目前全区较为成熟的旅游景点有桂林漓江山水、乐满地休闲世界、北海银滩、德天跨国瀑布、巴马长寿乡探秘、壮乡风情、左江花山岩壁画等。新兴的旅游景区有南宁青秀山、明仕田园、桂林两江四湖、方特东盟神话等。

广西的主要景点分布于全区的78个市县，为广西旅游业的发展提供了丰富的旅游资源基础，而且不同地区的旅游资源不尽相同，各有特色。广西的旅游业可划分为四个发展区域，分别为：桂北旅游区（主要包括桂林、柳州）、桂南旅游区（主要包括南宁、北海、钦州、防城港)、桂东旅游区(主要包括梧州、贺州、玉林、贵港)、桂西旅游区(主要包括河池、百色)。桂北旅游区主要以桂林山水为代表的山水自然风光,以瑶族、苗族、侗族等少数民族的生活和特色建筑为特色的民族风情和以秦代灵渠古水利工程等历史文化古迹特色为发展重点。桂南旅游区主要以壮族文化、亚热带海滨风光及边关风貌为旅游特色,主要旅游资源有左江花山岩壁画、海滨风光、与越南山水相连的边关风貌。桂东旅游区则重点突出历史文化古迹、风景名胜、宗教文化和侨乡风貌。桂东地区毗邻粤港澳,地理位置及交通十分便利,又是国内一大侨乡和龙母故乡,有很好的宗教文化和侨乡传统。桂西旅游区主要以生态旅游、长寿之乡旅游和红色旅游为主。桂西地处大石山深处,环境优美、空气清新,负氧离子含量高,为发展生态旅游提供了很好的条件。

3. 广西旅游创业优势

(1) 旅游创业环境良好

广西各项旅游产业政策的出台和实施,表明相关部门在推动旅游产业发展上协作联动机制进一步强化,旅游部门与广西发展改革委员会共同推进旅游重大项目建设,建立了广西领导联系重大旅游项目、特色旅游名县和重点旅游工作跟踪服务制度。同时,广西各地对旅游相关项目的投入明显加大,积极落实项目用地,积极推进多部门合作,如推进特色旅游名镇名村建设,与环保部门共建生态旅游示范区,与农业部门合作推动休闲农业和乡村旅游发展等。广西旅游的协作联动促进了旅游与工业、水利、商务、畜牧、水产、扶贫、网络电信、文化、体育等行业或产业的大融合,发展了观光工业、乡村旅游、农家乐、林家乐等,实现了资源共享、共同发展,旅游创业环境得到前所未有的改善。

(2) 旅游重大项目投融资环境改善

在广西旅游投融资工作会议上,广西旅游部门分别与中国人民银行南宁中心支行、中国建设银行广西区分行、中信银行南宁分行、广西农村信用社联社等签订了框架合作协议。与广西金融投资集团签订了《广西担保基金》合作协议,与中国人民银行联合出台了《关于金融支持广西旅游业发展的实施方案》。这些协议和实施方案为广西旅游创业投融资环境改善做出了巨大的贡献,这背后体现了广西各级金融部门加大对旅游重大项目的扶持力度。

(3) 旅游市场监管更加科学有效

结合《中华人民共和国旅游法》的宣传贯彻工作,针对旅游市场存在的突出问题,广西旅游部门加大旅游市场环境整治工作,组织开展了系列旅游市场执法检查,重点整治"零负团费"经营模式和"挂靠承包"的违法经营问题。这些举措维护了游客的合法权益,进一步提升了游客满意度,使创业者能够与游客共同享有较好的市场发展环境,减少旅游创业者的后顾之忧。

(4) 旅游对外开放合作进一步深化

广西主要领导亲自参与对外旅游交流和合作,积极宣传推介广西旅游。旅游创业者在中国-东盟旅游人才教育培训基地建设、边境旅游、东盟国家出(入)境市场开发和人才培训等方面具有政策优势。广西四市六口岸获批边境异地办证业务,东兴口岸获外国人落地签证政策,跨国游和边境游已成为广西旅游的新品牌。另外,亚洲最大的跨国瀑布——德天大瀑布,正在启动一个新项目——景区衔接的深度边境游。游客抵达德天大瀑布后,可在景区内办理边境旅游证件,前往越南部分地区观光和游览。

(5) 旅游公共服务能力和水平全面提升

旅游公共服务方面,广西旅游行业在广西党委政府"美丽广西·清洁乡村"活动的统一部署下,积极推行"抓试点、树标杆,典型引路,以点带面"的做法,将公共环境卫生作为 A 级景区评定、乡村旅游区(点)评定、星级农家乐评定的重要项目和 A 级景区复核的重要内容;专门安排旅游发展资金 2600 多万元,用于扶持提升旅游景区公共卫生基础设施建设和管理水平;还召开了广西旅游公共服务设施建设工作会,进一步加大对旅游公共服务设施的投入。旅游类型由观光型逐步转向观光、休闲、度假多样化。

(6) 重大旅游项目建设、特色旅游名县和全域旅游示范区的创建为旅游创业增强后劲

在项目建设方面,桂林国际旅游胜地、北部湾国际旅游区和巴马长寿养生国际旅游区三大国际旅游目的地重大旅游项目建设全面推进。在特色旅游名县和全域旅游示范区的创建方面,广西成立了专门的创建广西工作领导小组,召开创建工作会议,出台创建工作实施方案和动态管理模式,建立与旅游业发展相适应的考核评价体系,实行差别化考核,并制订了创建特色旅游名县评定标准,编印创建工作手册。联系创建工作的广西领导纷纷深入各创建县调研,并与相关专家、旅游从业人员到创建县就创建特色旅游名县和重大旅游项目建设等问题进行研究,协调解决创建县遇到的问题,从旅游发展资金中安排专项经费重点支持广西特色旅游名县的创建工作。例如,广西柳州三江侗族自治县启动创建工作以来,已累计投入资金上亿元建设旅游道路及公共服务设施。旅游环境中基础设施的改善为旅游创业者铺就了一条高速发展之路。

(7) 广西旅游整体形象美誉度提升

为加强旅游市场开发,广西编制了《广西旅游宣传推广总体规划》,在中央电视台和广西卫视等主流电视媒体播放以"天下风景、美在广西""遍行天下、心仪广西"为主题的旅游形象宣传片。另外,从官方到民间旅游从业者都在致力于创新网络营销模式、拓展营销载体、深化品牌内涵,充分运用微博、微信、头条、抖音等新媒体积极宣传广西旅游资源及相关产品。广西旅游整体形象美誉度的提升,为旅游创业者开拓市场和变现提供了优质的基础。

## 9.3.2 广西旅游创业方向

旅游产业属于综合性较强的产业,其所涉及的相关产业较多,要实现旅游产业的优化需要转变旅游产业的发展思路。广西旅游创业可以从以下 12 个方面展开。

1. 旅游+互联网

利用新基建的发展红利,广西旅游创业可从加强旅游互联网基础设施建设入手;依托广西信息化建设启动旅游大数据工程;加快与国家旅游数据中心、全国旅游产业运行监测与应急指挥平台,以及公安、交通、航空、统计、三大电信运营商等相关平台的对接;建立旅游与多部门数据共享机制,建设形成旅游产业大数据平台;推动智慧景区、智慧旅游企业、智慧旅游乡村的建设,创新旅游网络营销模式;构建多角度旅游营销平台。

2. 旅游+新型城镇化

广西应以大县城和建制镇等中小城镇为重点,开发建设特色旅游小镇和特色旅游名镇,保护性开发一批古村镇,推动旅游与新型城镇化有机结合,促进城乡一体化发展;通过加强

旅游与地产融合，鼓励发展滨海度假、森林度假、健康养生等类型的旅游地产项目，助推广西旅游产业转型升级，借助地产资本转移，积极推动旅游地产开发，开发休闲度假酒店，建设主题公园和旅游综合体，提升旅游综合接待能力。

3. 旅游＋农业

广西适宜大力发展休闲农业，推进旅游与农业融合发展，助力农业现代化建设。结合新型城镇化建设、现代特色农业（核心）示范区建设、乡土民俗文化挖掘工程等，广西应把休闲农业打造成为横跨一、二、三产业的新兴产业。

4. 旅游＋林业

依托得天独厚的森林生态资源、舒适的气候条件，广西应完善保护区、森林公园基础设施建设，大力发展森林旅游，开发生态旅游、康体养生、森林体育、森林探险、湿地休闲度假、森林体验等特色旅游创业项目，打造一批具有现代特色的林业生态旅游（核心）示范区和森林生态旅游精品线路。

5. 旅游＋水利

广西应重点以"西江黄金水道"为开发客体，开发水体休闲旅游，大力开发水上休闲运动基地、水利遗址和水利工程体验游等旅游产品，推动以旅促水的产业融合发展。

6. 旅游＋交通

通过构建网格化的旅游交通体系，广西可实现旅游交通方面的创新创业，打造无缝对接的旅游集散体系，开发自驾车旅游、汽车营地建设、低空旅游、邮轮旅游等旅游业态。

7. 旅游＋工业

结合工业遗迹、大型工业企业，广西应积极推动工业旅游示范点建设，重点培育柳州汽车城、柳工、玉柴等知名企业的工业旅游产品；结合先进制造业发展，依托南宁、柳州、桂林、梧州、玉林等地，发展旅游电瓶汽车、旅游房车、内河游艇游船、山地自行车、户外装备制造等旅游装备制造产业。此外，广西应鼓励创建旅游商品生产基地，打造地方特色品牌，研究开发具有广西特色和文化内涵的旅游商品，加大长寿健康食品、特色工艺品、纪念品的创业创新力度。

8. 旅游＋文化

广西应合理适度利用区内各种文化遗产、历史文化名城名镇名村等资源，发挥各类博物馆、文化馆、科技馆的社会服务功能，培育和建设一批新的文化旅游景点，打造特色文化精品旅游景区和线路。此外，广西应鼓励创新旅游与演艺相结合的发展模式，大力开发舞台及实景演艺项目，开发旅游影视与动漫作品，培育文化旅游创意产业。

9. 旅游＋中医药

广西应充分挖掘广西中医药健康旅游特色优势，重点发展以休闲养老、康体保健、文化体验、旅游度假、节庆会展、中草药养生食品加工为特色的健康旅游产业和产品，精心打造一批中医药健康旅游线路；鼓励将长寿、生态、药用资源具有突出特色的县（市）纳入广西特色旅游名县建设，培育一批中医药特色旅游城镇、度假区、文化街、主题酒店等；加强民族医药文化与养老养生旅游的融合开发,打造中医药健康旅游示范基地;深度开发高铁沿线中医药健康旅游市场,加强与国内外著名健康旅游目的地的线路衔接、产品合作、客源共享。

10. 旅游+养生养老

广西应依托生态优势、长寿品牌和特色资源,发展候鸟型栖息式养老等中高端休闲养生养老模式,加快休闲养生与养老健康产业发展,打造全国长寿养生生态旅游区;建设一批滨海型、山水型、森林型、气候型、温泉型、生态型等养生、疗养、康复基地;在桂林、北部湾、巴马等旅游景区,沿海地区及长寿之乡区域,兴办一批具有全国一流水平的养生养老机构、养生保健特色酒店,打造一批集休闲、养生、保健、疗养和旅游功能为一体的健康养老产业集聚区。

11. 旅游+商务会展

广西应举办承办大型商务会展活动,借助各种类型的会议(如展览会、博览会、交易会、招商会)和文教科技交流等活动,鼓励开发商务会展旅游。

12. 旅游+体育

广西有着文化底蕴深厚的民族体育旅游资源及户外旅游资源,广西应充分利用各种资源大力开发特种体育旅游产业,鼓励在户外运动休闲旅游产品、民族体育旅游产品、体育赛事等方面的创业。

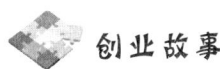 创业故事

点燃创业激情助推文旅发展

近日,记者到广西防城港市东兴市江平镇交东村七彩贝丘湾采访广西珍珠湾投资集团有限公司(以下简称珍珠湾集团)董事长姚智文时,看到大批游客正在景区餐厅里就餐。景区的厨房主管苏芳萍乐呵呵地对我们说:"现在正是越南的旅游旺季,这些游客来自全国各地,他们在这里吃完午饭后就准备从东兴出境到越南旅游。"她介绍,平时他们接待的游客一般一天就有几百人,最多的一天有1000多人。现在景区旅游发展红红火火,周边的群众都跟着富起来了,这主要得益于姚智文董事长的经营有方。

1. 发展企业,促进地方文化旅游产业

2014年12月23日,姚智文创立了珍珠湾集团。经过几年的打拼,珍珠湾集团逐渐发展壮大。姚智文先后创立了东兴海之旅国际旅行社有限公司、广西珍珠湾贝丘文化旅游投资开发有限公司、广西珍珠湾投资集团有限公司、广西海丝之路民族风情演艺有限公司、广西青葱汇教育咨询有限公司。姚智文带领企业设计研发旅游线路20多条,举办及承办省级以上活动4次、市县级大型活动10余次,扩大了东兴市旅游产业的影响力。姚智文通过企业发展促进地方文化旅游产业,一步步带领企业从单一的旅游线路运营,逐步发展到集旅游景区管理、境内外旅游产品开发批发、民宿旅游、教育咨询、农副产品深加工等方面于一体的综合性的东兴市文化旅游行业龙头企业。七彩贝丘湾乡村旅游区经过多年精心改造也日渐成熟,先后获得"五星级农家乐""五星级乡村旅游区""广西休闲农业与乡村旅游示范点""防城港十佳休闲农业与乡村旅游示范点"等荣誉称号。

## 2. 发展旅游,带动产业扶贫项目

姚智文不仅是一个企业家,他还身兼多职,先后担任广西乡村旅游协会副会长、防城港市第六届政协委员、防城港市文化促进会副主席、民建防城港市委员会经济委员会主任等职务。他在自身企业发展的同时,还以发展旅游业来助力产业扶贫。

七彩贝丘湾乡村旅游区,挖掘了东兴市独有的贝丘遗址文化、京族文化,并融入旅游线路和自营景区,通过乡村旅游产业带动当地农民脱贫致富,让农民共同参与景区建设,创造了100多个就业岗位,带动全村160多名农民就业。

通过企民合作,姚智文建起东兴市第一家特色主题民宿——山舍贝丘民宿。该项目利用村民闲置民房进行经营,房主可以自己进行保洁,也可以将房子托管给公司,珍珠湾集团将这些民宿纳入旅游产品的整体方案中对外销售。2018年前10个月,珍珠湾集团民宿旅游总收入298万元,户均2.5万元,让村民切实收获固定收益。

姚智文还创建了休闲农业+乡村旅游,通过土地流转的方式,让农民自己去种养;通过组织采摘、拣海鸭蛋等旅游活动将"红姑娘"红薯、海鸭蛋等农产品进行销售出去。2018年前10个月,农产品销售总收入112万元,户均收入1.8万元。

姚智文介绍,近年来,珍珠湾集团与超过10个村达成合作协议,通过农副产品开发、经济合作及技术支持,有力带动了当地村集体经济发展,直接提供就业岗位近300个,并带动超过600名当地农民就业,促进了当地农村经济和农民收入增长。

## 3. 利用景区资源建立文化创作基地

珍珠湾集团充分利用景区的优质资源,建立起"全国'青葱汇'小记者创作基地""广西北部湾书画院创作基地""防城港市青少年活动中心户外素质拓展基地""东兴诗词学会创作基地""东兴市摄影协会摄影创作基地"等文化创作基地和学习培训基地。

集团以交东村的贝丘遗址文化、京族文化、滨海渔家文化、红树林文化等具有地方特色的文化资源为基础进行学习和创作,同时鼓励村民积极参与,此举丰富了村民的文化知识,提升了村民的文化修养;"青葱汇"利用其平台优势,充分发挥青少年旅游活动策划和教育咨询的功能,将亲子活动和户外教育结合到乡村生态旅游中,实现城市与乡村结对发展,推行研学教育;集团还不断挖掘京族文化、边境文化,筹集1000多万元开发的《秘境·东南亚》演艺项目促进了东盟国家文化融合,年均接待游客超过10万人,成为北部湾边境旅游文化项目的主要代表之一。

姚智文用实际行动弘扬了"履行责任、敢于担当、服务社会"的精神,于2018年荣获市"十大创新企业家"、市第二届"民间文化促进人物"等荣誉称号。

资料来源:http://xinyangliliang.com/h-nd-326.html [2021-09-01].

# 9.4 广西旅游创业的借鉴与思考:乡村旅游和旅游扶贫

## 9.4.1 广西乡村旅游创业现状

旅游业是一项民生大产业,让更多的群众参与到旅游发展中来,让更多的人成为旅游发展的受益者,是广西开展旅游扶贫的一大初衷。乡村旅游正是广西旅游扶贫的发展重点,众多旅游创业者投入广西乡村旅游建设当中,正是建设美好家园的掠影,也是打响乡村旅游脱贫攻坚战的重要战役。

经过多年建设，广西乡村旅游发展保持持续稳定增长，全区累计创建星级乡村旅游区（农家乐）1200 多家。2017 年，全区新创建四星级（含）以上乡村旅游区（农家乐）74 家、会同县农业厅、住建厅、自治区妇联创建休闲农业与乡村旅游示范县（点）50 家、自治区特色旅游名村 10 家、"金绣球"农家乐 60 家。另外，根据旅游统计抽样调查综合测算，2017 年，广西全区乡村旅游接待游客约 2.19 亿人次，同比增长约 24%；乡村旅游消费约 1405.8 亿元，同比增长约 29%。根据广西 14 个设区市旅游主管部门直报，2017 年，广西乡村旅游扶贫辐射带动 142 个旅游扶贫村脱贫摘帽，带动 33724 户约 14.71 万贫困人口脱贫。从这些数据可以看出，广西乡村旅游创业正在蓬勃发展，取得了显著的成效。

### 9.4.2　广西乡村旅游的发展历程

广西乡村旅游的发展主要经历了以下 3 个阶段。

1. 自发发展阶段（20 世纪 80 年代—90 年代初期）

这个阶段主要是桂北农村部分农民利用自己的庭院和责任田在闲暇时间从事朴素的旅游接待活动。阳朔县高田镇历村与龙胜县和平乡龙脊村是当时的典型代表。当时的乡村旅游创业者以提供简单的餐饮服务和住宿服务为主，商业模式较为单一。

2. 逐步形成规模阶段（20 世纪 90 年代初期—2003 年）

这个阶段的特点是规模逐步扩大，范围逐步拓宽，功能逐步完善。这一时期，由于部分农村的基础设施建设力度加大，全区乡村旅游的步伐加快。在阳朔、龙胜等地的带动下，桂林、柳州、南宁等城市周边的乡村也开始发展以"农家乐"、民族村寨观光游为主要旅游形式的乡村旅游创业，并取得了一定的社会效益和经济效益。特别是桂林阳朔周边村落的乡村旅游，在市场的推动下进入粗犷发展时期。村民依旧是这个时期乡村旅游创业的主体。

3. 规模化、多样化发展阶段（2004 年至今）

这个阶段，广西乡村旅游创业的规模进一步扩大。在资本的扩张和投入下，广西乡村旅游的创业主体已经由当地居民扩大到外地从业者，资本市场的影响逐渐深化。开展乡村旅游的范围越来越广，遍及全区 14 个市 60 多个县，同时乡村旅游的形式呈现多样化，从传统的餐饮到拓展活动、从普通餐饮到特色餐饮、从全流域的简易竹筏漂流到精致的竹筏分段游、从装修质朴原始到风格迥异的民宿，乡村旅游基础设施也逐步得到完善，为大资本的进入打下了坚实的基础。

### 9.4.3　广西乡村旅游的主要经营模式

1. 个体经营模式

这种模式分为两种类型：一种类型是当地农民投资的个体经营，创业主体为地方居民，约占全区乡村旅游点总数的 11%，如柳城县沙埔镇景泉农庄等。另一种类型是城镇企业老板投资的个体经营，约占全区乡村旅游点总数的 17%，如北海田野科技种业园、桂林市临桂区五通镇的刘三姐茶园等。

2. 股份集资模式

这种模式约占全区乡村旅游点总数的22%。例如广西农业旅游示范点宾阳蔡氏书香古宅、融水县四荣乡田头村等，都属于这种模式。

3. "公司+农户"模式

这种模式约占全区乡村旅游点总数的10%。例如，桂林龙脊旅游有限责任公司与龙胜龙脊的平安壮寨、黄洛红瑶村寨的合作，龙胜森林旅行社与龙胜镇金车村的合作，桂林蝴蝶谷景区与当地瑶族村寨的合作等，分别利用公司的集团优势和农户的地域优势，发展形成了"公司+农户""景区+农家""企业带动+村寨联盟""合作社+农户""能人+农户"等10多种不同经营主体的合作模式，为贫困地区旅游产业可持续发展提供了有力保障。

4. 综合开发模式

这种模式约占全区乡村旅游点总数的40%。例如全国农业旅游示范点恭城红岩瑶族生态新村、南宁扬美古镇、钦州灵山大芦村等，均属于这种模式。

### 9.4.4 广西乡村旅游的主要类型

1. 农家乐（渔家乐等）

这种类型的旅游以单个农民家庭为具体接待单位，为游客提供吃、住、娱乐及购物等体验农家（渔家）风情的休闲旅游。创业者主要为农民家庭成员，但受到资金等的限制，规模一般较小、投入不多。这种类型的旅游在全区开展得较为广泛，游客参与率和回游率均较高的主要有南宁、柳州、桂林等地的乡村。

2. 现代农业新村

现代农业新村往往经济较发达，生态环境较好，有整洁卫生的村容村貌，整个村庄趋向城镇化，旅游接待设施较完备，游客可在新村观光、休闲、娱乐，亦可与农民同吃同住。例如，桂林恭城红岩生态旅游新村、玉林北流罗政村等均为现代农业新村。现代农业新村通常包含集观光、体验、购物于一体的农园。这类农园包括林场、农场、牧场、渔场、果园、茶园、花园等，如南宁乡村大世界、柳州农工商农业观光旅游区、桂林市临桂区五通镇的刘三姐茶园等。

3. 民俗（族）文化村寨及古村落

广西农村有一些民俗（族）文化村寨及古村落，具有丰富的民间艺术、民风民俗、文物古迹等，通过开发形成了乡村旅游的重要景观，如南宁扬美古镇、钦州灵山大芦村和龙胜金车寨等。

4. 高科技生态农业观光园

高科技生态农业观光园的农业生产过程采用最新的科学技术，农产品非常独特新奇，整个园区现代感十分突出，具有较强的科学性、知识性和观赏性，如广西八桂田园、北海田野科技种业园等。

5. 依托乡村名胜开展乡村旅游

这种类型的旅游主要是指依托本村镇或相邻村镇著名的历史文化和自然景观开展的乡村旅游，如桂林龙胜的平安壮寨和黄洛红瑶村寨、阳朔高田镇历村、百色乐业的火卖生态文化村等。

6. 乡村红色旅游

广西是全国红色旅游的重要基地，全区各地尤其是广西西北地区分布着大量的革命纪念地和标志物，还有一大批国家级和自治区级爱国主义教育基地，以红色旅游为主题的乡村旅游也在蓬勃发展。

## 9.4.5 广西乡村旅游扶贫的意义

"旅游扶贫"一词由英国国际发展局提出，指有利于贫困人口发展的旅游，把消除贫困和旅游发展直接相互连接，以贫困人口为主要受惠对象，在旅游资源丰富的贫困地区或经济欠发达地区，通过发展旅游业，促进当地经济、社会全面进步的一种补充性的开发式扶贫手段。20世纪80年代中期以来，党中央、国务院为改变贫困地区落后面貌，在全国范围内开展了大规模的扶贫工作。旅游扶贫是国家扶贫战略的重要组成部分，对具有丰富旅游资源且具有开发价值、开发潜力的贫困地区，积极发展旅游业，是使这些地区人民群众脱贫致富的有效途径，也是推动这些地区经济发展的有力措施。

## 9.4.6 广西乡村旅游扶贫的经验

在乡村旅游的发展方面，广西探索了一些创新模式。广西乡村旅游创业及旅游扶贫实践，主要有以下4点经验。

一是重点突破。以创建广西特色旅游名县为抓手，推进扶贫工作实现新突破；通过旅游名县的打造，统一认识，达成共识；通过加大专项资金扶持，重点建设一批旅游集散中心、游客服务中心、旅游景区公共卫生间等。对重大旅游项目实施贷款贴息，有效拉动了当地投资与消费，关键是让老百姓看见了实实在在的发展转变，实实在在地分享到了乡村旅游的发展红利。

二是强化合作。旅游扶贫是个系统工程，单打独斗做不好，要强化部门合作，实现纵深发展。广西壮族自治区人民政府办公厅专门出台了《广西壮族自治区人民政府办公厅关于促进旅游业与相关产业融合发展的意见》，以此推动广西壮族自治区旅发委、发改委、住建厅、农业厅、林业厅等部门密切协作，形成发展合力。

三是结对帮扶。有钱出钱，有力出力，没钱没力的可以贡献智慧和好想法，通过资源的梳理、整合，结对帮扶。在这个过程中，广西探索出了政府引导、景区帮扶、亦农亦旅、异地安置、城企相助等模式，效果非常好。

四是定点帮扶。广西壮族自治区党委、政府出台了《关于实施我区新一轮扶贫开发攻坚战的决定》及28个配套文件，成为实施新一轮扶贫开发攻坚战的总纲。尤其值得指出的是，四大班子领导挂点联系36个县，从编制村屯旅游发展规划、引进项目资金、开展旅游从业人员培训等各方面给予具体指导和帮扶，直接促进了帮扶点脱贫致富。

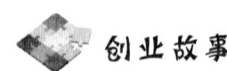 **创业故事**

### 广西龙州县板省乡村旅游区

板省乡村旅游区位于响水镇鸣凤村板省屯，交通便捷，旅游资源丰富。2015年5月开业，当时全屯共有61户271人入股，其中贫困户有3户6人。每户仅能投一股，每股每年需投入5000元。板省入股的村民除了在年底可享受分红外，还可以在乡村旅游区工作，赚取额外收入。

板省乡村旅游区以健康、乡情为特色。在乡村旅游区建立之初，板省村民受到美丽乡村活动的启发，在村干部的指导带领下开展了内容丰富的乡村旅游，包括免费游泳、乡村美食、烧烤、KTV等，受到了广大游客的喜爱。

板省乡村旅游区旅游旺季为每年的5—10月，其中80%以上的游客来自崇左市江州区，游客的人均消费为30~50元，主要依靠小卖部、餐饮、烧烤盈利。板省尝试通过活动带动旅游人气，如举办抓鸭、抓鱼活动和村民表演等，活动期间每天人流量达到1000人。

2017年，龙州县政府投入600万元，建设板省游客服务中心、停车场、民宿等设施，于10月份向自治区旅发委申报创建广西四星级乡村旅游区。板省乡村旅游区于2018年年初被评为四星级乡村旅游区。

2015—2017年，板省乡村旅游区通过租用农户土地，按8%比例分红及支付务工收益，直接带动板省屯61户农户每户收益2万元/年。而据板省乡村旅游区财务数据统计，2015年板省的营业额为120万元，2016年营业额为69万元，2017年营业额为150万元。板省乡村旅游区较好地带动了板省屯贫困户脱贫。

 **延伸阅读**

### 阳朔民宿的成功秘诀

阳朔民宿兴起于20世纪90年代初。阳朔是国内民宿业起步最早的地区之一。自2000年开始，阳朔民宿进入了快速发展时期。据粗略统计，2002年阳朔全县民宿数量仅为90多家；而到了2007年，全县民宿数量增长到260多家，5年间增长了190%。阳朔民宿经过30多年的发展，从原来仅有十来家，发展到今天遍布全县各乡村。阳朔将生态优势和旅游优势转化为经济优势，民宿集群产业得到迅猛发展。截至2018年，阳朔全县民宿数量超过1200家，占全县住宿业的60%，并涌现出了一批极具特色的民宿。随着旅游接待人数的大幅度增加，阳朔民宿也从原来的"少、小、简"，发展到今天的"新、奇、特"，不仅成为阳朔乡村旅游中极具魅力的组成部分，也成为阳朔旅游经济发展的新动力。据统计，2018年上半年，阳朔实现接待游客794.2万人次，旅游总消费113.8亿元，第三产业占比达58.9%，以旅游为主的服务业对经济增长的贡献率达到73.6%的历史新高。

旅游业的高速发展带动了民宿市场的持续繁荣，阳朔民宿产业为城乡居民提供了"看得见山、望得见水、记得住乡愁"的生态空间，阳朔已成为高端精品民宿发展的沃土。正如阳朔竹窗溪语禅艺度假酒店联合创始人、桂林民宿协会副会长李思慧所说："民宿恰恰是实现乡村振兴的入口，也是一个重要抓手。大力发展以民宿为核心的旅游综合体，通过发展高端精品民宿为特色，盘活乡村'沉睡'的资源，进一步激发乡村产业活力，促进乡村一、二、三产业融合发展，才能培育乡村发展新动能。"

阳朔是推动民宿经济发展的"先行者"。经过多年的探索和实践，以秀美的田园山水和多彩的民族风情，培育出一批各具特色、内涵丰富的民宿精品，对当地传统村落、文化的保护与传承，对乡村风貌的升级改造，以及村民生产生活条件的不断改善等方面都有积极的贡献。

1. 凸显特色，自然与人文相得益彰

阳朔的民宿主要集中在阳朔主城区周边及景点（区）周边，在西街、历村、凤楼、骥马、石板桥、鸡窝渡、兴坪镇已形成了一定的规模。阳朔民宿的建筑特色与其所处的地形环境有很大的关系。例如，古建筑型的民宿大多依托已有的桂北民居进行修旧如旧的改造，这些具有地方文化底蕴的民宿受到了国外旅游者的喜爱。阳朔民宿建筑特色还与其所处的地形地貌有关。阳朔特有的喀斯特地貌使得一些景观型民宿应运而生。这些民宿与独特的景观相生相融，让客人置身于美景中，受到了国内城市游客的追捧。

阳朔县旅游发展委主任助理唐爱华说："阳朔的大部分民宿就是把风景铺进人们的假期中，让自然山水与现代设计相得益彰，地域风俗与民宿建筑完美融合，彰显自然与人文的活力，精准融入全域旅游，助力旅游转型升级。"阳朔民宿的特色不仅在于美景，更重在特色。例如，阳朔"杜果·美墅"民宿，客房的窗外就是辽阔的山景，其别具特色的旧物博物馆和甜品厨房让客人念念不忘。又如，前望遇龙河，后见月亮山，蝴蝶泉、聚龙潭等景区就散落在周边，"在水一方"民宿可谓是处处皆是阳朔山水美景。以美景养眼，美食养生，"在水一方"的美景美食使其成为热门民宿。

2. 依托政策，开辟乡村旅游新版图

2018年3月，国务院办公厅印发的《国务院办公厅关于促进全域旅游发展的指导意见》（国办发〔2018〕15号）明确指出，"城乡居民可以利用自有住宅依法从事民宿等旅游经营"。近年出台的各项旅游政策中，也均有提到鼓励特色民宿的发展。可以说，当前全国民宿行业正迈入高速发展阶段。民宿经济是推动城乡协调发展的重要载体、是生态富民的重要途径，是促进全域旅游发展的重要支撑，是推进乡村振兴的有力抓手。《中共中央 国务院关于实施乡村振兴战略的意见》明确提出要实施休闲农业和乡村旅游精品工程，建设一批设施完备、功能多样的乡村民宿；同时针对利用闲置农房发展民宿等项目，研究出台消防、特种行业经营等领域便利市场准入机制，加强事中事后监管的管理办法。

以阳朔县白沙镇旧县村为例，通过政府引导、村民主体、社会参与，对古建筑、古民居、古道、古桥、古井都进行了及时的保护修缮，使农村闲置资源迅速盘活，原本闲置破败的古民居变成了每年租金超10万元的高端民宿，实现了村民增收。民宿和风景相辅相成、相互依托，实现了旅游内容丰富化、形式多元化，开辟了乡村旅游新版图，带动了集体经济发展。各行政村建立集体经济合作社，采取服务创收、入股分红等多元化模式，帮助村民实现稳定增收。漓江、遇龙河沿岸农户每年享受景区收入总额10%的分红，使沿江6万多群众直接受益。形成了民宿产业兴起、村民增收协同推进的良好势头。

3. 准确定位，长线运营

我国民宿源于20世纪末兴起的"农家乐"，随着旅游业的发展，体验特色民宿已成为当下游客亲近自然和感受乡村生活的主要方式之一。民宿是一个准入门槛较低的行业，这意味着随着民宿的普及,将会有更多民宿涌现。

由于民宿不同于标准化酒店,民宿除包含标准酒店的休息、饮食等服务外,还会向顾客提供具有当地特色的服务。让民宿脱颖而出,无疑需要准确定位,统一规划和长线运营,打造特色主题,并且不断进行服务升级,立足地方特色,打造标杆品牌。

案例来源:汤世亮. 民宿经济:打造乡村振兴"阳朔模式"[N]. 桂林日报,2018-10-18(6).

# 第10章 农业创业

**学习目标**

1. 了解选择农业创业项目的方法，理解选择农业创业项目的影响因素，掌握选择农业创业项目要遵循的原则；
2. 了解农业创业团队的含义，掌握农业创业团队的组建技巧和农业创业团队的管理；
3. 了解资金预算的含义，掌握创业资金预算的步骤、农业创业资金的筹集途径；
4. 掌握创业计划书的内容；
5. 了解农业创业面临风险的种类，掌握创业风险的防范方法；
6. 掌握农业企业增效的方式，掌握创立农产品品牌的途径。

梁文，广西平南县平南镇人，初中文化。他平时喜欢看报纸和电视新闻，了解了一些惠农政策，例如扶持粮食生产的政策。梁文觉得创业的机会来了，从2007年开始，他通过土地流转方式承包水田225亩种植优质香谷水稻，积极应用免耕技术、抛秧技术，实施无公害标准化栽培，结果产粮143吨，出售给粮食部门117吨，售价达每千克2.78元，总收入32万多元，纯利20多万元。2010年，他种植水稻3132亩，总收入213万元。

2011年，梁文在平南县成立大银优质水稻种植专业合作社，吸引了约3000名种粮大户参与，种植总面积发展到3万多亩。2012年8月，应缅甸政府之邀，他到缅甸建设粮食生产示范基地，缅甸政府为此无偿划拨给他61公顷耕地，期限达25年。

本案例中梁文之所以能创业成功，主要原因如下。

(1) 他的规模化种粮是国家扶持的行业，有各种补贴政策，如农资综合补贴、粮食直补、良种补贴、农机补贴、订单收购价外补贴等。
(2) 大胆承包耕地，实现生产规模化。
(3) 采用新技术，依靠科技出效益。
(4) 诚实守信，经营上实行订单化。
(5) 增加复种指数，提高土地利用率（水稻—马铃薯）。
(6) 发挥优势惠及乡亲（水稻一年用工1万人次，马铃薯一年用工2.6万人次）。

## 10.1 选择农业创业项目

选择农业创业项目，这是创业者在创业道路上迈出的至关重要的第一步。

中国创业招商网调查数字显示：97%创业失败是因为没有选准合适的项目，81%创业前期确定创业项目"很难抉择";在成功创业的人士中,72%认为"良好的创业项目成就事业"。由此看来,创业成功与否,创业项目的选择显得尤其重要。

### 10.1.1 选择农业创业项目要遵循的原则

**1. 要选择有国家政策扶持并符合产业发展方向的项目**

想开创自己的事业和创办自己的企业,最好先了解国家的产业政策,知道哪些项目是国家政策扶持的,哪些农业行业是国家禁止发展的,等等。我们一定要选择国家政策鼓励和支持,并有发展前景的农业行业作为自己的创业项目,如有机农业、绿色农业,粮、棉种植,生态农业等,这样创业的道路才能越走越宽、越走越远。

**2. 要与众不同,有所创新**

创新是创业成功的关键,选择农业创业项目时要注意切忌"跟风",应做到"人无我有、人有我优、人优我特"。创业者只有进行市场调查,发现并创造需求,抢占先机,生产适合消费者需求的新的特色的产品,创办的企业才能生存和发展。

**3. 要以消费者需求为中心,社会需要什么我们就生产什么**

选择农业创业项目,第一步要进行市场走访,写出走访计划书,更要做详细的市场调查方案。第二步要知道市场和消费者需要什么,需要多少,卖给谁,购买数量是多少,竞争对手是谁,等等。

市场行情的获得途径有报纸、电视、杂志、专业书籍、互联网等,但最重要的还是亲自到市场上了解。

**4. 要发挥自己的优势,做自己熟悉的行业**

创业一定要选择自己有特长的项目,而且要有恒心,要坚持。每个人都有自己的优势和不足。例如,有的人对农业电商领域、水果产品比较熟悉,有的人在水稻技术上有专长,有的人喜欢特种养殖,有的人善于销售农产品等。所以,选择创业项目时要能充分发挥自己的特长,要选择自己喜欢的和感兴趣的项目。

**5. 要做与自己相匹配的项目,匹配的就是最好的**

创业者要考虑自己的创业资源,包括资本、创业人脉、创业能力、创业伙伴、专业能力等,量力而行,要与创业资源相匹配。应该将为数不多的资本投到风险较小、规模也较小的创业项目中去,先做小企业,再做大企业,由小到大,滚动发展。

### 10.1.2 选择农业创业项目的方法

**1. 农业创业项目的产生**

(1) 农业创业者的专业技术

农业创业者都有各自擅长做的事情。例如,有的人擅长种植,有的人擅长养殖,有的人擅长雕刻,有的人擅长柳编,有的人擅长与人交流(做经纪人)。每个人都可以根据自己的特长演绎出创业项目。

（2）农业创业者的喜好

农业创业者的喜好是指农业创业者喜欢做的事情。例如，有的人喜好种植花草，有的人喜欢养殖兔子，等等。

（3）农业创业者的经验

农业创业者的经验是指农业创业者曾经的工作经历和接受过的教育培训经历。例如，有人曾经在柑橘种植大户那里工作过，就有了如何种植柑橘的经验；有人参加过养鱼技术培训，他就懂得了养鱼的技术。

（4）农业创业者的人脉资源

人脉资源主要是指创业者的家人、亲戚、同学、同事、朋友等。农业创业者可以从他们那里获取一些创业资金、产品销路或者技术帮助。例如，某人家里有个亲戚创办了一家辣椒酱加工厂，他就可以承包些土地用于种植辣椒，从而进行创业。

（5）农业创业者的要素资源

农业创业者的要素资源主要包括水资源、矿产资源、生物资源、土地资源、气候资源和海洋资源。例如，有的人发现自己所处的村子里有一块较大的闲置水库，那么他就可以利用这个水库养鱼和搞乡村旅游。

 创业故事

### 王彪承包荒山栽满"摇钱树"

6年前，王彪承包了村里一片山林，承包期20年，面积1800多亩。山上自然条件很差，到处是裸露的岩石，在很多村民看来，这荒山根本没法耕种，实在是无利可图，但王彪不这么想。他带领一家人在山脚下开垦种田，几年共开垦出400多亩。后来王彪开始种植柑橘，如今仅卖柑橘一项年收入就达300万元。山上难以耕种的地方他就挖坑填土，种植了大面积的中草药，如今卖中草药一项年收入达80万元。此外，王彪还种植了其他山果，并专门注册了商标。王彪成了远近闻名的大老板，村里在他山上打工的人有60多人。山上原来有一座破庙，王彪将其整修一新，恢复了已经停办多年的庙会，如今每年正月初九，山上人山人海，成了一处免费旅游景点。知名度高了，山果供不应求。

王彪之所以成功，靠的就是合理利用要素资源，总结如下。

一是能够充分利用当地自然资源，在原本荒废的荒山上栽满了"摇钱树"，低成本换来了高收益。

二是因地制宜搞生产，山下种果树，山上种中草药和山果。

三是注册商标，扩大影响，产品不愁卖。

2．农业创业项目的分析

（1）外部环境分析

市场情况、政策法规、新技术带来的变动。

（2）市场分析

需求总量、结构、规律、动机。

（3）资源分析

在你的势力范围内可控的资源。

（4）竞争对手分析

有多少竞争对手，优劣势各是什么，潜在对手情况如何。

（5）投资效益分析

投入、产出、盈利分别是多少。

通过对外部环境、市场、资源、竞争对手和投资效益进行全面的分析，创业项目就可以从不确定、不明晰变为准确、清晰，方便创业者选择及筛选。

3. 农业创业项目的筛选

分析每个农业创业项目的具体情况之后，创业者就要对农业创业项目进行筛选，选出一个切实可行又符合自己实际的创业项目。那么，什么项目更适合去投资创业呢？一个能够赢利的、有竞争力的好项目有几个特点：获利性、新颖性、成长性、未来性、易操作性。

4. 农业创业项目的检验

筛选出一个适合自己的农业创业项目之后，需要对这个农业创业项目进行检验。常用的方法是 SWOT 分析法，即对创业项目进行优势、劣势、机会和威胁的分析。

（1）优势和劣势

优势指的是农业创业项目的长处和积极的方面。例如，产品质量好、生产成本低、地理位置好、技术水平高、符合顾客消费习惯等。

劣势指的是农业创业项目的弱点和欠缺的方面。例如，产品及服务的成本高、售价贵、推销手段不如别人、无力提供足够好的售后服务等。

（2）机会和威胁

机会指的是农业创业项目能从周围环境中获得的种种可能的有利时机、地位、支持。例如，产品可能越来越流行、竞争对手因为某种原因丧失竞争力、获得了新的物美价廉的代用原料等。

威胁指的是农业创业项目将遭遇到的种种不利和负面影响的事情。例如，政策风险、产品有强大的竞争对手、原材料紧缺导致的成本上涨、顾客日见减少等。

 延伸阅读

### 选择农业创业项目的影响因素

1. 农业创业者的市场眼光

农业创业项目在哪里？城里消费者收入高，农产品有市场。广西与东盟国家相邻，农产品贸易有互补性。农业创业项目机会很多。广西各地方都有创业项目，这就要看创业者能不能把握住。

2. 农业创业者的爱好

爱好是最好的老师。只要是创业者爱好的项目，创业者就会以最大的热情积极投入创业项目中去，就会努力创新，最终创业成功的概率也会提高。

3. 农业创业者的特长

俗语说，隔行如隔山。要想创业有把握，创业者应该在自己熟悉的行业里选择项目，对该行业越了解越好，这样做起来才容易上手，才能提高创业成功率。

4. 农业创业项目的市场需求

市场是最终的试金石。农业创业项目的选择必须以消费者需求为导向,也就是说选择农业创业项目时不能凭自己的主观意志,要对市场进行调查,要从消费者需求出发。消费者需要什么,就生产什么。创业项目市场机会的空间越大,创业成功的可能性也就越大。

5. 农业创业者对风险的承受能力

一般来说,在创业项目中,风险越大利润就越高。但每个创业者的风险承受能力是不一样的,所以在选择农业创业项目时,创业者一定要仔细衡量风险。如果对风险的承受能力很强,那创业者就可以选择风险大一些的农业创业项目。只要项目的预期回报符合预期目标,就可以进行投资创业。

**创业语录**

"创"业,其实就是找别人想不到的,或做别人没做准确的事情。

——奎宁

## 10.2 农业创业团队的组建与管理

任何组织的发展都离不开一个优秀的团队,组建一支优秀的创业团队对任何创业者而言都是至关重要的,它直接决定着创业的成败、企业的生死存亡。

### 10.2.1 农业创业团队的含义

农业创业团队是由少数具有技能互补的农业创业者组成的,他们是为了实现共同的农业创业目标,共同为达成高品质的结果而努力的共同体。

### 10.2.2 农业创业团队的组建

在农业创业团队的成员选择上,必须充分注意人员的知识结构——管理、财务、技术、销售等。全面选择、充分发挥个人的知识和经验优势。简单来说,创业人员的组合中要有会当家的、能算账的、懂技术的、跑市场的。

1. 会当家的

在农业创业团队中,会当家的就是带头人。大到一家集团企业,小到一个家庭,要想使成员尽心竭力、发挥团队最大力量,至关重要的就是选择一个所有人都认可的团队带头人。

① 带头人就是创业企业的指挥者,指引着创业团队前进的方向。

② 带头人要时刻保持清醒的头脑,冷静地分析问题、解决问题,做到顾全大局、控制全局,从而带领团队走向光明。

③ 带头人要以团队发展方向为着眼点,要充分考虑企业发展全局。带头人是经营能手,在管理团队时要放下姿态,尽量做到"以企业为重、个人为轻",并且能认识到自己是为团队服务的。

2. 能算账的

能算账的就是指创业团队中一定要有一个了解财务的。财务混乱是很多创业企业存在的问题,有的甚至直接导致团队纠纷。

如何选择会算账的人呢？首先看他是不是一个细心的人，粗心的人是不能做好财务工作的。其次，一个合格的财务人员必须有清晰的处理问题的思路。农业创业项目涉及的金钱项目特别多，特别琐碎，一个合格的财务人员必须条理清晰、有条不紊。最后，一个合格的财务人员要有很强的沟通协调能力。财务人员既要能与内部上下进行沟通协调，还要能与外部（如银行、税务等部门）进行交流合作。缺乏交际能力、过于内向的人并不适合做创业团队内的财务人员，因为创业团队不需要一个记账员！

3. 懂技术的

科学技术是农业发展的根本出路。

要想农业创业成功，农业科技人员必须是主力军，因为现代农业的发展需要科技做支撑。例如，应用滴水灌溉技术，可以提高水和土地利用率，在有限的土地上增产增收；运用大数据和自动化技术，可以建成全面的现代农业信息系统，使农业管理达到规范化、一体化，从而提高效率。所以农业技术是核心竞争力。

4. 跑市场的

企业要生存就必须盈利，而盈利的唯一途径就是把产品卖出去。对企业来说，产品卖不出去，再好的产品也不过是废品一堆。

那具体来说什么样的人适合跑市场呢？

首先是主动，销售人员需要对自己有信心，有必胜的决心，需要积极争取，对认准的目标决不放弃。不主动走出去寻找客户、和客户沟通，那你永远不可能打开市场。其次是心细，销售人员需要观察、洞悉市场环境变化，善于察言观色，找出客户的需求点。客户最需要的是什么？客户最不需要的是什么？客户第一需求是什么？客户最忌讳的是什么？针对关键点有的放矢，才能事半功倍。最后是耐挫折，销售人员需要有极高的心理素质，要能正确认识挫折和失败，要有百折不挠的勇气，要敢于面对失败，并且在失败之后不抛弃不放弃，继续努力。

 **创业故事**

另辟蹊径卖鸡蛋

广西美丽生态养殖有限公司的老板李兰有段时间伤透了脑筋，她不知道如何把鸡蛋卖出去，鸡蛋市场早已被别人占领了。经过市场调查，她发现人们吃到新鲜的鸡蛋有一个时间过程，从农场到经销商，从经销商再到超市，从超市再到老百姓，这怎么说也得有七八天的时间。李兰看到了机会，她决定学习社区送新鲜牛奶的做法，采用直销方式，一户一户去订购，一户一户去送货，从而大大缩短周转时间，保证新鲜。

有的消费者会质疑鸡蛋是不是新鲜的，李兰回答说："南宁市订我们公司鸡蛋的有几万户，我们每天从山上采集好，先把鸡蛋集中送到一个地点，然后由这个派送点进行派送。我们每天派送，比超市的鸡蛋新鲜，时间最多为一两天，这个我不能瞎说。"

不但鸡蛋新鲜，而且可以先吃蛋后付钱，李兰打出了"新鲜"的招牌，迎合了大多数人的消费心理。不到半年的时间，李兰就赢得了南宁市20万户固定的小区消费客户。

**专家点评** 从这个案例我们可以看出，李兰能在激烈的鸡蛋市场中脱颖而出，是因为她抓住了农产品销售的关键点——消费者追求"新鲜"。从"新鲜"入手寻找机会，仿效新鲜牛奶的做法，送货上门，先吃蛋后付钱，她就成功了。分析这个案例，我们应该意识到：产品营销不是简单的坐等商机，而是要充分了解市场，与顾客直接接触，建立顾客的数据库，建立顾客导向的服务体系。

### 10.2.3 农业创业团队的管理

一个创业团队管理的好坏，直接关系到这个企业以后的路能走多远。团队管理涉及以下几个方面。

**1. 要有核心**

这里的核心是指核心人物。创业团队的核心人物有着带领创业团队走向成功的使命。

 创业故事

创业成不成，全靠带头人

张敏是广西三星农民专业养殖合作社的理事长，她创办的合作社曾获得"广西城乡妇女岗位建功先进集体""广西壮族自治区级农民合作社示范社"等多项荣誉。

2009年，在北京从事饲料添加剂销售工作的张敏，回到广西创办了该县第一家农民合作社。

合作社成立后，张敏买了一辆自行车，去联系养猪户加入合作社。她磨破了嘴皮子，骑坏了车子，也没有人相信她。张敏很郁闷："这么好的事情，怎么就没有人愿意加入呢？"苦苦思考后，张敏改变了策略，她先不提加入合作社的事，而是承诺农民帮助他们免费上门服务，兽药饲料平价提供并免费送货。慢慢地，人们被她的精神和诚意感动，纷纷加入了合作社。张敏发挥自己的技术优势，凭着一股子拼劲风雨无阻地为社员服务。张敏说："社员选择了我，就是对我的信任，我一定要珍惜。"

为了让更多的社员和自己一起干，张敏琢磨着和社员一起创办猪场并按照股份分红。社员用土地、猪舍及生猪入股，张敏则用猪苗、饲料入股，他们合作创办了两个养殖场，并发展了全产业链的服务。

**专家点评** 张敏是三星农民专业养殖合作社的核心人物，可是合作社成立初期却没有人相信她。苦苦思考后，张敏改变了策略。她从免费上门服务、免费送货开始，慢慢地接近农民。人们被她的精神和诚意感动，纷纷加入了合作社。张敏成功的因素有三个：一是抓住了农民不会拒绝免费服务的心理，由此打消了农民的心理防线；二是坚持，即使所有人都不理解她，她也坚持自己的想法；三是变通，一种方式行不通，就变通方式，最终说服农民加入。

**2. 要有目标**

农业创业者要为自己的团队明确一个奋斗目标，这个团队目标必须准确稳定，看起来不是特别难实现，并且要经常向大家描绘这个目标，让每个员工知道这个目标。团队目标一经确立，不要轻易更改，确保团队的所有行动必须围绕这个目标运行。

制订目标应注意以下四点。

① 目标不要太远，一般先制订两年的目标。

② 目标一定要适中，跳一跳，够得到。

③ 目标要可分解，逐个完成小目标，才可以实现大目标。
④ 目标要有可行性，要结合自身的实际情况，切实可行。

3. 要有分工有协作

要想管理好团队必须要进行角色定位：认定"我是谁"，我能做什么，我扮演一个什么样的角色，要怎样做才能做好；要进行分工协作，知道我在团队中的作用。

在建立创业团队的时候，"管内"与"管外"的人才，细心的"大总管"和具有战略眼光的"领导"，懂技术与跑市场等方面的人才都应该尽可能地考虑进来，保证团队成员的异质性。

作为农业创业团队负责人，就要理清分工与协作的关系：一是要分工不分家，务必相互支持，相互配合；二是要协作，当自己可以为团队做出更多贡献时，哪怕是功劳不在自己，也必须尽力而为；三是要坚持做好自己的本职工作；四是要敢于承担自己工作失误而产生的责任，不要逃避责任。

我们早已熟知的《西游记》讲述了一个团队长期合作，到西天取经获得成功的故事。唐僧与三个性格不同、能力特长有差异的徒弟组成的取经团队，历经万险，坚持统一目标，最后取经成功。这是一支非常成功的团队，由不同风格和能力特长的成员组成，尽管会发生摩擦与不愉快，但他们之间往往能做到优势互补。

4. 要有团队文化

团队文化是指创业团队在发展过程中，通过团队内队员相互合作，为完成团队共同目标，实现队员的人生价值而形成的一种潜意识文化。

农业创业团队如何打造团队文化呢？
① 鼓励大家从全局出发，所有部门、所有人共同努力。
② 从小事做起，注意留意节日与员工的生日。
③ 适当关心员工的家属，对员工家属的关怀往往更能让员工感动。
④ 创业团队还需要彼此间互相尊重。

蒙牛是中国生产牛奶、酸奶和乳制品的领头企业之一。蒙牛创建之初，缺厂房、缺钱、缺技术等各种资源。创始人牛根生认为，企业所需资源无处不在，但如何拿到这些资源并对它们进行有效配置，使其成为企业发展的核心竞争力，这是需要仔细考虑的问题。

"科学技术是第一生产力。"借用这一思想，蒙牛提出了"企业文化是企业的第二生产力"的说法，也正是蒙牛文化的发展促进了蒙牛乳业的快速发展，使蒙牛乳业成为中国液态奶的销售冠军，创造了蒙牛发展的奇迹。

### 创业团队管理制度

创业团队管理制度，是各种条例、章程、规范、标准、办法、守则的总称，是员工的行为准则。制度是企业管理最有力的工具，它能使人变得理智，使企业走向正规化。

正所谓"制度通，一通百通"。制订好制度，让员工各司其职、各负其责，企业才能有好的发展。制订好制度后还要监督执行，要有合理的激励考核。所谓激励，就其表面意思而言就是激发和鼓励的意思。通过激励考核来优胜劣汰，来奖优罚劣，具体如下。

① 建立一套公平、公正、公开的薪酬考核体系。
② 创业团队在创业初期，要以奖励为主，惩罚为辅。
③ 创业团队要走向正规化，需要用制度来管理与约束。

制度管理是一个创业团队走向成功的基本保障，在执行制度过程中，领导力和执行力至关重要，一个好的、完善的团队管理制度，必须人人遵守与严格贯彻执行。只有这样，企业才会有长久的生命力。

## 10.3　农业创业资金的筹集

筹集创业资金是农业创业者在创业初期的首要任务，如何估算和筹集资金在创业初期尤为重要。在估算创业资金时，一定要将资金估算控制在合理够用的范围，不能为利益诱惑而不计成本地投入。农业创业项目到底需要投入多少创业资金，这需要根据创业项目的种类、规模大小、经营地点等情况来定。

### 10.3.1　创业资金预算的步骤

1. 准确评估资产费用

准确评估资产费用需要进行精确的项目投资估算，包括土建工程及其他工程、设备购置、安装费用、人才引进等。如农业创业人员不具备相关的评估能力，则应请具有相关资质和能力的机构和个人来帮助进行相关的评估测算。

2. 算足开办费

开办费是指企业在筹建期发生的费用。

3. 算足流动资金

流动资金是项目运转过程中所需要支出的资金。创业项目一般要在运转一段时间后才能有收入，所以运行一个项目，要准备至少能支付3~4个月的经营周转资金，包括设备维修费、管理人员工资、各种推广费用等，如果有分期偿还的借款，也要算入。假如创办的是农产品加工厂，除了以上的一些费用外，还需要对各种半成品积压在仓库里等资金进行估算。如果没有留出足够的流动资金，在创业企业赚钱之前，就会出现资金短缺问题。所以，只有良好的流动资金预算，农业创业项目才能循序渐进，企业才能由小到大、由弱变强。

4. 备好风险资金

创业企业在创业过程中会遇到很多问题与风险，如财务管理过程中的某一方面或某个环节出了问题，都可能使风险转变为损失，导致企业陷入困境甚至破产。企业财务风险种类较多，主要有筹资风险、投资风险、现金流量风险和外汇风险等。因此，在估算创业资金时，要对创业资金的使用做好统筹安排，预留风险资金，力求把风险降到最低程度。

### 10.3.2　农业创业资金的筹集途径

1. 用自有资金

通过将自己动产或不动产（如房产、车辆等）变现来筹集创业资金是创业资金筹集的主要渠道之一。资本能变换价值形态,吸收人才、技术、信息、原料、设备,并且利用这些生产力来完成预定的创业项目,为市场提供有价值的产品和服务,取得可观的经济效益。农业创业人员如果寻找到合适的项目,对技术、市场等也有信心,在充分论证的基础上,就应果断将手头的钱投资到选择的项目中去。

2. 新型的农民信用互助服务专业合作社

这种方式通过吸纳合作社内部成员的闲散资金,让民间资本在农村聚集、流转,解决了农民生产经营活动中"小额、分散"的资金需求,实现了互助服务。

例如,养殖创业者可以通过"公司+农户"的经营模式,先期获得公司提供的动物幼苗、饲料和药品等,将动物养殖到出栏时,由企业回收出栏动物。企业在扣除动物幼苗、饲料等成本后,剩余利润直接结算给农业创业者,相当于农民除了自家的圈舍和人力投入,没有投入一分钱,只要养殖得当,就可以获得不错的收益。等养殖户有了一定的资金积累后再扩大规模或者开展自繁自养的养殖方式,创业就容易多了。

3. 用好现有资产

首先我们来听一个盘活农村闲置资产创业的案例。

 **创业故事**

广西农民李冬租用早禾村委会闲置的房子办起成衣加工厂。李冬认为这样做有几个好处:一是闲房派上了用场,可以以房养房,省得房子没人用;二是大大减少了创业者的投入,降低了投资成本,不用再去建厂房;三是缩短了办厂周期,租来就用。农村这类闲置的资产比较多,比如,许多农村小学实行撤点并校,闲置了许多校舍,有的人通过盘活这些闲置资产,创办了玩具厂、炒货厂等。

**专家点评** 农村由于乡镇合并、村庄合并及中小学撤点并校等,存在不少闲置资产,农业创业者应有意识地利用好这些资产进行创业,尤其是对刚刚踏入创业门槛的创业者来说,在资金相对紧张的情况下,可以考虑抓住这些机会,变废为宝。

除了这部分可以利用的资产外,很多自然资源也是创业者应该考虑的。比如要进行林下养殖,必须具备一定规模的树林和植被,如果创业者自己种植树木和植被就需要等待几年,不但资金回收时间长,养殖行情的变化也可能导致创业失败。如果能利用当地的防风林、果园等现有条件,就能解决先期投入大和等待长时间的问题。创业者只需要专注于养殖技术的提高和产品销路等问题,就可以大大提高创业成功率。

现有资产包括创业者及其合伙人现存的场地、房屋、机械设备和办公用品以及交通工具等,能够利用的尽可能利用。如创业之初,找不到理想的场所,只要你能转换一下脑筋,想办法获得一处免费的创业场所,那就相当于得到了一笔可观的创业资金。例如,将自家的房屋作为公司的办公场所,条件虽然没有专门的办公室那么好,但从资金的使用上,有效减少了投入,保证留有充足的流动资金。

农业创业人员还可以利用当地的地理条件减少自己的初期投入。例如,需要灌溉用水的种植业,可以选择靠近水源或水源充足的土地完成相关生产;养殖业需要的防御屏障可以通过自然河道、防护林等天然条件,减少修建围墙的投入。当然刚才提到的能租赁的尽量减少自己建设,也是一种比较常见的减少投入的方法。

4. 敢于借贷资金

创业企业要发展壮大，资金很重要。要改变传统的不愿意借钱的观念，要充分认识到敢于借贷资金是壮大企业的必要的手段。在通常情况下，借贷有两种方式：一是向亲朋好友借款，二是找各银行贷款。亲友借款在我国农村比较普遍，但在借款过程中要履行相关的手续，以免产生纠纷。银行贷款对农业创业有相关的扶持政策，如国家贴息、免抵押等，农业创业人员可以到相关银行了解政策。

5. 争取创业基金

国家始终高度重视"三农"发展，在农业创业上，国家、省（区）、市均有相关的鼓励和扶持政策。创业者要去了解、熟悉这些扶持政策。假如你是创业者，当有较为成熟的创业方案后，应积极与当地的农业部门联系。比如每年国家都有农业创业基金项目，只要项目在基金项目申请上获得批准，并按照要求完成项目规定的内容，就能获得相应的财政补贴。农业创业人员要积极联系政府和银行，与他们搞好关系，尽量获得政府与银行的政策性扶持，争取获得创业基金支持。

 延伸阅读

资金预算的含义与原则

（1）资金预算的含义

创业要取得成功，资金保障是根本。当你决定实施你的农业创业项目时，就要仔细地预测实施这个项目所需要的启动资金和后续资金支持总量。只有对创业资金进行一次准确的预测，才能对以后的创业提供较可靠的资金保障。资金预算是对企业的资产、负债、所有者权益及其相互关系进行预算，可以分为年度预算、月度执行预算，通俗点讲就是创业资金的需求总量、使用规划、落实等。资金预算是整个创业资金筹集的一项基础工作。

（2）资金预算的原则

农业创业人员在编制资金预算的时候应采用"与成本、费用相匹配，以收定支"的原则，以最优的资金成本制订资金使用方案。

 创业故事

守财守成了贫困户

何某是村里第一个"万元户"，早在20世纪90年代初期，就靠省吃俭用存了三万多元，当时就有很多人劝他，用这笔钱投资，盖个养殖场养鸡鸭鹅，发展养殖业；或者承包一片地，开展特色种植业；然而何某过度恐慌于投资风险，一直守着三万多元不动，仍然靠传统方式种地干农活过生活。随着孩子日渐长大，家庭开支越来越大，孩子上学成家的费用越来越多，何某的年收入已经不能支付家庭支出，守了十几年的三万多元越来越少。十年前三万元就可建成的新房，如今需要十万元，依然住在三间旧房的何某已经无力再建新房，他原有的三万元钱也从数值上和价值上失去了意义。何某成了村里的贫困户。

## 10.4 农业创业计划书的编制

在创业过程中,在做好市场调研、创业项目选择、创业团队组建及创业资金运作这几项工作后,创业者就应该准备开始创业。到了这个阶段,创业者就需要把美好的想法绘制成清晰的蓝图,编制一份内容和结构完整的创业计划书;并对创业计划书进行反复斟酌,分析评估,要做到脑里有想法,心里有底气,决策有目标,行动有方向。

### 10.4.1 创业计划书的重要性

创业计划书可以让投资者对创业项目的内容、可行性、盈利性、风险性等有初步了解。创业计划书是吸引投资者投资的重要依据,也是创业者的创业导向或创业步骤的依据。

### 10.4.2 创业计划书的内容

一份完整的创业计划书应包含计划纲要、企业基本情况、企业的独到之处、创业团队、市场展望、营销策划、生产及服务方案、投资预算及利润分析、创业风险分析和创业进度时间表。

#### 1. 计划纲要

计划纲要一般包括以下内容:企业介绍、企业主要产品和业务、市场情况、销售计划、生产管理计划、财务计划、相关支持政策等。

#### 2. 企业基本情况

企业基本情况主要包括:企业商号、工商注册地址、电话号码、经营情况、企业优势、企业文化等。

#### 3. 企业的独到之处

企业的独到之处即最重要的产品(服务);产品的品牌、功能及优势;营销的对象、范围;市场竞争力;产品的研发过程和研发能力;新产品(服务)的研发计划和成本分析;有哪些著名品牌和专利等。

#### 4. 创业团队

创业团队包括市场营销人员、技术人员、财务人员等。

#### 5. 市场展望

市场展望包括市场开拓情况、竞争对手、目标客户和目标市场等。

#### 6. 营销策划

营销策划包括制订营销渠道策略、制订营销队伍选聘策略、组建激励机制、制订促销与推广策略、制订价格策略等。

#### 7. 生产及服务方案

生产及服务方案包括设备选择与采购、厂房建设、员工招聘、技术研发与引进、原材料选择与采购、产品的质量要求等。

8. 投资预算及利润分析

投资预算要分项列出建设或租赁厂房或店面房需要多少钱，设备需要多少钱，创办企业需要多少钱，产品的原材料需要多少钱，员工的工资支出需要多少钱，不可预见支出需要多少钱等。利润分析要说明投资回收期是多久。

9. 创业风险分析

创业风险分析通常包括技术是否可行，产品是否好卖，管理是否有效，财务管理是否合规，国家政策是否支持等。

10. 创业企业创业进度时间表

第一步，进行市场调查，写调查报告。
第二步，确定生产的产品或提供的服务，制订产品、服务策略。
第三步，确定厂房地址，采购生产机器设备，并开始招聘员工和制订促销策略。
第四步，进行企业的登记注册，到公司登记机关领取营业执照，并到银行去开立企业账户，到税务局进行税务登记。

## 10.4.3 创业计划书的论证和分析评价

编制完创业计划书后，不能马上实施，要对创业计划书进行充分论证和分析评价，避免创业失败。

1. 找创业计划书中的问题

邀请有经验的创业者或亲戚朋友等对自己所制订的创业计划书找出存在的问题，不断完善创业计划书。

2. 多找专家指导

邀请律师、会计师、政府官员等专家从不同角度对创业计划书进行指导和评价。

3. 思前想后查问题

许多创业计划书中往往存在以下几个问题。
① 市场调查与预测不准确，产品的目标市场和市场定位不清楚，目标顾客群不清晰。
② 商业模式模糊不清，赢利模式不确定。
③ 缺乏发展战略，对企业未来的发展没有规划。
④ 缺乏成熟的团队，只是临时撮合。
⑤ 缺乏资金分析，特别是企业的流动资金分析不够。

4. 看是否达到基本要求

① 创业计划书要与企业所在地的环境相匹配。编制的创业计划书要与企业所在地的社会环境、经济环境、自然环境、人文环境相适应，这样便于实施创业计划。
② 创业计划书要与创业者的能力相匹配。要根据创业者的经济实力、个人能力、技术与管理能力，统筹平衡去做创业计划。创业者从小企业做起，慢慢做大。创业者要从研发

产品开始,到占领国内外市场,再到做驰名品牌,逐步把企业做大做强。

③ 创业计划书要与创业者在行业中的地位相匹配,如产品或服务一定要有特色,要有科技含量与创新;要把产品或服务做专做精,在同行业具有竞争力。

④ 创业者要选择合适的创业模式。例如,建立一家农民专业合作社、成立合伙企业或注册成立有限责任公司或股份有限公司等。

 **创业故事**

圆梦的创业计划书

2008年,小潘从农业高职院校毕业,一家农业龙头企业向小潘伸出"橄榄枝"。但小潘并没有应聘,而是回到家乡,开始圆自己的创业梦想。他利用假期,对家乡的养殖业进行了详细的调研。调研发现,鹅肉不仅是绿色环保食品,而且鹅毛的用途也十分广泛,开发鹅系列产品的前景很广阔。

他向养鹅专家悉心讨教、向相关部门进行咨询、到企业学习、进行市场调研,经过一番精心准备,他将自己撰写的一份详细的有关鹅饲养与开发的创业计划书呈送给镇政府的领导。镇领导被他的创业计划深深地吸引了,认为该项目切合当地实际,具有市场开发潜力,于是邀请市农业部门和省农牧科技职业学院的专家进行论证。该创业项目还引起了该市分管农业的副市长的重视。论证会一结束,当地政府当即做出决定,拨出专项创业资金扶持该项目。同时,省农牧科技职业学院作为该项目技术支撑的合作单位,当场与小潘签订了技术合作协议。就这样,小潘顺利地实现了创业梦想,开始了创业生涯。

 **创业语录**

任何时候做任何事,都要制订最好的计划,尽最大的努力,做最坏的准备。

——李想

## 10.5 农业创业风险的规避

创业从来没有坦途,创业永远与风险相伴。作为农业创业者,应该根据本行业的特殊性,学会识别行业风险,分析各种风险会产生哪些方面的威胁,懂得控制风险、规避风险。

 **创业故事**

猕猴桃种植梦的破碎

杨某曾到新西兰留学,在新西兰留学期间曾研究过该国的农业经济,特别是研究过新西兰的黄金奇异果(一种猕猴桃)产业。回国后他想在猕猴桃产业方面有所作为。他在对广西壮族自治区百色市乐业县大石围天坑山周围的土质、气候进行考察后,发现这里特别适合种植猕猴桃,便筹措资金,进行以猕猴桃为主的农业产业化开发建设。

杨某租了4500亩地,租期为40年,然后全部种上了从新西兰引进的优质猕猴桃,并帮助农民们种了5000亩猕猴桃。最高峰时,整个乐业县的猕猴桃种植规模达到3万亩。

正当杨某和农民们以为猕猴桃种植将要成功时,整个种植区突然暴发了"猕猴桃溃疡病",发病面积达2204亩。该病导致大部分农户亏损,赚不到钱,最后全部放弃了猕猴桃的种植。

杨某创业的失败不是因为种植技术不过关,主要是猕猴桃产业投资回收期长,一般最快也要3~4年,投入的各种成本也很高,还刚好遇到"猕猴桃溃疡病"的风险。同时,杨某第一年就种了4500亩,没有进行小规模试种,缺乏经验,再加上他没有获得银行的贷款,资金跟不上,最终导致创业失败。

在创业过程中有哪些风险?不同风险的表现形式是什么?这些问题值得我们仔细思考。

### 10.5.1 农业创业面临风险的种类

在创业过程中风险无处不在。根据不同的划分标准,现代农业发展面临的风险主要有自然风险、市场风险、技术风险和人为风险。

1. 自然风险

在农业现代化和市场化过程中,自然风险作为一种客观现象依然存在。例如,严寒、酷暑、洪水、台风、病虫害、干旱、地面下降、疫情等,都会给农业的发展带来损失,有的损失甚至是毁灭性的。

自然风险包括自然资源风险和自然灾害风险。

2. 市场风险

在农业现代化和市场化过程中,市场风险已成为农业发展的主要风险。当前农业的市场风险,主要有以下特征:①主要表现为价格风险;②发生在流通领域的风险;③防范比较困难。

3. 技术风险

农业创业的技术风险是指农民由于缺乏某项技术,或者说虽然掌握了某项技术,但在应用过程中产生了不确定的副作用,因此对农业生产经营活动造成的风险。技术风险对农业创业者来讲,轻者造成减产、效益下降,严重者造成绝收,从而血本无归。

农业创业可以采取以下三方面的措施来规避技术风险。

一是要大力推广本地成熟的农业技术。创业者要大力推广与本地农业生产的水、肥、气候等条件与资源相匹配的农业技术。评价一项技术好不好,关键看它是否有效,是否出效益,更要符合当地的自然条件,适合的才是最好的。

二是要通过农业院校和科研机构引进技术。农业院校和科研机构有很多成熟的、先进的农业技术,也有很多出色的农业专家,农业创业中可以引进这些先进技术和专家。

三是要不断地学习农业技术。创业者要积极参加各部门和农业院校组织的各类农业技术与经营管理方面的培训班,有时间可以脱产到农业大学进修学习,努力学习新技术、新工艺,提升自己的知识水平与创业能力。

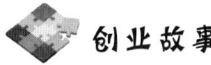创业故事

土壤里的风险

农民韦某在2018年大规模种植茄子,经过多年的积累,摸索出了一些经验,对茄子的

主要疾病防治技术基本都有所了解。由于连年轮作，2019年5月，茄子叶片出现了大面积的茄子褐轮纹病（茄子褐轮纹病又称茄轮纹灰心病，主要危害叶片，后期叶片中心变成灰白色，病斑易破裂或穿孔）。由于韦某是第一次遇到这种情况，不了解致病的原因，也不太清楚如何防治，只好凭借自己的感觉采取试探性的办法。他把多菌灵、托布津等农药都试用了一遍，结果不但没有效果，反而影响了茄子的生长，造成茄子产量大幅度下降。

造成茄子产量大幅度下降最核心的原因，就是韦某的技术问题。

一方面，韦某对茄子产生疾病的来源不确定。韦某在种植茄子的两年时间里都没有发生过类似病变，当发生病变时，韦某误以为叶子变色就应该进行杀菌，没有发现病变的源头。其实茄子这种病变是因为茄子连年轮作，导致病原在土壤中积累而形成的。种植茄子时需要注意田间湿度，雨后及时排水和通风，在湿度大的田块要适当密植；在常发地块，应实行2～3年轮作。

另一方面，韦某对疾病的防治不恰当。他没有确定病原，便盲目使用一般性的农药。这样不仅没有根治好茄子的病，还因此使茄子错过了生长期，从而造成了损失。

技术风险的成因一般有以下三方面：一是农业技术推广体系不健全；二是创业者对技术的掌握和运用不到位；三是创业者的知识水平、技能状况较低。

4．人为风险

导致创业失败的原因有两方面，一方面，由于农业订单其中一方的签订主体存在诚信意识不强的问题，前端种植户成了最大的风险承担者；另一方面，就是订单风险，订单的形式、内容和签订程序不规范也是导致农业订单兑现难的重要原因。这两方面原因造成的创业失败都属于人为风险。避免订单风险最好的做法就是签订合同，用法律的形式保护各自的权益。

除了以上四种基本风险外，还有重大疫情风险、种子种苗风险等。

### 10.5.2　农业创业中导致创业失败的因素分析

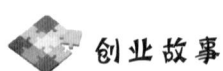

破碎的"草鸡梦"

文某大学毕业后，被选调为"大学生村官"。走马上任后，他凭着一腔热情和省委配发的10万元创业基金，开始走上了创业之路。

他从相关资料上看到，草鸡市场前景较好，便投资建设了两栋草鸡舍，购入4000只鸡苗开始饲养草鸡，希望通过自己的创业之路，带领村民共同致富。然而，天有不测风云，一场连他自己都没有搞清楚的传染病使他的草鸡死亡过半。后来，仅存的1000多只草鸡开始产蛋。然而草鸡蛋当时的市场价格并没有达到预期，只比普通鸡蛋的价格略高。通过卖草鸡蛋的收入已经不能支付人工费、饲料费和土地承包费等。因此，文某在创业过程中亏损近4万元，文某的"草鸡梦"就此破灭了。

从上面案例我们可以看出，首先，文某在他还没有掌握足够的专业知识时，就盲目开始创业。其次，文某并没有进行深入细致的市场调查，导致对市场风险认识不足。在草鸡开始产蛋之时，文某才发现草鸡蛋的价格只是略高于普通鸡蛋的价格。最后，在创业之初文某没有进行成本核算，没有准备充足的预留资金，导致资金链断裂，创业最终失败。

创业的路上，风险一定会存在，特别是农业创业，存在的风险会更多。如果不能很好地控制与防范风险，创业可能会失败！

导致农业创业失败的因素有很多，但从普遍性来看主要有以下5个方面。

1. 缺乏管理能力

农场的管理是有别于一般企业的管理的，作为管理者必须找到与其企业相吻合的管理模式，才能提高生产效率。

在创业过程中管理缺失主要有两种情况：一是创业者是技术专家行家，在技术上精通，但没有学过管理知识，导致管理混乱；二是创业者只懂技术创新，或是生意点子，但在整体统筹规划方面缺失，不懂得如何管理具体的商业业务，从而导致管理不到位。

2. 缺乏专业技术

所谓的缺乏专业技术，是指缺乏本行业所需的技能和专业知识。在农村，一些人读书不多，很少出门，更没有机会去外面参观、考察与学习，信息封闭，缺乏视野与长远眼光，没有创业所需的农业技术和赚钱技能，往往靠自己多年积累的种植和养殖经验去创业。

3. 市场信息不准

 创业故事

### 我被行情捉弄了

养殖大户胡某曾被养猪行情捉弄过。猪价上一轮下跌周期始于2014年3月，在持续下跌两年之后，养殖户普遍亏损累累。按照一般经验，猪价的下跌周期一般约为两年，之后将是养猪赚钱期。于是，2016年5月，胡某去银行贷了一大笔钱，豪情万丈地将邻村周围倒闭的一些中小养猪场的猪全部买了下来。谁知行情并不按他预想的那样发展，在连续亏损6个月后，胡某只能将抄底收购的猪全部低价卖出。

从上面案例可以看出，胡某创业亏损的根本原因在于他没有认真地做市场调查，了解市场行情，掌握正确的市场信息。特别是种养技术含量低的农产品，最好不要盲目跟风，一定要创新技术，做高、精、专的农产品，更要打造品牌。

4. 企业规模不当

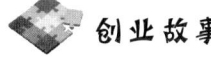 创业故事

### 毁灭的养猪梦

2017年，两位年轻人萌发了养猪的念头。第一年两人抱着试试的态度，养殖了20多头猪。赶上行情好，两人小赚了一笔。2018年，信心满满的两人扩大规模进行养殖，养殖了200头猪。但在2019年猪出栏的时候，猪的价格波动比较大，饲料成本也在上升，200头猪都卖完基本上都收不回成本，处在亏钱状态。

从以上案例可以看出，企业规模选择得不恰当容易导致创业失败。

对农业创业者来说，一般采取中小型企业规模较好。但是这种规模的企业，同样应明确其存在的劣势，尽量避免走上失败的道路。

首先，中小型企业的抗风险能力也就弱；其次，中小型企业家族式管理和任人唯亲现象严重；再次，中小型企业的人才流失率高；最后，中小型企业的发展往往缺乏长远、科学的规划，这也是常常导致失败的罪魁祸首。许多中小型企业并不具备独立的产品开发能力，市场开拓能力也相当有限，对市场和技术的变化风险抵抗力差，不利于企业的可持续发展。

5. 自然灾害

自然灾害是指给人类生存带来危害或损害人类生活环境的自然现象，包括沙尘暴、洪涝、暴雪、台风、干旱、冰雹等气象灾害，火山、地震灾害，泥石流、山体崩塌、滑坡等地质灾害，海啸、风暴潮等海洋灾害，森林草原火灾和重大生物灾害等。

### 10.5.3 创业风险的防范

在整个创业过程中，创业者会遇到各种各样的风险。创业者在创业过程中，首先，要了解创业风险有哪些；其次，要搞清楚哪个创业风险对企业或经营业务影响最大，要及时做出调整，并做出风险控制方案与措施；最后，如果创业风险太大，而且不可避免，可以选择新创业项目，避免创业失败。

规避风险的方法有很多，不同的风险应采取不同的方法进行规避。一般而言，创业者可以采取以下方法进行风险规避。

1. 选择好保险

农业保险就是专为农业生产者在从事种植业和养殖业等生产过程中，对遭受自然灾害和意外事故所造成的经济损失提供保障的一种保险。

农业保险按农业种类不同可分为种植业险、养殖业险；按危险性质不同可分为自然灾害险、病虫害险、疾病死亡险、意外事故险；按保险责任范围不同可分为基本责任险、综合责任险和一切险；按赔付办法不同可分为种植业损失险和收获险。

 创业故事

种植大户梁某，种植了几个山头的沃柑。头些年，由于沃柑的卖价比较高，销路也很好，沃柑产业给他带来了丰厚的利润。2017年年底，广西遭受到冰冻灾害，梁某的沃柑也没能幸免，而且受冰冻害的程度极其严重。在家人的提醒下，梁某想起了自己曾买过的农业保险，于是他马上到曾经买农业保险的公司去咨询。保险公司派保险人员到果园里勘查灾情，根据梁某的沃柑受灾情况进行了合理的理赔，梁某领到了近万元的保险赔偿金。后来，他用这笔保险赔偿金去购买沃柑苗木，重新把损失的沃柑补种回来了。

2. 分析把握准市场

农业创业者要认真地进行市场调查，把握市场行情，避免市场需求与价格波动导致农产品滞销而产生的市场风险。

创业者要根据市场需求进行生产，市场需要什么就生产什么，市场需要多少就生产多少，多生产精品农产品、品牌农产品。

### 3. 融入行业组织（加入农民专业合作组织）

加入农村专业技术协会，可以在更大范围内稳定农产品的价格，争取市场谈判的主动权，提高农户的小规模经营在复杂万变的大市场中的竞争优势和赚钱能力。首先，农村专业技术协会可以促进农村资源优化配置；其次，农村专业技术协会能增强农户的市场竞争能力和抗风险能力；再次，农村专业技术协会还会定期开展科技咨询、科技培训，为农户提供直接服务。最后，农村专业技术协会还会帮助反映农户诉求，维护农民合法权益。

 **创业故事**

广西上林县有着养殖小龙虾的传统。近年来由于受水产市场的多种不利因素影响，一部分养殖户亏损严重，有一段时期养殖小龙虾步入"低谷"状态。长期在外地从事水产销售的李某发现这一现象后，经过深入调查了解，认为引起小龙虾产业兴衰最重要的原因，就是小龙虾养殖没有很好的平台。小龙虾不仅产品质量很难把握，产量也很难上规模，很多方面得不到采购商的认可。

为此，李某决定回乡创业，并牵头筹划建设小龙虾养殖合作社，与当地一些养殖小龙虾农户共同生产，闯市场，求致富。他们建立小龙虾标准化养殖基地，实施统一管理、统一品牌、统一销售，在经济利益分成上按照股份制企业的模式进行运作。

新建的小龙虾养殖合作社，订单源源不断，发展势头非常好，不仅增强了当地养小龙虾行业的发展后劲，还带动了周边产业的发展。

### 4. 培育稳定客户

培育稳定客户要做到以下五点。

第一，不管遇到什么难题，一定要兑现对消费者的诺言，做不到的事就不要说。

第二，重视反馈信息。现在很多企业的墙上都有这么一句话："如果质量好，产品满意，请再次购买；如果质量不好，产品不满意，请给我们提意见。"

第三，学会微笑服务。

第四，不要轻易损害竞争对手的声誉。

第五，精心培育客户。在紧紧围绕"目标客户"搞好优质服务的同时，充分重视对"潜在优质客户"的精心培育。

第六，给顾客额外的惊喜。

### 5. 掌握专业技术（聘用技术专家）

卓越的专业技术、高超的产品研发能力使企业的产品更精、更专、更智能，进而更能回避创业风险，提高企业效益。农业创业者掌握新技术的途径主要有以下几个方面。

一是参加由政府公共财政支持的职业技术技能培训项目，提高自身的综合素质和职业技能；二是参加就业创业培训班，参加劳动服务机构举办的就业创业培训班；三是赴专门的职业院校培训学习专业性比较强的技能，如农业职业院校、技校、农广学校等；四是接受远程教育，如电视学校、网络学校等。

### 6. 走一体化发展道路

一体化发展道路包括产前一体化，即销售企业建立自己的生产基地；产后一体化，即农业企业建立自己的销售公司与专卖店。企业可以向前或向后延长农业产业链，将不同类型风险在整个链条中分解，通过走一体化发展道路来降低农业创业中的风险。

7. 订立合同，用法律手段保护自身利益

创业者应提前订立农产品买卖合同，即使一方客户违约，也能根据经济合同中针对违约责任的约定进行索赔。

## 10.6  农业企业增效

农业企业增效主要有以下几种方式：货比三家采购、精打细算生产、减少人员费用、加快资金周转、优选销售方式、采用创新成果。

1. 货比三家采购

货比三家采购，是指在购买商品或接受服务的时候，必须掌握一定的商品鉴别能力，应该多跟几家供应商联系。这样才能获取准确的价格信息，才能买到优质的商品和服务。

2. 精打细算生产

精打细算生产，是指创业者要通过制订严格、切实、可行的生产经营管理规章制度，使工作更加科学化、制度化、规范化。因为在创业之初，最重要的是生存下来。大多数成功的创业公司，都经过了一个严格的成本控制过程。

3. 减少人员费用

简单地说，降低人员费用属于人力资源统筹规划的范畴。在进行人力资源统筹规划时，要注意如下内容。

① 现有人员的数量和质量。

② 创业项目的产能，是由创业项目瓶颈资源决定的产能，目的是保证生产的平稳。

③ 未来半年的订单预测情况，预测的订单数可以作为产能规划的依据，包括对设备是否扩充等。

④ 各生产环节之间人员的调配和统筹。

4. 加快资金周转

通过加快资金周转来节约资金，可以取得更好的经济效益。加快资金周转一般可以采用以下措施。

① 减少在原材料、产品和产成品上的资金占用。

② 加强对存货质量的控制和管理，特别是对有问题的产品和过季产品，应尽快低价出售，尽快收回成本。

③ 加强对应收账款的回收管理。企业还可以采取打折、赠送礼品等不同方式将应收账款变现，以减少坏账损失并加快流动资金的周转。

5. 优选销售模式

农产品销售模式有以下类型。

① 电商销售模式。

② 直销模式。

③ 农村供销社合作模式。

④ 批发商采购销售模式。

⑤ 专业批发市场销售模式。

⑥ 销售公司销售模式。

⑦ 农超对接模式。农民和超市订立农产品买卖合同，由农民向大型超市等零售机构直供水果、蔬菜、畜禽产品等的销售模式。

6. 采用创新成果

创业者应采用农业科技创新成果，注重提高单产和改善品质两大环节，如新品种引进、新技术推广、新模式示范、新机具应用；将先进适用的农业科技转化成现实的生产力，持续有力地促进农业增产、增效和农民增收。

 **创业故事**

许某，是广西农村青年致富带头人。2003年，他放弃城里的手机店生意，回到老家隆安，当起了村主任。立志带领村民致富的他耐心考察市场，确定了养殖黑鸡的致富路。十多年中，他建立了黑鸡农产品电子订货平台，推动了黑鸡产业的快速发展。

许某的家乡山多、林多，自然条件得天独厚，村民长期散养黑鸡。这种黑鸡鸡冠是黑的、羽毛是黑的、肉是黑的、连内脏都是黑的，其营养价值是普通土鸡的4倍，且肉质细、味道鲜美，具有极高的滋补药用价值。许某把目光瞄准了自然条件得天独厚、有一定饲养基础的黑鸡上，决定把它作为村民脱贫致富的关键。

2004年春节刚过，许某就挨家挨户上门发动乡亲们养殖隆安黑鸡。经过多次苦口婆心的动员和宣传，在老村支书和13位乡亲的支持下，公司正式成立。

创业伊始，摆在许军面前的只有破烂鸡舍里的54只黑鸡。没有启动资金，许军拿出自己家中仅有的20多万元积蓄作为起步资金。

黑鸡虽然品质良好，但对养殖条件要求很高，特别对小鸡生长、中鸡防病等技术有着极高的要求，而且产品销售方面还存在很多的问题。为了解决这些难题，公司建起黑鸡配种室、孵化所等专业场所，并出资聘请广西大学高级畜牧师驻村3年，手把手指导养殖户。他自己除了在网上搜寻养殖技术外，还四处拜师。经过无数次的摸索试验，许某先后攻克了黑鸡良种培育、繁殖、饲养等一系列技术难关。

为进一步做大做强黑鸡产业，许某推出了黑鸡专卖店，采取"农超对接"等措施。以"合作社＋农户"模式吸收农民加盟，由合作社免费提供鸡苗和各种鸡饲料，公司进行规范化管理和统一防疫，养殖150天以后公司按市场价统一回收并销售。在经营管理上，公司对养殖户实行绩效考核，奖励质量高的养殖户。为了保证黑鸡的品质，许某别出心裁，给每只黑鸡都配上一张特殊的"身份证"：鸡脚套上二维码脚环，脚环上有这只鸡的出壳日期、防疫日期及所属合作社等信息。公司在收购黑鸡时严格把控每只黑鸡的育成时间，对添加剂饲料"零容忍"。公司做到"生产有记录、信息可查询、流向可追踪、责任可追究、产品可召回、质量可追溯"。黑鸡进入了千家万户和高端酒店，赢得了广大消费者的好评。

此外，许某利用覆盖全国大中城市的通信网络，率先建立了农副产品电子商务平台，与快递公司建立深度合作，实现了农产品生产基地与消费者之间的无缝衔接。黑鸡专卖店先后在柳州、梧州、北海、桂林等地生根发芽，拓展了黑鸡销售市场，每年组织销售黑鸡40多万只。

许某独到的市场眼光，把黑鸡做成了大产业。

许某首创性地建立了农产品"质量可追溯体系"，使得黑鸡升级为"有身份的鸡"，建立了产品的"信誉体系"。

许某找准创业路径，目标正确是关键，另外还具有独到的眼光，在别人眼里毫不起眼的黑鸡，在许某的眼里却是帮助村民脱贫致富的"金鸡"。目标找准了，就要专注做事。尽管在创业初期，各种困难接踵而至，但是许某不气馁，持之以恒，还敢于大胆创新。在这一点上，他原来做通信器材生意的经历对后面的创业是很有帮助的。营销模式的创新对农产品销售同样重要，"有身份的鸡"一经推出，便为打开市场、创立品牌产生了良好的影响；同时，懂得借助现代科技手段，率先建立电商平台也是成功的关键。

**创业语录**

创业，就应该做一件天塌下来都能够赚钱的事情。

——李嘉诚

**思考题**

1. 进行农业创业，需要考虑哪些问题？
2. 如何组建和管理农业创业团队？
3. 如何筹集农业创业资金？
4. 如何编写创业计划书？
5. 如何把农业企业做大做强？

# 附录　创业管理决策模拟

## 一、概述

随着全球化的不断深入，在数字经济和智能技术的驱动下，我国的创新创业不断进步，取得了巨大的成就。创业者在改变个人的工作和生活方式的同时，也成为发展中国家突破中等收入陷阱，超越发达经济体，从粗放式发展向高质量发展转变的中坚力量。

对创业者来说，数据时代的兴起使得利用数据进行决策变得尤为重要。在熊彼特对企业给出的定义中，创业者是开发新产品或服务，引进新的生产和服务流程进入新市场，寻找新的供应来源，或者创造新型的组织形式和商业模式，从而颠覆现有经济秩序的人。也就是说，创业者需要识别一个创业机会，并且组建一个创业团队来进一步追求和实现这个创业机会。新兴的互联网公司，利用新技术大规模收集数据、预判客户行为，能够在不同的行业中驰骋纵横；而传统行业的公司，如果不重新审视经年累月的数字化资产，很容易淹没于时代的洪流。因此，创业者的创业过程是一个相当复杂的决策过程，也是利用现有数据和信息进行多人、多期竞争博弈的过程，需要创业团队具备科学的信息技术和决策知识，不仅要对短期的决策仔细斟酌，也需要对长期的发展规划进行考量。

本章将结合决策实例，具体介绍创业团队的组建及创业管理的决策流程。团队创始人和核心员工是促进新创企业向初具规模的企业发展的关键。在初创时期，由于创始人缺少创业资源，可能会导致创业失败。具有丰富经验的创业团队可帮助创始人完成角色转变、克服创业的困难。创始人需要认识到创业团队的作用，并掌握创业团队组建的方法，包括核心员工的招募和挑选等，使得创业团队在新创企业的形成和运转过程中发挥重要作用。建立了创业团队后，初创企业还需要在公司登记机关进行登记，获得合法经营的权力；在商业银行开设账号，用于系统内的资金流转。另外，创业融资也是影响创业成功的关键。

创业管理决策是实现创业机会的基础。如图1所示，按照计划期，将创业管理决策分为三个层次：长期决策、中期决策和短期决策。本章应用信息和数据分析工具为每个层次的决策计划提供方法和实例。首先，在长期决策阶段，创业团队需要对创业机会进行识别和可行性分析，因此这个阶段的主要工作就是针对创业机会进行产业环境、竞争对手分析及内部环境分析，再根据分析结果制订创业团队的长期发展战略。在战略方向指导下，创业团队进行产品和服务开发选择，制订选址规划和产能规划等运营能力规划决策。长期决策将影响长期的运营成本和绩效。其次，中期决策阶段，是对创业机会的实现阶段。决策的内容围绕中期市场需求的变化和不确定性，进行销售和运营计划的制订，协调销售部门的产品和服务的销售，以及运营部门的产品生产或服务提供，灵活敏捷地满足市场需求。在中期综合运营计划的指导下，进行物料需求计划的编制。最后，短期决策阶段，是计划的执行阶段，将物资需求计划分解为内部自制件的生产计划和外部采购件的需求计划，这两个部分分别形成短期作业计划和采购计划，以满足实际生产需求。计划执行完成后，以财务指标为依据的绩效评价是下一轮决策和计划调整和制订的基础。决策制订是自上而下的结构体系，长期决策决定中期和短期决策。但是下层的决策层次在实现创业机会时获得的信息和数据也能够反馈到上层决策，并作为上层决策调整的依据，形成闭环的资源计划管理。结合创新创业虚拟仿真实训平台的环境设置，本章将主要对中长期规划决策进行阐述。

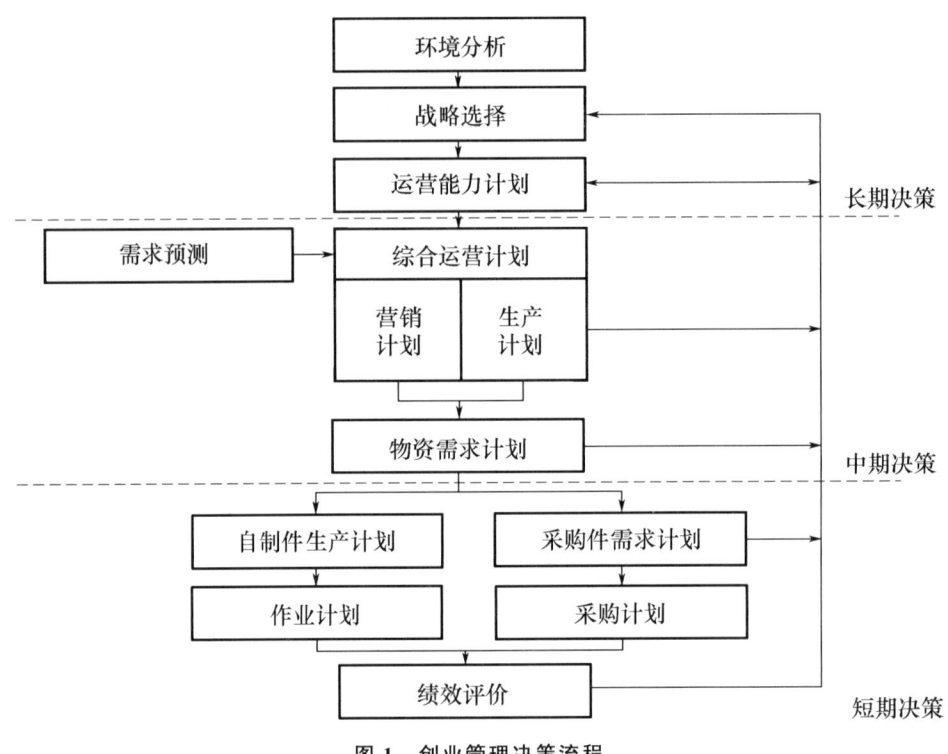

图 1　创业管理决策流程

创业团队组建和过程实现均依托创新创业虚拟仿真实训平台（以下简称实训平台）完成。实训平台通过浏览器-服务器技术在网络环境中搭建一个高度仿真的商业环境，学生在环境中以模拟企业和外围机构的形式，在规定时间内自主完成线下小组讨论和线上经营活动。实训平台中的主要模拟企业有制造企业和贸易企业，主要模拟机构有市场监督管理局、税务局和商业银行等。如图2所示，制造企业和贸易企业形成同一个产业中的上下游企业关系，制造企业和制造企业、贸易企业和贸易企业之间形成同业竞争关系，而制造企业和贸易企业需要在竞合关系下将系统提供的原材料生产成产品，再销售给系统模拟的市场。各企业在复杂多变的环境中自主进行决策、博弈和经营操作，在竞争中取得经营成果。在实际的教学环境中，可能还会根据教学要求增设其他组织机构。

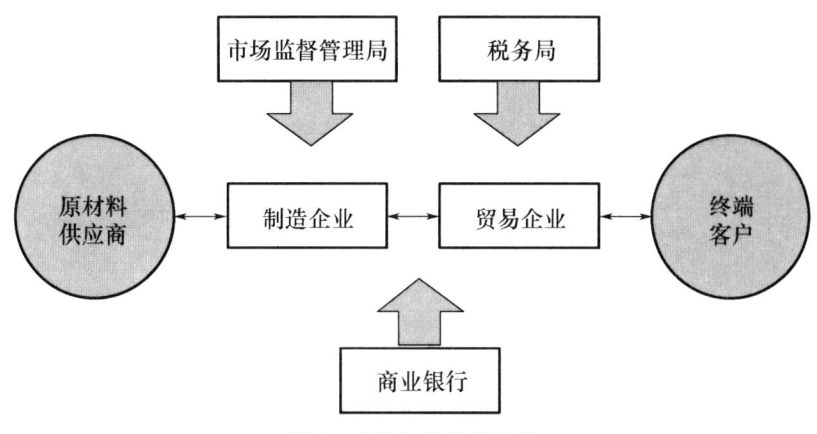

图 2 实训平台商业环境

## 二、创业团队组建

大多数创始人面对的首要决策是：自己单独创办企业还是组建创业团队。创业团队的建立可以为创始人增加知识技能、创新能力和精神及心理支持。研究表明：大部分的新创企业都是由一个以上的创业者共同创建的。但是，创业团队成员之间如果不能在工作习惯、风险偏好和企业运营等关键问题上达成共识，可能会使创业从一开始就陷入麻烦。因此，创始人的素质和核心团队成员的选择成为组建创业团队的首要问题。创始人的教育背景、创业经验、相关产业经验和网络知识储备是创始人应具备的关键特征。而在招募创业团队的人员时，创始人可以根据行业特点和团队需要制订一份人员配置计划。

因此，在进行创新创业模拟实训前，要确定创业团队，对企业进行管理。在实训环境中，所有企业的经营和管理活动都通过团队行为完成。首先需要确定企业的首席执行官（Chief Executive Officer，CEO）和负责沟通政府、社会服务机构等部门的负责人，然后由企业 CEO 和企业内各机构负责人作为创始人完成创业团队的组建工作。

企业 CEO 和企业各机构负责人在团队组建的过程中需要完成如下内容。
① 负责筹备工作。
② 需要选定 1 名（不含本人）作为企业成立的合伙人，协助完成企业的筹备工作。
③ 参加各种培训。
④ 完成员工的招聘及岗位分配等工作。
⑤ 完成企业的组建工作。
⑥ 主持企业的经营管理。

在实训平台中，以 80 人为一支创业团队为例，设置企业负责人岗位和职位数量，如表 1 所示。

表1　创业团队人员编制

| 序号 | 名称 | 模拟机构数量 | 各机构/岗位对应人数 | 合计 | 对应模拟岗位 |
|---|---|---|---|---|---|
| 1 | 制造企业 | 15 | 1 | 60 | CEO |
|   |   |   | 3 |   | 销售部经理 |
|   |   |   |   |   | 人力资源部经理 |
|   |   |   |   |   | 采购部经理 |
|   |   |   |   |   | 财务部经理 |
|   |   |   |   |   | 生产部经理 |
| 2 | 贸易企业 | 5 | 1 | 15 | CEO |
|   |   |   | 2 |   | 销售部经理 |
|   |   |   |   |   | 采购部经理 |
|   |   |   |   |   | 人力资源部经理 |
|   |   |   |   |   | 财务部经理 |
| 3 | 商业政务服务中心 | 1 | 1 | 5 | 主任 |
|   |   |   | 4 |   | 工商服务岗 |
|   |   |   |   |   | 税务服务岗 |
|   |   |   |   |   | 金融服务岗 |
|   |   |   |   |   | 媒体服务岗 |
| 合计 |   | 21 | 12 | 80 |   |

成员的合理选择、分工和密切配合是十分必要的。分工要实现团队成员与岗位能力的匹配。表2概括了创业团队人员配置和职责描述。

表2　创业团队人员配置和职责描述

| 岗位 | 职责描述 |
|---|---|
| CEO | 制订发展战略、竞争格局分析、经营指标确定、业务策略制订、全面预算管理、管理团队协同、企业绩效分析、业绩考评管理、管理授权与总结 |
| 商业政务服务中心主任 | 制订发展战略、制订和维护市场经营规则、管理团队协同、管理授权与总结 |
| 财务主管 | 日常财务记账和登账、向税务部门报税、提供财务报表、日常现金管理、企业融资策略制订、成本费用控制、资金调度与风险管理、财务制度与风险管理、财务分析与协助决策 |

续表

| 岗 位 | 职责描述 |
|---|---|
| 营销主管 | 市场调查分析、市场进入策略、品种发展策略、广告宣传策略、制订销售计划、争取订单与谈判、签订合同与过程控制、按时发货应收款管理、销售绩效分析 |
| 生产主管 | 产品研发管理、管理体系认证、固定资产投资、制订生产计划、平衡生产能力、生产车间管理、产品质量保证、成品库存管理、产品外协管理 |
| 采购主管 | 制订采购计划、供应商谈判、签订采购合同、监控采购过程、到货验收、仓储管理、采购支付抉择、与财务部门协调、与生产部门协同 |
| 工商服务岗 | 制订管理制度、制订考核方案、制订工作计划、制订商评方案、定期宣传法规、企业注册登记、指导商标注册、申诉受理、日常工商检查、企业工商年检、市场监督、日常工作总结 |
| 税务服务岗 | 制订管理制度、制订考核方案、制订工作计划、学习并宣传税收政策、定期宣传法规、企业注册登记、企业纳税监督、企业税务指导、税款征收、税务审查、减免税款、办理日常工作总结 |
| 金融服务岗 | 制订发展战略、金融政策分析、经营指标确定、业务策略制订、管理制度制订、企业绩效分析、业绩考评管理、信贷调查、贷款业务洽谈、账户信用管理、贷款业务、还款业务、日常业务办理、转账业务、结算业务、业务咨询、日常工作总结 |
| 媒体服务岗 | 制订发展战略、市场环境分析、报纸与视频出版策略制订、管理制度制订、采访、撰写、编辑、出版、日常工作总结 |

## 三、创业战略

### (一) 战略分析和战略选择

在开发创业机会之前，创业者需要进行环境和战略分析：第一，产业进入的壁垒，也就是说，该产业是否是新企业进入的"蓝海"；第二，产业是否有创新机会或者未被充分满足的市场；第三，新的商业模式是否能够规避目前产业中存在的负面因素。

1. 战略分析

传统的战略分析工具是战略规划学派学者提出的 SWOT 分析方法、PEST 分析方法和五力分析模型。这个学派以美国哈佛大学商学院的安德鲁斯（K. R. Andrews）教授和波特（M. E. Porter）教授等为主要代表。

(1) SWOT 分析方法

SWOT 分析分为两部分：一是分析内部条件以找出优势（Strength）和弱势（Weakness）；二是分析外部条件以找出机会（Opportunity）和威胁（Threat），如表 3 所示。在 SWOT

分析矩阵中,"优势、弱势"与"机会、威胁"交叉形成四种战略选择。SO战略:发挥企业优势,充分利用市场机会;ST战略,利用企业优势,回避市场威胁;WO战略:利用市场机会,克服企业弱势;WT战略:减少企业弱势,回避市场威胁等。

表3 SWOT分析矩阵

|  | 优势 S | 弱势 W |
|---|---|---|
| 机会 O | SO 战略 | WO 战略 |
| 威胁 T | ST 战略 | WT 战略 |

(2) PEST分析方法

如图3所示,宏观环境和行业环境构成了企业生产和发展的总体环境。PEST分析(Political, Economical, Social, Technological Analysis)是一种企业外部宏观环境的分析框架。从政治、经济、社会与科技四个维度对企业生存与发展的宏观环境进行分析,政治维度包括国际政治环境、国际经济贸易合作组织的政策、国家政治制度和政治稳定性、国家法律法规、政府激励政策、关税政策和税收政策、劳动就业政策、环境政策和规制等;经济维度包括全球经济形势、国际汇率和货币风险、经济贸易合作组织的合作状态、国家和地区的经济发展形势、国内生产总值、居民消费水平和受教育程度、收入分配、投资水平、经济周期、就业水平和利率、生产成本、基础设施建设等;社会维度包括当地居民生活习惯和生活方式、员工价值观、员工工作效率、员工文化差异、宗教信仰、妇女儿童和少数民族的地位、家庭结构和变化等;技术维度包括信息和通信技术的发展、新产品和服务技术、新工艺技术、新材料和新能源等。

(3) 行业环境和竞争环境的五力模型分析

五力模型是根据潜在的进入者、替代品的威胁、购买者的议价能力、供应者的议价能力以及现有竞争者来评价产业结构的框架。

替代品的威胁来自其他产业的产品和服务。当其他产业的产品或服务与本企业的产品非常相似时,消费者可能就会转向购买其他产业的产品或服务,对本企业的盈利性形成压力。不过,这种替代性程度还取决于消费者的替代性倾向和忠诚度。

如果行业内的企业整体盈利水平较高,就会吸引更多的企业进入这个行业,加剧行业竞争,降低行业的平均利润,形成新进入者威胁。因此,行业内的企业通常都会设置进入障碍,来减少这种威胁。例如规模化生产、产品差异化、资本优势、成本优势、政策和法规障碍等。

企业之间通常会形成产业链,包括上游供应商企业、核心制造企业和下游的分销商客户,共同为终端客户提供产品和服务。因此,上下游企业既是合作关系,又是竞争关系。各企业各司其职,完成产品各生产流通环节,但又分享利润,所以都具有议价能力。如果供应商的议价能力较强,提高供应品价格或降低供应品质量,会压低产业利润率,损害最终产品质量。供应商的集中度、转换成本、替代品的吸引力和前向一体化威胁影响了供应商的议价能力。而如果下游客户的议价能力较强,会要求上游产业降低产品价格或提升产品质量,压低上游产业的平均盈利水平。客户的集中度、供应品成本所占产品总成本的比例、供应品的标准化程度和后向一体化威胁等因素会影响下游客户的议价能力。

行业内部的竞争强度对产业盈利能力和单个企业的盈利能力起了决定性作用。如果行业内竞争激烈，使得产品价格压低到成本以下，那么整个产业的平均盈利能力都受到影响。而如果价格竞争较弱，则产业内竞争相对缓和。行业内竞争对手的数量、产品差异化程度、产业增长率、产业创新能力和固定成本水平等影响了行业内的竞争强度。

2. 战略选择

分析完企业的外部环境和内部条件后，就可以制订和实施战略。战略是公司完成目标和使命的行动计划。理论上有三种竞争战略可供选择：差异化战略、成本领先战略和快速响应战略。每种战略都可能为企业提供取得竞争优势的机会。

差异化战略需要具有独特性，这种独特性不仅体现在产品的物理特征上，还体现在产品和服务上。差异化的产品通过产品创新和流程创新来实现，而差异化的服务则通过分销商和门店、产品配送、安装和售后维护等体现。另外，服务的差异体验是让顾客直接体验产品和服务，甚至是直接参与到服务活动当中。

成本领先战略主要是通过规模经济化的手段来实现的。企业需要高效地利用各种资源，扩大业务活动规模，将高昂的固定成本分摊到大量的产品和服务中，就可以以较低的单位价格提供给顾客，从而获得竞争优势。

快速响应性战略是在前两种战略的基础上提出的更高要求，需要企业具备柔性响应能力，对下游客户提出的需求做出快速而可靠的响应，从而更好地满足顾客需求，实现顾客价值提升。这种快速的市场变化，可能是差异化需求，也可能是产品数量或价格上的改变。

## （二）熟悉模拟规则

在实训平台中，系统通过参数和规则的设置对企业环境进行了模拟，也就是用数字化的形式给出了市场运行的规则。那么，就要求参与者充分地了解模拟规则，了解环境中设置的情景和各种参数，再运用管理工具进行决策，才能在竞争中取得胜利。主要从以下四个方面关注平台环境中的模拟规则。

① 准确把握实训平台中的各种参数设置。具体的参数设置会影响企业运营的成本，如各种厂房、仓库、生产线和原材料的价格等。而课程的环境参数在环境设立期初进行设置，可以在软件环境中查看。另外，在企业经营过程中，可能也会由于模拟环境的改变而引起参数的变化，如改变市场需求繁荣度等。

② 利用模拟规则和参数制订企业战略。结合上述战略分析工具，在掌握了模拟实训平台的市场规则之后，可以选择适合本企业发展的战略目标和方向，并制订执行计划和保障措施。通常创业模拟期为3年，那么确定一个长期发展战略，并在战略指导下分解为短期执行计划是非常有必要的。当然，在战略执行过程中，还应当根据市场和竞争对手的变化做出相应的调整。

③ 利用模拟规则优化决策。基于对数字信息和经营规则的了解，应对生产成本和收益进行大致估算，并对各个阶段的生产计划和选择进行最优化处理。例如，原材料购买批量、生产线的购置和员工排班等。

④ 根据课程评价指标综合考虑本企业的财务绩效评价和发展目标。一般来说，企业的财务指标较多，在现实情况中不会只通过一个或几个财务指标来评判企业的财务绩效、运营

绩效和整体绩效水平。但在创业模拟实训过程中，为了简化和标准化评价过程，可能只选取其中一个或几个指标进行评判。那么，要取得竞争的胜利，需要了解这些指标的计算方式，有针对性的制订战略计划。

## 四、创业企业设立

初创企业必须通过公司登记机关的注册审核，才能拥有合法经营的权力，正常在市场中进行经营活动。系统平台设置的企业设立期要求企业完成两项注册手续，包括登记和开立银行账户。

企业要完成登记。登记流程包括申请名称预先核准、设立登记、"法定代表人、董事、监事、经理信息表"填写与审核，所有信息都审核通过后，公司登记机关局发放营业执照。

企业需要在商业银行开立基本账户，用于资金流转。基本账户开立成功后，企业会获得一个银行账号，在转入正式经营期之后，系统自动向这个银行账号注资。

## 五、创业融资（财务部）

初创企业能否快速和成功地进入市场，融资方式的选择是关键。常见的创业融资来源包括多种形式，但在实训平台中一般有以下三种资金获取的形式。

1. 期初注资

经营期初，由系统注资为每个企业提供天使投资资金，制造企业一般为1000万元，贸易企业一般为2000万元。企业成立后，按照企业的经营发展规划，由成员决议股权分配比例，股权比例决定最终的个人经营成绩。例如，各成员平均分配工作任务，可以平均分配股权。如果有风险融资计划，可以预留股份引入投资人，也可以在经营过程中调整股权比例，激励员工或吸引风险投资资金。

2. 银行贷款

实训平台中开设的商业银行初始资金一般有1亿元。商业银行发放的银行贷款一般为资产抵押贷款。资产抵押贷款为又能够作为抵押品资产的企业提供债务资本。可以用于抵押品资产一般包括应收账款、存货、固定设备、不动产或其他具有正式的市场或清偿价值的资产。银行贷款额度、贷款利率和还款期限由商业银行与企业协商。一般来说，贷款额度根据企业能够提供的抵押品资产确定，贷款利率与现行银行贷款利率相仿，还款期限不应超过模拟经营期。商业银行在贷款协议签订前应开展净值调查，考察企业的还款能力，设立和维护企业信用评级制度。未能偿还贷款的企业，再次借款的时候银行应更谨慎考虑。

3. 风险融资

除了天使投资和银行借贷外，课程还可能设置风险融资环节，供企业从风险投资基金处筹集资金。风险投资基金支持的企业，一般应具有高盈利水平下高增长的潜力，企业能够作为担保抵押的资产较少，因此高收益伴随的是高风险。企业应考虑风险融资的时机、股权稀释比例、风险基金机构对企业的支持作用、风险投资退出机制和资金用途等。企业通过路演等形式向投资人展示商业计划书和企业价值吸引投资人进行投资。双方达成投资意向后,企业可以获得注资。

在实训平台中,企业的融资活动通常由财务部门完成。财务部门根据企业经营状况制订资金筹集计划,并在平台中实现。

## 六、创业企业运营能力规划(生产部)

### (一)产品开发和技术选择

1. 实训平台规则

(1)原材料和产品种类

企业赖以生存的是向市场提供的产品或服务。因此,在确定了战略方向之后,需要选择为市场提供什么类型的产品,在产品决策下进行生产计划的制订。在实训平台中,设计了四种不同的产品,分别用字母表示为 L、H、O 和 S,每种产品又分别按照普通型产品(A)和改进型产品(B)进行生产,包括 LA(普通型)、LB(改进型)、HA(普通型)、HB(改进型)、OA(普通型)、OB(改进型)、SA(普通型)和 SB(改进型)。普通型和改进型产品都以同一类型产品出售,但在生产工艺和物料需求上有所不同。在经营初期,每个企业都可以生产 LA 型产品,其他类型的产品都要通过投入资金和人力进行产品研发获得。制造公司也可以从系统处购买各类产品。

一旦选定了需引入的某种产品,就需要对它进行定义、设计及用文档化的形式规定下来,以便于安排生产计划。物料清单(Bill of Material,BOM)是描述产品组成的技术文件,表明产品的总装件、分装件、组件、部件、零件、原材料之间的结构关系以及所需数量。生产各种产品所需的原材料由系统供应,分别为 M1、M2、M3、M4、M5 和 MX。各类产品的 BOM 如表 4 所示。

表 4 各类产品的 BOM

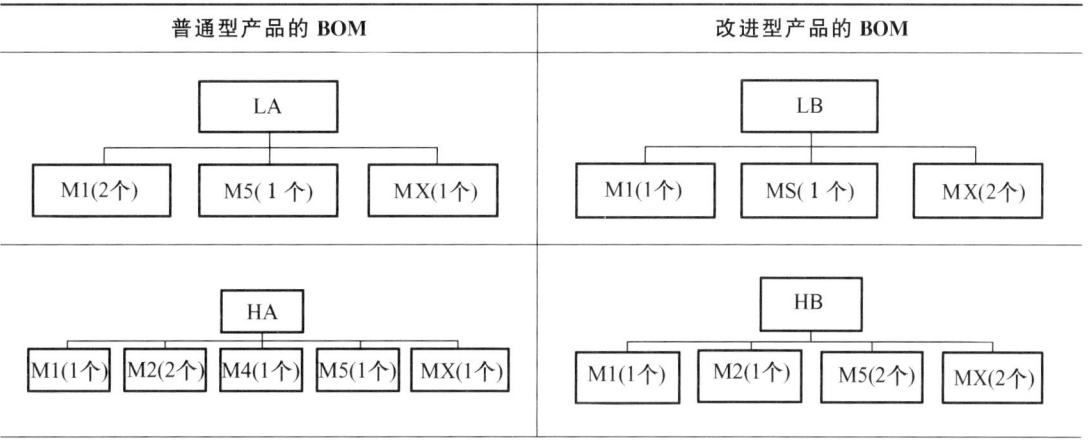

续表

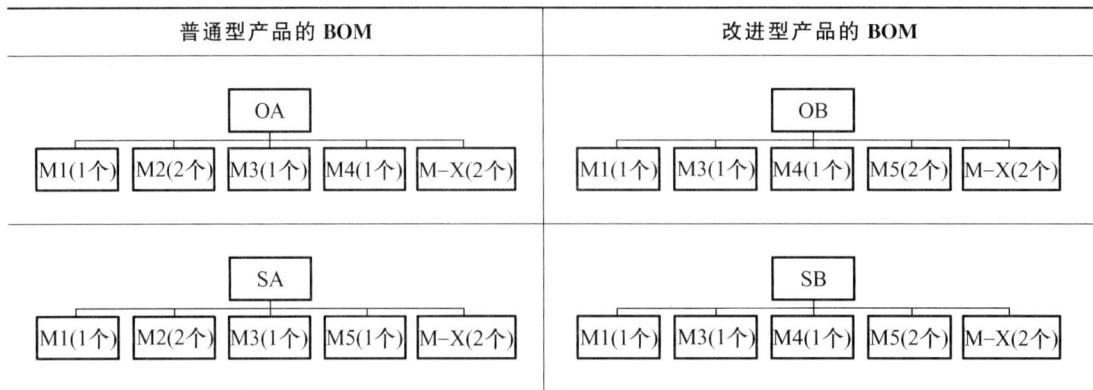

注：表格中BOM为系统设置示例，可能因为教学环境的改变而发生变化，实际使用中以系统设置为准。下同。

采购原材料或生产零部件的提前期一般也应在BOM文件中标明。提前期（Lead Time，LT）指的是订单下达时刻与交付时刻之间的时间跨度，包括订单准备时间、排队时间、加工时间、移动和运输时间以及收货和检验时间。为了简便计算，平台将每种产品的生产周期均定为一期，即本期投入生产，下期即完工入库。而原材料的采购则分为两种情形，一种是当期到货，一种是下期到货。当期到货为紧急采购，采购价格比下期到货价格高出一倍，下期到货则按原价购买。如果产品生产或原材料采购之后，当期没有销售或者没有用于生产，则需要存储在仓库中，产生库存成本。库存成本指的是维持库存所必需的储存费用。例如，仓库租金或折旧费用、设备租金或折旧费用、管理人员费用和产品本身的折旧费用等。库存成本在每期期末按库存的材料数量和成本计算，在下一期支付。

各类原材料的采购费用如表5所示。

表5　各类原材料的采购费用

| 原材料名称 | 紧急采购（当季到货）原材料市场价格/元 | 一般采购（下季到货）原材料市场价格/元 | 每季度每件的库存成本/元 |
| --- | --- | --- | --- |
| M1 | 1200 | 600 | 50 |
| M2 | 1200 | 600 | 50 |
| M3 | 2000 | 1000 | 50 |
| M4 | 200 | 100 | 50 |
| M5 | 400 | 200 | 50 |
| M-X | 600 | 300 | 50 |

注：表格中标注数字为系统参数设置示例，可能因为教学环境的改变而发生变化，实际使用中以系统设置参数为准。下同。

各类产品市场基本售价和库存成本如表6所示。

表6 各类产品市场基本售价和库存成本

| 产品名称 | 物料体积/箱 | 市场基本售价/元 | 库存成本/元/件×季度 | 原材料成本（一般采购）/元 | |
|---|---|---|---|---|---|
| L型 | 3 | 3100 | 100 | LA型 | 3400 |
| | | | | LB型 | 2200 |
| H型 | 3 | 5000 | 150 | HA型 | 4800 |
| | | | | HB型 | 4400 |
| O型 | 3 | 8500 | 150 | OA型 | 7000 |
| | | | | OB型 | 6400 |
| S型 | 3 | 10500 | 150 | SA型 | 7200 |
| | | | | SB型 | 5400 |

（2）人力资源（企业管理部）

驱动生产线生产、提高研发项目的效率都需要员工，企业可以招聘各种人员，并且将人员分配到合适的岗位。企业在人才招聘时，应注意能力的搭配，在尽可能减少人力成本的同时，提高工作效率。相应规则如下所述。

① 招聘的人员在当季即可投入工作，招聘费用在招聘时立即支付。

② 科研人员进入研发项目后，在产品研发成功以前，可以随时调出。

③ 生产人员在生产线生产中的状态下不能从生产线上调入/调出。如果在生产状态下调出生产人员，则无法正常产出产品，需把原定生产人员调入，才能正常生产。当每季度产品投产前，生产人员可自由调度。

④ 人员工资在下一季度支付。在系统中，即便未以现金形式支付员工工资，财务报表也会将其计入相应的会计科目，影响财务绩效。

⑤ 向生产线安排生产人员是提升生产线产能的唯一途径，人员安排有多种组合，其主要决策是减少人力成本，提高生产效率。向研发项目调入研发人员可以提高研发成功率。具体计算方式见产品研发和生产线安排部分。

⑥ 解聘人员时，需一次性支付两个季度的工资。

⑦ 人员为空闲状态时也需要支付工资。

⑧ 人力资源详细信息如表7所示。

表7 人力资源信息表

| 人员类型 | 招聘费用/元 | 人员类型 | 管理能力 | 专业能力 | 每季度每人的工资/元 |
|---|---|---|---|---|---|
| 初级工人 | 6000 | 生产人员 | 0 | 10 | 4000 |
| 高级工人 | 10000 | 生产人员 | 0 | 20 | 6000 |
| 车间管理人员 | 8000 | 生产人员 | 25% | 0 | 5000 |
| 研发人员 | 10000 | 研发人员 | 0 | 10 | 10000 |

（3）产品研发

当前市场环境复杂多变，不确定性程度高，技术和客户个性化需求都在不断变化，企业的新产品研究与开发是提高企业竞争力、形成和保持企业竞争优势的重要手段。不断研发新产品并快速推向市场,企业可能以领先者的优势抢占更多的市场份额。因此,新产品的研发对创业企业来说是非常重要的。新产品创新可以分为突破性创新和渐进性创新。突破性创新是指有根本性重大技术变化的创新,常常伴随着一系列渐进性的产品创新和工艺创新。渐进性创新是指组织针对工艺或产品进行的局部或改良性的创新。但是,新产品研发存在费用高、成功率低、风险大、回报下降等风险。因此,了解和确定市场需求和技术水平,提高产品研发管理水平,是新产品开发成功的关键。

在实训平台中,制造企业可以通过投入研发资金和研发人员来进行新产品的研发。本期投入研发资金和研发人员,下一期系统会提示产品研发是否成功。各类产品研发信息表如表 8 所示。

表 8 各类产品研发信息表

| 研发项目 | 基本研发能力要求 | 最少投放资金/元 | 推荐资金/元 | 代表 BOM | 工艺水平 |
|---|---|---|---|---|---|
| L 型产品研发 | 0 | 0 | 0 | L 型产品 A 型 BOM | 1 |
| L 型产品工艺改进 | 50 | 100000 | 420000 | L 型产品 B 型 BOM | 0 |
| H 型产品研发 | 100 | 300000 | 1400000 | H 型产品 A 型 BOM | 2 |
| H 型产品工艺改进 | 50 | 100000 | 420000 | H 型产品 B 型 BOM | 1 |
| O 型产品研发 | 100 | 1000000 | 2800000 | O 型产品 A 型 BOM | 3 |
| O 型产品工艺改进 | 30 | 300000 | 840000 | O 型产品 B 型 BOM | 2 |
| S 型产品研发 | 100 | 1500000 | 4200000 | S 型产品 A 型 BOM | 4 |
| S 型产品工艺改进 | 30 | 300000 | 840000 | S 型产品 B 型 BOM | 3 |

基本研发能力要求:对应研发人员的研发能力,只有该研发项目的研发人员能力达到该项要求后,研发才能开始。如表 7 所示,研发人员的研发能力为 10。

推荐资金:推荐企业在资金有效期内达到的资金额,以保证研发成功,系统中显示为剩余投放资金。

资金有效期:企业投入研发资金能够对研发产生效果的时间。产品研发可一次性集中投入资金研发,也可分期投入资金研发(一般只生效 4 个季度,若 4 个季度还未研发成功,则资金消失)。

研发成功率 $= \left( \dfrac{\text{企业投入的有效研发资金}}{\text{推荐资金}} \right) \times 80\% + \left( \dfrac{\text{投入的研发人员研发能力} - \text{基本研发能力要求}}{100} \right) \times 20\% - (20\% \sim 40\%)$

例:甲企业准备投放 200 万元和 15 位研发人员用来研发 H 型产品,两者都投入后的研发成功率为:

研发成功率 $= \left( \dfrac{2000000}{1400000} \right) \times 80\% + \left( \dfrac{15 \times 10 - 100}{100} \right) \times 20\% - (20\% \sim 40\%) = 104\% \sim 84\%$

需要注意的是,投入研发资金不能过少,否则就算研发成功率达到 100%~120%,也不会研发成功。另外,系统仍然设置了一定的研发成功风险概率,计算研发成功率达到 100%~120% 的,下一期仍有小概率研发不成功。

(4)生产流程设计

生产流程设计的一个重要内容就是要使生产系统的组织与市场需求相适应。也就是说,生产什么类型的产品需要匹配什么类型的生产流程。产品-生产流程矩阵如表 9 所示。

表 9　产品-生产流程矩阵

|  |  | 生产批量特征 ||
|---|---|---|---|
|  |  | 小批量 | 大批量 |
| 产品品种特征 | 品种多 | 工艺专业化生产<br>（固定成本低，设备利用率低） | 大规模定制化生产<br>（快速响应） |
|  | 品种少 | 低劣的策略<br>（固定成本和可变成本都很高） | 流水线生产<br>（固定成本高，设备利用率高） |

按照生产批量特征和产品品种特征，可以将生产工艺划分为三种模式，分别是工艺专业化生产、生产和大规模定制化生产。工艺专业化生产是按照工艺特征建立生产单位，把完成相同或相近工艺的设备和设施组织到一起的一种生产组织形式。这种形式适用于生产品种多、中小批量的产品。流水线生产是把生产过程划分为若干工序并按工艺过程顺序排列，被加工的对象按一定的节拍顺次流过各工序的一种生产组织形式。这种形式适用于生产品种少、大批量的产品。大规模定制化生产对生产设备和员工技能均提出了更高的要求，要求通过大规模生产的方式来满足个性化定制的产品和服务。一方面，客户的需求在不断变化，另一方面，产品的生产要快速且低成本。

实训平台设置了四种生产线用于生产产品，均为流水线生产，但也可以根据竞争战略的不同，选择不同类型的生产线进行建设和扩充。各种生产线的价格、技术水平、强度及产能等信息如表 10 所示。

表 10　生产线信息

| 生产线类型 | 购买价格/元 | 安装周期 | 转产周期 | 技术水平 | 每季度最大产能/件 | 生产人员利用率 | 每季度折旧期限 | 强度 | 体积 |
|---|---|---|---|---|---|---|---|---|---|
| 劳动密集型生产线 | 500000 | 0 | 0 | 2 | 500 | 50% | 40 | 3 | 1 |
| 半自动生产线 | 1000000 | 0 | 1 | 3 | 500 | 100% | 40 | 4 | 1 |
| 全自动生产线 | 1500000 | 1 | 1 | 4 | 450 | 1000% | 40 | 4 | 1 |
| 柔性生产线 | 2000000 | 1 | 0 | 4 | 400 | 300% | 40 | 4 | 1 |

其中，购买生产线时需注意以下几点。

① 购买的生产线须安放在厂房中，厂房容量不足时，无法购买安装生产线。

② 购买生产线需一次性支付全款。生产线在价款支付完毕后开始安装，在安装周期完成的当季可投入使用。劳动密集型生产线、半自动生产线"购买—签收—验收"后，可以购

买原材料,可直接投入生产;全自动、柔性生产线需要一个季度的安装周期。

生产线生产的要求如下。

① 生产线的初始产能都为 0,每种生产线都有最大产能。企业必须通过招聘初级工人、高级工人和生产管理人员,并且将人员调入生产线进行生产,使生产线的产能得到提高,产能提高到最大产能时不再增加。各类人员的能力参数如表 7 所示。生产线实际产能计算公式为:

$$生产线产能=(初级工人专业能力\times数量+高级工人专业能力\times数量)\times$$
$$(1+管理人员管理能力\times数量)\times生产线人员利用率$$

$$生产线实际产能=\begin{cases}生产线产能,当生产线产能<生产线最大产能时\\生产线最大产能,当生产线产能\geqslant生产线最大产能时\end{cases}$$

② 每条生产线都可以升级技术水平,每升级一次提升 1~2 点不等,最高可提升 5~9 点不等;计算公式为:

$$技术水平升级提升=\frac{当前技术水平}{2\times技术提升次数}$$

$$提升费用=\frac{生产线购买价格}{2}$$

生产线技术升级消耗一个季度,其间该生产线无法进行生产。

③ 生产线最大产量的计算公式为:

$$生产线最大产量=(生产线技术水平-产品工艺水平)\times生产线实际产能$$

例:对一条全自动生产线进行配置,调入一名高级工人和七名车间管理人员,得到生产线的产能为:

$$生产线产能=(1\times20)\times(1+20\%\times7)\times1000\%=480$$

但全自动生产线的最大产能为 450,因此:

$$生产线实际产能=450$$

说明有部分人员的生产或管理能力没有得到充分利用,存在一定的浪费,不是一个最优决策。

若该生产线用于生产 LB 型产品,产品工艺水平为 0,且该企业已经将生产线技术水平升级为 6,则这条生产线的产量为:

$$生产线最大产量=(6-0)\times450=2700$$

④ 生产线转产须在生产线建成完工后,而且在空闲状态下才能进行。转产无须支付转产费,但有的生产线有转产周期,并且注意转产期间不能对这条生产线进行任何操作。因此在转产之前,如果需要调出人员,应先调出人员,然后再进行转产。(转产:一条生产线在已选择产品工艺的前提下,若要生产其他研发产品,则需进行转产处理;新购入生产线第一次使用,可直接进行产品工艺选择,无须转产)。生产线在由生产现有的产品改为生产其他的产品时(包括不同工艺的产品,即改进型)需要一个季度的转产周期。

⑤ 生产线的磨损。生产线磨损后其价值是会降低的,降低后需要进行维修,维修时间为一个季度,维修期间生产线无法进行生产。生产线的磨损计算公式为:

$$生产产品消耗的产能=\frac{生产数量}{生产线技术水平-产品工艺水平}$$

$$生产线磨损=生产产品消耗的产能/强度$$

当生产线磨损超出产能,生产线的产能缩减一半,继续超出一倍时,生产线将损坏。

例如，劳动密集型生产线初始磨损值为 1000/500，当该数值降低至 499 或 500 时生产线产能减半，当该数值降低至 0/500 时生产线报废，只能做拆除处理，且系统不会给予任何补偿。

当生产线磨损时，可以对生产线进行维修，

$$维修费用 = 生产线累计磨损^2 \times 生产线技术水平$$

维修时间为安装时间。当维修完成后，生产线变成全新的，即生产线恢复为未磨损状态。

2. 决策工具

(1) 产品生命周期

在进行产品生产选择时，应调查该产品处于生命周期的哪个时期，再进行相应的策略选择。当产品投放到市场后，会经历一个从创新产品到产品衰亡的过程。通常来说，将生命周期划分为四个阶段，即导入期、成长期、成熟期和衰退期，如图 3 所示。在生命周期的每个阶段，可能都会产生现金的流出。产品销售得到的收入产生现金的流入。现金的流入和流出之和为该产品给公司带来的现金流。通常来说，导入期和成长期的研发成本较高，而新产品市场还未成熟，销售额度较低，销售收入也就比较低。在成熟期，销量攀升至高峰，产品生产成本降低并趋于稳定，前期投入的损失可能得到弥补，从而获得利润。最终，进入衰退期，销量和销售收入降低，产品被市场慢慢淘汰。

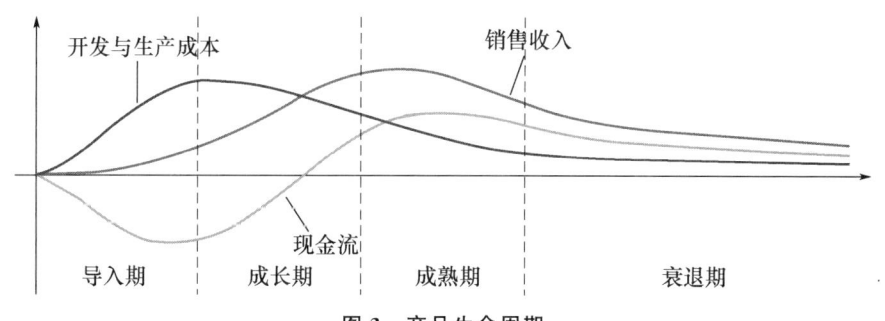

**图 3　产品生命周期**

当产品处于生命周期的不同阶段时，亏损的原因有所不同。暂时的盈利也不一定代表公司具有竞争优势。因此，需要在不同阶段采取不同的产品策略。在导入期，这个时期的主要策略是产品研究与开发、生产流程改进以降低成本和提高生产效率及发展供应商能力。在成长期，这个时期的主要策略是提高生产能力，以满足快速增长的市场需求。在成熟期，这个时期的主要策略是控制和改进生产成本，以降低销售价格来获得更高的销量，从而增加销售收入和利润。在衰退期，这个时期的主要策略是应立即停止生产，减少损失。

(2) 线性规划

在解决产品选择和生产线配置等问题时，可以采用线性规划进行最优化决策。线性规划研究的是一类在线性约束条件下求解线性目标函数的极值的问题。要采用线性规划进行决策，所解决的管理问题需要满足以下条件。

① 必须有有限的资源（如工人、设备、机器、资金、物料）。

② 必须有明确的目标（利润最大、成本最小）。

③ 必须存在线性关系（生产一个部件需要 3 小时，那么两个部件生产时间为 6 小时）。
④ 必须有同质性（同一台机器上生产的产品是相同的，每个工人的产出是相同的）。
⑤ 必须有可分割性（假设产品和资源可以分割为分数，如果不能分割则为整数规划问题）。

线性规划的标准模型为：

$$\min(\max)Z = C_1 x_1 + C_2 x_2 + \cdots + C_n x_n$$
$$\text{subject to } A_{11} x_1 + A_{12} x_2 + \cdots + A_{1n} x_n \leqslant B_1$$
$$A_{21} x_1 + A_{22} x_2 + \cdots + A_{2n} x_n \leqslant B_2$$
$$A_{m1} x_1 + A_{m2} x_2 + \cdots + A_{mn} x_n \leqslant B_m$$

其中，$x_i$ 为一组决策变量，$C_n$、$A_{mn}$ 和 $B_m$ 均为常量。等式前的符号表示要求解的是最大化或最小化问题。$m$ 个不等式为约束条件，不等式的符号也可能是其他形式，例如 $\geqslant$ 或 $=$。即在满足约束条件时，求目标函数 Z 的最大化或最小化问题。

例如，运用线性规划解决生产线人员配置问题，即在满足生产产能等于最大产能的同时，使招聘员工的成本最低。即决策变量是每种人员的使用数量，目标函数是人员总成本最小，要满足在这种人员配置下能够得到最大的生产产能。假设配置一条全自动生产线，不考虑招聘成本时，写出以下数学模型：

$$\min C = 4000 x_1 + 6000 x_2 + 5000 x_3$$
$$\text{subject to } (10 x_1 + 20 x_2) \times (1 + 0.25 x_3) \times 1000\% \geqslant 450$$
$$x_1, x_2, x_3 \geqslant 0, \; x_1, x_2, x_3 \text{ 为整数}$$

因为人员数量非负且不可分割，除了产能约束条件外，还增加了决策变量非负和决策变量为整数的约束条件，模型变成了整数规划问题。

线性规划模型一般采用单纯形法或图形法求解，也可以利用 Excel 已有的工具进行自动化计算。求解步骤如下。

首先，打开 Excel 的规划求解工具。在 Excel 软件中单击"文件-选项"，打开"选项"对话框。在左边列表中选择"加载项"，显示界面如图 4 所示。

在下方的管理下拉框选择 Excel "加载项"，然后单击对话框下方的"转到"按钮，进入"加载项"对话框，如图 5 所示。勾选"规划求解加载项"，并单击"确定"按钮。

图 4　Excel "文件-选项-加载项"界面

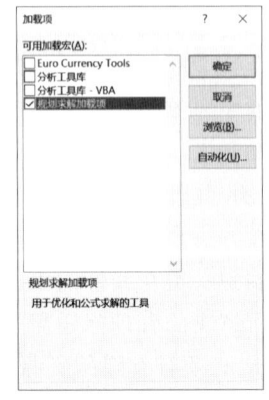

图 5　Excel "加载项"对话框

Excel 的"数据"标签栏中将在右上角出现"规划求解"工具,如图 6 所示。

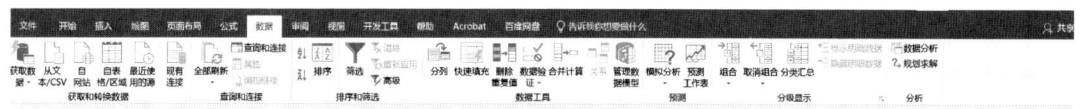

图 6　Excel"数据"标签栏

其次,在 Excel 表格中进行数学建模,如图 7 所示。三种类型员工每季度每人工资为已知常量,设置在 B2 - B4 单元格中。而每种类型员工使用数量则为决策变量,在 D2 - D4 单元格中表示,初始值均为空,即为 0。目标函数设置在 D6,为每种类型员工工资成本的总和,在单元格中表示为 D2 * B2+D3 * B3+D4 * B4。产能约束条件设置在 D7,为生产线产能计算公式,在单元格中表示为(10 * D2+20 * D3) * (1+0.25 * D4) * 10。

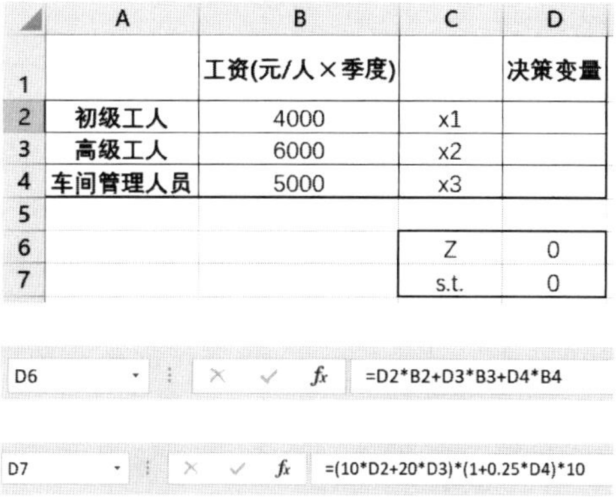

图 7　Excel 线性规划建模

最后,选中 D6 单元格,单击"数据"标签下的"规划求解参数"工具,进行规划求解参数设置,如图 8 所示。注意设置决策变量为非负,且为 int(整数)。

图 8　Excel 规划求解参数设置

参数设置完毕，单击"求解"按钮，得到规划求解结果，如图9所示。可以检验这个方案，生产线产能满足最大产能要求。而且，在之前的方案中，使用1位高级工人和7位车间管理人员，不仅有较高的产能冗余，且用人成本也较高。因此，解决了生产线人员配置最优化的问题。

|   | A | B | C | D |
|---|---|---|---|---|
| 1 |   | 工资(元/人×季度) |   | 决策变量 |
| 2 | 初级工人 | 4000 | x1 | 1 |
| 3 | 高级工人 | 6000 | x2 | 2 |
| 4 | 车间管理人员 | 5000 | x3 | 0 |
| 5 |   |   |   |   |
| 6 |   |   | Z | 16000 |
| 7 |   |   | s.t. | 500 |

图9  Excel 规划求解结果

线性规划还可以用于解决其他管理问题。

### (二) 选址

**1. 实训平台规则**

选址决策是决定公司在哪里建厂和生产。选址一旦确定，短时间内很难改变。选址决策对固定成本和可变成本均有非常大的影响，还对公司的整体风险和盈利有很大的影响。因此，也需要采取科学的方法进行选址决策。选址方案包括以下几个方面。

① 建设新厂。
② 在不改变厂址的情况下扩大现有设施。
③ 保留现有工厂，并在其他地方建设新厂。
④ 关闭现有工厂，在其他地方建设新厂。

系统为公司提供了六种不同的区域，即北京、大连、沈阳、武汉、深圳、成都，每个区域内都有不同类型的大、小型厂区可供选择。系统中的厂区相当于土地，企业购置厂区后，在厂区内可以依需要分别建设产成品库、原材料库、厂房。在厂区决策中，企业竞争者需共同遵守如下规则。

① 系统默认每个企业在整个经营过程中，都只能购买一个厂区。
② 购买厂区后，当季度可以使用，扩建后，当季度可以使用。
③ 购买厂区后，所有类型厂区系统都默认一定的大小面积。企业可以根据需要建设产成品库、原材料库、厂房；厂区内的建筑物，当季度租赁或者是建造后，当季度可以使用；租赁的建筑物不占用厂区的面积，建造的建筑物占用厂区面积。
④ 当企业在经营过程中要求增加各类建筑物数量时，需对厂区进行扩建。厂区每期都有一定的扩建面积，

$$每次扩建面积 = \frac{厂区现有面积}{(已扩展次数+1)^2}$$

每次扩建金额 = 每次扩建面积 × 土地的价钱

或用于建造产成品库,或用于建造原材料库或厂房。

⑤ 购买厂区必须一次性付款。

⑥ 不同厂区的价格不同,不同类型的厂区面积大小不同。

⑦ 厂区购买后,不需要支付开拓费用即可拥有本地市场资格,并在系统中将该市场标记为"本地市场",在竞单中具有永久市场加成 30 分。

厂区决策相关参数如表 11 所示。

表 11 厂区信息表

| 城 市 | 类 型 | 土地价格 /(元/m²) | 厂区面积 /m² | 每季最大可扩建 面积/m² | 最大可扩建 次数 | 竞单加分 |
|---|---|---|---|---|---|---|
| 北京 | 小型 | 1000 | 1000 | 1000 | 3 | 30 |
| | 大型 | 1000 | 1200 | 1200 | 2 | 30 |
| 大连 | 小型 | 850 | 1000 | 1000 | 3 | 30 |
| | 大型 | 850 | 1200 | 1200 | 2 | 30 |
| 武汉 | 小型 | 800 | 1000 | 1000 | 3 | 30 |
| | 大型 | 800 | 1200 | 1200 | 2 | 30 |
| 深圳 | 小型 | 1100 | 1000 | 1000 | 3 | 30 |
| | 大型 | 1100 | 1200 | 1200 | 2 | 30 |
| 沈阳 | 小型 | 900 | 1000 | 1000 | 3 | 30 |
| | 大型 | 900 | 1200 | 1200 | 2 | 30 |
| 成都 | 小型 | 700 | 1000 | 1000 | 3 | 30 |
| | 大型 | 700 | 1200 | 1200 | 2 | 30 |

系统中的需求量通过模拟计算得来,本地市场的每类产品需求量一部分由本地市场的产量决定,一部分由其他市场的产量和本地市场的营销活动决定。也就是说,系统是以"以产定销"为基础的,但营销模式在一定程度上也能影响市场需求。图 10 所示为各区域每类产品的生产产量在本地产生需求的份额。也就是说,百分比表示在这个区域内开设的企业所生产的产品,将会有多少被本地人购买。

本地市场需求的基本计算公式为:

产品 $i$ 本地市场需求 = 本地市场内所有公司产品 $i$ 的上一季度总产量 × (本地市场需求比例 + (1 − 本地市场产品 $i$ 的需求比例) × $\frac{\text{本地市场上一季度投入广告总费用}}{\text{所有市场上一季度投入广告总费用}}$) × (1 ± 产品 $i$ 市场需求繁荣状况)

其中,每种产品的市场需求繁荣状况也是系统设定参数,根据每种产品的创新程度和产品生命周期,在每个季度均有不同。

由以上的公式可以看到,本地市场中某种产品 $i$(L、H、O 或 S)的需求由两个部分组

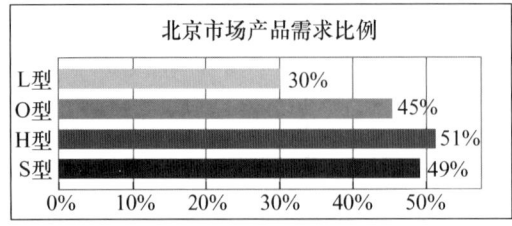
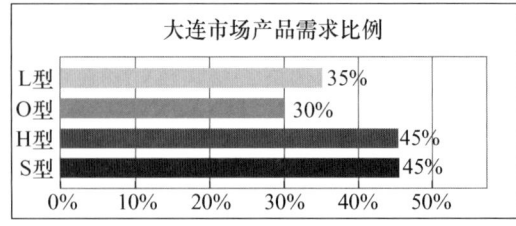
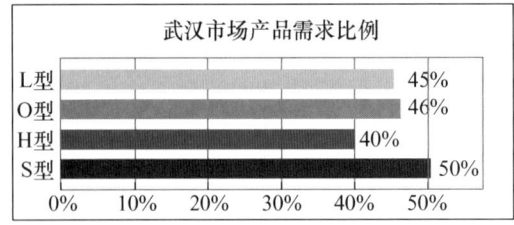
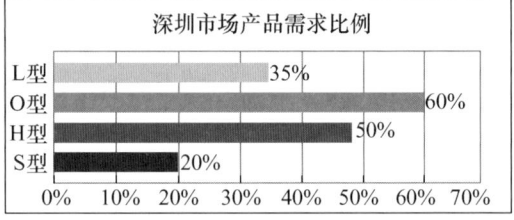
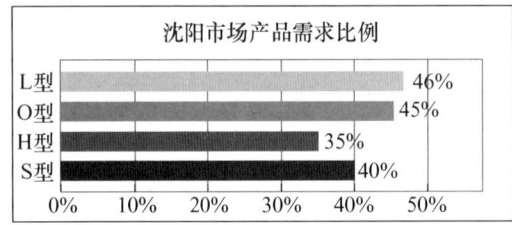
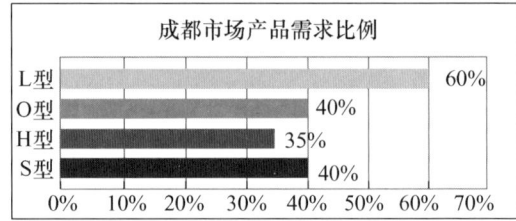
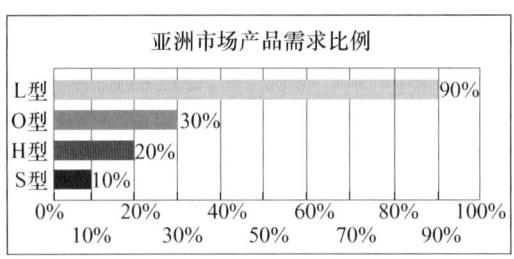

图10 各区域市场产品需求比例

成：一部分是本地市场中所有企业上一季度的总产量；另一部分是本地市场中所有企业投放的广告量在全部市场中的比例。因此，在进行选址决策时，还应结合竞争对手和合作伙伴的营销策略考虑本地市场需求状况。

2. 决策工具

（1）因素评价法

随着全球化的深入和数字化技术的加速发展，工厂或服务设施的选址变得越来越复杂。经济、政治、社会、技术和自然等多方面因素交错影响了选址决策。因此，在对每个备选方案进行评价时，需要结合企业的特征、以往的经验和未来发展趋势选择主要的因素综合考虑。以下阐述几类较为普遍的重要因素供参考。

① 劳动力可获性和劳动生产率。

人口既是商品的市场，又是潜在的劳动力资源。劳动力是选址的首要考虑因素。对于劳动密集型企业来说，人工费用占据大部分生产成本，要选择劳动力资源丰富、劳动力成本低的地区建厂。但随着技术的不断进步和发展，现代企业更多地向技术密集型和资本密集型企业发展。我国的企业也正经历从粗放式生产方式向集约式生产方式转变。对劳动力的需求，不仅要考虑成本的问题，还要考虑劳动生产率的问题。劳动力的受教育程度、技术知识水平和技术熟练程度影响了劳动生产率。如果员工培训少、教育程度低或者工作习惯差，那么即使工资低也不是一个好的选择。一般来说，在发达城市建厂较容易获得劳动生产率较高的员工，而在边远山区建厂，则难以满足高劳动生产率的要求。

② 厂址条件和成本。

建厂地方的地势、土地利用情况和地质条件都会影响到建设投资。另外，地价和基础设施建设（燃料、动力、水、交通等）是重要的经济因素。各个区域的地价有差别，城市的地价较高，城郊的地价较低，农村的地价更低。我国各个区域发展经济开发区，为了吸引高价值的企业来建厂，各级政府均在不同程度上提供便利政策，包括地价优惠政策、配套基础设施建设和税收优惠政策等。

③ 政治风险、价值观和文化。

政治稳定是发展经济的首要条件，政府的政策法规（如知识产权、城市规划和环境政策等）都会影响企业的营商环境。区域和区域之间、城市与乡村之间的员工价值观也有所不同，员工关于工作态度、离职率和工会等的看法都影响了企业决策。各地方的文化、宗教信仰也存在差异，对建立高效运转的企业提出巨大的挑战。

④ 接近性和溢出效应。

产业链上下游的关系和位置影响了企业选址决策。对于生产型企业来说，如果原材料运输成本较高、原材料较易变质或原材料比较难获得，那么选择与原材料产地或供应商接近的地址是比较好的选择。而对于服务型企业来说，接近消费市场能够更好地掌握消费者需求。供应商与客户之间的接近性也能够减少产品运输的费用以及供应链上下游合作和管理的费用。最后，同一行业的制造业或服务业中竞争对手可能会倾向于选择在靠近的地址，产生聚集和溢出效应，形成产业集群。一方面，行业的聚集带来大量的资金资源和人力资源，带动知识资本的快速发展，企业能够获得同行业中的先进生产力、高效的供应商和大规模的客户。另一方面，行业聚集还要考虑溢出带来的负效应，如由知识的外部性带来的技术外溢、人才流失和利润损失等。

(2) 盈亏平衡分析法

盈亏平衡分析法是在限定条件下利用产量或销量、价格与成本之间的关系，计算成本与收益相平衡时的生产水平和价格水平，从而预测利润、控制成本、判断经营状况的分析方法。这种方法适合于可以从先前的经验中获得量化成本产量数据的分析场景。通过确定每一个选址的固定成本、可变成本和销售收入，并用图形表示出来，我们可以确定哪一个选址方案的利润最高。其中，固定成本是在特定时间和特定业务量范围内，其总量不受业务量变动的影响而能保持不变的成本，如土地、厂房、设备的购置和租金等。可变成本是随产量变化而变动的资源代价，如原材料、燃料、动力等成本。销售收入是销售产品之后获得的收入，和销售量相关。利润则是收入与成本之间的差异。销售收入是销售产品之后获得的收入，和销售量相关。

选址盈亏平衡的步骤如下。

① 确定每个选址方案的产销量、固定成本和可变成本。

② 在图形上画出每个选址的成本曲线、收入曲线和利润曲线，以纵轴表示成本、收入

和利润,以横轴表示每季产销量。

③ 在期望销量一定的情况下,选择总利润最高的地址。

如图 11 所示,图中画出了两个备选地址的盈亏平衡分析过程。其中,实线线段分别表示备选地址 1 的总成本、销售收入和销售利润,而虚线线段分别表示备选地址 2 的总成本、销售收入和销售利润。同一个地点的产销量一致。从图中可知,地址 1 的总成本和销售收入曲线交叉于 $A$ 点,为地址 1 的盈亏平衡点。地址 2 的总成本和销售收入曲线交叉于 $B$ 点,为地址 2 的盈亏平衡点。地址 1 和地址 2 的销售利润曲线交叉于 $C$ 点。各地址的固定成本由总成本曲线的截距确定,可变成本由成本曲线的斜率确定。因此,地址 2 的固定成本高于地址 1 的固定成本,两个地址的可变成本相同。但是,由于销售地不同,两个地址的销售定价也不同,地址 2 的销售利润曲线斜率高于地址 1 的销售利润曲线斜率,即地址 2 的销售价格高于地址 1 的销售价格。若单独考虑某个地址的产量决策选择,那么对于地址 1 来说,小于 $A$ 点的产量,总成本高于总利润,只有选择高于 $A$ 点的产量才能给地址 1 的厂商带来正的利润。对于地址 2 来说,同样要选择大于盈亏平衡点 $B$ 点的产量才能带来利润。而比较这两个地址,当实际产销量小于 $C$ 点的产量时,选择地址 1 是较优的选择,因为它可以带来较高的利润;而如果实际产销量大于 $C$ 点的产量时,选择地址 2 是较优的选择。

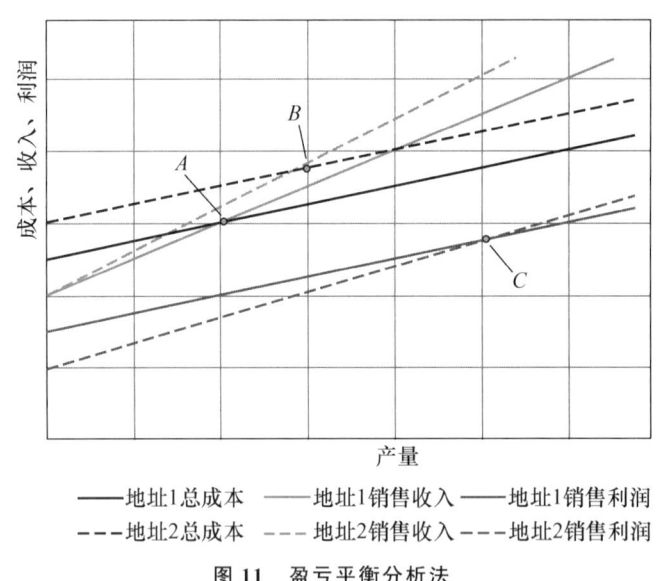

图 11　盈亏平衡分析法

### (三) 产能规划

产能是指在一段时间内,工厂所存储或生产的产品数量或服务设施提供服务的数量。产能决定了企业所需要的投资,从而决定了一大部分固定成本。产能也将决定需求是否得以满足或者生产、服务设施是否闲置。如果设施太大,那么其中一部分产能将处于闲置状态;如果设施太小,就会失去顾客。因此,对于企业而言,确定厂房内的设施规模,以实现较高的设施利用率和较高的投资回报率是十分关键的。

设计产能是指在给定时期内,在理想状态下,系统最大的产出,也就是某段时间内的最大产量。有效产能是指企业在当前的运营条件下的预期产能。由于产品更新换代而设施设备无法满足生产条件等原因,当前条件下达不到系统的最大产量,而使得有效产能常常小于设计产能。实际产能是指企业在当前时期的实际产出数量。可能受到市场需求影响,或者人员配置和设施设备维护维修状态等原因,实际产能也可能比有效产能要小。因此,企业可以从两个绩效指标来衡量系统绩效,找出产生绩效下降的原因,采取相应的措施来改进绩效。一是利用率,是实际产出和设计能力的比率;二是效率,是实际产出和有效能力的比率。

在进行产能规划时,既要考虑其与总体发展战略之间的关系,又要考虑具体实施过程中可能遇到的问题,(例如,需求变化、生产工艺和生产技术的改进等),以便寻找到最佳的生产规模。

在实训平台中,生产能力主要由厂房、仓库和生产线决定。厂房和仓库的建造和使用有以下规则。

① 厂房可以自行建造(购买),而原材料库和产成品库可以通过购买或租赁的方式获得。厂房用于放置生产线,购买厂房后,才可以购买生产线。原材料库用于存放各类生产用的原材料,产成品库用于存放产成品。购买和建造的厂房和仓库均计入企业固定资产,每季度有折旧。

② 购买须一次性付款,支付后可立即投入使用,购买的固定资产在每个经营期须承担维护费用,维护费用在下一期支付。租赁的固定资产在租赁后即可投入使用,每个经营期须承担租赁费,租赁费在下一季度支付。

③ 购买厂区后,当季就可以开始建设厂房和仓库,扩建后,当季度可以使用。厂区内的建筑物,当季度租赁或者是建造后,当季度可以使用;租赁的建筑物不占用厂区的面积,建造的建筑物占用厂区面积。

④ 厂房容量为容纳生产线的条数。仓库容量指一个仓库所能容纳的货物数量。

⑤ 仓库吞吐量是指一个仓库所能承受的吞吐能力。仓库每个季度的吞吐量都有限制,当季度的消耗不可再生,但在每个季度开始时会还原最大值。例如,原材料 M1 的体积为 1,产成品 H 型的体积为 3。那么分别入库 1000 件 M1 和 1000 件 H 型,则分别消耗 1000 点和 3000 点吞吐量。若把 M1 投入生产,则需进行出库,再次消耗 1000 点吞吐量;若把 H 型进行交易售卖,则同样需要出库,再次消耗 3000 点吞吐量。综上所述,M1 出入库共计消耗 2000 点吞吐量,H 型出入库共计消耗 6000 点吞吐量。(注:所有货物企业接收后必须经历一次出入库处理,若当前仓库剩余吞吐量不足则无法进行出入库,且已入库货物当季度内无法进行出库)

⑥ 无论购买或租赁的厂房或库房都须支付原材料或产成品保管费用。对存放在库房中的原材料和产成品,若跨季度前仍未出库,则须按照期末存放的数量收取保管费用。

⑦ 不同规格的厂房、原材料库和产成品库参数设置分别如表 12、表 13 和表 14 所示。

表 12 厂房信息

| 厂房类型 | 生产线容量/条 | 兴建价格/元 | 占地面积/m² | 折旧期限/季度 |
| --- | --- | --- | --- | --- |
| 小型厂房 | 1 | 300000 | 200 | 40 |
| 中型厂房 | 2 | 400000 | 400 | 40 |
| 大型厂房 | 3 | 600000 | 500 | 40 |

表 13 原材料库信息

| 原材料库类型 | 容量/件 | 购买（建造） | | | | 租赁 | 吞吐量/点 |
| --- | --- | --- | --- | --- | --- | --- | --- |
| | | 价格/元 | 每季度维护费用/元 | 折旧期限/季度 | 占地面积/m² | 每季度租赁费/元 | |
| 小型原材料库 | 6000 | 400000 | 2000 | 40 | 200 | 80000 | 30000 |
| 中型原材料库 | 8000 | 600000 | 2000 | 40 | 400 | 150000 | 40000 |
| 大型原材料库 | 10000 | 800000 | 2000 | 40 | 500 | 160000 | 50000 |
| 数字化仓储 | 8000 | 1000000 | 2000 | 40 | 800 | 600000 | 80000 |

表 14 产成品库信息

| 产成品库类型 | 容量/件 | 购买（建造） | | | | 租赁 | 吞吐量/点 |
| --- | --- | --- | --- | --- | --- | --- | --- |
| | | 价格/元 | 每季度维护费用/元 | 折旧期限/季度 | 占地面积/m² | 每季度租赁费/元 | |
| 小型产成品库 | 1000 | 300000 | 2000 | 40 | 200 | 80000 | 4000 |
| 中型产成品库 | 2000 | 400000 | 2000 | 40 | 400 | 100000 | 8000 |
| 大型产成品库 | 3000 | 600000 | 2000 | 40 | 500 | 150000 | 12000 |

## 七、创业企业营销计划制订和产品销售

### （一）营销计划（市场部）

市场营销是企业实现需求的途径，是获取顾客价值的核心。创业者在完成意向产品或服务转换后交付给市场，才能获得资金，形成交易闭环。市场营销著名的4P理论包括：产品、价格、渠道（分销）和促销（沟通交流）。创业者要确定所销售的产品、选择适当的价格、拓展分销渠道和选择恰当的营销策略。市场营销一般包括广告、价格促销、公共关系、个人销售和直销等方式。企业通过市场营销努力增强自身在市场中的影响力。

在实训平台中，企业的市场影响力受到三个因素的影响，包括市场开拓、投放广告和资质认证。

1. 市场开拓

企业首次设立厂区的区域为该企业的永久开拓市场。企业如果要向其他市场销售产品，那么还需要获得其他区域的竞单权限。市场开拓分为临时性开拓和永久性开拓两种方式。当企业某季度投放该市场的有效资金超过该市场的"临时性开拓所需"时，则下季度该市场标注为"临时开拓"，企业可以在下季度进入本市场竞单；当企业某季度投放该市场的有效资金超过该市场的"永久性开拓所需"时，则下季度该市场标注为"永久开拓"，企业可以永久进入本市场竞单（注：无论以何种广告形式、投放多少个地区、投放多少资金，资金在市场竞单中所转化得分只在下季度竞单中生效）。市场开拓费用信息如表15所示。

表 15  市场开拓费用信息

| 市场名称 | 代表城市 | 临时性开拓所需/元 | 永久性开拓所需/元 | 永久市场竞单加分 |
| --- | --- | --- | --- | --- |
| 东北 | 沈阳 | 200000 | 3000000 | 30 |
| 南部沿海 | 深圳 | 250000 | 3000000 | 30 |
| 黄河中游 | 北京 | 300000 | 4000000 | 30 |
| 国外 | 亚洲 | 300000 | 5000000 | 30 |
| 大西南 | 成都 | 250000 | 2000000 | 30 |
| 北部沿海 | 大连 | 250000 | 1500000 | 30 |
| 长江中游 | 武汉 | 150000 | 1500000 | 30 |

2. 投放广告

各类型的企业都可以通过各种宣传手段，投入广告费用，来开拓市场和提高市场影响力。本期投放的广告费用，在下一期市场竞单中会转化为相应的市场影响力和竞单得分，每种宣传手段都有次数限制，使用后在 4 个季度后重置。系统设置的广告促销手段信息如表 16 所示。

表 16  宣传手段信息

| 宣传手段 | 最少投入资金/元 | 资金分配比率 | 投放形式 | 每季度允许投放次数 |
| --- | --- | --- | --- | --- |
| 网络新媒体广告 | 400000 | 50% | 群体市场 | 1 |
| 电视广告 | 300000 | 100% | 个体市场 | 2 |
| 电影广告植入 | 600000 | 150% | 个体市场 | 1 |
| 产品代言 | 500000 | 60% | 群体市场 | 1 |

资金分配比率是指投入本项宣传的广告费将会按照分配率进入选中的市场，形成有效资金。

例如，A 企业采用"网络新媒体广告"方式，一次性向"沈阳""武汉""北京"三个地区投入 150 万元，按照分配比率，将在三个市场同时产生相同的费用

$$150 \text{ 万元} \times 50\% = 75 \text{ 万元}$$

个体投放和群体投放：个体投入的广告一次只能面向一个市场；群体投放的广告则允许一次同时投入多个市场。

3. 资质认证

资质认证是对企业生产产品质量进行的认证，包括 ISO 9000 和 ISO 14000 两种认证。实训平台的资质认证在企业管理部完成。当资金有效期内投入资金总和达到总投入资金时，开始申请质量认证，下一季认证通过并生效。认证通过的竞单加分永久有效。资质认证信息如表 17 所示。

表 17　资质认证信息

| 资质认证名称 | 资金有效期/季度 | 每季度最少投入/元 | 竞单加分 | 每季度总投入/元 |
|---|---|---|---|---|
| ISO 9000 | 1 | 1000000 | 10 | 1000000 |
| ISO 14000 | 2 | 500000 | 10 | 1000000 |

通过以上三种方式，企业向市场投入营销资金，开展营销和宣传活动。企业进入市场的有效资金数额直接影响企业在本市场的市场影响力。市场影响力计算方法：

$$市场影响力 = 本企业市场有效投资总额/该市场所有有效投资总额$$

市场影响力将直接影响企业在本市场的销售竞单的竞标得分，影响办法见销售部"竞单评分标准表"。

### (二) 产品销售（销售部）

在实训平台中，企业通过竞单的方式向系统销售产品，每次竞单是否成功及产品实际价格取决于企业的竞单得分。制造企业可以通过自主竞单或拓展贸易企业为下游分销商等进行产品销售。贸易企业需要从制造企业进货，再完成市场销售的过程。但制造企业有竞单限制，系统鼓励制造企业与贸易企业联合完成产品销售过程。

1. 市场竞单

市场竞单是指通过在系统模拟的市场中进行竞单销售。采用此方式销售产品，企业必须开拓市场，投入广告费，才能接到该市场的订单（本地市场除外）。

竞单规则如下。

第一步，进入某市场，输入需求订单量（小于等于该市场剩余需求量），申请新订单，进入 150 秒倒计时。

第二步，单击进入申请的新订单，可实时重复输入报价，看到各企业得分，150 秒倒计时结束后，得分最高的企业中标，并进入 600 秒倒计时。

第三步，中标企业可在 600 秒内选择签订合同。

第四步，600 秒倒计时结束后，若中标企业未选择签订合同，则该企业可选择取消该订单并支付订单总额 5% 的手续费，该订单需求量重新回归市场，由其他企业继续申请订单并竞单。

（注：在 600 秒倒计时结束后，若中标企业既不签订合同，也不取消订单，则其他企业也可进入，此订单取消，所需手续费仍由原中标企业支付。）

竞单评分标准如下。

① 价格分。满分 100 分，价格每高于标底价 1%，减 10 分，低于标底价加 2 分，得分取整。

② 市场影响力。满分 150 分，影响力每占 1%，加 1.5 分，得分取整。

③ 质量分。根据认证规则，每完成一个质量认证，加上相应的分数。

2. 企业间产品交易和交付

企业之间进行谈判，商定交易产品类型、交易数量和交易价格，并在企业采购部（创建交易功能）签订销售合同进行产品销售。企业间创建交易由采购方向被采购方发起。由采购方创建交易，在采购部的采购合同里创建交易，选择采购的物料（原材料和产成品），选择被采购的小组，选择到货时间，输入数量和所有货物的总金额（含税价，总金额包括了17%增值税）。只要库存及仓库吞吐量满足订单要求，支付物流费用后，便可以进行产品交付，企业之间的交易货物是当期到货。但是货款在下个季度初到销售方账户中。同一订单可由不同仓库同时出货，但每笔订单都必须一次性交付，不能分期。如因任何一方不能履约，应由合同双方协商违约金，违约方在平台上提出违约并支付违约金，关闭合同。

## 八、小结

本章对创业决策过程进行了梳理，并结合实训平台的规则和参数进行了实例分析，为创业者提供了理论和创业实践相结合的机会。

# 参 考 文 献

鲍晓萍，徐国辉，2018. 高校学生创新意识、创业精神及创新创业能力的培养：评《大学生创新创业教育基础与能力训练》[J]. 教育理论与实践，38（23）：65.

李燕萍，秦书凝，陈武，2017. 众创平台管理者创业服务能力结构及其生成逻辑：基于创业需求—资源分析视角 [J]. 江苏大学学报（社会科学版），19（6）：62-72.

吕佳，郭元源，程聪，2018. 创业活动有效性：一项关于创业者的 Meta 分析检验 [J]. 外国经济与管理，40（6）：29-43.

苏晓华，陈嘉茵，张书军，等，2018. 求财还是求乐？：创业动机、决策逻辑与创业绩效关系的探索式研究 [J]. 科学学与科学技术管理，39（2）：116-129.

苏晓华，杨赛楠，吴琼珠，等，2018. 企业创业自我效能感、决策逻辑与创业绩效关系研究 [J]. 南方经济（10）：113-131.

王弘钰，刘伯龙，2018. 创业型领导研究述评与展望 [J]. 外国经济与管理，40（4）：84-95.

王玲玲，赵文红，魏泽龙，2018. 效果逻辑、创业学习与新创企业新颖型商业模式设计 [J]. 研究与发展管理，30（4）：139-151.

熊华军，2018. 百森商学院创业教育的运行机制 [J]. 比较教育研究（2）：19-25.

许涛，严骊，殷俊峰，等，2018. 创新创业教育视角下的"人工智能＋新工科"发展模式和路径研究 [J]. 远程教育杂志，36（1）：80-88.

张广芝，2017. 时代驱动的大学生创新型创业思维培养模型构建 [J]. 河南社会科学，25（12）：111-115.